Armin Strohmeyr
Die Frauen der Brentanos

Georg BRENTANO (1775–1800)	Sophie BRENTANO (1776–1800)	Clemens BRENTANO (1773–1842)	Gunda BRENTANO (1780–1863)	Christian BRENTANO (1784–1851)	Bettine BRENTANO (1785–1859)	Ludovica (Lulu) BRENTANO (1787–1854)	Meline BRENTANO (1788–1861)
∞		∞ (1. Ehe Cl.')	∞	∞	∞	∞ (1. Ehe Lulus)	∞
Marie SCHRÖDER (1781–1815)		**Sophie MEREAU** (1770–1806) ∞ (2. Ehe Cl.') Auguste BUSSMANN (1791–1832)	Friedrich Carl v. SAVIGNY (1779–1861)	**Emilie GENGER** (1810–1882)	Achim v. ARNIM (1781–1831)	Carl v. JORDIS (gest. 1839) ∞ (2. Ehe Lulus) Richard Peter v. DES BORDES	Georg Friedrich v. GUAITA (1772–1851)
			(5 Kinder)	*(Aschaffenburger Brentanos)*		Meline (Adoptivtochter) v. DES BORDES (1817–1908) ∞	(5 Kinder; Enkel: Georg v. HERTLING (1843–1919))
Claudine BRENTANO (1804–1876) ∞ (1. Ehe Claudines)						Moritz v. BENTHEIM-TECKLENBURG (1798–1877)	
Georg v. FIRNHABER (1797–1848) ∞ (2. Ehe Claudines)				(8 Kinder, s. Teil 2)	(7 Kinder, s. Teil 2)	(1 Kind)	
Freimund v. ARNIM (Sohn Bettines und Achims) (1812–1863)							
(aus 1. Ehe Freimunds) Achim v. ARNIM (1848–1891)							

Armin Strohmeyr

Die Frauen der Brentanos

Porträts aus drei Jahrhunderten

claassen

2. Auflage 2006

claassen ist ein Verlag der Ullstein Buchverlage GmbH

ISBN-13 : 978-3-546-00389-6
ISBN-10 : 3-546-00389-6
© Ullstein Buchverlage GmbH, Berlin 2006
Lektorat: Claudia Schlottmann
Alle Rechte vorbehalten.
Gesetzt aus der Sabon und Rotis bei LVD GmbH, Berlin
Druck und Bindung: GGP Media GmbH, Pößneck
Printed in Germany

Für Tanja

Inhalt

Vorwort

Im dritten und letzten Teil des Fernsehepos ›Heimat‹ von Edgar
Reitz spielte ein Günderrode-Haus eine wichtige Rolle. Ein Mil-
lionenpublikum sah interessiert zu, wie das baufällige Domizil
der deutschen Dichterin Karoline von Günderrode liebevoll saniert und wieder bezogen wurde. Das hat selbstverständlich
Symbolkraft: Alte Geschichte füllt sich mit neuem Leben. Die
Episode bezeugt, daß sich auch heute noch deutsche Kulturgeschichte als Aufhänger für kollektive Selbstfindung nutzen läßt.
Edgar Reitz gestand später in einem Aufsatz mit dem Titel
›Das Günderrode-Haus. Fiktion und Wirklichkeit‹, das Haus
im Film, angesiedelt bei Oberwesel im engen Tal des Mittelrheins, sei ein fiktives Gebäude gewesen, als Kulisse eigens für
die Dreharbeiten gebaut. Es sei dem Team lediglich um die
Verkörperung eines historischen Gefühlswertes gegangen.
»Nachdem sich herausgestellt hatte«, so der Regisseur, »daß
es das Haus nun einmal nicht gab, beschlossen wir, es zu bauen.
Wenigstens die anderen Kriterien, die das Drehbuch beschrieb,
mußten stimmen: eine kleine Stadt im Rheintal mit romantischen Gassen, [...] die Loreley am gegenüberliegenden Ufer,
kleine Zufahrtsstraßen durch die steilen Weinberge und immer
wieder berauschende Blicke zum Rhein hinunter mit gleichzeitig hübschen alten Burgen auf den Anhöhen.«
Edgar Reitz und sein Filmteam hätten es leichter haben können: Etwas weiter oberhalb am Rhein, im hessischen Rheingau,
liegt der Winzerort Winkel. Und dort befindet sich tatsächlich

ein originales Günderrode-Haus: das Weingut Johannes Ohlig. Hier hat die Dichterin zeitweise gewohnt. Im selben Ort gibt es sogar noch ein weiteres Juwel deutscher Familien- und Geistesgeschichte: das aus dem 18. Jahrhundert stammende Brentanohaus. Noch immer, bereits in sechster und siebter Generation, wohnen darin Mitglieder der Familie Brentano. Der Name ist vielen Heutigen noch ein Begriff, die meisten verbinden ihn jedoch nur mit den Romantikern, darunter die Geschwister Clemens und Bettine Brentano, die beide mit Karoline von Günderrode befreundet waren. Dabei ist die Geschichte der Familie Brentano – um bei der Filmsprache zu bleiben – kein kurzer Spot, kein Vorfilm, sondern ebenfalls ein ausgreifendes Epos, aufs engste mit der deutschen Geistesgeschichte, mit deutschen Städten und Landschaften verbunden.

Im 20. Jahrhundert beschäftigte sich die Künstlerin Sophie (Sissi) Brentano in ihren Arbeiten auch mit der Familiengeschichte. Unter ihren Keramiken findet sich eine Kachel mit dem Wappen der Brentanos: Es zeigt die Brenta – die Winzerbütte –, links und rechts Schlange und Löwe, darüber den Adler.

Das Wappen ist ein sogenanntes »redendes«, denn es erzählt in seinen Symbolen die Frühgeschichte der Familie. Die Brentanos stammen ursprünglich vom Comer See. Einige Genealogen der Familie machen einen gewissen Johannes de Brenta im späten 13. Jahrhundert als Stammvater aus, einen Ritter, der im Streit der kaiserlichen Ghibellinen gegen die päpstlichen Guelfen auf seiten der Kaiserlichen stand. In der Nähe von Tremezzo am Comer See soll Johannes de Brenta ein Lehen erhalten und sich mit seiner Familie niedergelassen haben. Später eroberten die Ghibellinen die Stadt Como und vertrieben den Bischof. Der wiederum rächte sich am Ritter Brenta, indem er ihn und seine Familie mit dem Kirchenbann belegte.

Die Brenta oder Brentano unterstützten auch die mailändischen Visconti bei der Ausdehnung ihres Machtbereichs auf den Comer See und die Lombardei. Zum Dank durften die Brentanos Wappentiere der Visconti in ihr eigenes aufnehmen: die gekrönte Schlange und den Löwen. Seit dem 16. Jahrhundert prangt über dem Wappen der ghibellinische Adler als Ehrenzeichen. Dieser Adler erlangte im späten 19. Jahrhundert neue Bedeutung, als die Darmstädter Linie um Otto Rudolf von Brentano und die Brentanos zu Winkel am Rhein in den erblichen Adel des Deutschen Reiches aufgenommen wurden. Damit hatte die Keramikkünstlerin Sophie (Sissi) Brentano gleichwohl nichts zu schaffen. Sie und ihr Vater, der berühmte Nationalökonom Lujo Brentano, betonten stets voller Stolz ihre bürgerliche, kaufmännische Abkunft und grenzten sich von den Darmstädtern ab. Die älteste Darstellung eines Brentano-Wappens im Wappenbuch von Pietro Arlone aus dem 15. Jahrhundert verweist denn auch auf den wahrscheinlichen Ursprung der Familie: Es zeigt ausschließlich die Brenta, die Bütte der Winzer. Lediglich Weinbauern scheinen die Brentanos gewesen zu sein. Doch bereits in der frühen Neuzeit verzweigte sich die Familie so weit, daß sie sich zunehmend auch außerhalb ihres angestammten Gebietes ansiedelte. Es hatten sich bereits mehrere Linien gebildet, die sich nach dem Herkunftsort (etwa Tremezzo und Bonzanigo), nach dem Stammvater (etwa Gnosso oder del Simone), nach dem Beruf des Stammvaters (etwa del Medico), nach dessen Äußerem (etwa Collo Storto, Schiefhals) oder nach der Lage des Stammhauses (etwa Cimarolo, auf der Höhe) benannten. Diese verschiedenen Linien heirateten oft untereinander und begannen sich nordwärts auszubreiten: nach Österreich, in die Schweiz, nach Schwaben und an Rhein und Main.

Stammvater der Frankfurter Brentanos ist Domenico Brentano, der 1676 an den Main kam und 1698 sein Handelsunternehmen von Tremezzo in die Freie Reichsstadt verlegte. Die alteingesessenen Familien wachten eifersüchtig über den Konkurrenten, der noch dazu Katholik war. Doch mit Geschick bauten Domenico und seine Nachkommen den ursprünglichen Kramerladen, in dem Südfrüchte und Gewürze verkauft wurden, zu einem der führenden überregionalen Handelshäuser aus, dem sogar eine eigene Bank angegliedert wurde.

Blut ist dicker als Wasser, lautet ein Sprichwort, und das trifft auch auf die Brentanos zu. Trotz der vielen verschiedenen Zweige und Verästelungen des Stammbaums hat die Familie es im Laufe der Jahrhunderte verstanden, nicht nur durch Handel, sondern auch durch Heirat untereinander Reichtum zu mehren und gesellschaftlichen Einfluß zu gewinnen. Gerade die anfängliche Außenseiterrolle innerhalb der deutschen Gesellschaft hat das erforderlich gemacht und dadurch den Aufstieg begünstigt. Die Geschichte der Familie Brentano ist auch deshalb so spannend und bedeutsam, weil in ihr romanische und germanische Mentalität, italienische und deutsche Kultur, katholische und protestantische Konfession aufeinanderprallen, sich gegenseitig anregen und befruchten.

Entscheidend wird im späten 18. Jahrhundert – der Frankfurter Zweig der Brentanos hat sich bereits assimiliert und etabliert – die Abkehr von den rein kaufmännischen Interessen und die Hinwendung zu den Künsten. Die bekanntesten Abkömmlinge der Frankfurter Brentanos sind die Geschwister Clemens und Bettine, die bedeutendsten Dichter der Frühromantik. Doch ihre genialische Begabung kommt nicht von ungefähr. Die Großmutter mütterlicherseits, Sophie von La Roche, war eine der schillerndsten Gestalten der Literatur des 18. Jahrhunderts.

Der Begriff Familie wird in diesem Buch bewußt weit gefaßt. Es finden sich darin Porträts von Frauen, die – wie Sophie von La Roche – erst durch ihre Kinder mit der Familie Brentano in Verbindung traten. Es finden sich Frauen aus verschiedenen Zweigen der Brentanos, etwa Marianne Brentano (di Gnosso) oder Margherita von Brentano aus der Darmstädter Linie. Die Brentanos und ihre Kinder und Kindeskinder haben auch in fremde Familien eingeheiratet, wodurch es zu denkwürdigen Verbindungen kam, unter anderem mit alten märkischen und baltischen (zudem protestantischen) Adelsfamilien wie den Arnims, Flemmings oder Heykings.

Gegensätzlicher könnten die porträtierten Frauen nicht sein: Neben der romantischen Generation finden sich Frauen des spätbürgerlichen Zeitalters und Vertreterinnen der Moderne mit ihren geistigen Verwerfungen. Die konvertierte Nonne steht neben der dem Sozialismus zugeneigten Philosophin, die bildende Künstlerin neben der Schriftstellerin, die Feministin neben der erzkonservativen Bürgerin. Und doch haben sie alle etwas gemeinsam: einen unbändigen Willen, den von ihnen gewählten Lebensweg zu gehen, auch gegen Widerstände der Familie oder der Gesellschaft.

Die Familie Brentano hat mindestens ebenso viele bedeutende Männer hervorgebracht wie Frauen. Bei der biographischen Betrachtung der Frauen der Brentanos reizt der Umstand, daß nicht nur etliche von ihnen schreibend oder forschend zur deutschen Kultur- und Geistesgeschichte beitrugen, sondern daß die meisten auch die geistigen Leistungen ihrer Familie intellektuell gewürdigt haben, in der Absicht, dieses Erbe zu bewahren und der Allgemeinheit zugänglich zu machen. Diesen weiblichen Persönlichkeiten, den schöpferischen wie den bewahrenden, ist die Auswahl dieses Bandes gewidmet, wobei nur die wichtigsten Beachtung finden konnten.

Das Buch hätte nicht geschrieben werden können ohne die Vorarbeiten anderer Autoren und Forscher. Ich fühle mich ihnen verpflichtet. Besonders den Veröffentlichungen von Hartwig Schultz, Brigitte Schad und Klaus Günzel verdanke ich Anregungen und Erkenntnisse. Auch anderen Personen und Institutionen gilt mein Dank. Sie sind im Anhang aufgelistet.

Dieser Band bietet einen biographischen Überblick für ein allgemein interessiertes Publikum; er kann und will nicht wissenschaftliches Terrain betreten, obgleich die in der Bibliographie angegebenen Veröffentlichungen zu Rate gezogen wurden. Aus Platzgründen und entsprechend dem Charakter des Buches werden die Zitate nicht im einzelnen belegt – außer dort, wo aus bislang unveröffentlichten Quellen zitiert wird.

Viele Städte und Orte in Deutschland sind mit der Geschichte der Familie Brentano verknüpft: Frankfurt am Main und Winkel am Rhein, Prien am Chiemsee und Aschaffenburg, Crossen und Wiepersdorf in der Mark Brandenburg. Unsere Geschichte beginnt aber ganz woanders, in einer Freien Reichsstadt in Schwaben, in der Mitte des 18. Jahrhunderts …

Sophie von La Roche (1730–1807)

Maximiliane von La Roche-Brentano (1756–1793)

Sophie von La Roche
(1730–1807)
und
Maximiliane von La Roche-Brentano
(1756–1793)

»Sie war die wunderbarste Frau, und ich wüßte ihr keine andre zu vergleichen.«

Johann Wolfgang von Goethe über Sophie von La Roche

Augsburg, im Jahre 1749. Das von Stadtbaumeister Elias Holl hundertdreißig Jahre zuvor erbaute Renaissance-Rathaus mit seinen beiden Seitentürmen erhebt sich stolz gen Himmel. Im Giebel prangt der Reichsadler, Zeichen der Reichsfreiheit der Stadt. Vor dem Rathaus der Brunnen mit Kaiser Augustus. Schützend streckt er den Arm über die Stadt, die seinen Namen trägt, die ehemalige römische Militärkolonie Augusta Vindelicorum. Umgeben ist er von vier Figuren, die die Flüsse und Bäche symbolisieren, welche das Stadtgebiet durchströmen und die Mühlen und Maschinen der Handwerksbetriebe und Manufakturen antreiben. Alles ruht in dem etwas behäbigen Glanz jahrhundertealter Tradition, durch Handel, Fleiß und Umsicht erworbenen Reichtums, ererbten Geschmacks, bürgerlicher Kultur. Am nahen Brotmarkt, in der unteren Maximilianstraße, werden an diesem Tag wie von jeher Brezeln und Semmeln, Kipfe und Krapfen verkauft. Das Geschrei der Marktleute, das Feilschen der Hausfrauen, der Lärm der Kutschen, die über das Kopfsteinpflaster rumpeln, überdecken das Weinen einer jungen Frau, das aus dem geöffneten Fenster eines der gegenüberliegenden vornehmen Bürgerhäuser dringt.

Es ist das Haus des Stadtphysicus und Dekans des medizinischen Kollegiums: Doktor Georg Friedrich Gutermann, einer der angesehensten Bürger der Stadt. Seit wenigen Jahren darf er sogar den Namenszusatz von Gutershofen tragen; der Kaiser persönlich hat ihn und seine Familie in den erblichen Reichsadel aufgenommen.

Doch an diesem Tag geht es im Studierzimmer des Stadtphysicus alles andere als würdevoll zu: Vor Gutermann kniet dessen achtzehnjährige Tochter Sophie. Unter Tränen schwört sie dem Vater, den Umgang mit ihrem Verlobten, dem italienischen Arzt Giovanni Lodovico Bianconi, abzubrechen, seine Briefe nicht mehr zu beantworten, seinen Gruß auf der Straße nicht mehr zu erwidern. Dann nötigt der Vater sie, alle Briefe und Billetts, die sie von ihrem Verlobten bekommen hat, zu zerschneiden, alle Andenken an ihn zu zerstören, auch den Verlobungsring. Eine erschütternde Erfahrung für Sophie.

Noch im Alter wird sie sich erinnern:»Ich mußte meinem Vater alle seine [Bianconis] Briefe, Verse, schöne Alt-Arien, mit meinen sehr pünktlich ausgearbeiteten geometrischen und mathematischen Uebungen, in sein Cabinet bringen, mußte alles zerreißen und in einem kleinen Windofen verbrennen; Bianconi's Portrait von [Johann Esaias] Nilson gemalt, wie er eine Marmorsäule mit der Unterschrift: le changement est contre ma nature [Unstäte ist gegen meine Natur] umfaßte, mußte ich mit der Scheere in tausend Stücke zerschneiden, einen Ring mit den verzogenen Buchstaben N. B. in Brillanten und der Umschrift: ohne Dich nichts (sans vous rien) mit zwei in den Ring entgegen gesteckten Eisen, entzwei brechen und die Brillanten auf den rothen Steinen umher fallen sehen.«

So endet ein Verlöbnis, das ursprünglich vom Vater unterstützt worden war. Der Grund: Bianconi, Leibarzt des Augsburger Fürstbischofs, ein angesehener, wohlhabender Mann von gutem Aussehen, exzellenten Manieren, Bildung und Rechtschaffenheit, ist katholisch. Das allein wäre im protestantischen Hause Gutermann zwar noch kein Hindernis. Die Freie Reichsstadt ist seit dem Augsburger Religionsfrieden von 1555 von der Parität geprägt: der Aufteilung der städtischen Ämter und Posten in gleich viele katholische wie protestantische Vertreter. Auch im täglichen Leben herrscht zwischen den Konfessionen Achtung und Toleranz. Aber wenn es um die Belange der eigenen Familie geht, siegt doch patriarchalischer Stolz über rationales Denken. Bianconis Sturheit, so der Familienvater Georg Friedrich Gutermann, sei schuld an der Misere: Er habe unbedingt gewollt, daß die aus der Ehe hervorgehenden Kinder katholisch erzogen würden. Das ist für Gutermann denn doch zuviel: Wenn er seine älteste und begabteste Tochter schon einem Katholiken gibt, einem Italiener dazu, so wird er nicht auch noch zulassen, daß seine Enkel dem papistischen Irrglauben anheimfallen!

Kurz darauf schickt Gutermann Sophie zu seinen Eltern nach Biberach. Dort soll sie wieder zur Vernunft kommen und über ihr Tun und ihre Bestimmung nachdenken.

Biberach an der Riß, Oberschwaben und das Allgäu sind Ausgangspunkt dieses Familienzweigs. Georg Friedrich Gutermann stammt aus Biberach, seine Frau Regina Barbara, geborene Unold, aus dem nahen Memmingen. In der Freien Reichsstadt Biberach ist der Protestantismus besonders stark und der römischen Kirche gleichgestellt, während auf dem Land die katholische Konfession überwiegt. Gutermann studiert als junger Mann zunächst Theologie in Halle, später wendet er sich der Medizin zu und geht nach Tübingen, Straßburg und Leiden. Er ist ein im Pietismus verwurzelter Mann, zugleich glaubt er aber an die Unfehlbarkeit der Naturwissenschaften und die Kraft des Rationalismus. In diesem Spannungsfeld wird sich zeitlebens auch seine Tochter Sophie bewegen.

Das Ehepaar Gutermann zieht zunächst nach Kaufbeuren, wo Georg Friedrich Stadtphysicus wird. Am 6. Dezember 1730 (nicht 1731, wie lange Zeit fälschlich verbreitet) wird hier die älteste Tochter Sophie geboren. Im Laufe der Jahre folgen noch elf Mädchen und ein Junge. Das lange, vergebliche Warten auf einen Stammhalter mag Gutermann bewogen haben, seiner ältesten Tochter Sophie eine Erziehung zukommen zu lassen, die für ein Mädchen eher ungewöhnlich ist. Sophie selbst schreibt später, sie habe mit drei Jahren lesen gelernt, mit fünf Jahren habe sie bereits die ganze Bibel gekannt. Das Mädchen wird als eine Art Wunderkind betrachtet und in Französisch, im Zeichnen, im Klavierspiel, im Katechismus, im Tanz, in Geschichte und Astronomie unterrichtet. Teilweise dient das ihrer späteren Rolle als Konversation treibende Ehefrau, großenteils geht es aber darüber hinaus. Den Vater freut es, in gelehrten Fragen eine Schülerin und später eine ebenbürtige Gesprächspartnerin zu haben. Als Sophie zwölf Jahre alt ist, ernennt er sie halb im Scherz, halb im Ernst zu seinem »Bibliothekar«.

Die Familie zieht bald von Kaufbeuren nach Lindau, dann nach Augsburg. Hier wächst Sophie auf, hier verlebt sie ihre prägenden Jahre. Auch später noch, als Frau eines geadelten Ministers, wird sie vieles von dem verkörpern, wofür Augsburg steht: Toleranz gegenüber der anderen Konfession, schwäbische Tugenden wie Sparsamkeit und Fleiß, Bürgerstolz, eine gewisse südliche Lebensfreude. Und sie wird einen schwäbischen Akzent sprechen, den sie – Weggenossen haben es bezeugt – nie mehr ablegt.

In Augsburg erhält Sophie eine Zeitlang Unterricht von dem bekannten Philosophiehistoriker Johann Jakob Brucker. In Bruckers Gelehrtenzirkel ›ad insigne pinus‹ (›Im Zeichen der Zirbelnuß‹ – das heraldische Symbol Augsburgs) lernt Gutermann den italienischen Arzt Bianconi kennen und schätzen. Ja, der deutsche Familienvater reist sogar für ein dreiviertel Jahr mit ihm nach Bologna, um seine Verwandtschaft kennenzulernen.

Nach der überraschenden und gewaltsamen Entlobung des Paares wird Sophie nach Biberach geschickt, zunächst zu den Großeltern, nach dem Tod des Großvaters zu entfernten Verwandten, den Wielands. Im Jahr zuvor ist ihre Mutter mit nur sechsunddreißig Jahren gestorben, und Georg Friedrich Gutermann hält nach einer neuen Ehefrau Ausschau, die Hausstand und Kinderschar zusammenhalten kann. Den ältesten Töchtern macht er unmißverständlich klar, daß es an der Zeit ist zu heiraten, natürlich einen Bräutigam seiner Wahl.

Biberach wird für Sophie zum schicksalhaften Ort. Sie wohnt im Hause des Pastors Thomas Adam Wieland und dessen Frau Regine Katharina, die eine Cousine Gutermanns ist. Die Wielands haben einen siebzehnjährigen Sohn, Christoph Martin Wieland. Er soll in Tübingen die Rechte studieren und ein nützlicher und gutverdienender Advokat werden, so jedenfalls wünschen es die Eltern. Aber Christoph Martin liebt die Dichtung über alles. Als er seine Verwandte aus Augsburg kennenlernt, findet er bald Gefallen an ihr – und umgekehrt. An einem Sonntag im August 1750 predigt Pastor Wieland über das Wort »Gott ist die Liebe«. Christoph Martin und Sophie sitzen unter der Kanzel und schmunzeln über die trockenen Ausführungen. Nach dem Gottesdienst spazieren sie über die Felder. Christoph Martin kommt ins Schwadronieren und Poetisieren, er entwirft vor Sophie seine eigenen romantischen, idealischen Vorstellungen von der Liebe. Sie scherzen, plaudern, bald folgen scheue Küsse. Am Ende dieses sommerlichen Spaziergangs haben sich die beiden verlobt; vielleicht etwas unbedacht und übereilt, aber in ihrem jugendlichen Überschwang nehmen beide das Verlöbnis sehr ernst.

Doch bald werden die Liebenden getrennt. Christoph Martin verläßt Biberach kurz darauf und geht nach Tübingen an die Universität. Von dort kommen zahlreiche Briefe, worin er seine Verlobte mit zärtlichen Worten und Liebesversen überschüttet. In einem der Briefe, noch aus Biberach übermittelt, schreibt Wieland: »Ich bin wahrhaftig der glücklichste der Sterblichen, und wenn ich Sie besitze, wenn Sie mich lieben […], fehlt mir nichts. […] Diese ganze Nacht habe ich in den entzückenden Ideen meines Glücks zugebracht, meiner teuren Liebe, dem würdigen Gegenstand einer Hochachtung und Zärtlichkeit ohne gleichen; und diese schönen Ideen waren mir angenehmer als der Schlaf.«

Sophie träumt sich in ihr Glück hinein, vergißt endlich Bianconi und die fürchterlichen Erlebnisse in Augsburg. Auch Vater Gutermann scheint nichts gegen eine Heirat zu haben. Voraussetzung ist allerdings, daß der junge Wieland erst seine Studien erfolgreich beendet und einen Beruf ergreift, damit er eine Familie unterhalten kann.

Wieland schreibt Sophie unterdessen zärtliche Gedichte und ist doch mehr in seine Virtuosität im Umgang mit tändelnden Worten verliebt als in seine geduldig in Biberach wartende Verlobte. Immerhin beginnt nun auch Sophie, Verse zu schreiben. Wieland ist entzückt und vergleicht sie bereits mit der italienischen Gelehrten Laura Bassi, mit Luise Gottsched oder mit Emilie du Châtelet, der Newton-Übersetzerin und Geliebten Voltaires.

»Wie freue ich mich schon im Geiste«, schreibt Wieland ihr aus Tübingen, »daß das meiner Geliebten einst das Porträt einer Châtelet, Bassi, Gottschedin etc. so sehr überstrahlen wird. Sie machen mir unendlich viel Vergnügen, wenn Sie sich in der Dichtkunst immer mehr üben, wie auch in der deutschen Sprache, *welche viel schöner als die französische ist.* Die Fabel, welche Sie mir geschickt haben, ist ganz artig, außer daß die Wörter ›verbande, fande, erführe‹ wider die deutsche Grammatik verstoßen. Es muß ›verband‹, ›fand‹ heißen, das *e* ist unerlaubt. Doch dieses ist eine Kleinigkeit, die ich meiner liebenswürdigen Schwäbin gar gern vergebe. Ihre Prosa ist unvergleichlich, mein Engel, und ich bin gewiß, daß es Ihre Verse auch bald sein werden.«

Immerhin kann man Wieland zugute halten, daß er Sophies literarische Begabung als erster erkannt und sie zum Schreiben ermutigt hat. Zwanzig Jahre später wird sie zu den bekanntesten Schriftstellerinnen des Landes gehören. Und Wieland? Viel später, im Jahre 1805, als er längst neben Schiller und Goethe zu den berühmtesten Dichtern Deutschlands zählt, wird er vor Sophie das folgende Geständnis ablegen: »Nichts ist wohl gewisser, als daß ich, wofern uns das Schicksal nicht im Jahre 1750 zusammengebracht hätte, kein Dichter geworden wäre.«

Doch die Mutter Wieland hintertreibt das Verlöbnis, ihr ist die Braut nicht recht, sie unterschlägt Briefe und versucht, zwischen die Liebenden einen Keil zu treiben. Als Christoph Martin Wieland einer Einladung Johann Jakob Bodmers nach Zürich folgt, werden die Briefe spärlicher. Der junge Mann, der sich inzwischen ganz zum Dichter berufen fühlt und in der

Schweiz mit Poeten von Rang und Namen zusammenkommt, verliert langsam das Interesse an dieser Liebe. Das Feuer, zu wenig geschürt, erlischt.

Die Situation im Hause Wieland wird für Sophie unerträglich, und so kehrt sie 1853 nach Augsburg zurück. Ihr Vater hat inzwischen ein zweites Mal geheiratet, eine Frau aus Ulm. Mit der Stiefmutter versteht Sophie sich nicht, das Elternhaus ist ihr zu klein geworden, der Vater versucht sie zu gängeln. In Augsburg lernt sie einen anderen Mann kennen, den zehn Jahre älteren Georg Michael Frank La Roche. Er hält um Sophies Hand an, und obwohl auch er katholisch ist, wird Vater Gutermann schnell mit ihm einig. La Roche ist kurmainzischer Rat und Sekretär des Grafen Stadion, der eine Meile nördlich von Biberach das Schloß Warthausen besitzt. Am 27. Dezember 1753 heiraten Sophie Gutermann von Gutershofen und Georg Michael Frank La Roche in der Schloßkapelle Warthausen.

Es ist keine Liebesheirat, eher eine Vernunftehe. Dennoch werden Sophie und Georg Michael einander ein Leben lang die Treue halten, einander trotz der Unterschiede in Herkunft, Temperament und Interessen achten und schätzen. Viele dieser ehelichen Erfahrungen wird Sophie von La Roche später in ihre Aufsätze und Romane einfließen lassen.

La Roche ist vermutlich das, was man zur damaligen Zeit abschätzig einen Bastard nennt. Er kommt wohl 1720 zur Welt und wird am 4. April desselben Jahres in Tauberbischofsheim getauft. Im Taufregister werden als seine Eltern Anna Catharina und Johann Adam Fran(c)k eingetragen. Frank ist Ratsherr und stirbt zehn Tage vor der Taufe des Jungen im Alter von dreiundsechzig Jahren, kann also nicht mehr Widerspruch gegen den Registereintrag einlegen. Die Ehe zwischen Anna Catharina und ihm wurde erst im Jahr zuvor geschlossen. Über seine Frau kursieren Gerüchte: Sie sei Französin, heiße La Roche und stamme aus Metz. Und sie sei die Geliebte des Grafen Anton Heinrich Friedrich von Stadion, der in Tauberbischofsheim kurmainzischer Oberamtmann ist. Wenngleich die Beweise für dessen Vaterschaft fehlen, ist doch auffallend, daß

Graf Stadion – er ist 1691 geboren – den Knaben bald zu sich nimmt und ihm eine gute Erziehung und Ausbildung angedeihen läßt.

Stadion steht in Diensten der Kurfürsten und Erzbischöfe von Mainz. Im Laufe der Jahre wird er zum Geheimen Konferenzminister und 1743 zum Großhofmeister berufen. Von seinem Vater erbt er verschiedene Besitzungen, so ein Palais in Mainz, die Herrschaft Warthausen bei Biberach und die Herrschaft Thannhausen in Schwaben. Seit 1727 gehört auch die Ganerbschaft Bönnigheim im Zabergäu bei Heilbronn dazu. Als Reichsgraf versucht Stadion, die Ideen der Aufklärung mit einem gemilderten Absolutismus zu vereinen. Er verehrt Voltaire und steht mit ihm sogar in brieflicher Verbindung. Einer Legende zufolge hat er nach dem Tod seines Vaters Johann Philipp von Stadion eine Frau aus dem Kellerverlies von Schloß Warthausen befreit, die man dort wegen angeblicher Hexerei festhielt. Das ist wohl eher erfunden. Und doch hat sich in Oberschwaben, in der Schweiz und im Allgäu – trotz der von Klöstern wie Ottobeuren, Irsee oder Ochsenhausen ausgehenden katholisch geprägten Aufklärung – ein Volksaberglaube zäh gehalten, in Verbindung mit Resten heidnischer Riten. 1782 wird im schweizerischen Glarus die letzte Hexe, Anna Göldi, hingerichtet. Wenige Jahre später kommt es noch in Kempten zu einer Anklage wegen Hexerei, die allerdings wieder fallengelassen wird.

Diesen Widerspruch zwischen Aberglaube und Rationalismus, zwischen alter und neuer Zeit, Absolutismus und bürgerlicher Aufklärung muß man sich vor Augen halten, wenn man die Überzeugungen Anton Heinrich Friedrich von Stadions verstehen will. Georg Michael La Roche wird früh dazu erzogen, seinem Ziehvater als Sekretär und rechte Hand zur Seite zu stehen. Schließlich übernimmt La Roche auch die Verwaltung der Stadionschen Besitzungen. So gesehen bedeutet die Heirat für Sophie einen gesellschaftlichen Aufstieg. Zugleich wechselt sie aber die Sphären: Sie tritt vom reichsstädtischen Bürgertum in den Dunstkreis des Adels über. 1775 wird La

Roche sogar offiziell in den erblichen Reichsadelsstand erhoben. Er darf sich Edler von Frank genannt La Roche nennen, was im Alltag zu von La Roche verkürzt wird. Doch dieser soziale Aufstieg bereitet der an bürgerliche Gebräuche gewöhnten Sophie anfänglich Schwierigkeiten, denn sie muß sich in die protokollarischen Regeln eines adligen Hofes fügen.

La Roche sucht Sophie zu seinem Nutzen zu erziehen. Am Morgen legt er ihr Bücher und Zeitschriften auf den Tisch, mit Anstreichungen versehen. Sie soll sich die Textstellen durchlesen und nachmittags oder abends, wenn sie bisweilen mit Stadion einen Spaziergang macht, geschickt ins Gespräch bringen. Mit anderen Worten: Es geht eher um Konversation, um halbgebildete Plauderei, als um tatsächlichen inhaltlichen Disput. Auch macht man sich Sophies perfekte Französischkenntnisse zunutze, indem man ihr aufträgt, den Briefwechsel mit dem Abbé La Chaux in Paris zu übernehmen. Eine Korrespondenz, die diplomatischen Charakter hat, denn der Abbé besitzt tiefe Einblicke in die französische Politik, und Stadion und La Roche erhoffen sich für den kurmainzischen Hof interne Informationen.

Sophie übernimmt die Aufgaben gerne; sie betrachtet sie weniger als Last denn als geistige Anregung. Während ihrer ersten Schwangerschaft lernt sie sogar noch Englisch. Auch dazu wird sie vom Gatten und dessen Dienstherrn ermutigt, denn auch die Verbindungen nach England erweisen sich für den Kurfürsten als immer wichtiger. Zur damaligen Zeit greift, ausgehend von Voltaires ›Lettres anglaises‹, eine Anglophilie um sich: England und die englische Kultur sind en vogue, wirtschaftliche und politische Verbindungen zu der aufstrebenden Weltmacht werden immer profitabler.

Sophie bringt im Laufe der Jahre acht Kinder zur Welt, fünf erreichen das Erwachsenenalter. Bei der Namensgebung bedient man sich der Stadionschen Familie – ein versteckter Hinweis auf die natürliche Vaterschaft Anton Heinrich Friedrich von Stadions, aber auch ein Zeichen der Loyalität der La Roches ihm gegenüber. Maximiliane wird 1756 geboren.

1757 kommt Fritz zur Welt, 1759 die zweite Tochter Luise; später folgen noch Carl (1766) und Franz Wilhelm (1768). Schmerzlich muß Sophie in jenen Jahren lernen, daß sich in Adelskreisen die Aufzucht der Kinder gewissen Konventionen unterzuordnen hat: Das Stillen der Kinder gilt nach der damals noch gültigen Humoralpathologie, der Lehre von den »Körpersäften«, für Frauen, die eben entbunden haben, als ungesund; die Kinder werden zunächst einer Amme, später einer Kinderzofe und einem Privatlehrer übergeben. Sophie versucht aufzubegehren, ohne Erfolg. Sie hat sich den höfischen Gepflogenheiten anzupassen. Innerlich jedoch läßt sie die Frage richtiger Erziehung nicht mehr los; das soll später eines der Grundthemen ihres Schreibens werden.

Die Familie La Roche wohnt im Mainzer Palais der Stadions, dem Stadioner Hof in der Großen Bleiche. 1761 zieht sich Graf Stadion aus der Politik zurück und übersiedelt mit seiner Familie und den engsten Vertrauten nach Schloß Warthausen. Auch die La Roches gehen mit. Sie beziehen eine Wohnung im Wirtschaftsgebäude in der Nähe des Schlosses. So kommt Sophie von La Roche wieder in die Gegend zurück, in der sie vor elf Jahren mit ihrem damaligen Verlobten Christoph Martin Wieland einen glücklichen Sommer verbracht hat.

Mächtig erhebt sich das Schloß auf einem langgestreckten Hügel über dem Dorf Warthausen und dem Flüßchen Riß. Gerade eine Meile entfernt liegt die Freie Reichsstadt Biberach. Stadion und La Roche versuchen in jenen Jahren, ihre aufgeklärten Vorstellungen von einem idealen Gemeinwesen auf ihrem »Versuchsfeld«, der Herrschaft Warthausen, zu verwirklichen: Die Bauern werden über Hygienemaßnahmen und bessere Anbaumethoden aufgeklärt; Stadion bemüht sich, gegen den immer noch verbreiteten Aberglauben vorzugehen, vermittelt bei alltäglichen Händeln und spricht Recht. Die Stadt Biberach begegnet dem Grafen skeptisch bis feindlich. Bürgerstolz steht gegen Adelsdünkel, städtische gegen feudale Herrlichkeit, Bürgersinn gegen die Stadionschen Bestrebungen, den Bauern zu mehr Wohlstand zu verhelfen.

Sophie genießt das Leben auf Schloß Warthausen. Hier geht es zwangloser zu als am kurmainzischen Hof. Sie hört den vertrauten Dialekt ihrer Heimat und geht – manchmal etwas wehmütig – die altbekannten Wege, etwa durch die Lindenallee vor dem Schloß oder durch die Gassen Biberachs mit seinen hohen Fachwerkhäusern. Seltsam ist ihr zunächst die Aussicht, Christoph Martin Wieland wiederzubegegnen, der seit 1760 Kanzleiverwalter in seiner Vaterstadt ist. Der Graf lädt ihn aufs Schloß ein, wo sich alsbald ein kleiner Salon versammelt: Stadionsche Familienmitglieder, Geistliche, durchreisende Freunde des Grafen, darunter auch Wissenschaftler und Gelehrte.

Sophie hat dem einstigen Verlobten halb im Scherz, halb als Warnung, noch im Jahr zuvor geschrieben: »Und dann habe ich Hofluft geatmet, ich weiß mich zu verstellen, ich weiß mir Zwang anzutun, ich habe einen kleinen Stich zu Schikanen, Intrigen und Finessen, und ich hoffe, von alle dem einen ziemlich guten Gebrauch gegen Sie zu machen.« Die Warnung erweist sich als überflüssig: Die Wiederbegegnung mit dem ehemaligen Verlobten verläuft überraschend harmonisch. Er hat inzwischen gelernt, sie als gleichberechtigte Frau anzuerkennen, sie in der Dichtkunst und in Liebesdingen nicht mehr als seine Schülerin zu betrachten. Dennoch wagt er, die Seelenverschmelzung früherer Tage aufleben zu lassen und Sophie nochmals als seine Muse anzurufen.

Schwärmerisch schreibt er ihr im Sommer 1764: »Seit elf oder zwölf Jahren, meine Freundin, erinnere ich mich nicht mehr, solche Träume gehabt zu haben, in denen mir Ihr Bild etwas bedeutet hätte, wie seit 15 Tagen. Zum ersten habe ich Ihnen gesagt – das konnte Ihnen gewiß nicht mißfallen –, Träume sind vielleicht Prüfsteine für unsere Gefühle, die man gegenüber einer Person von Ihrem Geschlecht hegt. Wenn das zutrifft, sind die meinen für meine liebe S[ophie] sehr schön und ihrer sehr würdig. [...] Nein, dieser Traum, dieser liebe, unschätzbare Traum, dieser Traum, den ich mit meinem Leben nicht zu teuer bezahlt hätte, versichert mich, ist mir ein fester Garant, daß Sie niemals aufhören werden, S[ophie] für mich zu sein. – Sagen

Sie nicht, daß ich mir Illusionen mache, oder lassen Sie mich aus Mitleid im selben Augenblick noch sterben. – Mehr als süße Erinnerung, bleibe bei mir, höre nie auf, dich auf dem Grunde meines Herzens fühlbar zu machen, sei meine letzte Vorstellung in der Stunde meines Todes, mein letztes Gefühl, letzte Regung meines Herzens – und ich werde, ja, dem Schicksal, der Fortuna zum Trotz glücklich sein.«

Sophie versucht, ihn freundschaftlich auf Distanz zu halten. Schließlich, 1765, heiratet Wieland die Augsburger Kaufmannstochter Anna Dorothea von Hillenbrand und geht als Professor der Philosophie an die kurmainzische Universität Erfurt. Der Kontakt zu Sophie reißt nicht ab, Wieland nimmt eine Zeitlang sogar ihren Sohn Fritz zur Erziehung bei sich auf. Aber der Umgang wird doch nüchterner, geschäftsmäßiger.

Auch in Sophies Leben ergeben sich weitreichende Veränderungen. 1768 stirbt Graf Stadion. Dessen legitime Söhne behandeln ihren »Rivalen« La Roche unterdessen schlecht. Immerhin hat Stadion seinem geliebten Ziehsohn den Posten des Amtmanns in Bönnigheim vermacht. So zieht die Familie La Roche – schweren Herzens, denn Warthausen ist zur Heimat geworden, und doch erleichtert, den Schikanen der Stadionschen Familie zu entgehen – nach Bönnigheim. Die Stadt Bönnigheim war seit dem Mittelalter eine Ganerbschaft, aufgeteilt auf vier Herrschaften, die ihr Viertel an der Stadt vererben oder auch verkaufen konnten. Anton Heinrich Friedrich hatte wenige Jahre zuvor die vier Viertel der Ganerbschaft an sich gebracht und am Rande des Städtchens ein spätbarockes Schloß erbauen lassen. In dieses Schloß – es beherbergt heute ein Museum für Naive Kunst – ziehen die La Roches ein. Die beiden Töchter werden in ein Internat nach Straßburg geschickt, Fritz zu Wieland nach Erfurt.

Sophie ist nach dem Tode Stadions zunächst »beschäftigungslos«, die Aufgabe einer Gesprächspartnerin und Briefeschreiberin für den Dienstherrn ihres Mannes ist weggefallen. Aber in ihrem Kopf bewegt sie seit Jahren die Frage der richtigen Erziehung eines Menschenkindes. Dieses Thema wird im

Zeitalter der Aufklärung und beginnenden Pädagogik heftig diskutiert. Der Mensch soll durch Erziehung und Bildung erst zum Menschen gemacht werden. Das Bürgertum sucht sich durch Tugenden wie Fleiß und Ehrbarkeit und durch beruflichen Erfolg vom vermeintlich korrupten Adel abzugrenzen. Grundlage aber für solch einen bürgerlichen Erfolg und solch eine Menschwerdung, eine Mündigmachung des vernunftbegabten Wesens, ist die richtige Erziehung. Sophie von La Roche teilt diese Überzeugungen, ihren guten Erfahrungen mit dem Grafen zum Trotz, denn das reichsstädtische Leben in Augsburg und Biberach in ihrer Kindheit und Jugend hat sie nachhaltig geprägt. Bereits in Warthausen und jetzt in ihrem Kabinett im Schloß von Bönnigheim arbeitet Sophie an der Niederschrift der Geschichte eines Mädchens, des Fräuleins von Sternheim. Das Manuskript wächst sich unter der Hand zu einem zweibändigen Roman aus. Sophie hat in all den Jahren sehr viel gelesen, vor allem französische und englische Romane, und geht nun eher intuitiv als nüchtern konstruierend vor. Über ihre Intention bei der Abfassung schreibt sie: »Doch ich wollte nun einmal ein papiernes Mädchen erziehen [...]«.

Wieder kommt Christoph Martin Wieland ins Spiel. Ihm vertraut sie sich an und legt ihm das Manuskript zum Lektorieren vor. Ende April 1770 schreibt ihr der Freund: »Allerdings, beste Freundin, verdient Ihre ›Sternheim‹ gedruckt zu werden; und sie verdient es nicht nur; nach meiner vollen Überzeugung erweisen Sie Ihrem Geschlecht einen wirklichen Dienst dadurch. Sie soll und muß gedruckt werden, und ich werde ihr Pflegevater sein. [...] So wäre ich der Ansicht, Sie schickten mir das Manuskript des ersten Bandes, und während ich damit beschäftigt bin, ihm, wie wir Schriftsteller sagen, den letzten Schliff zu geben und es anschließend für den Druck abschreiben zu lassen, werden Sie den zweiten Band beginnen, dem ich, während man den ersten druckt, denselben Dienst erweisen werde. Gefällt Ihnen diese Einrichtung nicht, Base?«

Die Einrichtung gefällt Sophie. Wieland läßt seine Verbindungen spielen, und im Mai und September 1771 erscheinen die

27

beiden Bände in Leipzig. Der Titel des Romans: ›Geschichte des Fräuleins von Sternheim‹. Die Autorin bleibt anonym. Etwas blumig steht auf dem Titelblatt: »Von einer Freundin derselben aus Original-Papieren und andern zuverlässigen Quellen gezogen. Herausgegeben von C. M. Wieland.« Den Zeitgenossen ist klar, daß es sich nicht um Originaldokumente handeln kann. Etliche vermuten im Herausgeber Wieland den Autor. Aber der Ton des Buches ist so neu, so ausgesprochen weiblich, daß die Stimmen, die rufen, es müsse sich um eine Autorin handeln, nicht verstummen. Die literarische Welt ist damals recht überschaubar, und bald ist das Geheimnis gelüftet. Sophie von La Roche lautet der Name der bis dahin völlig unbekannten Schriftstellerin. Gleich mit ihrem Debütroman ist ihr der Durchbruch gelungen. Und was für einer.

Das »papierne Mädchen«, dessen Erziehung durch das Leben dargestellt wird, fasziniert vor allem die weibliche Leserschaft. Viele finden sich in ihr wieder; manche erblicken in ihr aber auch ein Abbild der Autorin. »Sie war«, so heißt es über das Fräulein von Sternheim, »etwas über die mittlere Größe; vortrefflich gewachsen; ein länglich Gesicht voll Seele; schöne braune Augen, voll Geist und Güte, einen schönen Mund, schöne Zähne. Die Stirne hoch, und, um schön zu seyn, etwas zu groß, und doch konnte man sie in ihrem Gesichte nicht anders wünschen. Es war so viel Anmuth in allen ihren Zügen, so viel edles in ihren Gebehrden, daß sie, wo sie nur erschien, alle Blicke auf sich zog.«

In der Geschichte wird das ehrenhafte und dem Ideal der Natürlichkeit verbundene Fräulein Sophie von Sternheim von dem listigen, betrügerischen und verschlagenen Lord Derby zur Heirat überlistet. Derby verschwindet später, und Sophie betreibt eine Gesindeschule, wo sie ihre pädagogischen Ideen verwirklichen kann. Auch unterhält sie Verbindungen zu aufgeklärten Adligen. Doch Lord Derby taucht wieder auf. Er läßt Sophie, die sich ihm widersetzt, gewaltsam in die schottischen Bleiminen bringen und hält sie dort gefangen. Auf dem Sterbebett gesteht Derby seine Schandtat, und Sophie von Sternheim kann, dem Tode bereits nahe, befreit und gerettet werden. Sie heiratet den edlen Lord Seymour, der früher schon um sie geworben hat, aber verzichten mußte. Gemeinsam leben sie auf einem Herrensitz und führen eine harmonische Ehe. Sophie bewährt sich als Ehefrau, Mutter und Gutsherrin.

Die Geschichte mag uns heute trivial erscheinen, für die Zeitgenossen Sophie von La Roches war sie eine Novität – allerdings weniger die Handlung als solche, als vielmehr die farbige, lebendige Art, wie sie erzählt wird. Das ›Fräulein von Sternheim‹ ist der erste bürgerliche Roman einer deutschen Autorin. Neu sind die empfindsame Sprache, die Psychologisierung, die Darstellung aus der Sicht der Heldin, die Offenbarung des Innenlebens der Figuren. Sophie von La Roche verbindet in ihrem Roman bürgerliche Aufklärung mit dem pädagogischen Streben ihrer Zeit, die Werte des Pietismus mit der Hingabe der Empfindsamkeit. Die Handlung, wenngleich etwas konstruiert, wird spannend geschildert – jedenfalls für den damaligen breiten Publikumsgeschmack. Das Buch wird zum Erfolg. Kritiker und Leser schicken der Autorin begeisterte Dankesbriefe.

Johann Gottfried Herder schreibt, noch unter dem unmittelbaren Eindruck der Lektüre, an seine spätere Frau Caroline Flachsland: »Lesen Sie, wenn Sie ihn noch nicht gelesen, den kleinen Roman! welche Einfalt, Moral, Wahrheit in den kleinsten Zügen, und alle werden intereßant! […] Aber welch Ende bisher! Ich blieb so betroffen, und gleichsam auf meinem Lebenswege gehemmet, daß ich, weil ich just vorigen Freitag den Roman las, und darauf Sonnabend Predigt machen mußte, durchaus von nichts anderm predigen konnte, als, daß es unglückliche Schritte gebe, die man nachher lebenslang nicht zurückholen könnte, und was man nun thun sollte?«

Und eine Leserin, die Schweizer Autorin Julie Bondeli, macht der Geschlechtsgenossin Mut: »Meine liebe Sophie, wer wird Ihnen denn Gefühl absprechen? Niemand. Und wer wird Ihnen Geist bestreiten? Vielleicht jemand Gelehrtes, der alle seine wirren Gedanken nacheinander zusammenbuchstabieren muß, um zu einer klaren Vorstellung zu gelangen. […]

Bewahren wir unseren Liebreiz, meine Liebe, und lassen sie schwatzen; bewahren wir unseren Takt, unsere Empfindsamkeit, unseren Scharfblick und lassen sie gewähren. [...] Meine liebe Sophie, lassen Sie jene reden, was sie wollen, und machen Sie weiter so.«

Sophie von La Roche wird über Nacht berühmt. Dabei ist sie für damalige Begriffe nicht mehr jung: Sie steht im zweiundvierzigsten Lebensjahr und gibt sich nach außen hin als würdige Haus- und Ehefrau. Das wohl bekannteste Bildnis zeigt sie ungefähr in jenen Jahren, mit hochgestecktem Haar, einer spitzenbesetzten Haube, die unterm Kinn gebunden ist, und in einem Kleid mit Pelzbesatz. Das gibt ihrem Äußeren etwas ungemein Strenges. Aber die lebhaften braunen Augen und das verschmitzte Lächeln um den schmalen Mund zeugen auch von Wärme, Herzensklugheit und Weltzugewandtheit. So lernen sie ihre Verehrer, die seit 1771 scharenweise in ihr Haus strömen, kennen.

Seit jenem Jahr wohnt die Familie allerdings nicht mehr im Bönnigheimer Schloß, sondern in Ehrenbreitstein-Tal, gegenüber von Koblenz. Georg Michael von La Roche ist in die Dienste des Trierer Erzbischofs und Kurfürsten Clemens Wenzeslaus getreten, der gleichzeitig Bischof von Augsburg, Freising und Regensburg ist. La Roche wird Wirklicher Geheimer Rat und Konferenzminister, später Staatsrat und Kriegsminister, 1778 sogar Kanzler des Kurfürstentums. Somit gehören die La Roches zu den angesehensten und einflußreichsten Beamtenfamilien im Land. Und sie residieren recht vornehm, in einem großen Haus unmittelbar am Rhein, mit einem Terrassengarten, der zum Strom hinunterführt.

Georg Michael sieht die schriftstellerischen Ambitionen seiner Frau gelassen. Die Welt der schöngeistigen Literatur bleibt ihm zwar letztlich verschlossen (wiewohl er ein Freund philosophischer, historischer und theologischer Schriften ist), aber der Erfolg des ›Fräuleins von Sternheim‹ gibt der Autorin recht. Die geistigen Größen jener Zeit gehen im Ehrenbreitsteiner Haus ein und aus. Sophie von La Roche führt im weitesten

Sinne das, was man später einen Salon nennen wird. Sie ist eine angenehme, zuvorkommende und geistreiche Gastgeberin. Johann Wolfgang Goethe und die Brüder Friedrich Heinrich und Johann Georg Jacobi, der Kriegsrat Johann Heinrich Merck, der Pädagoge Johann Bernhard Basedow, Johann Jakob Wilhelm Heinse und der Künder der sentimentalen Briefkunst, Franz Michael Leuchsenring, sind hier zu Besuch. Und Christoph Martin Wieland, inzwischen ein berühmter Dichter, kommt ebenfalls an den Rhein. Ein zeitgenössischer Holzschnitt hält sein Eintreffen fest: Im Treppenhaus steht Wieland etwas zögerlich vor der untersten Stufe. Von oben herab kommt die Schar der Hausgenossen, unter anderen Friedrich Jacobi, Leuchsenring, Maximiliane von La Roche; zuunterst, nur noch zwei Stufen von Wieland entfernt, Sophie von La Roche. Sie hat die Arme bereits ausgebreitet, um den einstigen Verlobten nach vielen Jahren freundschaftlich in die Arme zu schließen, nun, da sie beide berühmte Schriftsteller geworden sind.

Es gibt etliche Zeugnisse von Zeitgenossen über das Haus und die Gastgeberin. Damals wird die Empfindsamkeit im Gegensatz zur kalten Vernunft hochgehalten und übertrieben gepflegt: Man umarmt einander und schwört sich unter Tränen ewige Treue und zärtliche Freundschaft – auch unter Männern ist dies nicht unüblich. Man schreibt sich ellenlange Briefe und spricht darin nicht über den Alltag, sondern über jede Nuance der eigenen Empfindung. Man huldigt der Genialität und ergeht sich wollüstig in Liebesfreud und Liebesleid. Und es wird Mode, die Briefe, die man einander geschickt hat, im größeren Kreis vorzutragen. Leuchsenring bringt es darin zur exhibitionistischen Meisterschaft. Nicht alle Zeitgenossen jedoch können mit solchen Ausuferungen der Empfindsamkeit etwas anfangen.

Goethe etwa schreibt in seiner Autobiographie – bereits aus der Distanz von vierzig Jahren: »Meistens entzog sich dieser wackere Mann [Georg Michael von La Roche] der Gesellschaft, wenn die Schatullen eröffnet wurden. Hörte er auch wohl einmal einige Briefe mit an, so konnte man eine schalkhafte Bemerkung erwarten. Unter andern sagte er einstens, er überzeuge sich bei dieser Korrespondenz noch mehr von dem, was er immer geglaubt habe, daß Frauenzimmer alles Siegellack sparen könnten, sie sollten nur ihre Briefe mit Stecknadeln zustecken und dürften versichert sein, daß sie uneröffnet an Ort und Stelle kämen.«

Goethe kommt in jenen Jahren mehrfach ins Haus. Einmal wandert er sogar zu Fuß von Frankfurt aus das Lahntal hinab nach Ehrenbreitstein. »Mit der Mutter [Sophie] verband mich mein belletristisches und sentimentales Streben«, so schreibt er, »mit dem Vater [Georg Michael] ein heiterer Weltsinn, und mit den Töchtern meine Jugend.«

Die Hausherrin porträtiert er später voller Hingabe: »Sie war die wunderbarste Frau, und ich wüßte ihr keine andre zu vergleichen. Schlank und zart gebaut, eher groß als klein, hatte sie bis in ihre höheren Jahre eine gewisse Eleganz der Gestalt sowohl als des Betragens zu erhalten gewußt, die zwischen dem Benehmen einer Edeldame und einer würdigen bürgerlichen Frau gar anmutig schwebte.«

Doch der junge Goethe kommt letztendlich nicht nur wegen der Autorin des ›Fräuleins von Sternheim‹ hierher, und auch nicht nur wegen seines damaligen »sentimentalen Strebens«. Tatsächlich hat er eben eine unglückliche Liebe hinter sich, zu der Wetzlarer Bürgerstochter Charlotte Buff. Er trägt sich mit einem Roman, worin er seine Empfindungen niederschreiben möchte, aber ungezügelter und in ungestümeren Worten, als die eine Generation ältere Sophie von La Roche es getan hat. Jetzt kommt er also nach Ehrenbreitstein und lernt dort die älteste Tochter des Hauses kennen, die sechzehnjährige Maximiliane.

In seiner Autobiographie schreibt der über Sechzigjährige: »Wenn sich aber Herr von La Roche gegen alles, was man Empfindung nennen könnte, auflehnte, und wenn er selbst den Schein derselben entschieden von sich abhielt, so verhehlte er doch nicht eine väterlich zarte Neigung zu seiner ältesten Tochter, welche freilich nicht anders als liebenswürdig war: eher klein als groß von Gestalt, niedlich gebaut; eine freie anmutige Bildung, die schwärzesten Augen und eine Gesichts-farbe, die nicht reiner und blühender gedacht werden konnte.«

Eine Zeichnung aus jener Zeit zeigt das aufblühende Mäd-chen Maximiliane, das von allen nur Maxe genannt wird. Goethe verliebt sich in sie. Später hüllt er seine heftige Neigung in wohlgefällige Worte: »[...] die Töchter fielen mir zu, von de-nen die älteste mich gar bald besonders anzog. Es ist eine sehr angenehme Empfindung, wenn sich eine neue Leidenschaft in uns zu regen anfängt, ehe die alte noch ganz verklungen ist. So sieht man bei untergehender Sonne gern auf der entgegenge-setzten Seite den Mond aufgehn und erfreut sich an dem Dop-pelglanze der beiden Himmelslichter.«

Die Empfindsamkeit Sophie von La Roches hat jedoch Gren-zen. Wenn es um die materielle Versorgung der eigenen Fami-lie geht, denkt sie durchaus praktisch. Ein Frankfurter Freund, Friedrich Damian Dumeiz, hat einen Frankfurter Witwer, den knapp vierzigjährigen Peter Anton Brentano, als Bräutigam für Maximiliane ins Gespräch gebracht. Brentano ist wohlha-bend, besitzt eine florierende Handelsfirma und sucht drin-gend eine Frau, die den Haushalt führt und sich um die fünf Kinder aus seiner ersten Ehe kümmert. Der Handel ist schnell perfekt, wobei – Georg Michael ist auf Dienstreise – Sophie von La Roche als treibende Kraft fungiert. Überstürzt wird am 9. Januar 1774 in Ehrenbreitstein die Ehe geschlossen.

Im Februar und März desselben Jahres schreibt Goethe sei-nen Roman ›Die Leiden des jungen Werthers‹ und verarbeitet darin nicht nur den Selbstmord seines Freundes Carl Wilhelm Jerusalem ein halbes Jahr zuvor, sondern auch seine eigenen unglücklichen Liebesgeschichten mit Charlotte Buff und Ma-ximiliane von La Roche, jetzige Madame Brentano.

In den folgenden Jahren sucht Goethe, wenn er bei seiner Mutter zu Besuch in Frankfurt ist, noch mehrmals den Kontakt zu Maximiliane. Zunächst ist er ein gerngesehener Gast. Dann aber scheint es dem Hausherrn Peter Anton Brentano etwas unheimlich geworden zu sein, immer den jugendlichen Galan um seine junge Frau streichen zu sehen. Vermutlich erteilt er dem Poeten Hausverbot, was Goethe etwas verschämt in einem Brief an Sophie von La Roche folgendermaßen umschreibt: »Wenn Sie wüßten, was in mir vorgegangen ist, ehe ich das Haus mied, Sie würden mich nicht zurückzulocken denken, liebe Mama, ich habe in denen schröcklichen Augenblicken für alle Zukunft gelitten, ich bin ruhig, und die Ruhe laßt mir […].«

Später begegnet er dem Ehepaar Brentano einmal im Theater, und Peter Anton gibt sich zugeknöpft. »Er hatte«, so Goethe an Sophie von La Roche, »all seine Freundlichkeit zwischen die spitze Nase und den spitzen Kiefer zusammengepackt.«

Im Winter 1774 gehen die Frankfurter Bürger am Ufer des zugefrorenen Mains spazieren und sehen den jungen Schlittschuhläufern zu. Goethe erblickt Maximiliane, borgt sich bei seiner Mutter deren roten Pelz, wirft die Schleppe über den Arm, schnallt sich Schlittschuhe an und gleitet, ziemlich stutzerhaft aufgemacht, aber elegant die Kurven nehmend, über das Eis und umkreist seine Maximiliane – »wie ein Göttersohn«, so erinnert sich die Frau Rat Goethe später im Gespräch mit Maxes Tochter Bettine.

Die alte Dame berichtet weiter: »Mein Lebtag seh ich noch, wie er den einen Brückenbogen hinaus und den andern wieder herein lief, und wie da der Wind ihm den Schlepp lang hinten nachtrug, damals war Deine Mutter mit auf dem Eis, der wollte er gefallen.«

Maximilianes weiterer Lebensweg ist leider schnell erzählt: Bis zu ihrem frühen Tod bringt sie während ihrer knapp zwanzig Ehejahre zwölf Kinder zur Welt, darunter auch Clemens, Bettine, Sophie, Lulu, Meline, Georg, Gunda und Christian Brentano. In den ersten Jahren nutzt sie die Zeit der Niederkunft, um nach Ehrenbreitstein zurückzukehren. Die lebenslustige junge Frau, in ihrem Elternhaus wie eine Prinzessin aufgewachsen, gewöhnt sich nie recht an das laute und von Gerüchen aller Art erfüllte Handels- und Kontorhaus »Nürnberger Hof«, seit 1778 dann das Haus zum Goldenen Kopf in der Großen Sandgasse. Auch die Ehe mit Peter Anton scheint nicht nur harmonisch gewesen zu sein, obgleich spätere Bren-

tanos, wie etwa Christians Sohn Lujo, dies stets energisch be-
stritten haben. Zumindest scheint Peter Anton ein Patriarch gewesen zu sein, der mit den pädagogischen und aufklärerischen
Idealen des Hauses La Roche nicht viel anfangen konnte. Maximiliane hingegen ist eine liebevolle und fürsorgliche Mutter,
Briefe an ihre Kinder bezeugen das.

An den dreizehnjährigen Clemens – er befindet sich in einem
Mannheimer Internat – etwa schreibt sie in einem Brief: »Sieh
ich habe dich immer so geliebt, und die Tante auch, ich habe
immer vor dich gesprochen und gesagt du würdest uns gewiß
noch Ehre machen, ich hofe du hast mich lieb genug um mich
nicht zur Lügnerin zu machen, und Gott wird dich seegnen
und dich belohnen wen du gut wirst, schreibe mir waß du ler-
nest, und wie deine Stunden eingetheilt sind. [...] lebe wohl,
Gott erhalte dich, und Stärcke dich Zum guten – deine treue
Mutter Brentano«.

Im Mai 1793 bringt Maximiliane eine Tochter zur Welt, die
bereits Anfang September stirbt. Maximiliane selbst ist mit ihren siebenunddreißig Jahren ausgezehrt. Am 19. November
stirbt auch sie, plötzlich und ohne vorherige Krankheit.

Die erschütterte Sophie von La Roche schreibt an ihre
Freundin Elise zu Solms-Laubach: »Meine Tochter Brentano
ist den 19. gestorben, und sieben ihrer Kinder sind trostlos um
mich. Die liebenswerte Märtyrin ist glücklich bei Gott, leidet
nicht mehr, weder an Leib noch Seele, kann nicht geplagt werden. Segen auf ihren Staub und Tugend ihren Kindern.«

Sophie von La Roche hat das Glück – oder das Unglück –,
lange zu leben. Einerseits erfährt sie noch viel Anteilnahme
und auch literarischen Erfolg, andererseits muß sie vielen Fa-
milienmitgliedern und Freunden ins Grab hinterherblicken
und ihren eigenen gesellschaftlichen Abstieg miterleben.

Plötzlich und unerwartet fällt ihr Mann beim Trierer Erzbischof in Ungnade. Georg Michael, ein aufgeklärter Kopf, hat
seine Möglichkeiten, den katholischen Staat zu reformieren,
über- und seine Feinde unterschätzt. Er ist, obgleich Katholik,
ein erbitterter Feind der erzkonservativen papistischen Linie,

und seinen Hauptgegner sieht er (dabei alle über einen Kamm scherend) im Mönchswesen. Bereits 1771 veröffentlicht er seine ›Briefe über das Mönchswesen‹, anonym zwar, aber sehr bald kennt man auch hier den Namen des Autors.

Goethe schreibt später in seiner Autobiographie: »Ein unversöhnlicher Haß gegen das Pfaffthum hatte sich bei diesem Manne, der zwei geistlichen Churfürsten diente, festgesetzt [...]. Seine Briefe über das Mönchswesen machten großes Aufsehen; sie wurden von allen Protestanten und von vielen Katholiken mit großem Beifall aufgenommen.«

Der trierische Kurfürst Clemens Wenzeslaus stellt sich zunächst hinter seinen treuen und fähigen Minister. Aber La Roches Gegner schüren den Argwohn im Hintergrund. La Roche macht sich schließlich dadurch unbeliebt, daß er den Neubau eines prächtigen Schlosses in Koblenz zu verhindern sucht, aus Rücksicht auf die Staatsfinanzen. Außerdem erscheinen im Jahre 1780, wiederum anonym, drei Fortsetzungsbände der ›Briefe über das Mönchswesen‹. Obwohl La Roche diesmal nicht der Autor ist, sondern ein gewisser Johann Kaspar Risbeck, werden ihm die Schriften angelastet. Die Geduld des Kurfürsten ist am Ende. In den fortwährenden Angriffen sieht er seine geistliche und weltliche Macht in Frage gestellt. Aus Gründen der Staatsräson entläßt er seinen Kanzler La Roche.

Daraufhin quittiert der Konferenzminister Christoph Philipp von Hohenfeld aus Protest ebenfalls den Dienst und zieht sich nach Speyer zurück. In seinem dortigen Haus bietet er der Familie seines Freundes, die Ehrenbreitstein verlassen muß, Asyl. Sieben Jahre, von 1780 bis 1786, wohnt das Ehepaar La Roche bei Hohenfeld in Speyer, in vergleichsweise beengten Verhältnissen. Georg Michael ist inzwischen sechzig Jahre alt und ein gebrochener Mann. Seinen Sturz wird er nie recht verwinden, obwohl er sich selbst nichts vorzuwerfen hat. Während er sich immer mehr zurückzieht und von verschiedenen Krankheiten heimgesucht wird, blüht seine Frau den Umständen zum Trotz zunächst auf.

Sophie von La Roche sieht sich nun, da – von Erspartem abgesehen – die Pfründe der Zollschreiberei von Boppard ihre einzige regelmäßige Einnahme ist, vor die Aufgabe gestellt, Geld hinzuzuverdienen. Das beflügelt sie mehr, als daß es sie lähmt, und so verfällt sie auf die Idee, eine unterhaltsame, gleichzeitig niveauvolle Monatszeitschrift für Frauen herauszugeben. Im Januar 1783 erscheint die erste Nummer. Sophie von La Roche nennt die Zeitschrift nach der Göttin des Herbstes und der Ernte ›Pomona‹ und nimmt mit dem Namen auch Bezug auf ihren eigenen Lebensherbst. Der Untertitel gibt die Klientel des Blattes an: »für Teutschlands Töchter«. ›Pomona‹ ist die erste Zeitschrift, die von einer Frau für Frauen herausgegeben wird. Wenige Jahre später wird Sophie von La Roche in Marianne Brentano-Ehrmann und Therese Forster-Huber Nachahmerinnen finden, die ähnliche Zeitschriften redigieren werden. Das Konzept geht auf: ›Pomona‹ erscheint zwei Jahrgänge lang, 1783 und 1784.

Eine Buchhändler-Anzeige umreißt die Ziele der Zeitschrift folgendermaßen: »Ihr Vorsatz bey gedachter Pomona ist Belustigung und Unterricht; sie will 1) in ihren Briefen an Lina die Punkte berühren, welche eine Tochter von guter Erziehung für ihren Verstand, ihr moralisches Gefühl, und Haushaltungskunst wissen soll. 2) in anmuthigen Gesprächen auf Spaziergängen nach Anleitung der Thomsonischen Jahreszeiten von den Hauptgegenständen der schönen Litteratur sich mit ihren Freundinnen unterhalten, 3) Auszüge aus Werken liefern, welche in Frankreich, Engeland und Italien zur Belehrung des weibl. Geschlechts herausgekommen, 4) Gedichte, von Frauenzimmern geschrieben, mittheilen, 5) von ihren eigenen moralischen Erzählungen anhängen […].«

Erziehung und Bildung der Leserinnen stehen hier also im Vordergrund, wenn auch unterhaltsam aufbereitet. Bildung bedeutet für Sophie von La Roche nie Gelehrtheit, Intellektualität, das, was man damals abschätzig als Blaustrümpfigkeit bezeichnet. Die Autorin, obgleich selbst umfassend gebildet, lehnt für sich und andere Frauen eine Bildung ab, die reiner Selbstzweck ist oder gar zum Ziel hat, sich vom Mann zu emanzipieren.

Aus heutiger Sicht mag man geneigt sein, Sophie von La Roche vorzuhalten, zwischen ihren Lehren und ihrem Leben (vor allem in späteren Jahren, als sie wirklich emanzipiert lebt) bestehe ein Widerspruch. Doch kann man ihr nicht unterstellen, sie habe die Sache der Frauen verraten. Das wäre eine Sichtweise, die die historischen und soziologischen Bedingungen des 18. Jahrhunderts unberücksichtigt ließe. Tatsächlich hat Sophie von La Roche mit ihrer ›Pomona‹, mit der ›Geschichte des Fräuleins von Sternheim‹ und anderen Projekten und Büchern wesentlich zum Selbstverständnis bürgerlicher Frauen ihrer Zeit beigetragen und damit – beabsichtigt oder unbeabsichtigt – das Fundament für spätere emanzipatorische Bestrebungen gelegt.

›Pomona‹ wird nicht nur ein ideeller Erfolg, sondern auch ein finanzieller. Die Zeitschrift läuft gut, sogar die Zarin Katharina II. von Rußland abonniert fünfhundert Exemplare, um sie bei Hofe zu verteilen. Sophie von La Roche steht damals auf der Höhe ihres publizistischen Einflusses und ihres Selbstwertgefühls und trägt wesentlich zum Lebensunterhalt der Familie bei.

Einen Teil ihrer Kolumnen und fiktiven Briefe, die in verschiedenen Zeitschriften abgedruckt wurden, sammelt die geschäftstüchtige Frau und veröffentlicht sie in Buchform. So erscheinen in den Jahren 1779 bis 1781 ›Rosaliens Briefe‹ in drei Bänden. Das Werk wird zwar als Roman bezeichnet, es handelt sich aber nur um überarbeitete Fassungen der ›Frauenzimmerbriefe‹ aus der Zeitschrift ›Iris‹. Auch hier steht die Erziehung im Vordergrund: Rosalie, ein junges Mädchen, berichtet in Briefform über ihre moralische Entwicklung. Ähnlich verhält es sich mit den ›Briefen an Lina als Mädchen‹ (1788, eine Sammlung der Lina-Kolumnen aus der ›Pomona‹) und mit den ›Briefen an Lina als Mutter‹ (1795/1797). Die Veröffentlichungen festigen den Ruf der Autorin als moralische Erzieherin einer ganzen Generation, doch prägen sie auch das klischeehafte Bild, das Weggefährten in den letzten Lebensjahren von ihr zeichnen. Ihre ausgleichende, pädagogische, Konflikte eher zudeckende als austragende Natur und ihr pietistisch-frömmlerischer Hang stoßen die Jüngeren immer mehr ab.

Selbst Goethe sieht Sophie von La Roche zunehmend kritisch, wenngleich er ihr nach wie vor ein dankbares Andenken bewahrt. An Schiller schreibt er 1799: »Sie [Sophie von La Roche] gehört zu den nivellierenden Naturen, sie hebt das Gemeine herauf und zieht das Vorzügliche herunter und richtet das Ganze alsdenn mit ihrer Sauce zu beliebigem Genuß an; übrigens möchte man sagen, daß ihre Unterhaltung interessante Stellen hat.«

Die Tragik Sophie von La Roches besteht darin, daß sie die Zeit der Empfindsamkeit und gemäßigten Aufklärung überlebt, aber die Zeichen der Gegenwart nicht mehr richtig deuten und einordnen kann. Dennoch verschließt sie sich der Welt nicht. Im Gegenteil: Mit Mitte Fünfzig – zur damaligen Zeit gilt man da schon als alt – entdeckt sie für sich das Reisen. Meist in Begleitung eines ihrer Söhne, einer Freundin oder eines Vertrauten der Familie unternimmt Sophie von La Roche in den Jahren 1784 bis 1788 mehrere große Reisen durch die Schweiz, durch Holland, Frankreich und England. Über diese Unternehmungen veröffentlicht sie in schneller Folge mehrere umfangreiche Bücher, die ihren späten Ruf als Reiseschriftstellerin begründen. Sie beobachtet Land und Leute genau und gibt das Beobachtete anschaulich wieder. Sie ist sogar die erste Frau, die – im Juli 1784 – den Mont Blanc besteigt, oder besser gesagt, die sich in einer Sänfte einen Teil des höchsten Berges von Europa hinauftragen läßt, wie es für eine ältere Dame angemessen ist.

Über das Abenteuer schreibt sie: »Je höher wir stiegen, je mehr jammerten mich meine Träger, und meine Brust litte mit ihnen, wenn ich sie keuchen hörte. Auf einmal sah ich einen hundert Schritt breiten Plaz, ohne Baum, ohne Strauch, beynah einer geraden Felswand ähnlich, an deren Rand der Weg nur zwo Hände breit mit lauter lockern Steinen belegt war. Die Träger mußten etwas abwärts gehen, so daß das ganze Gewicht meines Körpers auch vorwärts hieng; die Füsse mußte ich, um nicht auf den Steinen anzustoßen, ausstrecken; aber da stieß ich an die Füsse des vordern Trägers, und konnte ihn dadurch fallen machen, wo er mich mit seinem Kameraden in den Abgrund gezogen hätte. Diese neben dem Blick auf den Weg entstandnen Gedanken erschöpften auf einmal allen meinen Muth; ich war einer Ohnmacht nahe, und nur durch die Idee bey Sinnen geblieben: Wenn du ohnmächtig wirst, so stürzest du ohne Hülfe aus dem Stuhl.«

Sie erreichen eine Felsanhöhe und blicken von oben auf haushohe Granitblöcke und den Gletscher hinab: »Zwischen ihnen Pyramiden von glänzenden Eis, wie von Cristal, und der Einschnitt, welcher eine weise Welle von der andern absondert, mit himmelblauen Eis besezt. Man lernt an Allmacht glauben, wenn man hier steht, und die Felsen sieht. Wie klein, wie niedrig scheint aller Stolz der Welt, alles, wovon wir eine grose Idee hatten.«

Als Sophie von La Roche von einer ihrer Reisen nach Deutschland zurückkehrt, erfährt sie, daß ihr Mann, mit finanzieller Hilfe von Peter Anton Brentano und dessen Sohn Franz ein Haus in Offenbach gekauft hat. Sie muß sich fügen, erst widerstrebend, doch schnell gewöhnt sie sich an das Anwesen in der Domstraße. Die »Grillenhütte« oder das »Grillenhäuschen«, wie sie und die Enkel das Haus liebevoll-spöttisch nennen, wird ihre letzte Lebensstation.

Mit der Zeit wird es einsamer um sie: Ihr Mann Georg Michael stirbt 1788. Ihr Sohn Fritz fährt nach Amerika, kämpft auf französischer Seite im Unabhängigkeitskrieg, geht später nach Rußland und ist zeitweilig verschollen. Ihre Tochter Luise ist unglücklich mit einem Alkoholiker namens Joseph Christian Möhn verheiratet, der sie schlägt; schließlich verläßt Luise ihren Mann und zieht zur Mutter in die »Grillenhütte«. Der Sohn Franz Wilhelm stirbt 1791 mit nur dreiundzwanzig Jahren, die schöne Maximiliane folgt 1793. Nur Carl gerät zum Stolz der Mutter: Er macht Karriere im Bergwesen und geht später als Beamter nach Berlin.

Den Wechsel der Zeitläufte betrachtet Sophie von La Roche

ratlos bis widerwillig. Die Französische Revolution, die Napoleonischen Kriege erschüttern ihr an Aufklärung und biederer Bürgerlichkeit geschultes Weltbild. Dennoch bleibt sie ihrer Berufung als schriftstellernde Erzieherin unbeirrt treu. In den letzten Lebensjahren erscheinen noch mehrere Bände mit Romanen, Reiseerinnerungen und autobiographischen Rückblicken, so der unter französischen Emigranten in Amerika spielende Roman ›Erscheinungen am See Oneida‹ (1798), die feuilletonistischen Betrachtungen ›Mein Schreibetisch‹ (1799) und ›Melusinens Sommer-Abende‹ (1806).

Über ihre Reise mit den Enkelinnen Sophie und Gunda nach Weimar und Schönebeck im Jahre 1799 veröffentlicht sie ebenfalls einen Bericht. Diese Reise ist für sie von besonderer Bedeutung: Ein letztes Mal begegnet sie ihrem Freund aus Jugendtagen, Christoph Martin Wieland, der freilich mehr von der schönen Enkelin Sophie denn von der alt gewordenen Freundin angetan ist. Sophie von La Roche jedoch ist von der Atmosphäre in Oßmannstedt und von ihren eigenen Erinnerungen überwältigt.

An Elise zu Solms-Laubach schreibt sie noch aus Wielands Haus: »Bald ging es in süße Tränen über, und als ich mit Wieland und seiner Frau allein stille blieb, so kam ruhiges Vergnügen und Dank zum Himmel so ganz zu meiner Hülfe, daß ich von da an zu genießen anfing, in Wieland den alten, weisen Freund, den patriarchalischen Familienvater und immer gleich regen, tätigen Genius bewundre und liebe [...]. Erinnerungen alter Zeit gingen uns immer zur Seite und kamen in unser Gespräch. Abends, da wir mit den sieben Kindern vereint zu Tisch saßen, war alles so einer freundlichen Familie ähnlich, daß unsere einfache Mahlzeit dadurch gewürzt und erheitert ward.«

Zu den Enkeln hat Sophie ein inniges Verhältnis. Franz Brentano, Peter Antons Sohn aus erster Ehe, ist nach dem Tod des Vaters Oberhaupt der Familie und schickt, um sich zu entlasten, mehrere seiner jüngeren Geschwister zur Großmutter nach Offenbach. Clemens und Bettine, Sophie und Meline ver bringen mehrere Jahre bei ihr. Sie lieben und ehren die alte Frau, können deren Idealen und Ideen jedoch kaum etwas abgewinnen – dafür sind sie zu jung und zu unerfahren. So gerät manche Marotte der Großmutter zum Anlaß für Spott, über ihre Betulichkeit wird gewitzelt, ihre Güte bisweilen ausgenutzt. Sie liebt ihre Enkel dennoch und hat immer ein offenes Ohr für sie. Und sie benötigt das Kostgeld, das sie von Franz erhält, zum Lebensunterhalt. Denn die Zollschreiberei von Boppard bleibt nach der Besetzung des linken Rheinufers durch die französischen Truppen aus, und die Honorare ihrer zahlreichen Bücher werden immer geringer – ihre Schriften werden kaum mehr gelesen.

Ihre Güte öffnet ihr manches Herz. Der zerrissene und schwierige Clemens, der dem »tüchtigen« Bruder Franz Sorgen bereitet, vertraut sich der Großmutter an. Instinktiv erkennt er wohl, welche Kämpfe die alte Frau in ihrer Jugend ausgefochten hat, bis sie, in sich selbst ruhend, zur »Erzieherin Deutschlands« werden konnte.

Der zwanzigjährige Clemens schreibt im März 1799 an seine Großmutter: »Ich bin gut, ich werde verdienen glücklich zu sein, aber ich werde es nie sein. Dies ist keine Jünglingsmelodie aus moll-Ton, keine idealisierte Verrechnung, es [ist] Folge aus Gründen, die außer mir sind, und an denen ich zerschellen werde in der rauschenden reißenden Flut meiner Schicksale. Und ist alles schön und weise in der Schöpfung, so ist es auch schade um die Kühnen, die an dem schönsten, unerreichbarem Ziele scheitern. Wer so geschaffen ist, daß er seinen Lohn nur im Individuellen findet, und keine Welt in seine Räder greift, der nagt an der Fessel seines Lohns und stirbt in der Verzweiflung an ihrer Zerbrechlichkeit. Meine Geschichte wird einem verbundenen Buche gleichen, in das fremde Blätter und Holzschnitte geraten sind. Der Lohn steht vor dem Verdienst, die Ehe vor der Liebe, und ein Holzschnitt daz[w]ischen. – ich werde nicht glücklich sein [...].«

Sophie von la Roche lebt bis zuletzt eigenständig in ihrer »Grillenhütte«. Franz und andere Familienmitglieder stecken ihr zwar immer wieder Geld zu, aber sie will keine Almosen und schickt ihnen Quittungen über die entsprechenden Summen. Nach kurzer Krankheit stirbt sie am 18. Februar 1807.

Die Enkelin Meline berichtet über Sophie von La Roches letzte Tage: »Die Entkräftung der Großmutter nimmt immer zu; doch behielt sie ihren völligen Verstand; sie erbaute jedermann, sprach mit allen, und ihre große Gutmütigkeit hat sich in ihrer Krankheit sehr gezeigt. Den Dienstag war ich wie gewöhnlich morgens bei ihr, sie zog mich zu sich aufs Bett und küßte mich mehrmals sehr zärtlich, doch ohne so wie sonst, wenn sie krank war, Abschied zu nehmen. Den Mittwoch war sie viel schwächer, aber immer noch bei sich. Die Tante [Luise Möhn] verließ sie keinen Augenblick. Wir schickten abends noch einen Boten hinaus, da war sie noch kränker. Diesen Morgen schreibt die Tante, die gute liebe Großmutter sei um 7 Uhr gestern [18. 2.] abend auf ewig eingeschlafen. Sie hatte ein ruhiges unendlich schönes Ende, bewies recht durch ihr Sterben, wie gut sie war.«

Die schreibenden Enkel, Vertreter einer anderen literarischen Richtung, bewahren die liebevolle und gütige Großmutter zwar in ihren Herzen, vergessen jedoch bald deren gesellschaftliche und literarische Bedeutung. Erst im späten 19. Jahrhundert beginnt sich die Germanistik, ausgehend von der Goethe- und Wieland-Forschung, für die Autorin des ›Fräuleins von Sternheim‹ und für ihren Kreis zu interessieren. Nach ihrem Tod müssen über hundert Jahre vergehen, bis man ihre Bedeutung literarhistorisch und soziologisch einordnen und würdigen kann.

Sophie von La Roche ist die Großmutter der literarischen Romantik, nicht nur dadurch, daß Clemens und Bettine Brentano zu ihren Enkeln gehören, sondern auch durch ihre eigene Dichtung der Empfindsamkeit, des Gefühlskultes und des Aufbruchs zu fernen Ländern und Kulturen, mit der sie die Ideen und die Ideale der Romantik vorbereiten half.

Marianne Brentano-Ehrmann (1755–1795)

Marianne Brentano-Ehrmann
(1755–1795)

>*»Ich theile meine Stunden ein, gehe nur selten in Gesell-*
>*schaften, besorge hurtig meine kleinen Hausgeschäfte,*
>*habe keine Kinder, und bleibt mir zu dieser Arbeit im-*
>*mer noch genug Zeit übrig.«*
>
> Marianne Brentano-Ehrmann über ihre Schriftstellerei

»Mit Ihrem Schattenriß, liebe Freundin, haben Sie mir ein
überaus angenehmes Geschenk gemacht. Ich will ihn über
meinem Pult als Heiligenbild aufhängen und beten: ›Sancta
Mariana ora pro me!‹ Daß ich in des schönsten schwäbischen
Mädchenherzens Lust- und Freudenhimmel aufgenommen
werden möge, und zwar, ohne so lange erst im Fegefeuer zu
braten.«

Diese Zeilen eines nicht mehr ganz jungen Mannes aus dem
Jahre 1790 sind an eine der bekanntesten Autorinnen der Zeit
gerichtet. Ihr Name: Marianne Ehrmann, geborene Brentano.
Der Briefschreiber: Gottfried August Bürger, Autor der ›Leo-
nore‹ und der ›Abenteuer des Freiherrn von Münchhausen‹.
Doch mit dem »schwäbischen Mädchenherzen« ist nicht etwa
die in Stuttgart lebende vierunddreißigjährige Marianne gemeint, sondern eine ominöse Unbekannte. Sie hat kurz zuvor
in der von Marianne Ehrmann und ihrem Mann herausgegebenen Zeitschrift ›Der Beobachter‹ ein hymnisches Gedicht
auf Bürger veröffentlicht, das zwar nicht von poetischem Talent, wohl aber von schwärmerischer Hingabe zeugt. Bürger
versucht nun, über Marianne Ehrmann Namen und Adresse
der schwäbischen Verehrerin zu erhalten. Mit Erfolg. Zwei
Wochen später schreibt der in Fernliebe Entflammte an Marianne Ehrmann die stürmischen Worte: »Ja, liebe Freundin, Sie
sind und bleiben das wackerste aller wackern Weiber […].«

Die Kuppeldienste seiner Autorenkollegin wird Gottfried

August Bürger später allerdings sehr bereuen. Noch im selben Jahr, 1790, heiratet er das schwäbische Mädchen, die zwanzigjährige Elise Hahn. Die Ehe verläuft unglücklich und wird bereits zwei Jahre später geschieden. Aber das ist eine andere Geschichte.

Von Marianne Brentano-Ehrmann existiert leider nur der Schattenriß, den sie Bürger zum Geschenk gemacht hat und der sie im Alter von etwa dreiunddreißig Jahren zeigt, einen mondänen Hut mit pompösen Federn auf dem Kopf. Die Silhouette wurde der 1788 erschienenen Schrift ›Kleine Fragmente für Denkerinnen‹ als Kupferstich beigefügt, darunter die Worte: »Verfasserinn der Philosophie eines Weibs«. Das ist der Titel ihres ersten Buches, das 1784 herausgekommen war und Furore gemacht hatte. Da ihre ersten Bücher anonym erschienen und ihr Name der literarischen Gemeinde erst später bekannt wurde, blieb sie lange Zeit schlicht die »Verfasserinn der Philosophie eines Weibs«.

Marianne entstammt der sehr alten und weitverzweigten Kaufmannsfamilie der Brentanos, jedoch nicht der Linie der Tremezzo, die im späten 18. Jahrhundert zu einer der führenden Familien im Handels- und Geistesleben der Stadt Frankfurt wird, sondern dem Zweig der Gnosso. Auch die Gnosso-Linie stammt ursprünglich vom Comer See und hat sich, ähnlich wie die Tremezzo, bereits im 16. und 17. Jahrhundert über die Alpen hinweg in die Schweiz und nach Deutschland ausgebreitet.

Geburtsjahr und Geburtsort Marianne Brentanos lassen sich nicht mit letzter Sicherheit bestimmen. Sie wird an einem 25. November geboren, vermutlich im Jahr 1755. In Rapperswil am Zürcher See wächst sie auf, in der Marktgasse 4, und dort ist sie wohl auch geboren. Ihre Eltern sind der Kaufmann Franz Xaver Brentano und die ebenfalls italienischstämmige Maria Sebastiana, geborene Corti.

Mariannes Eltern sind vermögend. Sie besitzen Grundstücke und betreiben einen florierenden Handel mit allerlei Waren. Im Laufe der Jahre bringt Maria Sebastiana zehn Kinder zur

Welt – für die damalige Zeit nichts Ungewöhnliches. Es ist zu vermuten, daß Marianne bereits als junges Mädchen eine gehobene Bildung erhält. Ihr Lebensweg scheint vorgezeichnet: Als »gute Partie« mit üppiger Mitgift wird sie einmal einen Kaufmann oder einen Ratsherrn ihrer Heimatstadt heiraten.

Doch das Schicksal meint es nicht gut mit der Familie: Nach und nach sterben acht der zehn Kinder an den damals weitverbreiteten und unheilbaren epidemischen Krankheiten. Einzig Marianne und eine jüngere Schwester bleiben am Leben. Das Vermögen des Vaters verliert durch Kursschwankungen und einige defizitäre Geschäfte stark an Wert. Im April 1770 stirbt schließlich auch noch die Mutter, Maria Sebastiana. Vermutlich im Jahr 1772 zieht Franz Xaver Brentano mit den beiden verbliebenen Töchtern nach Wurzach im Westallgäu. Doch auch hier findet die Familie keinen Frieden: Nur drei Jahre später stirbt Franz Xaver.

Marianne schreibt später an Johann Caspar Lavater: »Der bedauerungswürdige, […] starb im Elend und hinderlies meine jüngere Schwester und mich als hülflose Waisen. Meine einzige innig geliebte Schwester starb nachher unter den rohen geizigen Händen unseres Vormunds, ich hingegen blieb lange den schröklichsten Schiksalen gewis.«

Das »schröklichste Schicksal« heißt zunächst: weitgehende Verarmung und ein Vormund, der sie schikaniert und finanziell, vermutlich auch sexuell ausbeutet. Ein Verwandter aus dem nahen Kempten, Dominicus von Brentano (er ist der Sohn des Vetters ihres Vaters), erbarmt sich ihrer und setzt sich nachdrücklich für sie ein, nimmt sie jedoch nicht – wie manchmal behauptet wurde – bei sich auf, da er um seinen guten Ruf fürchtet.

Dominicus von Brentano (1740–1797) – auch er stammt aus Rapperswil – ist katholischer Geistlicher und zu seiner Zeit ein bekannter Theologe, Bibelforscher und Bibelübersetzer. In Kempten steht er als Hofkaplan und Geistlicher Rat in Diensten des Fürstabtes. Dominicus von Brentano vertritt eine aufgeklärte Theologie. Nicht nur seine kommentierte Bibelübersetzung ist damals weit verbreitet und beliebt, sondern er veröffentlicht auch kritische kirchengeschichtliche Schriften, etwa: ›Über den Ursprung der weltlichen Macht des Papstes‹ (1781), oder: ›Katechetischer Unterricht über die Frage: Wie verhält sich die bischöfliche Macht zur päpstlichen‹ (1787). Doch die Möglichkeiten des Theologen, Marianne zu helfen, sind begrenzt. Konfessionelle Hürden machen es ihm schwer, für die offensichtlich protestantisch erzogene junge Frau einzutreten.

Ein Freund Mariannes, der Schriftsteller Friedrich David Gräter, berichtet später in seiner Schrift ›Besuch bey Amalien‹ (gemeint ist Marianne) recht blumig: »In ihrer ersten Jugend war sie voll Feuer und Unbändigkeit. Als Waise lernte sie beide in einer harten Vormundschaft bändigen. Ihr einer nun längst gestorbener Onkel, dessen Mündel sie war, und der sie zu sich nahm, brachte sie durch den schmutzigsten Geist fast um ihr ganzes Vermögen. Ihr anderer, bey weitem edlerer und noch lebender Oheim, der berühmte Herr [Dominicus] von Brentano in Kempten, Verf. der neuen Bibelübersetzung, rettete sie zwar aus den Klauen dieses Unmenschen, konnte aber vermöge seines Standes und der verschiedenen Religion (Amal. [d. h. Mariannes] Mutter war eine Protestantin) nicht mehr für sie thun, als daß er sie zu einem andern vornehmen Verwandten als Hausjungfer brachte.«

Immerhin vermittelt Dominicus von Brentano der jungen Frau eine Stelle als Erzieherin. Gräter jedoch macht vage Andeutungen, es sei dort zu sexuellen Annäherungen durch den Hausherrn gekommen: »Allein dieser trug Schalk im Herzen, machte Amalien [Marianne] niedrige Zumuthungen, u. da sie ihm mit ihrem Feuer und Spott widerstand, so führte er sie aus Rache in eine bekannte Stadt und ließ sie ohne alle Unterstützung sitzen.«

Marianne sucht auf die einzig mögliche Weise, ihrem Dasein als rechtlose Dienstbotin zu entfliehen: durch Heirat. Um 1777 ehelicht sie einen Offizier, dessen Name nicht überliefert ist. Doch sie tauscht eine Abhängigkeit gegen eine andere ein.

Der Ehemann erweist sich als Säufer und Spieler, der offenbar den Rest von Mariannes Erbteil bei Wetten und am Kartentisch verliert.

Auch hier weiß Gräter Genaueres: »Sobald der erste Rausch der Liebe und Ehe vorbey war, […] ergab [er] sich wie vorher wieder leidenschaftlich dem Spiele und dem Weine, […] verschwendete, verlor, betrog und wurde ertappt, kam oft erst nach Wochen wieder zu der unglücklichsten Gattin, und wenn diese ihn mit Thränen bat, sein Leben zu ändern, so wurden ihr die grausamsten Mishandlungen zu Theil.«

Der Offizier schlägt seine Frau also, und sie kann sich, in der Ehe dem Mann rechtlich untertan, nicht einmal dagegen auflehnen. Es kommt noch schlimmer, wie Mariannes zweiter Ehemann in seinem Nachruf auf sie berichten wird: »Sie war inzwischen schwanger, und da er sie in diesen Umständen eben so wenig schonte, als sonst, und sie einst mit barbarischer Wuth mishandelte, so kam sie zu frühe nieder, und gebar ein todtes Kind.«

Marianne Brentano hat – wenn man so will – Glück im Unglück: Ihr Mann veruntreut einen größeren Geldbetrag und taucht daraufhin unter. Als seine Ehefrau muß sie dafür haften, doch Dominicus von Brentano hilft ihr erneut aus der Klemme. Er reicht auch die Scheidungsklage ein. Marianne erleidet einen Nervenzusammenbruch und muß wochenlang gepflegt werden. Als sie wieder einigermaßen hergestellt ist, ermöglicht ihr Dominicus eine Art Erholungs- und Bildungsreise, die sie durch Deutschland und Italien führt (die genauen Stationen sind nicht bekannt.) Nach ihrer Rückkehr wird die Scheidung der Eheleute gerichtlich vollzogen. Marianne hofft unterdessen auf eine Anstellung in einem Haushalt in Wien, doch diese Hoffnung wird enttäuscht.

Ihre Lage scheint aussichtslos: Sie ist eine geschiedene und damit nach damaliger Ansicht gefallene, unehrenhafte Frau, obwohl ihr Ehemann ein Betrüger und Halunke war. Zudem ist sie mittellos, und vor dem Schuldturm hat sie nur der mitleidige Geistliche Rat Dominicus von Brentano bewahrt. In dieser Notsituation – auch von dem Kemptener Verwandten kann sie nichts mehr erhoffen – entschließt sich Marianne zu einem folgenschweren Schritt: Sie tauscht die örtliche Gebundenheit gegen ein Leben auf der Straße und schließt sich einer vagabundierenden Schauspielertruppe an.

Die meisten Schauspieler der damaligen Zeit rangieren auf der sozialen Leiter ganz unten. Sie sind für die Bürger nicht viel mehr als Bettler oder Hausierer, wenngleich man ihre Stücke und Possen gerne ansieht und darüber lacht. Es ist gerade einmal zwei Generationen her, daß die große sächsische Schauspielerin und Prinzipalin Friederike Caroline Neuber das Niveau der Schauspielrepertoires gehoben hat. Während zuvor überwiegend blutrünstige »Haupt- und Staatsaktionen« und groteske, überzeichnete Hanswurstiaden auf dem Programm standen, zeigt man jetzt immerhin Stücke von Shakespeare (Christoph Martin Wieland übersetzt zwischen 1761 und 1766 zweiundzwanzig Stücke des englischen Dramatikers in Prosa) und auch originäre Schauspiele deutschsprachiger Autoren. Aber noch immer sind feste Schauspielhäuser die Ausnahme, nur einige kunstsinnige Fürsten und eine Handvoll Freier Reichsstädte leisten sich tatsächlich ein eigenes Theater oder Opernhaus.

Was die Schauspieler anbelangt, so gibt es kaum feste Ensembles. Schauspielertruppen unter der Leitung mehr oder weniger bekannter Prinzipale ziehen durch die Lande, von einem Ort zum nächsten. Und trotz des Bekanntheitsgrads mancher dieser Truppen stehen die Schauspieler bei den Bürgern immer noch in schlechtem Ansehen. Sie gelten als unehrenhaft, und man begegnet ihnen mit Mißtrauen oder gar Verachtung. Solch einer Truppe also tritt die geschiedene Marianne Brentano um 1780 bei. Doch was hat sie schon zu verlieren? Wenigstens kann sie auf diese Weise der Enge der oberschwäbischen Kleinstadt entfliehen. Leider ist kaum etwas über ihre Erfahrungen als Schauspielerin überliefert. Immerhin muß sie Begabung gehabt haben, denn sie zieht zwischen 1780 und 1784 mit verschiedenen Theatertruppen durch Österreich, Deutschland und die Schweiz, kommt sogar bis nach Holland, Ungarn und Siebenbürgen. Der ganze damalige deutschsprachige Raum wird also bereist.

Marianne Brentano legt sich in dieser Zeit einen Künstlernamen zu: Madame Sternheim. Des öfteren wurde behauptet, sie habe den Namen aus Verehrung für den Roman der Sophie von La Roche gewählt. Das ist Spekulation, ebenso wie die Meinung, man könne aus der Wahl des Pseudonyms auf eine Verbindung zwischen Marianne Brentano und den Frankfurter Brentanos sowie Sophie von La Roche schließen. Marianne Brentano entstammt einem ganz anderen Zweig der Familie; die Linie der Gnosso und die Linie der Tremezzo sind nur äußerst entfernt miteinander verwandt. Wahrscheinlicher ist, daß der Name Sternheim – zugegebenermaßen bekannt geworden durch den vielgelesenen Roman der Sophie von La Roche – zu jener Zeit in weiblichen Künstlerkreisen eine Art Modename ist. Er weckt beim Publikum Neugier und Interesse, jedenfalls mehr als der Name Brentano, der erst mit den Romantikern im deutschen Geistesleben verankert wird.

Irgendwann in den Jahren des Umherziehens beginnt Marianne Brentano zu schreiben. 1784 erscheint in Wien, noch anonym, ihre Abhandlung ›Philosophie eines Weibs‹, mit dem bekräftigenden Zusatz ›Von einer Beobachterin‹. Im selben Jahr wird in Frankfurt und Leipzig – ebenfalls anonym – ihr Buch ›Müßige Stunden eines Frauenzimmers‹ publiziert. Die literarische Öffentlichkeit wird mit einem Schlag auf die Autorin aufmerksam, deren Identität erst viel später gelüftet werden soll.

Die ›Philosophie‹, ein gerade einmal siebzig Seiten umfassendes Büchlein im Oktavformat, ist ein Essay, der sich mit dem Verhältnis von Männern und Frauen auseinandersetzt, dabei aber keinem festen Schema folgt, sondern vielmehr die Lebensansichten und Beobachtungen einer zwar klugen, jedoch nicht akademisch gebildeten und gerade deswegen mitten im Leben stehenden Frau wiedergibt. Vermutlich ist die Sicht der Autorin auf die Liebe von ihren bis dahin schlechten Erfahrungen mit Männern geprägt. In ihrem Essay schwört sie der romantischen Liebe ab und fordert die Herrschaft der Vernunft über die Gefühle. Dennoch ergreift sie keineswegs Partei für die bloße Vernunftehe um materieller Vorteile willen. Die Vernunft ist für sie vielmehr ein adäquates Mittel, um die verheerenden Folgen kopfloser Liebe zu verhindern oder diese zumindest abzumildern.

Sie schreibt: »Die Liebe herrscht über jedes Alter: das gefährlichste aber ist die Jugend. Die Liebe ist wachtbar, und kaum hat sich die Natur entwickelt, so schlägt sie Wurzel, und ihre ersten Wirkungen sind gemeiniglich furchtbar. So lange unser Verstand noch nicht reif ist, überlegen wir nichts: sind wir aber einmal vernünftig, so überlegen wir in der Liebe gerne zu spat. Die Liebe ist boshaft: wir sollen sie daher fürchten, und ihre Bosheit scheuen; denn nur zu oft enden sich dem Schein nach reine und uneigennützige Bekanntschaften traurig. Wir sind schwach, und wir müssen also uns und die Liebe kennen lernen, und behutsam seyn. Die Gefahr nicht einsehen, ist Blindheit; das Verderbniß unsers Herzens nicht befürchten, ist Vorurtheil; wenn man aber nicht unüberwindlich ist, muß man sich schon für überwunden halten? Unterstützen wir unsre Tugend durch Vorsicht und Wachsamkeit, stärken wir sie durch unveränderliche Ehrfurcht fürs andere Geschlecht, und durch behutsames Verrathen unsrer Empfindungen!«

An die Stelle hitziger Leidenschaft und der Anbetung äußerer Schönheit mögen, so die Autorin, die Achtung innerer Werte und freundschaftliche Verbundenheit treten: »Wenn nun diese Vergnügungen das einzige gewesen sind, was Liebende bey einander gesucht haben, so folgt freylich auf ein kurzes Vergnügen ein langes trauriges Leben. Ist aber ihre Liebe auf was wesentlicheres, auf dasjenige, was der Grund einer wahren und edlen Freundschaft seyn soll, auf Verstand, Tugend, Hochachtung und ein gutes Gemüth gegründet, so kann sie sich niemals verlieren, und wird immer fester und dauerhafter. Sie nimmt zwar ab an Glanze, und wirft nicht mehr so helle Flammen von sich; allein sie wird täglich feiner, reiner und vollkommner; sie verlängert auch bis ins Alter die Reitze der ersten Verbindungen, und wird eine Nahrung der edelsten Triebe, welche Liebende beglückseligen.«

Die ›Philosophie eines Weibs‹ ist keine feministische Streitschrift. Marianne Brentano verletzt nie die Grenzen ihrer gesellschaftlichen Ordnung, sie spricht nur aus, was der gesunde Menschenverstand bereits damals als richtig erkannt hat, was bis dahin jedoch durch Konvention und männliche Dominanz unterdrückt wurde. Die Autorin sieht die Frau zwar als gleichrangig an, doch will sie ihr nicht – um es in der Sprache des Theaters auszudrücken – die Hosenrolle aufzwingen.

In bezug auf die den Geschlechtern von der Natur zugeteilten Rollen und Möglichkeiten sieht Marianne Brentano Grenzen: »Gewöhnen sie uns unsre Herrschsucht durch sanfte Bezähmung ab, und wir werden künftig bitten, und nicht mehr befehlen. Suchen sie unsern Umgang nach ihrem Geschmack zu bilden, und sie werden nicht mehr Ursache haben, aus langer Weile bey uns einzuschlafen. Lehren sie uns, natürlich denken, und geradezu handeln, so werden wir uns nicht mehr verstellen. Ihre Redlichkeit muß die unsrige auffodern, und man wird von beyden Geschlechtern die herrlichsten Freundschaftszüge aufweisen können.« Und sie schließt mit der Bitte an die (männlichen) Leser: »Suchen sie, suchen sie also muthig jenes Mädchen, das sie glücklich machen kann; und wenn sie selbe gefunden haben, so denken sie zuweilen auch an die, die sie dazu aufmunterte.«

Solche Gedankengänge sind kritisch genug, um Leserinnen zu überzeugen, und maßvoll genug, um Leser nicht abzuschrecken. Marianne Brentano hat jedenfalls »ihr« Thema gefunden: Bis an ihr Lebensende wird sie sich mit Fragen gemäßigter Emanzipation und ehrlicher, gleichberechtigter Partnerschaft auseinandersetzen, wobei sie stets eine kritische Position gegenüber der schwärmerischen Selbstaufgabe und der damals zur Mode verkommenen, weinerlichen Empfindsamkeit einnehmen wird.

Als sie noch im selben Jahr, 1784, mit ihrer Truppe nach

Straßburg kommt, trennt sie sich von ihren Schauspielerkollegen. Sie will sich nach dem Überraschungserfolg ihres ersten Buches als freie Autorin durchschlagen. Ein Unterfangen freilich, das beinahe aussichtslos ist. Überraschende Hilfe wird ihr durch einen Rezensenten und Publizisten zuteil, den sie in Straßburg kennenlernt: Theophil Friedrich Ehrmann, geboren im Jahr 1762. Der promovierte Jurist arbeitet als Kritiker und Kolumnist für verschiedene politische und literarische Zeitschriften und verschafft der Autorin Aufträge für Rezensionen und Artikel.

Bald aber verliebt sich Ehrmann in Marianne Brentano und hält um ihre Hand an. Ein mutiger Schritt, denn sie ist als Geschiedene und ehemalige Schauspielerin eine für bürgerliche Verhältnisse »unmögliche« Frau. Um das Jahr 1785 heiraten sie, müssen jedoch die Verbindung zunächst noch geheimhalten, vor allem vor Ehrmanns Eltern. Das Paar wohnt getrennt, Theophil in Straßburg, Marianne auf dem Land. Erst nach einem Jahr – inzwischen hat Marianne unter dem Pseudonym Maria Anna Antonia Sternheim das Schauspiel ›Leichtsinn und gutes Herz oder Die Folgen der Erziehung‹ veröffentlicht – ringen sie sich zum Weggang von Straßburg durch. Ehrmann selbst schreibt später, er habe die »eifersüchtige Vaterstadt« verlassen müssen. Wahrscheinlich wurde die Ehe offenkundig und Ehrmann von Verwandten und Kollegen geschnitten.

Das Paar zieht 1787 nach Isny, ins Westallgäu, eine Gegend, die Marianne bereits aus ihren jungen Jahren kennt. Die beiden versuchen, sich dort mit Veröffentlichungen über Wasser zu halten – und scheitern bereits nach kurzer Zeit. Auch ein Eigenverlag muß wieder eingestellt werden.

1788 gehen Marianne und Theophil Ehrmann nach Stuttgart. Theophil spekuliert auf eine Professur an der Hohen Karlsschule, doch seine Hoffnungen zerschlagen sich bald. Marianne hingegen erringt die Gunst Franziskas von Hohenheim, der Frau des württembergischen Herzogs Karl Eugen. Die freundschaftliche Verbindung mit der Herzogin erleichtert jedoch nicht die Eingliederung des Paares in die Stuttgarter Gesellschaft. Die biederen Bürger betrachten die Protektion sogar eher mit Argwohn.

In der ›Antrittsrede‹ zu ihrer Zeitschrift ›Amaliens Erholungsstunden‹ schreibt Marianne Ehrmann selbstbewußt und recht unverblümt: »Jede Stadt hat in ihren Gesellschaften gewöhnlich so ihren ganz eigenen Ton, ihren ganz eigenen Schlendrian, die freilich oft nicht die erbaulichsten sind. Tritt dann eine in diese Gesellschaften, die richtiger denkt, reineres Teutsch spricht, in ihrem Betragen offener, ungezierter ist, frei von der Brust ihre Meinung heraus sagt, nicht immer alles bejaht, weil sie es mit Grund zu belegen weiß; dann treten ihre minder kultivirten Schwestern aus dem Winkel hervor und begeifern sie hinter dem Rücken mit dem Geist der Verläumdung, wissen ihre Worte zu verdrehen, ihr dieses und jenes aufzubürden, an das ihr Herz nie dachte, finden sich bloß darum beleidigt, weil sie mehr weiß als sie, und bekleksen sie nicht selten mit den ausgesonnensten Bosheiten, um sie zu verdunkeln.«

Dennoch richten sich Marianne und Theophil – sie haben keine andere Wahl – in der württembergischen Residenzstadt häuslich und familiär ein. Da dem Ehepaar eigene Kinder verwehrt bleiben, adoptiert es 1792 einen unehelich geborenen Knaben.

Die Stuttgarter Jahre sind geprägt von publizistischer Arbeit und reich an literarischem Ertrag. Marianne Ehrmann veröffentlicht in schneller Folge Brief- und Dialogromane, die auf bewährte Weise um das Verhältnis der Geschlechter und um die Bildung und Erziehung junger Mädchen und Frauen kreisen. 1788 erscheinen die Romane ›Amalie. Eine wahre Geschichte in Briefen‹ und ›Graf Bilding. Eine Geschichte aus dem mittleren Zeitalter‹ sowie ›Ninas Briefe an ihren Geliebten‹, im Jahr darauf die Schrift ›Kleine Fragmente für Denkerinnen‹ – alle unter dem Pseudonym: »von der Verfasserinn der Philosophie eines Weibs«. Oder auch: »von der Verfasserinn der Geschichte Amaliens«. Das ist Reklame genug, denn es verweist auf Marianne Brentano-Ehrmanns größte Erfolge bei der überwiegend weiblichen Leserschaft.

Doch das ist nur ein Teil ihrer Stuttgarter Tätigkeiten. Wie auch andere Schriftstellerinnen ihrer Zeit, etwa Sophie von La Roche oder Therese Forster-Huber, beginnt Marianne Ehrmann mit der Redaktion und Herausgabe von Zeitschriften, die sich überwiegend an ein bürgerliches Publikum wenden und Unterhaltsames neben Ernsthaftem, Literarisches neben Historischem, aufklärerisches Gedankengut neben Fragen des Alltags auf gefällige Weise zu vermitteln suchen. 1790 gründet sie die Monatsschrift ›Amaliens Erholungsstunden. Teutschlands Töchtern geweiht‹. Zunächst erscheint das Blatt im Eigenverlag, wird aber bald von Johann Friedrich Cotta in Tübingen übernommen. Einstweilen bleibt Marianne Ehrmann Redakteurin der Monatsschrift, doch im Jahr 1792 kommt es zu Verstimmungen. Der Verleger greift immer mehr ins inhaltliche Konzept ein, weil die Redakteurin den Schwerpunkt für seinen Geschmack zu sehr auf das Verhältnis der Geschlechter legt. Marianne Ehrmann trennt sich daraufhin von Cotta, der das Blatt zunächst unter dem eingeführten Titel weiterlaufen läßt, allerdings mit dem Zusatz »nicht von Marianne Ehrmann«. Später ändert er den Titel in ›Flora‹ und gewinnt Therese Forster-Huber als Redakteurin (mit der er sich auf ähnliche Weise überwerfen wird).

Marianne Ehrmann läßt sich nicht unterkriegen. 1793 gründet sie die Zeitschrift ›Die Einsiedlerin aus den Alpen. An Teutschlands und Helvetiens edle, schöne, liebenswürdige Töchter‹, die bis 1794 im Verlag Orell, Geßner und Füßli in Zürich erscheint. Vor allem mit den Zeitschriften erreicht Marianne Ehrmann ein größeres Publikum – und ihr Name, bei den Buchveröffentlichungen hinter dem Pseudonym »Verfasserinn der Philosophie eines Weibs« verborgen, wird weithin bekannt.

Daß Marianne Ehrmann nicht nur als Prosaautorin, Journalistin und Redakteurin tätig ist, sondern zeitweise auch noch als Verlegerin, beruht nicht allein auf ihrer Begeisterung für die literarische und publizistische Arbeit, sondern auch auf einer existentiellen Notwendigkeit: Sie bestreitet in jenen Jahren den

Hauptteil des familiären Einkommens. Die Projekte ihres Mannes, etwa die Zeitschrift ›Der Beobachter‹ (an der auch Marianne mitarbeitet), bringen entschieden weniger ein. So klagt sie einmal ihrem Freund Friedrich David Gräter: »Mein Gatte machte mich, als ich ihn vor 6 Jahren heurathete, zur Schriftstellerin um des Brodes willen.«

Da Marianne erfolgreicher ist als ihr Mann, kommt es mitunter zu Konflikten und Anflügen von Neid. Gräter schreibt: »[...] nur halb ins Ohr diese geheime Bemerkung: mich dünkte, es thue dem edlen und gelehrten Ehrmann zuweilen wehe, sich hier und da etwas hintangesetzt zu sehen, während seiner Gattin von allen ein eben nicht unverdienter Weyhrauch gestreut wird. Dieser geheime Schmerz mag ihn in schwachen Stunden übermannen, und ihn verleiten, bey Freunden sich auf Kosten der Edlen zeigen zu wollen. So etwas ungefähr fing er auch gegen mich an, und suchte mich geflissentlich auf einige kleine Uebereilungen der Guten aufmerksam zu machen und dergl.«

Marianne Ehrmann selbst hat ihre Rolle als Schriftstellerin vor der Öffentlichkeit immer herunterzuspielen versucht. Darin ähnelt sie anderen Autorinnen ihrer Zeit, wie etwa Therese Forster-Huber, die teilweise unter dem Namen ihres Mannes Ludwig Ferdinand Huber veröffentlichte und sich nach dessen Tod in Versicherungen erging, sie habe nie den Haushalt um des Schreibens willen vernachlässigt.

Ganz ähnlich Marianne Ehrmann. In ihrer ›Antrittsrede‹ zu ›Amaliens Erholungsstunden‹ bekräftigt sie: »Ach ja wohl, viele Köpfe, viel Sinn! Dies ist der fürchterliche Wahlspruch, der mir zentnerschwer aufs Herz fällt, wenn ich mich dem Schreibpult nähere, um das aus einem besondern, nicht sehr erfreulichen Verhängnis, die Nähnadel mit der Schreibfeder zu vertauschen! – Ich gestehe es recht gerne selbst ein, wenn alle Frauenzimmer thun wollten, was ich izt thue, so gäbe dies in unserer guten Welt eine Unordnung, die nicht zu ertragen wäre!«

Sie ist freilich gewitzt genug, um diesen der Konvention vorauseilenden Gehorsam gleich zu entkräften. Denn sie weiß sehr wohl um ihre schriftstellerische Begabung und versteht ihren Beruf als Berufung, als Möglichkeit, aufklärerisch und erzieherisch auf die Leser einzuwirken. So folgt dieser zerknirschten Äußerung die ironische Wendung: »Indessen giebt es ja doch keine Regel ohne Ausnahme.«

Und an anderer Stelle der ›Antrittsrede‹ äußert sie freimütig Gefallen an gebildeten Frauen, die damals gerne als Blaustrümpfe karikiert und verhöhnt werden: »Wie herzlich freut' ich mich nicht immer auf meiner Pilgerreise bei dem Anblik eines gebildeten Frauenzimmers, die denkt und urtheilt, und deren lernt' ich manche zu meinem grösten Vergnügen kennen. [...] und wie viele dergleichen giebt es noch, die nur im Verborgenen glänzen, aber sich oft blos darum nicht ans Licht wagen, weil sie falsche Bescheidenheit, oder feige Furcht daran hindert, da sie zum voraus überzeugt sind, daß Neid und Hohngelächter der Dummheit im Hinterhalt lauren, um sie mit Koth zu werfen!«

Marianne Brentano-Ehrmann ist sich ihrer Ausnahmebegabung und ihres Ausnahmedaseins durchaus bewußt. In jungen Jahren hat sie auf schmerzliche Weise erfahren, daß einem im Leben nichts geschenkt wird und man sich innere und äußere Freiheit ertrotzen muß. Dieses Ziel hat sie für sich persönlich erreicht. Und obwohl sie in ihrem Schreiben nie die gesellschaftlichen Schranken ihrer Zeit durchbricht, weist sie auf bestehende Grenzen hin und öffnet vor allem ihrer weiblichen Leserschaft die Augen für das, was sich dahinter noch verbergen könnte.

Die jahrelangen vielfachen Belastungen bleiben schließlich nicht ohne Folgen. Auch die Strapazen der Wanderjahre mit einer Schauspielertruppe mögen die Gesundheit Marianne Ehrmanns unterhöhlt haben. Sie kränkelt viel. Bereits nach der Trennung von ihrem ersten Ehemann verfällt sie für Wochen dem Wahnsinn, wie die damalige Diagnose unklar lautet – in Wahrheit wohl eher ein Nervenzusammenbruch infolge der großen Belastung.

In den Stuttgarter Jahren zeigen sich bei ihr psychosomatische Symptome mit depressiven Verstimmungen. Im August 1795 erkrankt die erst Neununddreißigjährige an einer Lungenentzündung. Der geschwächte Körper kann dem nichts mehr entgegensetzen. Marianne Brentano-Ehrmann stirbt am 14. August und wird in Stuttgart beerdigt.

Nach ihrem Tod gibt Theophil Ehrmann eine Auswahl der hinterlassenen Schriften seiner Frau und einen Band mit (teilweise bereits erschienenen) Erzählungen heraus, außerdem noch ihren Roman ›Antonie von Warnstein. Eine Geschichte aus unserem Zeitalter‹. Das Buch, das im Schauspielerinnenmilieu spielt, erscheint nun endlich unter ihrem eigenen Namen: Marianne Ehrmann. So findet die Schriftstellerin wenigstens nach ihrem Tode auch auf den Buchdeckeln zu ihrer wahren Identität.

Theophil Ehrmann verläßt Stuttgart bald darauf und geht zurück in seine Heimatstadt Straßburg. Im Jahre 1802 zieht er nach Weimar, wo er 1811 stirbt. Im selben Jahr kommt es bei einer Kunstausstellung in Weimar zum Eklat: Bettine von Arnim, geborene Brentano, gerät mit Goethes Frau Christiane in einen handgreiflichen Streit. Ob Theophil Ehrmann von den mehrmaligen Besuchen der Enkelin Sophie von La Roches in Goethes Haus am Frauenplan wußte, ist nicht bekannt. Bettine Brentano und Marianne Brentano-Ehrmann gehören schließlich ganz verschiedenen Ästen eines weitverzweigten Stammbaums an. Der Wille zur Selbstbehauptung und die Auffassung vom Schreiben als Beruf und Berufung sind beiden jedoch gemeinsam.

Sophie Brentano (1776–1800)

Sophie Brentano
(1776–1800)

»Nie löst der Verstand das Räthsel des Menschenlebens; aber in der Liebe umfaßt unser Gefühl unser ganzes Wesen sanft und einstimmig, und verliert sich damit in süßen Ahnungen der Gottheit und Ewigkeit.«

Sophie Brentano in ihrem Tagebuch vom 13. September 1800

Im Sommer 1799 reist eine alte Dame gemeinsam mit ihren neunzehn- und zweiundzwanzigjährigen Enkelinnen nach Weimar. Zweck der kleinen Bildungsreise: Sie möchte ihren einstigen Verlobten und Seelenfreund wiedersehen und auch die beiden leuchtendsten Sterne am Himmel des Weimarer Geisteslebens – Goethe und Schiller – besuchen. Der Name der alten Dame: Sophie von La Roche. Ihre Begleiterinnen: Gunda und Sophie Brentano. Der Seelenfreund: Christoph Martin Wieland. Auf seinem Landgut in Oßmannstedt, wenige Meilen außerhalb Weimars, wohnen die drei Damen während ihres Aufenthalts. Dort, in der Beschaulichkeit des ländlichen Ortes, kommt es zur Wiederbegegnung mit Goethe, der einst im Haus der La Roches in Ehrenbreitstein ein und aus ging – weil er Sophie von La Roche als Autorin schätzte und, mehr noch, weil ihm die schöne Tochter des Hauses, Maximiliane, alles andere als gleichgültig war.

Fast dreißig Jahre sind seither vergangen, und der literarische Geschmack und die persönlichen Neigungen haben sich verändert, sind auseinandergedriftet. Die alte Dame bemerkt das nicht oder will es nicht bemerken. In ihrem Reisebericht schreibt sie beglückt: »Wenige Tage nachher kam Göthe freundlich die Mittagsuppe mit uns zu theilen – mir war äußerst schätzbar, ihn und Wieland wie zwey verbündete Genies, ohne Prunk oder Erwartung, mit dem traulichen Du der großen Alten sprechen zu hören [...].«

Weniger verklärt äußert sich der Weimarer Dichter am 19. Juli in einem Brief an seinen Jenaer Freund Schiller: »Mir ist bei dieser Nähe der betagten Freundin schlecht zu Mute, da ich für alles, was drückt und einengt, gerade jetzt sehr empfindlich bin.« Acht Tage später vertraut er dem Freund seinen Eindruck von den Enkelinnen an. Sarkastisch schreibt er: »Heute drohet Ihnen, wie ich höre, ein Besuch der La Rochischen Nachkommenschaft. Ich bin neugierig, wie es damit abläuft.«

Bei dem Besuch von Gunda und Sophie Brentano im Hause Schillers in Jena ist die Großmutter nicht mit von der Partie; sie hat Angst vor der »Schnecke«, einem gewundenen Weg, der von den Höhen in den Jenaer Talkessel hinabführt. Am 30. Juli schreibt Schiller zurück: »Die zwei Damen haben mich neulich wirklich besucht und für sie zu Hause gefunden. Die kleine hat eine sehr angenehme Bildung, die selbst durch ihren Fehler am Aug nicht ganz verstellt werden konnte.«

Die Kleine, das ist nicht Gunda, die jüngere der beiden Schwestern, sondern die ältere, aber recht klein gewachsene Sophie. Schiller spielt mit dem Hinweis auf »ihren Fehler am Aug« auf den Umstand an, daß sie seit ihrer Kindheit auf einem Auge blind ist – sie hat sich beim Spielen verletzt – und nun meist eine schwarze Augenklappe trägt.

Die Abbildungen, die von Sophie Brentano existieren, kaschieren diesen »Makel« dadurch, daß die Porträtierte entweder im Profil zu sehen ist, das verletzte Auge dem Betrachter abgewandt, oder daß sie es mit einer koketten Geste der Hand bedeckt, was freilich sehr gekünstelt wirkt.

Auch das Porträt eines unbekannten Malers, entstanden um 1798/99, also kurz vor ihrer Reise nach Weimar, zeigt sie in dieser kaschierenden Haltung. Das Bild gefällt Sophie nicht, und ihr Verlobter Graf Joseph Anton Franz von Herberstein äußert sich ebenfalls ablehnend: »Ich begreife es wohl. Aber es ist doch gar zu entfernt von Aehnlichkeit. Sophie muß damals weit fetter geworden seyn. Es ist jenes Bild, das ein Italiäner in Frkft [Frankfurt] gemacht hat und von dem mir Sophie schrieb, was ein Hacken werden wolle, das krümme sich bey Zeiten.

Die Stellung formt einen Hacken, der Arm ist auf dem Knie ge-
stützt, und dieselbe Hand schließt und bedeckt das arme linke
Auge. Sophie hatte sich mit jener Haarschnur um den Hals und
im Busen mahlen lassen, die sie von mir hatte.«

Ungeachtet dieser vernichtenden Kritik an den Künsten des
unbekannten Malers stellt das Porträt zumindest ein bezeug-
tes Bildnis Sophies dar. Auch ein anderes Pastell aus jener Zeit,
das eine junge Dame mit einem Hut auf dem Kopf zeigt, wird
heute allgemein als Bildnis Sophie Brentanos identifiziert (während man früher glaubte, es stelle Bettine dar), da das Gesicht
im Profil dargestellt, das linke Auge also nicht sichtbar ist. Dieses Porträt zeigt eine schlanke Dame mit feinen Gesichtszügen,
braunen Augen und langen braunen Locken. Die junge Frau
auf dem von Herberstein geschmähten Bildnis dagegen ist fül-
liger, »fett«, wie er unumwunden schreibt, aber das Porträt ist
dennoch einwandfrei Sophie zuzuordnen.

Sophie Marie Therese ist das zweite Kind aus der Ehe Peter
Anton Brentanos mit Maximiliane von La Roche. Das Mädchen wird am 15. August 1776 im Haus der Großmutter in Ehrenbreitstein geboren, dem »Fluchtpunkt« Maximilianes während ihrer ersten Ehejahre. Gut zwei Jahre nach Sophie wird
Clemens geboren, der in seiner Kindheit und Jugend in beson-
derem Maße die Nähe seiner älteren Schwester sucht, sie geradezu idealisiert.

1791 kommt der Dreizehnjährige in ein Internat nach Mannheim, von wo er zärtliche und werbende Briefe an die Schwester schreibt: »Liebe Sophie, wenn man sich liebt fehlt nie Stoff
sich zu freuen und einander Liebe zu versichern, mögen andere
ihre Briefe mit Zeitungsnachrichten anfüllen, ich will dir
schreiben, was ich dir sagen werde, wenn ich bei dir bin, daß
ich dich liebe, und dich recht innig begehre, mich nach dir
sehne. […] zu tief aber sind dein Bild, dein Herz, deine aufmun-
ternde Lebhaftigkeit mir in die Seele gedrükt, zu viel schäzze
ich, zuviel fühle ich noch die süßen Stunden, die ich an deiner
Seite durchlebte.«

Anfänglich geht Sophie auf diese zärtliche Werbung des Bruders ein, doch das ändert sich, als er in seinen Pubertätsjahren glaubt, der noch immer unverheirateten Schwester Prüderie vorwerfen und sie provozieren zu dürfen: »Du bist ein vortrefliches Mädchen, aber ich glaube, der müste vor deinen Augen ertrinken, den du nicht retten könntest, ohne dein weißes Rökchen, bis übers Knie in die Höhe zu heben.«

Sophie geht mit den Jahren auf immer größere Distanz zu Clemens. Ihrer Freundin Henriette von Arnstein schreibt sie ernüchtert: »Clemenzens Beschäftigung war mir bekannt; man sagt er seye wenigstens nicht müßig, und das ist mir der beste Trost. Eine bestimmte Arbeit, wird er sich wohl nie vorschreiben lassen, weder von seinen Vorgesetzten, noch von den Umständen, noch von seiner eigenen Laune; zu allem was Folge und Consequenz haben soll, ist er durchaus verdorben, deswegen muß man ihn seinem – Wankelmuthe überlassen, und nur froh seyn wenn von einem Sprung zum andern, die Lücke doch mit etwas ausgefült ist. Zeit und Erfahrung allein, können ein gewisses Gleichgewicht in diesem verwilderten Kopfe wiederherstellen [...].«

Zu dieser Zeit besitzt Clemens jedoch bereits eine andere, besser geeignete Projektionsfläche für seine idealisierende Zuneigung: die fast sieben Jahre jüngere Bettine. An seinen Freund Stephan August Winkelmann schreibt er die verräterischen, selbstbezogenen Zeilen: »Bettine ist mehr als ein Mensch, und doch nur meine Vollendung, ich wünsche, daß du sie nie sähest, ehe sie fertig ist, denn ich bin das Wesen, durch das sie wird.«

Sophie indes scheint sich mehr und mehr zurückzuziehen, zumindest innerhalb der eigenen Familie. Der Verlust der Mutter im Jahre 1793 dürfte einer der Gründe dafür sein. In einem späteren Brief aus dem Jahre 1798 gesteht sie ihrer Freundin Henriette von Arnstein: »Es war Gestern der Jahres Tag von meiner guten Mutter Tod. [...] was kann ich von ihr sagen? Daß sie ein Engel, ein höheres, überirdisches Wesen war; daß mit ihr, der bessere Theil meiner ganzen Existenz verloren ging, daß ich nichts, gar nichts mehr bin ohne sie! [...] Sie war meine einzige Freundin, meine einzige Vertraute, ich kannte niemand außer ihr, ich lebte nur für sie, ich bethete sie an, und doch mußte sie uns verlassen.«

Eine Möglichkeit zum Ausbruch aus dem Leben im Frankfurter Haus zum Goldenen Kopf bietet sich im Herbst 1797, ein knappes halbes Jahr nach dem Tod des Vaters, als Sophie gemeinsam mit ihrer Stiefmutter Friederike, geborene von Rottenhoff, der dritten Frau Peter Antons, nach Wien reist. Die Damen sollen für Sophies Halbbruder Franz – neues Oberhaupt der Familie und Geschäftsführer der Firma Brentano – um eine Frau werben, und zwar um die siebzehnjährige Antonia von Birkenstock, die Tochter eines reichen Wiener Staatsbeamten. Die junge Wienerin hält der Prüfung stand – einer »Beschau«, die Antonia, das läßt sich späteren Äußerungen von ihr entnehmen, den Damen nie ganz verziehen hat. Auch die vertragliche Seite der Angelegenheit wird schnell geregelt: Neuer Geldadel verbindet sich mit altem.

Friederike und Sophie Brentano bleiben länger in Wien als ursprünglich beabsichtigt. Für Sophie wird es die vielleicht glücklichste Zeit ihres Lebens. Im Hause Arnstein lernt sie auch die siebzehnjährige Tochter Henriette kennen. Eine innige Freundschaft entwickelt sich, die jungen Frauen besuchen gemeinsam Salons, Teegesellschaften, Bälle und Theateraufführungen. Bald finden sich auch Kavaliere, die sich für die hübsche, geistreiche und wohlhabende Tochter aus dem Frankfurter Handelshaus interessieren. Sophie ist nicht auf den Mund gefallen, und sie hat genaue Vorstellungen vom Mann ihrer Wahl – ungewöhnlich für die damalige Zeit, in der den Frauen meist nur zugestanden wird, einer arrangierten Ehe zuzustimmen. Mehrere Bewerber werden von ihr sogar zurückgewiesen.

Einer von ihnen ist der sechzehn Jahre ältere Witwer Johann Jakob von Willemer (er heiratet später Marianne Jung, Goethes »Suleika«), dem sie schriftlich einen Korb gibt. In einem zweiten Brief schreibt Sophie, ein halbes Jahr vor ihrer Reise nach Wien, selbstbewußt und seltsam abgeklärt für eine Zwanzigjährige: »Ich wünschte mir die Gabe der Überredung, um auch Sie zu dieser Methode zu bewegen. Wer hat nicht gelitten, verlohren? Und wie wenigen bleibt, was Sie besitzen? Ein gutes Vaterherz, tausend frohen Genuß durch Ihre Kinder, warum nicht heiter in die Zukunft sehen? Warum den Trost verleugnen? Ich liebe den stoischen Gleichmut nicht, der unerschüttert bleibt; aber ich verehre die Seele, die ihr ruhiges Gleichgewicht wieder erringt, wenn der Sturm vorüber ist. Und was fehlt der Ihrigen, um groß zu sein, als guter Wille.«

Hehre Ratschläge, die für sie selbst später nicht so leicht zu beherzigen sein werden. In Wien lernt Sophie Brentano einen Mann kennen, der ihr inneres Gleichgewicht sehr wohl erschüttert, und das über Jahre. Zunächst schließt die kokettierende junge Frau mit dem Hofrat Franz Lerse eine »scherzhafte« Verlobung – nicht ahnend, daß der die Sache ernst nimmt und sich unglücklich verzehrt.

Danach aber tritt Graf Joseph Anton Franz von Herberstein in ihr Leben. Sophie beschreibt ihn folgendermaßen: »[...] etliche 40 Jahr. Mittlere Größe, de l'embonpoint [untersetzt, füllig], sehr blond, süße blaue Augen, weiße Wimpern, groß frisierte Augenbrauen, sehr angenehmer Mund, la voix creuse [die Stimme hohl], nicht wortreich, ziemlich liebenswürdig, nicht leer, ein bisgen *fet,* wird recherchiert.«

Die »süßen blauen Augen« scheinen die Fülligkeit wettgemacht zu haben: Sophie verliebt sich heftig in Herberstein, der fast zwanzig Jahre älter ist als sie. Zeitlebens kann sie sich – vielleicht wegen des frühen Verlusts von Mutter und Vater – nur wesentlich älteren Männern gegenüber offenbaren und öffnen. Herberstein ist höherer Finanzbeamter und Kammer- und Hofrat in Wien, also in angemessener Position.

Es kommt zu einer inoffiziellen Verlobung, der Graf kann sich jedoch über Jahre nicht dazu durchringen, Sophie zu ehelichen. Die Gründe hierfür bleiben im Dunkeln. Vielleicht fehlt Herberstein der Mut, eine »unstandesgemäße« Ehe mit einer – wenn auch wohlhabenden – Bürgerstochter einzugehen. Andererseits ist er offenbar zu feige, Sophie die Wahrheit zu sagen. Bis kurz vor ihrem frühen Tod hält er sie mit vertröstenden Briefen hin. Sophies Lebensmut, die Fröhlichkeit des

Wiener Winters schwinden dahin, sie ist melancholisch und trübsinnig, wird von Todesgedanken heimgesucht.

Henriette von Arnstein fällt in einem späteren Brief an Gunda Brentano das folgende Urteil über den Grafen: »*Ich kenne* ihn, ich habe ihn mit unpartheiischen Augen *handeln* sehn, ich habe ihn nach Sophies Verlust gesehen, und ich wiederhole es Ihnen als Trostgrund, er war S[ophies]. unwerth. Ja, liebe Gunda, das muß Sie trösten, denn wäre unsere gute, weiche, zu leidenschaftliche Sophie die Seinige geworden, sie wäre sehr unglücklich geworden.« Und über die schönen, wortreichen Briefe des Grafen meint Henriette nur: »Er *schreibt* sehr gut – aber *wahres* Gefühl hat er nicht – in drey Jahren habe ich mein Urtheil nicht geändert, *nach* ihrem Tod wird es *Gewißheit.*«

Trost und Zuwendung findet Sophie Brentano bei ihrer Großmutter Sophie von La Roche. In einem Brief an Henriette von Arnstein schreibt sie: »Meine Großmutter sehe ich gewöhnlich einmal die Woche. Du solltest diese liebenswürdige Frau kennen, mein Hennig. Sie ist tausendmal mehr werth, als alle ihre Schriften, obschon einige davon besonders die Aller Ersten, gewiß nicht ohne Verdienst sind. Aber sie selbst ist so gut, so theilnehmend, so äußerst interessant im Umgang, daß man die Gelehrte Bücherschreiberin nicht errathen würde, wo man so viele trauliche, anspruchsloße Herzlichkeit findet.«

Vielleicht hat die lebenskluge Sophie von La Roche die Nöte der Enkelin durchschaut und sie auf andere Gedanken bringen wollen. Jedenfalls unternimmt sie im Sommer 1799 mit den Enkelinnen Gunda und Sophie besagte Reise nach Thüringen, zu Goethe und Wieland. Auch ein wenig Eigennutz steckt hinter dem Plan, denn die alte Dame möchte zu gern ihren Seelenfreund Wieland wiedersehen. Der Fünfundsechzigjährige hat sich zwei Jahre zuvor ein Rittergut auf dem Land gekauft, um hier im Alter seine anakreontischen Träume wahr werden zu lassen. Doch die Wirklichkeit sieht recht profan aus. Wieland hat von der Verwaltung eines Gutes keine Ahnung. Die Angelegenheit wächst ihm über den Kopf, die Familie nimmt ihn in Anspruch, Zeit für seine literarische Arbeit bleibt immer weniger.

Einen amüsanten Eindruck von dem vermeintlich beschaulichen »Elysium« Oßmannstedt gibt der Zeitgenosse Karl August Böttiger: »Eine Scene in Osmanstädt. Wieland sitzt in den Visionen seines Agathodämons. Der kleine Enkel, ein wilder stämmiger Bube, der gar nicht zu bändigen ist, schießt auf einmal unten im Hause eine Flinte los, daß das ganze Gebäude erdonnert. Wieland springt mit Entsetzen auf. Alles läuft beim Vater zusammen. Man glaubt, der kleine Liebeskind habe sich erschossen. Wieland wird pathetisch, beklagt das Elend, mit solchen Rangen geplagt zu sein, erkennt den Kleinen gar nicht für seinen Abkömmling, decantat iras tragicas [leiert tragische Zornesausbrüche herunter]. Niemand will zur Thür hinaus, um das Unglück zu beaugenscheinigen. Endlich wagt die eine Tochter das Hinabgehen. Man findet die Flinte des Jägers (für die Hasen im Garten) im Hause, ein Loch in die Thüre geschossen. Der Schütz ist über alle Berge. Neue Declamation von Wieland. Dies dauert drei Stunden. Die Frau, die Töchter versuchen vergeblich Besänftigung. Nur nach und nach ingens detumet ira [schwillt der gewaltige Zorn ab].«

Solch profane Ärgernisse freilich sucht man in dem Roman, an dem Wieland damals intensiv arbeitet, vergeblich: ›Aristipp‹, ein fünfzehnhundert Seiten umfassendes Opus in vier Bänden, in den Jahren 1800 und 1801 erschienen, ist sein großes Alterswerk. Der philosophische Briefroman setzt sich mit der Lehre Platons auseinander, erörtert die Frage der besten Gesellschaftsform und beschreibt in antikisierendem Stil das idealisierte Leben innerhalb einer von Aufklärung und Humanität bestimmten Gemeinschaft.

Vielleicht ist Wieland ein wenig Abwechslung von der Arbeit und den häuslichen Problemen nicht unrecht. Jedenfalls scheint der Aufenthalt der drei Damen in Oßmannstedt recht harmonisch verlaufen zu sein. Für die Freundin aus fernen Biberacher Tagen empfindet Wieland immer noch sehr viel Herzenswärme und dankbare Anhänglichkeit, wenngleich ihn ihre Betulichkeit und Sentimentalität bisweilen reizen. Sophie von La Roche ihrerseits genießt den Aufenthalt – und macht sich sogleich eifrig Notizen über das Leben auf dem Land und die Begegnungen mit den Berühmtheiten des Weimarer Lebens, die sie später als Reisebuch veröffentlicht.

Zu Sophie Brentano faßt Wieland indes bald eine innige, väterliche Zuneigung, die von der jungen Frau erwidert wird. Der Briefwechsel der beiden legt von dieser Seelenverwandtschaft Zeugnis ab. Wieland nennt die Dreiundzwanzigjährige zärtlich Tochter. Sie ist ihm mehr als das: Zuhörerin, Kritikerin, Grazie, Muse. Er liest ihr die bereits fertigen Teile des ›Aristipp‹ vor, in dem eine geheimnisvolle Frauengestalt namens Lais vorkommt. Literarhistoriker haben später behauptet, die Figur sei der jungen Frankfurterin nachempfunden, doch steht dem der Umstand entgegen, daß etliche der Lais-Kapitel bei der Ankunft Sophies in Oßmannstedt bereits geschrieben waren. Freilich hat Wieland bei der Arbeit an dem Roman noch manche Anspielung auf Sophie Brentano untergebracht. Aristipp etwa gesteht der schönen Lais: »Ja, ich würde schon mit *einem* deiner Augen zufrieden sein, wenn ein Maler in der Welt wäre, der den Blick hinein oder vielmehr heraus malen könnte [...].«

Wielands damaliger Sekretär, der Theologe und Schriftsteller Samuel Christoph Abraham Lütkemüller, erinnert sich an den Besuch aus Frankfurt: »Sophie [Brentano] [...] wurde mit einer Liebe und Freude aufgenommen, die dem Herzen Wieland's und der Seinigen eben so natürlich, als ihrer Vortrefflichkeit angemessen war. Der Gesang der Nachtigallen ertönte ihr wie mit Wetteifer in und bei Wieland's Lieblingsgehölz am Ufer der plätschernden Ilm, [...] eines Nachmittags erblickte ich, beim Gange im Lustgehölz, an einem offenen mittlern Rasenplatz, Wieland und Sophie auf einer Bank, von Birkengezweige überhängt. Er las aus einer Handschrift des ›Aristipp‹ ihr vor.«

Die Figur der Lais macht großen Eindruck auf Sophie Brentano. Vielleicht sieht sie sich in ihr widergespiegelt, ohne im ei-

gentlichen Sinne Vorbild gewesen zu sein? Lais ist gleichermaßen schön an Körper, Seele und Geist, sie ist eine beliebte Ge-
sellschafterin und tiefsinnige Gesprächspartnerin in der der
Antike nachempfundenen, philosophischen Welt von Wielands Roman. Zugleich aber hat sie die Züge einer Kokotte,
ist sie die Geliebte vieler – ohne daß es ihrer Idealisierung Abbruch täte.

Am 18. Januar 1800 – inzwischen weilt sie wieder in Frankfurt – schreibt Sophie Brentano nach Oßmannstedt: »Mein
Vater, wer hat das tausendfädige Gewebe eines weiblichen
Herzens so klar und plan vor Ihren Augen ausgebreitet, daß es
scheint als hätte es nur einiger flüchtigen Züge Ihrer Feder be-
durft, um eine so herrliche Erscheinung wie Lais, mit allen
Schattirungen auszumahlen –? Mir bleibt dies ewig ein Räthsel. [...] Lais, die feine, liebliche, edle und doch so mädchen-
hafte *Coquette*, das große, liebenswürdige Weib, *Ihre* Lais, so
in jeder Grazie nachzumahlen, so auf jeder weiblichen Kunst
zu ertappen, [...] dies mein Vater, ist mir der sicherste Beweis,
daß höhere Mächte mit Ihnen in vertrauter Verbindung stehen, und daß Sie in Stunden der Weihe Erscheinungen haben,
wie sie die Götter ihren Lieblingen senden.«

Weshalb ist Sophie so sehr von der Romanfigur angetan, ja erfüllt? Sieht sie darin nicht nur eigene Züge, sondern auch das eigene Schicksal widergespiegelt? Die unselige Verbindung mit
Herberstein bleibt weiterhin in der Schwebe, ohne daß der Graf
sich zu einer klaren Stellungnahme durchringen könnte. Im Winter des Jahres 1799/1800 scheint sich auch der Frankfurter Bankier Simon Moritz von Bethmann, ein alter Bekannter der Brentanos, für Sophie zu interessieren. Sie schwankt zwischen ihrem
Verlöbnis und der vagen Aussicht auf einen Neubeginn, zwischen der Neigung des Herzens und der vom Bruder Franz an-
gemahnten Pflicht zur Verheiratung. Im Frankfurter Haus zum
Goldenen Kopf sieht sie sich nur mehr geduldet.

In dieser Phase zunehmender Vereinsamung flüchtet sie sich
in das intime Zwiegespräch mit dem Tagebuch; sie beginnt mit
Aufzeichnungen unter dem Titel ›Mein Jahr 1800‹, die sie im

Sommer mit einem zweiten Heft fortführt, dem ›Diarium eines prosaisch-poetischen Briefbesorgers‹. In diesen Aufzeichnungen – teils profane Notizen über den Alltag und die eingegangene Post, teils selbstquälerische Seelenerkundungen, teils aber auch formal und stilistisch durchgestaltete Aphorismen und Verse – deutet sich ein vielversprechendes literarisches Talent an. Ihr seelisches Befinden verschlechtert sich unterdes: Das Verlöbnis mit Herberstein erweist sich als aussichtslos, Bethmanns Werbung wird zurückgezogen. Sophie gibt im Tagebuch ihrer Verzweiflung Ausdruck: »alle Schrecken verfolgen mich; o Gott hab ich das verdient? – wohin ich meine Blicke wende, da seh ich Kummer und Angst.«

Im Februar 1800 trifft ein Brief ihres väterlichen Freundes Wieland ein. Voller Ungeduld spricht er eine Einladung nach Oßmannstedt aus: »Wenn der Paradiesische Traum – kein Traum ist, wenn unsre so innig geliebte Sophie leibhaftig mitten unter uns seyn wird, so betrachten wir, ich und Dorothea [Wielands Frau], sie als meinen guten Engel, der mit Beybehaltung seiner eigenen Gestalt, sein ätherisches Wesen nur mit so viel irdischen Stoff legiert hat, daß er uns sichtbar, hörbar und fühlbar werden kann, und gekommen ist, mir durch die schönsten, reinsten und zartesten Verhältnisse, worin jemahls zwey geistige Wesen mit einander gestanden, ein Vorgefühl des höhern Lebens, dem ich immer näher rücke, zu geben, und mich noch im spätesten Herbst dieses Erdenlebens so glücklich zu machen, als ich es zu seyn fähig bin.«

Doch erst in der zweiten Julihälfte kann Sophie der Einladung Wielands folgen. In der ländlichen Abgeschiedenheit von dessen »Oßmantinum«, wie er selbst es antikisierend nennt, scheint sich Sophies niedergeschlagene Stimmung zu bessern. Ein Brief an die Freundin Henriette von Arnstein ist wieder im altbekannten Plauderton gehalten. Seltsam stoisch für eine junge Frau nehmen sich aber solche Äußerungen aus: »Wie es mit mir steht, liebe Jetty, willst du unter andern auch wissen? Ja, wenn Narben nicht Narben wären, so könnte ich sagen, ich habe drey Jahre zurück geworfen, und stehe wo ich stand ehe der Strudel mich ergriff. [...] Ich entsage tausend Glückseelig-keiten, einem wesentlichen Theil meiner Bestimmung: ich ge-winne dafür Festigkeit, Selbstständigkeit, Frieden, Ruhe ...«

Im Tagebuch vom August und September 1800 stehen eben-falls eigenartig abgeklärte Sinnsprüche und Verse, so auch fol-gende Zeilen: »Wo auf Erden einmal die Liebe geweilt und ge-wandelt, / Bleiben, Genien gleich, stille Gefühle zurück. / Un-sichtbar umfangen sie mit glückseliger Rührung / Und mit sehnlichem Schmerz stets die Erinnerung dort.«

Im September erkrankt Sophie Brentano an einem Nerven-fieber, so die damalige Diagnose, mit Kopfschmerzen, Erbre-chen und schließlich geistigen Ausfällen, vermutlich eine Hirn-hautentzündung. Sie stirbt am 20. September und wird im Park von Oßmannstedt nahe dem Ufer der Ilm begraben.

Wielands Frau Anna Dorothea wird nach ihrem Tod im Jahr 1801 ebenfalls dort beigesetzt. 1803 verkauft Wieland schwe-ren Herzens das überschuldete Anwesen. Doch mit der einfa-chen Grabstätte der beiden Frauen ist er nicht zufrieden, des-halb läßt er 1807 einen dreiseitigen Obelisken aufstellen und mit einem aus seiner Feder stammenden Sinnspruch versehen: »Liebe und Freundschaft umschlang / die verwandten Seelen im Leben / Und ihr Sterbliches deckt dieser gemeinsame Stein.« Wieland selbst stirbt 1813 in Weimar und wird als Dritter in der gemeinsamen Grabstätte in Oßmannstedt beigesetzt.

Sophie von La Roche ist verzweifelt, die geliebte, ihr durch den gemeinsamen Besuch bei Wieland doppelt vertraute En-kelin verloren zu haben. Sie schreibt ihm: »Haben Sie Dank, mein Freund! für die Tränen der Wehmut und Dankbarkeit, welche ich bei Ihrem Brief weinte; ich fühlte eine Art Glück bei der Überzeugung, daß *Wieland mich bedaurte.* Es ist herb, mein Schicksal, seit Jahren nahm es mir ein Gutes nach dem andern und nun auch in Sophie den Ersatz, in welchem mein Herz sich schadlos gehalten achtete.«

Und Clemens? Er setzt seiner einstigen Lieblingsschwester ein poetisches Denkmal. In seinem Roman ›Godwi‹ von 1801 finden sich die wiederum sehr ichbezogenen Verse auf Sophie:

»Am Tage hörtest du mich nicht, / Denn du warst der Tag, / Du kamst nicht am Abend, / Denn du bist der Abend geworden.«

Was bleibt von Sophie Brentano, außer diesen literarischen Anverwandlungen? Ihr kurzes Leben scheint wie ein Lauf im Schatten gewesen zu sein, aber immer nahe genug am Licht, um die Sonne ahnen zu können. Ob sie selbst zu literarischen Leistungen fähig gewesen wäre, muß Spekulation bleiben. Ihre Briefe und Tagebücher jedenfalls lassen Talent vermuten. Letztlich steht sie aber zwischen den geistigen Epochen und literarischen Strömungen, zwischen der Empfindsamkeit Sophie von La Roches, der Oßmannstedter Anakreontik Christoph Martin Wielands und der ungestümen frühromantischen Dichtung ihres jüngeren Bruders Clemens. Die innige und wechselseitige Zuneigung zwischen dem alten Dichter und der jungen Frau wiederholt indes auf eigentümliche Weise eine Geschichte, die sich ein halbes Jahrhundert zuvor in Biberach abgespielt hat.

Sophie Mereau-Brentano (1770–1806)

Sophie Mereau-Brentano
(1770–1806)

»Es ist wahr, ein Gefühl ist in mir, ein einziges, welches nicht dein gehört. Es ist das Gefühl der Freiheit.«

Sophie an Clemens Brentano

Im Jahre 1791, zwei Jahre nach dem Sturm auf die Pariser Bastille, erscheint in Friedrich Schillers Zeitschrift ›Thalia‹ das Gedicht eines unbenannten Fräuleins (»Demoiselle ＊＊＊«) mit dem programmatischen Titel ›Bei Frankreichs Feier den 14ten Julius 1790‹. Darin finden sich die aufrüttelnden Verse: »Freiheit adelt! und nach ihr zu ringen / ist der Kräfte jedes Edlen wert, / ist auch jedem nicht die Siegespalme / von des Schicksals hoher Hand beschert.« Mit diesem Gedicht tritt eine Autorin an die Öffentlichkeit, die zu den vielseitigsten literarischen Begabungen der Frühromantik gehört. Ihr Name: Sophie Schubart. Unter den Namen ihrer beiden Ehemänner ist sie später bekannt geworden: Mereau-Brentano.

Die Freiheit, die sie hier besingt, ist nicht nur auf die Französische Revolution gemünzt. Die Autorin strebte zeitlebens auch nach persönlicher Freiheit, Freiheit des Denkens, Freiheit des Handelns, Freiheit von der Konvention. Damit machte sie sich Gegner und erregte Widerwillen und Unverständnis. Aber sie erntete auch Anerkennung, besonders von Menschen, die sich selbst mühsam von den Fesseln persönlicher und gesellschaftlicher Beschränkungen hatten befreien müssen.

Ihr Bewunderer und Mentor Friedrich Schiller schrieb ihr einmal: »Mit vielem Vergnügen las ich Ihre Gedichte. Ich entdeckte darin denselben Geist der Contemplation, der allem aufgedrückt ist, was Sie dichten.«

Sophie Schubart wird am 28. März 1770 im sächsischen Altenburg als Tochter des Obersteuerbuchhalters Gotthelf Schubart und seiner Frau Johanna geboren. Der Vater läßt Sophie und ihre ältere Schwester Henriette im Klavierspiel, im Zeichnen und Singen unterrichten, vor allem aber legt er Wert auf das Erlernen von Sprachen: Englisch, Spanisch, Französisch und Italienisch. So erhalten die Schwestern eine Bildung, die weit über das damals Übliche hinausgeht.

Es ist wie im Märchen: Henriette, die zwei Jahre ältere Schwester, gilt als das »häßliche Entlein«; sie ist gebildet, wird später, ohne Beruf und eheliches Auskommen, ein kärgliches Dasein fristen, mitunter von ihrer Schwester finanziell unterstützt. Sophie hingegen gilt als strahlende Schönheit. Mehrere Verehrer werben um sie. Ihr Weg scheint vorgezeichnet.

In den jungen Frauen der damaligen Zeit rührt sich jedoch – wenn auch noch verhalten – Widerspruch gegen die Festlegung auf ein Leben entsprechend den Konventionen. Sie lesen die empfindsamen Romane aus England, mitunter auch die Schriften der französischen Aufklärer, und sie haben die ›Pomona‹ der Sophie von La Roche abonniert. Ist in diesen Publikationen nicht die Rede von Gefühl statt Heuchelei und Berechnung, von Glück statt Selbstverleugnung? Das sind allerdings vorerst noch Gedanken, die man zwar niederschreiben kann, aber kaum zu leben wagt. Es bleibt oft nur der Rückzug in die intimen Gefilde des Tagebuchs oder des freundschaftlichen Briefwechsels.

Auch Sophie tauscht sich mit ihrer Freundin Henriette Geißler über diese Fragen aus. In einem Brief an Sophie schreibt Henriette: »Ich sagte mit Ihnen, daß es der höchste Grad von Selbstverläugnung ist, wenn ein Mädchen, beim Eintritt in die Ehe, sich so ganz ihres eigenen Selbst entkleidet, alles angefangen liegen läßt und – als Anhang eines Mannes – in die Welt erscheint – als wenn sie nur eine menschenähnliche Maschine wäre, die durch die Seele des anderen muß bewegt werden! […] Wahr ist, wir alle sind geschaffen, für ein gemeinschaftliches Bestes zu wirken; aber ob gerade die Ehe das einzige Mittel zu diesem Endzwecke ist?«

Das schreibt sich so leicht, und doch ist es zu damaliger Zeit – sofern nicht Reichtum ein ungebundenes Leben erlaubt – schier unmöglich, sich außerhalb der Ehe als Institution materieller Absicherung und Versorgung einzurichten. Auch Sophie muß das erkennen. Ein Jurist aus Jena, der fünf Jahre ältere Karl Friedrich Mereau, wirbt um sie. Sie weist ihn ab, doch er läßt nicht locker und schreibt ihr im Laufe von sechs Jahren über einhundertzwanzig Liebesbriefe. Seine Hartnäckigkeit zahlt sich aus: Sophie, inzwischen einundzwanzig Jahre alt, seit kurzem Vollwaise und damit existentiell vor dem Nichts, verlobt sich im Herbst 1791 mit ihm. Am 4. April 1793 findet die Trauung statt. Sophie liebt den jungen Mann nicht. Er ist ihr zu trocken und zu konventionell, aber er hat Verbindungen nach Jena, zu Schiller, und damit ködert er die junge Autorin.

»An Schillers Krankenlager«, so schreibt Mereau ihr am 15. Januar 1791, »– in stiller Nacht mitten unter allen Schwächen und Leiden der Menschheit, umgeben von allen Schrekken des Todes denke ich *Dein* meine Sophie. [...] Ja Sophie, als bloßen Menschen lernte ich dies Phänomen seines Zeitalters kennen, lernte ihn innigst hochachten –« Und er schließt recht ratlos und konsterniert eine Frage an, die sich ihm nach Erhalt des letzten Briefes von Sophie aufdrängt: »Auf meine wichtige Frage, ›ob Du mich wirklich noch liebst‹, – antwortest Du mir doppelt [...]. Wozu, ich bitte dich, diese Deklamation von *Freiheit und Liebe?*«

Freiheit und Liebe, das sind die beiden Koordinaten in Sophies Leben, sie begehrt beides, will und kann sich nicht mit dem einen oder anderen bescheiden. 1794 wird ihr Sohn Gustav geboren, aber das rettet die Ehe nicht, kann keine Liebe entfachen. Sophie Mereau läßt ihren Mann diesbezüglich nie im Dunkeln, macht ihm keine falsche Hoffnungen.

Von Schiller ermutigt, vertieft sie ihre literarischen Studien und veröffentlicht in diversen Zeitschriften und Almanachen. Gedichte erscheinen in Schillers ›Thalia‹ und im ›Journal des Luxus und der Moden‹. Bereits 1794 – Sophie ist gerade einmal vierundzwanzig – erscheint in Gotha ihr Debütroman

›Das Blütenalter der Empfindung‹. Der Roman kommt beim Publikum, vor allem bei den Leserinnen, gut an, tritt er doch für Freiheit und Unabhängigkeit ein. Es handelt sich um eine Romanze, in der sich nach allerhand Wechselfällen die Liebenden wiederfinden und, da sie ihr Freiheitsideal in der alten Heimat nicht glauben verwirklichen zu können, nach Amerika auswandern. »Dort«, so der männliche Ich-Erzähler, »wohnt ein freies Volk, dort freut der Genius der Menschheit sich wieder seiner Rechte, dort lassen die neuen glücklichen Verhältnisse eines jugendlichen Staates noch lange keine widrige Reform befürchten. Laß uns dahin!«

In der Vorrede zu ihrem Roman schreibt Sophie Mereau: »Ob es mir gelungen ist, die Äußerungen eines *reinen Gefühls,* unter gewissen äußern Verhältnissen, befriedigend darzustellen, dies bleibt dem Urteil jedes einzelnen überlassen. Die höhern Forderungen einer *reifern Vernunft* zu entwickeln, das lag nicht in meinem Plane.«

Was ihr eigenes Leben anbelangt, so handelt sie in jenen Jahren ebenfalls nach dem reinen Gefühl, nicht nach den Vernunftgründen der Konvention. Sophie Mereau geht bereits ein dreiviertel Jahr nach ihrer Hochzeit ein Verhältnis mit dem drei Jahre jüngeren Studenten Johann Heinrich Kipp ein. Sie tut dies recht offen, wohl mit Duldung Mereaus. Doch die Beziehung währt nicht lange; Kipp ist verschuldet und muß Jena im Juni 1795 überstürzt verlassen. Sophie wechselt eine Zeitlang noch Briefe mit ihm. Sie will ihren Blütentraum nicht so ohne weiteres platzen lassen.

»Jetzt tritt mir überall eine unerträgliche Leerheit entgegen«, so klagt sie in einem Brief an Kipp, »und in mir selbst finde ich nichts, das mich erheitern kann. Ohne Hoffnung und ohne Wünsche sehe ich jedem kommenden Tag entgegen.« Ihr Durst nach Selbstverwirklichung, nach Freiheit ist weiterhin ungestillt: »Wie sehn ich mich hinaus in die freie Welt! – Der süße Wahn, Dir irgendwo begegnen zu können, hat alle vorigen Wünsche nach Freiheit wieder in mir aufgeweckt. Wilde Phantasien umschwärmen mich nun!«

Die Phantasien: Sie will mit ihrem Sohn heimlich Jena verlassen und unerkannt durch die Lande reisen, sie will sich einer umherziehenden Schauspielertruppe anschließen … Aber es bleibt bei den Phantasien. Ein heimliches Treffen mit Kipp in Berlin ernüchtert sie, der junge Mann zieht sich immer mehr von ihr zurück, das Verhältnis schläft ein.

Sophie Mereau ist in jenen Jahren keineswegs nur mit der Suche nach dem Liebesglück beschäftigt. Spätere Interpretationen, sie sei eine rein gefühlsbetonte, romantische Frau gewesen, greifen zu kurz. Sophie Mereau ist auch tatkräftig und, was ihren schriftstellerischen Werdegang anbelangt, geschäftstüchtig und von klarem Kalkül geleitet.

Sie sucht sich neue Veröffentlichungsforen: die ›Neue Thalia‹, die ›Horen‹, den ›Musen-Almanach‹, später noch Cottas Zeitschrift ›Flora‹, den ›Damen-Calender‹, den ›Göttinger Romanenkalender‹, alles Zeitschriften, Almanache und Hauskalender von gutem Ruf und literarischer Qualität. Sophie wird korrespondierendes Mitglied des Berliner »Tugendbundes«, einer weniger moralischen, als vielmehr schöngeistigen Vereinigung, zu der auch Dorothea Veit, Henriette Herz, Caroline von Dacheröden und Alexander und Wilhelm von Humboldt gehören. In Jena besucht sie die Privatvorlesungen von Johann Gottlieb Fichte. Sie verkehrt mit Friedrich Schiller, Johann Gottfried Herder, Jean Paul, den Brüdern August Wilhelm und Friedrich Schlegel. Ihr Haus wird zu einem Mittelpunkt des Jenaer Geisteslebens.

Und sie plant die Herausgabe einer eigenen Zeitschrift, schreibt deswegen sogar an Kant in Königsberg: »Mit Hülfe einiger Freunde will ich mit dem neuen Jahr ein Journal anfangen, mehrere hiesige Schriftsteller wollen mir Beiträge liefern. Bei einer solchen Unternehmung träumt wohl ein jeder, der nicht lediglich für Gewinn schreibt, mehr oder weniger stolz. Ich träumte *sehr* stolz, denn ich hielt es nicht für unmöglich, *Sie* für mich zu gewinnen.«

Sie unterzeichnet mit den Worten: »Mein Name ist: *Professorin Mereau* in Jena.« Nun bedeutet Professor damals ganz allgemein höherer Lehrer, aber die Verwendung des Titels zeugt doch von Sophie Mereaus Selbstverständnis und Selbstbewußtsein.

Das Projekt wird nicht verwirklicht, doch ist Sophie bereits wieder anderweitig verstrickt, erneut in Herzensabenteuer. 1796 verliebt sie sich in den Medizinstudenten Georg Philipp Schmidt und bricht mit ihm noch im selben Jahr aus den Jenaer Verhältnissen aus: Gemeinsam reisen sie über Leipzig und Wittenberg nach Berlin.

In jener Zeit entsteht auch ihre Erzählung ›Die Flucht nach der Hauptstadt‹, die autobiographische Anklänge besitzt. Friedrich Schiller, dem Sophie Mereau den Text vorlegt, lehnt eine Veröffentlichung ab. Die Erzählung, die erst 1806 publiziert wird, ist aus der Sicht einer jungen Frau geschrieben, ungewöhnlich für die damalige Zeit. Doch hat sich Sophie Mereau möglicherweise Sophie von La Roches Roman ›Geschichte des Fräuleins von Sternheim‹ zum Vorbild genommen. Die Protagonistin verliebt sich in einen jungen Mann namens Albino. Sie brechen aus der bürgerlichen, herzlosen Enge der Kleinstadt aus und fliehen, mit einer Zwischenstation als umherziehende Schauspieler, in die (unbenannte) Hauptstadt. Unterwegs müssen sie allerlei Gefahren bestehen, sie sind Intrigen ausgesetzt und werden getrennt, finden einander schließlich aber wieder. Am Ende kehrt das Liebespaar, wohlhabend geworden, in die Vaterstadt zurück. Jetzt begegnet man ihnen mit Anerkennung und Hochachtung.

Mit einer großen, versöhnlichen, allumfassenden Geste endet die Geschichte: »Frohsinn und Liebe waren uns geblieben, wir lebten mit mehr Glück als Verdienst, mehr Zärtlichkeit als Vernunft, mehr Leichtsinn als Klugheit, und wenn uns noch etwas zu wünschen übrig blieb, so war es, zehnfach zu leben, um uns zehnfach lieben zu können.«

Die Wirklichkeit sieht weniger rosig aus. Die »Fahrt nach der Hauptstadt« und die Rückkehr nach Jena enden in einem seelischen Fiasko. Sophie notiert in ihrem Tagebuch vom 3. Oktober 1796: »Trennung. Seine Tränen. Meine Fassung. Völlige

Dumpfheit. Schmerzliches Erwachen. Verlaßne Liebe. Bitter-keit.« Damit ist ihr Wiedersehen mit Kipp gemeint. Und Schmidt? Auch diese Liebesbeziehung steckt in der Krise (und wird wenig später zerbrechen). Die Rückkehr nach Jena jeden-falls ist alles andere als ein triumphaler Einzug. Ein weiterer Ta-gebucheintrag: »Unruhe wegen Folgen. Zuhauße. Ermüdet. […] Zerstreut. Ungewisheit.«

Nach dem Ende dieser beiden Liebschaften läuft die Ehe nach außen hin in ruhigeren Bahnen. Im September 1797 kommt das Mädchen Hulda zur Welt. Sophie arbeitet unter-dessen unermüdlich an neuen Texten. Noch im selben Jahr werden in Schillers ›Horen‹ die ›Briefe von Amanda und Edu-ard‹ vorabgedruckt, der Beginn eines Romans, der 1803 in Buchform erscheinen wird.

Der Roman trägt deutliche autobiographische Züge. Er be-handelt – noch in der Form des Briefromans des 18. Jahrhun-derts – die Geschichte Amandas, die sich in einer unglücklichen, auf materiellem Nutzen und gesellschaftlichen Konventionen beruhenden Ehe gefangen sieht. Sie begegnet Eduard, die bei-den verlieben sich. Natur und Neigung siegen über Konvention und Pflicht. Doch der Ehemann hintertreibt die Liaison und un-terschlägt einen Brief. Es kommt zu Mißverständnissen, das Liebesverhältnis zerbricht.

Das Buch wandelt sich zum zweifachen Erziehungsroman: Eduard wird ein angesehener, tatkräftiger Geschäftsmann; Amanda – inzwischen reiche Witwe – eröffnet sich durch Bil-dung neue Lebensperspektiven. Diese Entwicklung, die Läute-rung der beiden einstigen Liebenden, wird zur Vorbedingung für eine Aussöhnung und Wiederannäherung.

Amanda und Eduard heiraten, doch hat Amanda Todesah-nungen: »[…] und du, schöne Liebe! was bist du anders, als ein Widerschein aus jener schönern Welt! – O! zu sterben im seli-gen Gefühl der glücklichen Liebe, welcher Tod könnte schöner sein? – Dann schwänge sich die Seele auf feurigen Wolken gen Himmel, wie einst Auserwählte, Lieblinge der Gottheit, und empfände den Tod nicht!«

Amandas Vorahnungen erfüllen sich tatsächlich; sie stirbt bald darauf an einem Fieber, »in den Armen ihres Geliebten, in dem seligen Gefühl des höchsten Glücks, der vollsten Blüte ihres Lebens […]«.

Schiller ist von der Kunstfertigkeit des Manuskripts fasziniert und schreibt am 30. Juni 1797 an Goethe: »Für die Horen hat mir unsere Dichterin Mereau jetzt ein sehr angenehmes Geschenk gemacht, und das mich wirklich überraschte. Es ist der Anfang eines Romans in Briefen, die mit weit mehr Klarheit, Leichtigkeit und Simplizität geschrieben sind, als ich je von ihr erwartet hätte. Sie fängt darin an, sich von Fehlern frei zu machen, die ich an ihr für ganz unheilbar hielt, und wenn sie auf diesem guten Wege weiter fortgeht, so erleben wir noch was an ihr. Ich muß mich doch wirklich darüber wundern, wie unsere Weiber jetzt, auf bloß dilettantischem Wege, eine gewisse Schreibgeschicklichkeit sich zu verschaffen wissen, die der Kunst nahe kommt.«

Goethe antwortet am 1. Juli, ins Allgemeine gehoben: »Unsere Frauen sollen gelobt werden, wenn sie so fortfahren, durch Betrachtung und Übung, sich auszubilden. Am Ende haben die neuern Künstler sämtlich keinen andern Weg.«

Mit den »neuern Künstlern« meint der in die Jahre gekommene Weimarer Rat die Romantiker, die sich besonders an den Universitäten formieren. Jena ist ein Kristallisationspunkt, nicht nur die Universität (wo Schiller lehrt), sondern auch die privaten Salons. Im Juni 1798 kommt ein neunzehnjähriger Student der Medizin in die Stadt. Er ist literarisch interessiert, schreibt selbst Gedichte und findet sehr bald Zugang zum Kreis der Jenaer Romantiker um Friedrich Schlegel und Ludwig Tieck. Sein Name: Clemens Brentano. Auch die inzwischen recht bekannte Schriftstellerin Sophie Mereau begegnet ihm. In ihren Tagebucheintragungen aus jener Zeit findet der Medizinstudent eher am Rande Erwähnung, wichtiger scheint der Umgang mit Schiller zu sein, eine Kollegialität, die nicht frei von erotischer Anziehung ist: »[22. Oktober 1798] Geschäftig. Spazirgang. Besuch von B. [Brentano]. Heiter. [2. November]

Spazirgang mit Gustav. Zu Schiller. Süße Luft. Geliebte Bilder. Romantisch. [4. November] Nicht merkwürdig. Sehnsucht nach Vergnügen. [6. November] Freude an B. [Brentano]. Ahndungen. [9. November] Sehr heiter mit B. [Brentano]. Heller Sonnenklang. Besuch bei Schiller, bei Schnauberts. Abends mit B. Verstimmt durch M. [Mereau]. Sehr mismüthig.«

Bald jedoch findet Sophie Mereau an dem acht Jahre jüngeren Clemens Gefallen. Er hat dichte dunkle Locken und große braune, etwas melancholisch blickende Augen, mit denen er zu betören weiß. Endlich ein Verehrer, der Sophies literarische Interessen teilt.

Im Juli 1799 unternehmen Clemens und Sophie eine kleine Reise nach Oßmannstedt; Clemens' Schwestern Sophie und Gunda halten sich dort gerade mit ihrer Großmutter Sophie von La Roche auf. Bereits ein Jahr zuvor hat diese in einem Brief an ihren Enkel Clemens die Hoffnung ausgedrückt: »Dein dich immer treibender Geist wird dich schon zu einer Quelle führen. Ob es Freund Hein tun wird, der neben deinem Sitz hängt, zweifle sehr; ehender der öftere Anblick der edlen Dichterin Mereau. Ich würde es eine schöne Stunde nennen, diese liebenswerte Frau zu sehen [...].« Nun lernt Sophie die legendäre Autorin des ›Fräuleins von Sternheim‹ also kennen, und zwischen den beiden Frauen entwickelt sich eine tiefe Sympathie.

Clemens und Sophie werden ein Liebespaar. Sophies Herz ist entflammt. »o! Clemens, Clemens! lieber, schrecklicher göttlicher, unmenschlicher Clemens!« schreibt sie im November in einem Billett. Ein Liebespaar, ja. Aber ihr Verhältnis ähnelt eher einem Rosenkrieg denn einem Idyll. Clemens ist eifersüchtig und besitzergreifend, zugleich muß er sich gegen seine Schwester Bettine zur Wehr setzen, die die Beziehung voller Argwohn beobachtet und kommentiert. Sophie ihrerseits will sich von diesem zwar genialen, aber weit unerfahreneren Mann nichts vorschreiben lassen. Sie beginnt, ihm Grenzen aufzuzeigen, die er nicht überschreiten darf. Es gibt einen Bereich, der unantastbar ist: ihre Freiheit, ihre Selbstbestimmung. Wiederholt weist Sophie ihren hitzigen Geliebten in seine Schranken. »Sie haben nicht meinen Stolz, sondern mein Gefühl beleidigt«, klärt sie ihn auf, »und daß Sie dies *konnten*, daß ich dabei fühlte, was ich empfand, dies verbreitet für mich eine große Klarheit über uns beide.«

Clemens erwidert kleinlaut: »Es kann nicht Liebe sein, waß ich fühle, oder habe ich sie nie gekannt, muste ich in der Nähe ihres Zaubers treten, muste ihre Reiz meinen zur Erde gesenkten Blikk entfeßlen, um in diese Sonne zu schauen, und ich mich zurük zu taumeln, in der dunklen Schwermuth meines Herzens Erholung vom Glanze zu finden. Es ist ein schrekliches Gefühl zu sprechen, und stumm zu sein, ach glauben sie immer nur aus Mitleid daß ich sie liebe, Schonung, Genügsamkeit, kein kaltes Urtheil, ich bitte um der Göttlichkeit willen, die nur in diesem Gewande den Menschen näher treten kann.«

So geht es das ganze Jahr über weiter, ein unermüdliches Hin und Her zwischen Vorwurf und Rücknahme, Eifersucht und Zurechtweisung, Streit und Versöhnung. Immer wieder jedoch verletzt Clemens die ihm gesetzten Grenzen. Einmal sieht er gar in Sophies Bruder Karl Schubart einen Konkurrenten: »Am Dienstage Nachmittage sahst du mich so schreklich kalt an, als brauchtest du meine Liebe nicht mehr da du deinen Bruder hattest. Du legtest eine Hölle in mir an durch deine tode Behandlung des Lebens eines Menschen, der nur sich ganz verlaßen hat, um bei dir zu sein, und den du nicht verlaßen mußt, weil er dich allein kennt, und doch so innig liebt … Du drohtest mir und warst so schreklich allgemein in deinen Worten, daß ich deine Liebe verlohr, es wogte in mir der Sturm der gekränkten Liebe, und in dir der Sturm, eines vergnügten Nachmittags, und des schreklichen Empfindungsgemisches, deiner Jugend und deiner Gegenwart.«

Die Jahre 1800 und 1801 sind für Sophie Mereau eine Zeit der Trennungen und Entscheidungen. Im Januar 1800 stirbt ihr sechsjähriger Sohn Gustav. Sophie zieht sich zu Verwandten ins nahe Städtchen Camburg zurück. Schließlich – die Szenen zwischen ihr und Clemens reißen nicht ab – trennt sie sich von ihrem Geliebten. Ein anderer Mann ist im Spiel, mit dem sie ein kurzes Verhältnis beginnt: Friedrich Schlegel, der durch seinen erotischen Roman ›Lucinde‹ im Jahr zuvor Furore gemacht hat. In ihrem Tagebuch vom August 1800 notiert sie knapp: »Festeres Verhältnis mit S. [Friedrich Schlegel]. Süße Lust. Gänzlich aufgehobner Umgang mit B. [Brentano].« Clemens bezeichnet Sophie Mereau später einmal abfällig als Hexe, aber im Jahr 1800 leckt er noch seine Wunden – und projiziert seine poetisierten Wünsche zunehmend auf seine jüngere Schwester Bettine. Sie wächst ihm immer mehr ans Herz, besonders nachdem im September desselben Jahres seine frühere Lieblingsschwester Sophie während ihres zweiten Aufenthalts bei Christoph Martin Wieland in Oßmannstedt unerwartet gestorben ist.

Und Sophie Mereau? Ihr Verhältnis zu Schlegel ist nur von kurzer Dauer. Immerhin gibt sie ihm einen Brief an Brentano mit, der sich zu der Zeit in Frankfurt aufhält. Der eifersüchtige Schlegel unterschlägt den Brief jedoch.

Clemens hat inzwischen Freundschaft mit dem Dichter Achim von Arnim geschlossen und unternimmt mit ihm gemeinsam im Juni 1802 eine Reise entlang des Rheins: Sie berauschen sich an der romantischen Landschaft und beginnen, alte deutsche Volkslieder zu sammeln und umzudichten, die sie später in Buchform herausgeben wollen. Für Gedanken an die in Camburg weilende Sophie scheint da kaum Zeit zu sein.

Sophie hat inzwischen die Konsequenz aus ihrer zerrütteten Ehe gezogen und in Weimar die Scheidungsklage eingereicht. Die Kommission unter Johann Gottfried Herders Vorsitz spricht die Scheidung am 21. Juli 1801 aus, die erste im Herzogtum. Die Bewohner von Weimar und Jena zerreißen sich darüber die Mäuler, selbst Caroline Schlegel, die mit August Wilhelm Schlegel unglücklich verheiratet ist (und bereits ein Auge auf den dreizehn Jahre jüngeren Friedrich Wilhelm Schelling geworfen hat).

Sophie Mereau indes darf ihre Tochter Hulda zu sich nehmen. Ihr geschiedener Mann bittet sie außerdem darum, ihm ein neues Eheweib zu vermitteln. Diesem Wunsch kommt sie nach, und so heiratet er schließlich die reiche Tochter eines Kattun-Fabrikanten.

Sophie erhält von Mereau eine jährliche Rente von zweihundert Reichstalern, viel zu wenig für den eigenen Unterhalt und den ihrer Tochter, und steht plötzlich vor der Notwendigkeit, selbst Geld zu verdienen. Das Karussell des Lohnschreibens für Zeitschriften, Almanache und Kalender beginnt also von neuem. 1802 erscheint ihr großer Essay über die französische Salondame des 17. Jahrhunderts ›Ninon de Lenclos‹. In den Jahren 1801 und 1802 bringt sie außerdem zwei Ausgaben einer eigenen Zeitschrift mit dem Titel ›Kalathiskos‹ heraus. Auch darin eifert sie der verehrten Sophie von La Roche, die der »Enkelin« wiederholt liebevolle Briefe schreibt, nach. Und 1803 schließlich erscheint ihr zweibändiger Roman ›Amanda und Eduard‹ in Buchform. Im Laufe der Jahre wird Sophie Mereau zur ersten Schriftstellerin Deutschlands, die nicht nur mit Erfolg, das heißt unter Anteilnahme von Publikum und Kritik, publiziert, sondern die auch vom Schreiben leben kann.

Ihr Gefühl des Gebundenseins faßt sie in jener Zeit in das Gedicht ›An einen Baum am Spalier‹: »Armer Baum! – an deiner kalten Mauer / fest gebunden, stehst du traurig da, / fühlest kaum den Zephir, der mit süßem Schauer / in den Blättern freier Bäume weilt / und bei deinen leicht vorübereilt. / O! dein Anblick geht mir nah! / und die bilderreiche Phantasie / stellt mit ihrer flüchtigen Magie / eine menschliche Gestalt schnell vor mich hin, / die, auf ewig von dem freien Sinn / der Natur entfernt, ein fremder Drang / auch wie dich in steife Formen zwang.«

1803 wird zu einem Schicksalsjahr für Sophie, auch in privater Hinsicht: Sie begegnet Clemens Brentano wieder. Das Treffen findet Mitte Mai in Weimar statt, wo sie inzwischen wohnt. Die beiden versöhnen sich und tragen sich gar mit dem Gedanken an eine Heirat. Die Geschehnisse erinnern an Sophies Roman ›Amanda und Eduard‹, doch wie sehr sich das Leben der poetischen Fiktion annähern wird, ahnt zu dem Zeitpunkt noch niemand.

Die Familie Brentano, die Wind von der Sache bekommen hat, versucht unterdessen, die Verbindung zu hintertreiben. Eine geschiedene Frau mit Kind, die noch dazu einige Jahre älter als Clemens ist, das paßt nicht zu den Konventionen eines reichen bürgerlichen Hauses. Gunda wird angehalten, ihren Einfluß auf den Bruder geltend zu machen.

Am 5. Juli 1803 schreibt sie an Clemens: »Laß mich ein wenig die Vernunft in deiner Geschichte spielen [...]. Überlege ob das Mißbilligen dieses Verhältnißes, von all deinen Geschwistern, nie einen Augenblick deine Ruhe und noch deine Zufriedenheit stören wird. [...] Ob die Ungleichheit in Eurem Alter dir nie unangenehm sein wird.«

Clemens läßt sich dadurch nicht beeindrucken, denn er ist nach wie vor von Sophie hingerissen. Am 9. September 1803 wird der junge Brentano fünfundzwanzig und damit nach damaligem Recht volljährig. Jetzt kann ihm die Familie nichts mehr vorschreiben. Sein Erbteil ermöglicht ihm sogar ein finanziell sorgenfreies Leben. Bleibt noch Bettine: Von deren Einverständnis macht Clemens nun seine geplante Ehe mit Sophie abhängig. Schließlich kommt ihr brieflicher Segen. »Liebster *Clemente*«, schreibt Bettine, »ein wahrhafter Zug nur aus meiner Seele gebe Dir Licht über mein Zurückhalten gegen Deine Verbindung mit *Sophie*! – Du schwebst also immer noch im Irrthum, als könne es mich unglücklich machen? – Hab ich Dir das gesagt? – Nein! – [...] *›Du sollst, sie heirathen!‹*«

Clemens Brentano und Sophie Mereau geben einander am 29. November 1803 in Marburg das Jawort, wo sie auch ihren gemeinsamen Wohnsitz nehmen. Sie leben in der Nähe von Friedrich Carl von Savigny, der wenige Monate später, im April 1804, Clemens' Schwester Gunda ehelicht. Bereits im Mai 1804 kommt Sophies Sohn Achim Ariel Brentano zur Welt, dessen Patenschaft Clemens' Freund Achim übernimmt; das Kind stirbt jedoch nach wenigen Wochen. Im August 1804 ziehen Clemens und Sophie nach Heidelberg. Zur selben Zeit erscheint Sophies Übersetzung des Bandes ›Spanische und Italienische Novellen‹, an der wahrscheinlich auch ihr Mann mitgewirkt hat. Trotz der gemeinsamen Arbeit ist die Ehe der beiden Dichter nicht glücklich. Clemens scheint zu sehr auf das Idealbild einer Frau fixiert zu sein, als daß er ihr ihre Schwächen nachsehen könnte. Zudem hat er es gern häuslich und findet sich nicht damit ab, wenn Sophie ihre Schriftstellerei in den Mittelpunkt stellt.

An seinen Freund Achim von Arnim schreibt er am 3. Oktober 1804 das gehässige Bekenntnis: »Glaubst du wohl, Arnim, daß es schmerzt, mit einem kalten Wesen täglich zusammen zu sein, die welche die Häuslichkeit verachtet, ohne zu einem andern Dasein Talent zu haben. Man kann nur mit zweierlei Weibern leben, entweder mit der frommen häuslichen begränzten Frau, oder mit der beflügelten Gedankenerweckenden Fantastischen, und beide müßen unergründlich sein. Sophie ist immer traurig launenvoll und hart, ihr poetisches Streben, welches nie ein ächtes war, ist mit ihren Leiden und meiner Nähe zu Grund gegangen, sie glänzte unter den Studenten und war eine Mythe des jenaischen glänzenden Enthusiasmus, mit dem sie unterging, ich glaubte, sie sei ein Kind, und an der Grenze ihres Sturzes, den sie mit der sentimentalen Epoche in ihrer Ehescheidung begründete, kam ich ihr entgegen, aber sie gab sich mir nicht hin, ihre vorige, sehr schlechte Welt ging nicht in dem großen Liebesmeere unter, das ich, mich selbst auflösend, um ihre Brust ergoß.«

Clemens zieht Ende Oktober 1804 – Sophie ist wieder schwanger – zu Achim von Arnim nach Berlin, um an der Volksliedersammlung weiterzuarbeiten, die unter dem Titel ›Des Knaben Wunderhorn‹ erscheinen wird. Die Freundschaft der beiden Männer nimmt in jener Zeit einen sehr innigen Charakter an.

Unterdessen schreibt Clemens aus Berlin Briefe an seine Frau, in denen er auf seltsame Weise Begehren mit Eifersucht und Zerknirschung verbindet: Es bereitet ihm Probleme, sich in der Stadt zu wissen, in der Sophie vor acht Jahren mit ihrem Geliebten Georg Philipp Schmidt weilte! Er schreibt: »[…] ich schwöre Dir Sophie, du kannst nicht so dich sehnen nicht so lieben, wie ich, ich armer innerlich entzündeter Junge, heute schon den ganzen Weg zerreißt mich die Erinnerung an Deine verfluchte Berliner Reise mit Schmidt, bei jedem Gegenstand denke ich an Dich, und daß er unterwegs in einer Stube mit dir schlief, dann ergreift mich eine innere zerreißende Wut, es ist, als könntest Du mich betrügen [...] o Sophie verzeihe, sieh ich ringe die Hände, in dem ich dieses schreibe, ich liebe Dich, ich bin behext, aber ich bin auch sehr unglücklich, daß Du nicht aufrichtig bist gegen mich.«

Sophie schreibt ratlos zurück: »Soll ich weinend oder lachend auf deinen lezten Brief antworten? – einen größern Don Quichote wie dich, trug gewis nie die prosaische Erde! Zuhause sitzt sein treues Weib, liebt ihn, lebt eingezogen arbeitsam, trägt ihn in und unter dem Herzen, und ist ganz zufrieden – er reist ganz lustig durch die Welt, zu einem geliebten, wunderholden einzigen Freund, er könnte ganz ruhig und glücklich sein [...].«

Solchen beruhigenden, ja nüchternen Worten zeigt sich Clemens kaum zugänglich. Er gefällt sich in der Pose des leidenden Dichters und unverstandenen Mannes: »Ich werde tun, was ich muß, ich habe um Dich gerungen, Dich haben, Dich sehen, Dich ans Herz drücken, Dir nahe sein, von Dir gequält und erfreut werden, o Du peinigst oft süßer, als Du küssest, Sophie, ich will zu Dir, ehe alle Sonnen untergehen.«

In einem Gedicht an seine Frau vergleicht er sich mit einem Schmetterling, der sich die Flügel am Licht verbrannt hat und, nachdem Sophie versucht hat, ihn zu retten, in deren Champagnerglas ertrinkt. Das Gedicht endet mit den Versen: »Du bist die Zaubervase, / Die meinen Geist umhüllet, / Und im Champagnerglase / Ist schon mein Los erfüllet!«

Sophie durchschaut sein Gebaren, tröstet ihn, beruhigt ihn, und kann doch nicht umhin, ihn brieflich zurechtzuweisen: »Es ist wahr, ein Gefühl ist in mir, ein einziges, welches nicht dein gehört. Es ist das Gefühl der Freiheit: was es ist, weis ich nicht; es ist mir angebohren, und du verletzest es zuweilen.«

Clemens scheint solche Mahnungen und Hinweise nicht zu verstehen, nicht verstehen zu wollen. Auch nach seiner Rückkehr nach Heidelberg ändert sich an seinem selbstverliebten und vorwurfsvollen Verhalten nichts. Im Mai 1805 wird die gemeinsame Tochter Joachime geboren; das Kind stirbt nach vier Wochen.

Achim von Arnim kommt im Sommer nach Heidelberg, und die Freunde arbeiten weiter an ihrer Volksliedersammlung. Die Arbeit lenkt Clemens ab, Achims Anwesenheit tut ihm gut. Im Herbst beginnt Clemens mit seiner Sammlung ›Italienische Märchen‹. Unterdessen erscheint der erste Band von ›Des Knaben Wunderhorn‹, und Achim von Arnim reist nach Weimar, um Goethe, dem der Band gewidmet ist, zu einer Rezension zu bewegen. Die rühmende Besprechung erscheint im Januar 1806. Goethe fordert darin die Herausgeber sogar auf, weitere Bände zu veröffentlichen. Ein fulminanter Erfolg.

Ein Erfolg, der gleichwohl das Dilemma im Hause Brentano nicht löst. Sophie ist im Herbst 1805 erneut schwanger gewesen und hat beim Aufhängen eines schweren Spiegels eine Fehlgeburt erlitten. Der Rosenkrieg, das Schwanken zwischen Liebesschwüren und bitteren Vorwürfen, geht unterdes weiter. Im Sommer 1806 ist Sophie bereits wieder schwanger.

In ihrem letzten Brief an Clemens, datiert auf den 20. Juni, schreibt sie versöhnlich: »Ich weis nicht wie ich das nennen soll, was zuweilen aus dir spricht, mit wunderbarer Stimme aus dir heraus schreit, aber es mag wohl etwas göttli[ches] sein, weil es so viel Gewalt hat, und man so viele Schmerzen darum [ver]geßen kann. Und wenn es auch in der Erscheinung vorüber gehend ist, so weiß ich doch, daß es wahr, und eigentlich unvergänglich ist, daß ich darauf sterben wollte.« Worte, die – wie auch das Ende ihres Romans ›Amanda und Eduard‹ – im nachhinein wie eine düstere Prophezeiung wirken.

Am 30. Oktober gehen Clemens und die hochschwangere Sophie auf dem Heidelberger Schloßberg spazieren. Dort werden eben alte Linden gefällt. Sophie klagt bei diesem Anblick: »Ach, wenn nur die nicht umfällt, die wir aus unsrem Fenster sehen!« Clemens berichtet weiter: »Sie eilte hin, sie bat, aber der Baum war schon unterwurzelt. Die Stricke zogen, er schlug vor ihren Füßen nieder. Da faßten wir uns in den Arm und gingen sehr erschüttert und sehr liebend, aber traurig nach Haus.«

In ihrem letzten Tagebucheintrag vom selben Abend schreibt Sophie die Verse: »Sag, o! heilige Linde wer durfte es wagen, / legen das mordende Beil an den geheiligten Stamm / das dein ehrwürdiges Haupt dein grünes wallendes Leben / weit verbreitet umher traurig dem Staube genaht / Du die einst der Dichter mit Liebe besungen / deren Runde heilige Namen geziert, / unter« – Hier bricht der Eintrag ab. Die Linde ist gefällt. Tags darauf kommt Sophie mit einem Mädchen nieder. Beide, Mutter und Tochter, sterben bei der Geburt. Clemens ist untröstlich. An seinen Herzensbruder Achim richtet er einen Brief, worin er die Ereignisse des Vortages ihres Todes nochmals beschreibt. Darin heißt es: »Aus dem Leben bin ich gerissen, alles Begonnene ist zerbrochen, was mir bevorsteht, kann ich nicht lieben, was mir geschehen, ist lauter Jammer. Alles, alles ist hin, ich bin versteint, ich hatte alles in Sophie wiedergefunden, was ich in ihr liebte, in ihr verlor, was sie war, ach ich war unaussprechlich glücklich! Wohin, wie, wo, ich weiß nichts [...].«

Clemens' Schwester Meline berichtet in einem Brief an Friedrich Carl von Savigny: »Er tobt ganz unvernünftig, weiß nicht, was er mit sich und der Hulda anfangen soll.« Aber sie gibt auch einen Hinweis auf die Person, die ihm Trost zu bieten vermag: »Die Bettine ist nun immer bei ihm und ich fürchte, es wird ihr nicht wohl tun [...].«

Durch den frühen Tod von Sophie Mereau-Brentano verlor die frühromantische Dichtung eine ihrer begabtesten und vielseitigsten Vertreterinnen. Sie war zwar keine geborene Brentano, aber in ihrem ruhelosen, phantasievollen, das romantische Ganze wollenden Wesen war sie der Familie innerlich verwandt. Die Verbundenheit mit ihrem Mann Clemens Brentano ähnelte der Spiegelung von Wolken in Wasser: gleicher Anschauung, und doch gegensätzlichen Elementen angehörend.

Antonia Brentano (1780–1869)

Antonia Brentano
(1780–1869)

*»Nur wenigen wird das Glück wie mir, am Abend ihrer Tage
noch das Wohlwollen einer edlen Frau wie Antonia Brentano
erlangt zu haben.«*
                                    Freiherr Karl vom Stein

Am Morgen des 6. Juli 1812 schreibt ein unglücklich Verlieb-
ter an die Angebetete: »Mein Engel, mein alles, mein Ich. – nur
einige Worte heute, und zwar mit Bleistift (mit deinem) – erst
bis morgen ist meine Wohnung sicher bestimmt, welcher
Nichtswürdiger Zeitverderb in d. g. – warum dieser tiefe
Gram, wo die Nothwendigkeit spricht – Kann unsre Liebe anders bestehn als durch Aufopferungen, durch nicht alles verlangen, Kannst du es ändern, daß du nicht ganz mein, ich nicht
ganz dein bin – Ach Gott blick in die schöne Natur und beru-
hige dein Gemüth über das müßende – die Liebe fordert alles
und ganz mit Recht, so ist es *mir mit dir, dir mit mir* – nur vergißt du so leicht, daß ich *für mich und für dich* leben muß, wären wir ganz vereinigt, du würdest dieses schmerzliche eben so
wenig als ich empfinden […].«

Dieser Brief, der sich über zehn Seiten erstreckt, ging als
»Brief an die unsterbliche Geliebte« in die Kulturgeschichte
ein. Der Autor: Ludwig van Beethoven.

Lange Zeit ist über die Identität der Adressatin gemutmaßt
und gestritten worden. Manch einer vertrat sogar die Meinung, es handle sich nicht um eine wirklich existierende Person, sondern um eine fiktive, idealisierte Frau. Erst 1977 hat
der Musikwissenschaftler Harry Goldschmidt in seiner akri-
bischen Spurensuche ›Um die Unsterbliche Geliebte‹ den
Nachweis geführt, daß nur zwei Frauen als Adressatin in Frage
kommen können: Antonia Brentano und Josephine Brunsvik.

Auch wenn das Rätsel nicht mit letzter Gewißheit gelöst werden könne, spreche doch einiges dafür, daß die Gattin des Frankfurter Kaufmanns Franz Brentano die Angebetete Beethovens gewesen sei. Eine Verehrung, die keineswegs einseitig oder gar sublimiert war, wie Goldschmidt anhand von Tagebüchern und Briefen überzeugend nachweist. Doch wer war diese Frau, die von ihrer Nichte Maximiliane von Arnim noch im Alter als »groß und schlank«, als »geistvolle Frau, voll sprudelnden Witzes« beschrieben wurde, die »etwas Imponierendes, die Haltung einer Königin« besessen habe?

Johanna Antonia Josepha Edle von Birkenstock, so ihr voller Mädchenname, entstammt einem der angesehensten österreichischen Adelshäuser. Geboren wird sie am 28. Mai 1780 in Wien. Ihr Vater ist der einflußreiche Staatsmann Johann Melchior Ritter und Edler von Birkenstock, die Mutter Josephine Caroline, eine geborene von Hay (die Schwester des gelehrten Bischofs von Königgrätz, Johann Leopold von Hay).

Trotz solch klangvoller Adelsnamen ist das Birkenstocksche Haus ein Zentrum der Josephinischen Aufklärung. Der Jurist und Schriftsteller Joseph von Sonnenfels, der sich im Josephinischen Staat für die Einführung einer Polizeiordnung und die Abschaffung von Folter und Todesstrafe einsetzt, sowie der Bibliothekar und Mäzen Gottfried van Swieten, ein Förderer Joseph Haydns und Wolfgang Amadé Mozarts, gehören zu den Freunden der Familie. Antonias Vater genießt aber nicht nur wegen seiner fortschrittlichen Ansichten, sondern auch als Kunstsammler und Mäzen über die Grenzen Österreichs hinaus hohes Ansehen.

Antonias Elternhaus in der Wiener Erdberggasse ist eigentlich ein kleines Schloß. Mehr als vierzig Zimmer umfaßt der Barockbau mit Aussichtsturm, der 1797 von Antonias Vater sogar noch um einen Anbau erweitert wird. Terrassenförmig führt der prachtvoll angelegte Garten bis hinunter zum Donaukanal. Doch der eigentliche Schatz des Birkenstockschen Palais sind die umfangreichen Gemäldesammlungen, die zahlreichen Kunstgegenstände und die wertvolle Bibliothek. Ein

Katalog der Sammlungen hat sich erhalten; er verzeichnet Hunderte von Gemälden und Tausende von Kupferstichen, unter anderem Originalradierungen Rembrandts, Gemälde von Anthonis van Dyck, Hans Holbein dem Jüngeren und Lucas Cranach, zahlreiche französische Meister des 17. und Wiener Meister des 18. Jahrhunderts. Außerdem, als eine Art Herzstück, das Gesamtwerk des Marc Antonio Raimondi.

In einem Brief an Goethe beschreibt Bettine Brentano am 15. Mai 1810, nach dem Tod Melchior Birkenstocks, ihren Eindruck von dem Haus und seinen Sammlungen: »Hier wohne ich im Hause des verstorbnen Birkenstock, mitten zwischen zweitausend Kupferstichen, ebensoviel Handzeichnungen, soviel hundert Aschenkrügen und hetrurischen Lampen, Marmorvasen, antiken Bruchstücken von Händen und Füßen, Gemälden, chinesischen Kleidern, Münzen, Steinsammlung, Meerinsekten, Ferngläser, unzählbare Landkarten, Pläne alter versunkener Reiche und Städte, kunstreich geschnitzter Stöcke, kostbare Dokumente und endlich das Schwert des Kaiser Carolus. Dies alles umgibt uns in bunter Verwirrung und soll grade in Ordnung gebracht werden, da ist denn nichts zu berühren und zu verstehen [...].«

Antonia Birkenstock wächst also in einer Welt des Reichtums, der Erlesenheit und des guten Geschmacks auf. Nur ein paar Jahre verbringt sie außerhalb Wiens, im Internat der Ursulinen im nahen Preßburg, dann kehrt sie ins väterliche Schloß zurück. Kein Wunder, daß sie zeitlebens einen Hang zu schönen und kostbaren Dingen hat. Sie wächst in einem Stand auf, der von ererbtem Besitz und Pfründen lebt und nicht darauf angewiesen ist, seinen Unterhalt selbst zu verdienen. Später, im bürgerlichen Milieu, wird sie umlernen müssen.

Antonia hat ein enges, liebevolles Verhältnis zu ihrem Vater, um so mehr, als sie ihre Mutter bereits im Alter von acht Jahren verloren hat. Vier Jahre nach dem Tod der Mutter kommt es zu einer ersten Begegnung mit Ludwig van Beethoven, der eben im Begriff ist, sich als Pianist und Komponist in den musikhungrigen Kreisen Wiens einen Namen zu machen.

Zur selben Zeit gründet im fernen Frankfurt am Main Franz Brentano eine eigene Handelsfirma. Bald bestehen zwischen Frankfurt und Wien enge Geschäftsbeziehungen, und der junge Brentano hört viel Interessantes über das Haus Birkenstock: das schöne Palais, die reichen Kunstsammlungen – und die schöne Tochter des Hauses. Er begegnet ihr auf einer Geschäftsreise und beschließt sogleich, um sie zu werben.

Das tut Franz Brentano allerdings nicht persönlich. 1797 schickt er seine Schwester Sophie nach Wien, mit dem Auftrag, das Fräulein Birkenstock auf Charakter und Manieren zu »prüfen«. Sophie wird als Schwester des Geschäftspartners gerne für ein paar Monate aufgenommen. Sie freundet sich mit Antonia an und berichtet insgeheim dem Bruder in Frankfurt.

Antonia selbst hat im hohen Alter von fünfundachtzig Jahren dem Maler Karl Theodor Reiffenstein aus ihrem Leben erzählt. Diese Alterserinnerungen sprechen eine ziemlich nüchterne Sprache: »Ich hatte sie [Sophie Brentano] kennen lernen, ohne eine Ahnung von dem Zwecke zu haben und musizierte viel mit ihr, wir gingen zusammen in das Theater, auch zusammen spazieren und da ich ihnen zu gefallen schien, ward mir eines Tages verkündigt, ich sei verlobt mit B[rentano].«

Es ist davon auszugehen, daß Antonias Vater, ein fortschrittlicher, aufgeklärter Mann, seine Tochter nicht ohne deren Einverständnis verheiraten will. Bekannt ist, daß sich etwa zur gleichen Zeit noch drei andere Bewerber um die heiratsfähige, schöne Tochter aus wohlhabendem Hause bemühen. Birkenstock zieht weitere Erkundigungen über Franz Brentano ein, und auch Antonia ist der Frankfurter Handelsmann nicht unsympathisch – mehr bedarf es nach dem damaligen Kodex nicht. Als Gunstbeweis schickt Antonia – offensichtlich noch vor der Einwilligung ihres Vaters – eine gemalte Porträtminiatur, ein Werk Heinrich Fügers, nach Frankfurt: Das Bild zeigt die junge Frau in der klassizistischen Mode der damaligen Zeit, mit hochtoupiertem Lockenhaar, das bis weit über Nacken und Schultern fällt. Die lange Nase ist leicht gebogen, der Mund spitz, die Oberlippe etwas geschürzt, der Blick leicht verloren in die Ferne gerichtet. Franz Brentano ist von dem Bildnis sehr angetan. An seine Schwester Sophie schreibt er: »Da Tonis [Antonias] Herz so günstig für mich entschieden hat, so will ich hoffen, ihr Mund wird es bei ihrem Vater auch thun u. alles guth gehen, weilen er die Entscheidung ihr überlassen hat; freylich muß ihm der Entschluß von einer solchen Tochter sich zu trennen sehr wehe thun; doch ist's aber einmahl die Bestimmung der Eltern, sich von Ihren Kindern in dem Alter zu trennen […].«

Franz Brentano reist 1798 anläßlich seiner Hochzeit mit Antonia von Birkenstock nach Wien. Selbst Kaiser Franz II. gratuliert dem jungen Paar und schenkt ihm einen Empiresalon aus gemasertem Taxusholz, das im Schönbrunner Park geschlagen wurde. Antonia erinnert sich als alte Frau: »Die Hochzeit fand statt, und wir reisten zusammen nach Frankfurt a. M. Aus ziemlich sicherer Quelle weiß ich, daß an jenem Tage der wirkliche Herzensgeliebte hinter einem Kirchenpfeiler unter bitteren Tränen Augenzeuge der Trauung war. Vor der Abreise mußte ich meinem Vater fest versprechen, daß ich alle zwei Jahre auf einige Wochen nach Wien komme, um ihn zu besuchen; denn er hatte mich sehr lieb und die Trennung fiel uns beiden sehr schwer.«

Antonia mag da im hohen Alter das eine oder andere hinzuerfunden haben. Insbesondere der Herzensgeliebte, der hinter einem Kirchenpfeiler steht und weint, scheint einem späten romantischen Wunschdenken entsprungen zu sein. Wahr ist jedoch, daß sie sich in Frankfurt schwer einlebt. Das haben verschiedentlich Mitglieder der Familie Brentano bezeugt.

Sie selbst äußert sich gegenüber Reiffenstein so: »Als wir nach der Hochzeit zuerst nach Frankfurt kamen, hielten wir vor dem Brentano'schen Hause in der Sandgasse, und ich stieg mit ängstlich klopfendem Herzen und bangen Gefühlen die Treppe hinauf in meiner neuen Heimat. Alles war mir gänzlich fremd, ich kannte weder äußere noch innere Verhältnisse des Hauses und sollte lernen, mich selbst langsam in alles Fremdartige finden. Es ging auch, es mußte ja gehen, aber viele unzählige heiße Tränen habe ich heimlich in diesem Hause vergossen; denn ich wollte ja doch meinen Mann nicht merken lassen, wie schwer mir alles wurde, da er immer so liebevoll und freundlich gegen mich war. Als wir in den gemeinschaftlichen Salon traten, waren da alle Geschwister meines Mannes versammelt, zwölf an der Zahl, noch alle ledig, alle im Hause wohnend und alle hier beisammen, um die Fremde, neu eingeführte mit neugierigen, prüfenden Blicken zu betrachten. Diesen trostlosen Augenblick kann ich nie vergessen. Alle umarmten in freudiger Erregung den zurückgekehrten Bruder, der von allen hoch verehrt wurde, und ich stand da allein und verlassen im mitten Zimmer und mußte mich nur neugierig betrachten lassen. Ich weiß nicht, was ich darum gegeben, wenn ich damals unsichtbar in den Boden hätte versinken können!«

Die Mentalität der Frankfurter Familie ist Antonia fremd. Ein Jahr zuvor ist der Patriarch Peter Anton Brentano gestorben, und so steht Antonia als Achtzehnjährige nun einem riesigen Haushalt und einer großen Familie vor. Das Haus zum Goldenen Kopf gleicht eher einem Warenlager denn einem gemütlichen bürgerlichen Heim. Mägde und Knechte sind zu beaufsichtigen. Die unverheiratete Schwägerin Paula Brentano, bis dahin Vorsteherin des Haushalts, übergibt Antonia den Schlüsselkorb mit der Bemerkung, sie müsse jetzt allein die Verantwortung für Haus und Familie übernehmen. Für mehrere der jüngeren Geschwister von Franz soll sie plötzlich so etwas wie eine Ersatzmutter werden. Zudem sind die genialischen Geschwister Clemens und Bettine nicht frei von Arroganz und Dünkel – was die aus geordneten Verhältnissen stammende Antonia deutlich zu spüren bekommt. Die Wiener Aristokratentochter zieht sich in sich selbst zurück, ein Schutzmechanismus, der wiederum von den anderen als Kälte aufgefaßt wird. Clemens porträtiert die Schwägerin in seinem Roman ›Godwi‹ als schön, aber unterkühlt: Sie sei ein »schlankes, weißes Bild […], dessen Geist richtig und ruhig, aber wenig sieht; dessen Herz wahr, tief, aber kalt fühlt. Sie erscheint unter den andern, und es ist, als sage sie: ich bin euch allen gut«.

Wenn Bettine in ihrem vollgestopften, unaufgeräumten Zimmer auf dem Boden liegt und zeichnet, und Antonia sie deswegen tadelt, gibt ihr die Jüngere patzig zur Antwort, das sei ihre »poetische Ordnung«. Als Antonia, aus dem Birkenstockschen Palais nicht eben das Sparen und Haushalten gewohnt, dem Einerlei des tagtäglichen Familienessens – Suppe, Gemüse und Rindfleisch – noch Koteletts hinzufügt, erntet sie heftigen Tadel.

»Als der Buchhalter«, so erzählt sie, »dies fremdartige Gericht erblickte, stand er zornig von seinem Platze auf, trat dicht vor mich hin und rief mir mit seiner erhobenen schnarrenden Stimme zu: ›Madame, wollen Sie das alte ehrenwerte Haus ruinieren, das so lange mit ungetrübtem Namen bestanden hat; solche Verschwendungen, öfters wiederholt, machen im Jahre eine große Summe aus!‹ Sie können erraten, daß mir nach dieser Szene die Koteletten nicht schmeckten und daß ich Tränen verschluckte.«

Einziger Trost in dieser ersten Zeit ist ihr die Aussicht, alle zwei Jahre nach Wien fahren zu können. Das sei, so meint sie im Rückblick, »der Lichtpunkt« in ihrem Leben gewesen, »denn wenn ich heute noch über alles Vergangene nachdenke, ist es mir selbst oft unbegreiflich, daß ich so vieles Schwere überstanden«.

Tatsächlich scheinen die anfänglichen Schwierigkeiten eher auf die fremden Umstände und den großen Haushalt zurückzuführen zu sein, nicht aber auf ein unstimmiges Eheleben. Im Gegenteil: Von Franz Brentano sind nur liebevolle Worte über Antonia überliefert, und auch sie hat ihres Mannes immer nur in warmen Worten gedacht. Das Paar hat sechs Kinder (fünf überleben das Kindesalter), und Clemens Brentano unterläßt es nicht, etwas süffisant zu bemerken: »Franz und Toni würden nicht so glücklich sein, wenn sie sich nicht so viel Spaß machten und noch Kinder obendrein kriegten.«

Die Atmosphäre im Haus muß wirklich sehr kinderlieb gewesen sein. Antonia in einem Brief an Gunda: »Was Du von Franz sagst, ist sehr lieb, wenn all seine Geschwister so für ihn empfinden und sich äußern, wie Du es aussprichst, so ist es ihm hundertfältig gegeben, was er auch giebt. Seine Genialität ist so sehr auf seinen bambino übergegangen, daß gestern als wir beide eben erwachten, wir den kleinen Schelm in seinem Bett schwatzen hörten.«

1804 kauft Franz Brentano ein Haus in Winkel, nur einen halben Tagesritt von Frankfurt entfernt im Rheingau gelegen, dazu ein Weingut. Das Anwesen, das 1751 von der Familie Akkermann errichtet wurde, ist heute noch im Besitz der Familie Brentano di Tremezzo, in sechster Generation. Im Sommer 1806 ziehen Franz und Antonia dort ein. Damit vereinfacht sich das Leben für die junge Frau. Das Haus in Winkel dient zwar nur als Sommerdomizil, doch es gibt ihr die Möglichkeit, zumindest für begrenzte Zeit der Enge der geschäftigen Stadt und der Betriebsamkeit des Handelshauses zum Goldenen Kopf zu entfliehen. In dem geschmackvoll eingerichteten Haus in Winkel kann sie ein Leben führen, das eher den Birkenstockschen Vorstellungen von Komfort, Bequemlichkeit, Gastfreundschaft und Repräsentation entspricht. Zudem gibt es in der heiteren Landschaft des Rheingaus, den Strom zu Füßen, weniger Beschränkungen durch Etikette und Konvention. So verwundert es nicht, daß das Haus in Winkel sich bald zu einem Mittelpunkt des Familienlebens und zu einem Magneten für Freunde und Bekannte der Brentanos entwickelt.

1809 stirbt Johann Melchior von Birkenstock. Antonia ist Alleinerbin, da ihr Bruder Hugo wegen seines »liederlichen« Lebenswandels vom Vater enterbt worden ist. Also reisen Franz und Antonia nach Wien, um die Erbschaftsangelegenheiten zu regeln und die umfangreichen Sammlungen des Hauses in der Erdberggasse zu katalogisieren und aufzulösen. All das zieht sich hin, und so verbringt das Ehepaar Brentano die Jahre bis 1812 in Wien. Währenddessen kümmern sich Franz' Bruder Georg und die treue Hausdame Claudine Piautaz um Geschäft, Haushalt und Familie in Frankfurt. So traurig der Anlaß für Antonia ist, ihre Vaterstadt wiederzusehen, so sehr genießt sie das vertraute Ambiente.

Aus dem Jahr 1808, ein Jahr vor der Reise nach Wien, datiert ein Gemälde von Joseph Karl Stieler, das Antonia in einem feuerroten, togaähnlichen Umhang zeigt, auf dem Kopf eine Art Turban, unter dem das halblange, lockige Haar hervorquillt. Die Porträtierte blickt dem Betrachter herausfordernd und selbstbewußt entgegen. Das Gemälde vermittelt einen Eindruck von Antonias Erscheinung zu der Zeit, als sie in Wien Ludwig van Beethoven wiederbegegnet. Der verlängerte Aufenthalt des Ehepaars Brentano bietet Beethoven und Antonia die Gelegenheit, sich des öfteren zu sehen. Im Frühjahr 1812 muß es zu einer Annäherung zwischen ihnen gekommen sein, jedenfalls deuten Briefe und Tagebücher, vor allem Beethovens, auf eine beiderseitige Liebe hin, deren Unerfüllbarkeit ihnen gleichwohl immer vor Augen steht.

Im Frühsommer 1812 wird Antonia krank, an Leib und Seele. Ob die bevorstehende Rückkreise nach Frankfurt ihre Schatten vorauswirft, oder ob die vertrackte Situation, zwischen zwei Männern zu stehen, die Ursache ist, läßt sich nicht sagen. Beethoven besucht die kranke Freundin immer wieder und spielt ihr auf dem Klavier vor. Auch zu deren neunjähriger Tochter Maxe faßt Beethoven eine tiefe Zuneigung. Er verzeiht ihr sogar, daß sie ihm beim Spielen einmal ein Glas kaltes Wasser über den Kopf gießt.

In der Hoffnung auf eine Besserung von Antonias Gesundheitszustand entschließt sich das Ehepaar Ende Juni zu einer Reise in die böhmischen Bäder. Beethoven ist über die Route und die Fahrtziele genau informiert, denn er reist – auf getrennten Wegen – ebenfalls dorthin. In Karlsbad und Franzensbad kommt es zu Begegnungen zwischen ihm und dem Ehepaar Brentano. Auf der Reise nach Böhmen muß Beethoven auch den Brief »an die unsterbliche Geliebte« geschrieben haben; er kündigt darin an, ihn mit der Post nach »K.« [Karlsbad] zu schicken. Ob der Brief je befördert wurde und Antonia erreichte, ist fraglich, denn die Treffen in den böhmischen Bädern scheinen, nach allen biographischen Dokumenten zu urteilen, äußerst harmonisch verlaufen zu sein. Aus Beethovens Notizen und Tagebüchern wird ersichtlich, daß er sich offenbar schon während des Aufenthalts und des Wiedersehens mit Antonia in Verzicht übte und Zuflucht in seiner Musik suchte.

In Karlsbad kommt es noch zu einer anderen denkwürdigen Begegnung: Franz und Antonia Brentano lernen den dort ebenfalls kurenden Goethe kennen. Das Ehepaar Brentano und der Weimarer Dichter haben sogleich einen Anknüpfungspunkt: die gemeinsame Heimatstadt Frankfurt. Auch war Goethes Mutter, die im Jahr 1808 verstorbene Frau Rat, mit der Familie Brentano gut bekannt. Das Treffen verläuft angenehm, trotz des Eklats, den Goethe kurz zuvor in Weimar mit Antonias Schwägerin Bettine erlebt hat. In einer Gemäldeausstellung ist Bettine mit Goethes Frau Christiane in einen handgreiflichen Streit geraten, woraufhin Goethe der allzu anhänglichen Verehrerin aus Frankfurt Hausverbot erteilt hat. In Karlsbad jedoch ist von diesen Dingen nicht die Rede. Man unterhält sich prächtig, und Antonia lädt den Dichter ein, sie in Frankfurt oder Winkel zu besuchen.

Als Goethe erfährt, daß Beethoven im nahen Teplitz weilt, reist er dorthin. Schon seit längerem will er den legendären Komponisten, der Gedichte von ihm vertont und eine Bühnenmusik zu seinem Stück ›Egmont‹ geschrieben hat, kennenlernen. Zwischen dem 19. und 23. Juli kommt es in Teplitz zu vier Begegnungen der beiden Künstler, die anregend und in einer Atmosphäre beiderseitiger künstlerischer Hochachtung verlaufen. Persönlich freilich sind sich die beiden fremd. Dem Weimarer Rat scheint der schon stark schwerhörige und zu Bitterkeit neigende Komponist ein wenig unheimlich gewesen zu sein. An Karl Friedrich Zelter schreibt er, Beethoven sei »leider eine ganz ungebändigte Persönlichkeit, die zwar gar nicht Unrecht hat, wenn sie die Welt detestabel findet, aber sie freylich dadurch weder für sich noch für andere genußreicher macht«. Umgekehrt äußert Beethoven Befremden über die Servilität des Weimarer Dichters gegenüber Adel und Staatsapparat. Drei Wochen nach den Teplitzer Begegnungen schreibt der Komponist an seinen Verleger: »Goethe behagt die Hofluft sehr. Mehr als einem Dichter ziemt.«

Im August reist Beethoven von Teplitz nach Franzensbad zurück und trifft sich dort nochmals mit Antonia und Franz. Sie wohnen sogar im selben Gasthof. Über den Verlauf dieser gemeinsam verbrachten Tage ist nichts bekannt.

Im September halten sich die Brentanos und Beethoven wieder in Wien auf. Antonias Zustand hat sich offenkundig durch die Bäderkur nicht entscheidend gebessert. Franz Brentano drängt in jenen Wochen auf eine Rückreise nach Frankfurt – vielleicht auch, weil ihm die Nähe zu Beethoven doch unbehaglich wird. An seinen Bruder Clemens (der damals in Prag weilt) schreibt er am 6. Oktober: »Wenn nicht meine nahe Rückreise auf die hoffentlich nahe Herstellung der Gesundheit meiner Frau berechnet würde, so würde ich dich zu uns einladen, wo du bei uns wohnen könntest; mich treibt es aber gewaltig nach Hause, u. mein irrendes unruhiges Leben dauert schon zu lange.«

Auch Franz Brentano kränkelt; er schiebt es auf das Wiener Klima: »Ich bin schon geraume Zeit nicht ganz wohl, und kann dieses Clima nicht wohl vertragen, ich hoffe aber am Rhein meine alte Gesundheit zu erlangen.«

Ob sich die Brentanos in jenen Wochen mit Beethoven überhaupt nochmals getroffen haben, ist fraglich. Der Komponist unternimmt mehrere Reisen und kommt erst am 10. November nach Wien zurück. Da hat das Ehepaar die Stadt aber schon verlassen. Aus jener Zeit datiert wohl auch Beethovens Notiz: »Auf diese Art mit A[ntonia] geht alles zugrunde«, und an anderer Stelle: »Ergebenheit, innigste Ergebenheit in dein Schicksal! Nur diese kann dir die Opfer zu dem Dienstgeschäft geben. O harter Kampf! Alles anwenden, was noch zu tun ist, um das Nötige zu der weiten Reise zu entwerfen. Alles mußt du finden, was dein seligster Wunsch gewährt; so mußt du es doch abtrotzen, absolut die stete Gesinnung beobachten.«

Von einer Krise in der Ehe von Antonia und Franz Brentano in jenem Sommer und Herbst ist nichts bekannt, auffallend ist jedoch, wie sehr der Frankfurter Kaufmann auf eine Rückreise an den Main drängt. Die Birkenstockschen Sammlungen sind unterdessen zum Teil versteigert worden, ein Teil ist in Kisten verpackt nach Frankfurt gegangen und wird nun im Haus zum Goldenen Kopf und im Sommerhaus in Winkel deponiert. Das Haus in der Wiener Erdberggasse wird einstweilen noch gehalten, Franz jedoch besteht darauf, daß seine Frau zusammen mit ihm Wien verläßt. Antonia setzt nie wieder einen Fuß über die Schwelle ihres Elternhauses, obwohl es erst zwanzig Jahre später verkauft wird.

Nach der Rückkunft der Brentanos nach Frankfurt wird der Briefkontakt zu Beethoven noch ein paar Jahre aufrechterhalten, jedoch in einem seltsam nüchternen, geschäftsmäßigen Ton. Beethoven liegt möglicherweise an einem guten Verhältnis zu dem Kaufmann und Bankier, hat dieser ihm doch einen Kredit gewährt. So sind die Grüße des Schuldners an seinen Gläubiger höflich bis untertänig, und es werden artige Fragen nach dem Befinden der Frau Gemahlin gestellt. Von ungestillter Sehnsucht findet sich in der Korrespondenz keine Spur – nicht einmal in den wenigen Briefen, die Beethoven direkt an Antonia richtet. Der Komponist geht inzwischen offenbar den Weg der Sublimierung seiner unglücklichen Liebe, und Antonia lebt wieder ganz in der Rolle der Ehe- und Hausfrau, Mutter und Gesellschaftsdame.

Auf dem Umweg der Dedikation eigener Werke bringt Beethoven immerhin noch mehrmals seine Anhänglichkeit und Hochachtung gegenüber Mutter und Tochter Brentano zum Ausdruck: 1821 widmet er der neunzehnjährigen Maxe Brentano seine Klaviersonate op. 109, zwei Jahre später – das Darlehen hat er inzwischen zurückgezahlt – seine Diabelli-Variationen deren Mutter: »Der Frau Antonia von Brentano gebornen Edlen von Birkenstock hochachtungsvoll zugeeignet.« Das ist korrekt, aber im Ton austauschbar, unpersönlich. Auch seine Sonaten op. 110 und 111 will Beethoven Antonia widmen, doch dies unterbleibt wegen eines Versehens seines Pariser Verlegers, den er daraufhin heftig rügt.

Sogar von einer Reise Beethovens nach Winkel ist im Jahre 1817 die Rede – er will die nahen Heilquellen von Wiesbaden aufsuchen –, doch dieser Plan wird aus unbekannten Gründen nicht in die Tat umgesetzt. Nach 1823 schließlich ist kein Kontakt mehr zwischen Antonia und ihrem Wiener Verehrer bezeugt. 1827 stirbt Beethoven in Wien, ohne Antonia, die »unsterbliche Geliebte«, noch einmal wiedergesehen zu haben.

Nach der Begegnung in Karlsbad im Sommer 1812 kommt der damals bereits legendenumwobene Dichter Goethe Antonias Einladung nach Frankfurt sehr bald nach. Im Sommer 1814 fährt er zur Kur, aber nicht wie sonst nach Karlsbad, sondern nach Wiesbaden. Von dort aus besucht er seine Vaterstadt Frankfurt, und dort lernt er am 4. August Marianne Jung kennen, die er in seinem ›West-östlichen Divan‹ als Suleika besingen wird (sie heiratet sieben Wochen später den Bankier Johann Jakob von Willemer).

Am 16. August nimmt Goethe am Rochus-Fest bei Bingen am Rhein teil, mit dem die Einweihung der wiederaufgebauten Rochus-Kapelle begangen und gleichzeitig die Befreiung des linken Rheinufers von den Franzosen gefeiert wird. Von der Kapelle, die oberhalb von Bingen auf dem Rochusberg liegt, hat man einen weiten Blick ins Rheinhessische und in den Rheingau, während man im Westen schon das enge Tal des Mittelrheins ahnt. Goethe ist von dem Ereignis sehr angetan und verfaßt drei Jahre später den Aufsatz ›Sankt-Rochus-Fest zu Bingen‹. Vom linken Ufer des Stromes in Richtung des Rheingaus blickend, schreibt er über die Gegend, in der die Brentanos ihr Weingut haben: »Östreich [Oestrich], in einiger Entfernung vom Wasser auf ansteigendem Boden, liegt sehr anmutig: denn hinter dem Orte ziehen sich die Weinhügel bis an den Fluß, und so fort bis Mittelheim, wo sich der Rhein in herrlicher Breite zeigt. Langenwinkel [Winkel] folgt unmittelbar; den Beinamen des Langen verdient es, ein Ort bis zur Ungeduld der Durchfahrenden in die Länge gezogen, Winkelhaftes läßt sich dagegen nichts bemerken.«

Schließlich, Anfang September, kommt er endlich in den Ort, den er bereits aus der Ferne betrachtet hat, und besucht das Ehepaar Brentano in ihrem Sommerdomizil. Es werden heitere

Tage, bei gutem Essen und Spaziergängen. Der Dichter bewohnt im Haus zwei Räume, Schlafzimmer und Arbeitskabinett. Tagsüber geht er gern spazieren, unternimmt die eine oder andere Landpartie oder macht sich für Gedichte und geplante Aufsätze Notizen. Antonia Brentano, eine perfekte Gastgeberin, versteht es, den berühmten Gast zu umsorgen, ohne ihn einzuengen. Gegenüber dem Maler Karl Theodor Reiffenstein äußert sie sich im Alter allerdings kritisch über den eitlen und schwierigen Gast. »Das war aber die Zeit«, so merkt sie an, »wo schon seine Vergötterung angefangen hatte, und er war im Ganzen sehr stolz und geizig mit seinen Worten. Es war immer, als sei es ihm unangenehm zu denken, man wolle all' seine Worte gleich auffassen, um sie drucken zu lassen.«

Die Grundsätze haushälterischer Sparsamkeit werden inzwischen lockerer gehandhabt, zumindest bei einem so berühmten Gast. Antonia läßt es denn auch an erlesenen Speisen nicht mangeln, ist dann aber doch pikiert, als sie Goethes Tischmanieren beobachtet: »Zu Tische zog er sich dann immer sehr sorgfältig an und war dann ganz herablassend. Er schöpfte sich immer seinen Teller schrecklich voll Speisen, die er aber meistens immer liegen ließ, ohne sie zu genießen, was mir als Hausfrau immer das unbehagliche Gefühl hervorrief, als sei ihm nichts gut genug zubereitet. Von unsrem guten Rheinweine konnte er aber ganz fürchterlich viel trinken, besonders von dem 11er [...].« Der »11er« ist der Jahrhundertwein des Jahrgangs 1811, und Goethe schätzt besonders die Lage des Winkeler Hasensprungs. Franz Brentano unterläßt es denn auch nicht, dem Dichter in den nächsten Jahren hin und wieder ein Fäßchen nach Weimar zu schicken.

Auch über den selbstbewußten Umgang des Gastes mit dem Brentanoschen Kutscherknecht zeigt sich Antonia überrascht: »Als Goethe bei uns zu Besuche wohnte, veranstaltete er immer selbst die Landpartie, die mittags vorgenommen werden sollten. Er sagte z. B. ›Heute Nachmittag anspannen und nach Johannisgrund fahren‹, denn zum Gehen bequemte er sich nicht gerne. Oder bestellte er eine Nachenfahrt, und so fuhren wir auch einmal nach der Rochuskapelle, wo Goethe sagte, da müsse ein Heiligenbild hineingemalt werden, was er bestellen wolle. Das tat er auch, und ich mit einigen Freundinnen steuerten auch dazu bei.«

Antonia Brentano verkürzt hier in ihrer Erinnerung die Episode etwas. Tatsächlich äußert Goethe beim Besuch der Kapelle den Wunsch, ein Bild des heiligen Rochus zu stiften, doch muß es nach seinen Vorstellungen ausgeführt werden. Und wie auf den Stifterbildern in alten Kirchen läßt er sich selbst darstellen: in der Person des Rochus im Pilgergewand, mit Stock und großem Hut, der – in den Nacken geschoben – den Kopf wie ein Heiligenschein umrahmt. Zu seinen Füßen sitzen Kinder und ein Hund, der dem Heiligen der Legende nach Brot brachte, als er fiebernd allein in einer Hütte lag. Die Weimarer Malerin Luise Seidler erhält den Auftrag, das Bild anzufertigen, wobei sie den Stifter wunschgemäß mit jugendlichen Zügen darstellt. Das fertige Gemälde schickt Goethe nach Winkel, und Franz und Antonia, die sich an den Kosten beteiligen, lassen es in der Rochus-Kapelle anbringen. 1889 brennt das Gotteshaus nach einem Blitzschlag nieder, doch das Bild kann gerettet werden. Es hängt heute noch in einer Seitenkapelle des 1895 wiedererrichteten Gotteshauses.

Goethes einwöchiger Aufenthalt in Winkel trägt auch literarische Früchte, zumindest kleine. Und wenngleich Antonia Brentano keine Marianne von Willemer ist (die in der Begegnung mit Goethe zur Dichterin wird und einige der schönsten Suleika-Gedichte zum ›West-östlichen Divan‹ beisteuert), so bemüht sich die Winkeler Hausherrin doch redlich. In Goethes Stammbuch schreibt Antonia am 8. September 1814 die folgenden Verse:

»Winkel im Rheingau. / Hier stand die Natur, da sie aus / reicher Hand über Hügel und Thal / belebende Schöpfung goss mit ver- / weilendem Tritte still – hier gefiel / es auch Ihnen acht schöne Tage zu weilen, / und ihrer Gegenwart Sonnenblick / schien mir der Anmuth Vollendung. / d. 8. Sept. 1814 Antonia Brentano, gebohrene Edle von Birkenstock.«

Ein paar Monate später schickt das Ehepaar Brentano dem Weimarer Dichter ein Fäßchen vom »11er«-Wein zu, und Goethe bedankt sich launig: »Freylich könnte es etwas bedenklich scheinen, daß meine Freundin mir abgemerkt, wie gut mir in der freien Rhein- und Maynluft der ächte deutsche Wein geschmeckt; indessen muß ich aufs dankbarlichste erkennen, daß Sie mir Gelegenheit geben zu versuchen, ob er hinter dem Thüringerwalde die gleiche Wirkung thue?«

Antonia hat Goethe nun auch ihr Stammbuch geschickt, und er trägt sich darin mit Versen ein, die die Winkeler Hausherrin als seine Freundin preisen: »Lieblich ist's im Frühlingsgarten / Mancher holden Blume warten; / Aber lieblicher, im Segen, / Seiner Freunde Namen pflegen: / Denn der Anblick solcher Züge / Thut so Seel als Geist genüge. / Ja! In Lieb und Treu bekennet / Sich der Freund wie er sich nennet / Weimar den Ihrigen am Neujahrstage 1815 Goethe.«

Im Sommer des Jahres 1815 reist Goethe erneut nach Wiesbaden zur Kur. Doch diesmal treiben ihn weniger der Wein und die Gastfreundschaft Antonia Brentanos an Rhein und Main, als vielmehr die Aussicht auf die Wiederbegegnung mit Marianne von Willemer. Fünf Wochen verbringt er in Frankfurt, wo er auch den Brentanos begegnet und Gelegenheit hat, die Birkenstocksche Kunstsammlung zu sehen. In seinen ›Tag- und Jahresheften‹ von 1815 heißt es anerkennend: »Die Brentano'sche Sammlung an Gemälden und Kupferstichen und anderen Kunstwerken gab doppelten Genuß bei dem lebhaften Antheil der Besitzer und ihrer freundlichen Aufforderung, so viel Gutes mitzugenießen.«

Später verfaßt Goethe noch einen Aufsatz mit dem Titel ›Im Rheingau – Herbsttage‹, in dem er sich namentlich bei den Gastgebern in Winkel bedankt: »Das lebendige Schauen der nunmehr zu beschreibenden Örtlichkeiten und Gegenstände verdanke ich der geliebten wie verehrten Familie Brentano, die mir an den Ufern des Rheins, auf ihrem Landgute zu Winkel, viele glückliche Stunden bereitete. Die herrliche Lage des Gebäudes läßt nach allen Seiten die Blicke frei, und so können auch die Bewohner, zu welchen ich mehrere Wochen mich dankbar zählte, sich ringsumher, zu Wasser und Land, fröhlich bewegen.«

Der Briefwechsel zwischen Weimar und Winkel wird fortgeführt. Anfang Mai 1816 bedankt sich der Dichter bei seiner Freundin mit einem ganz besonderen Blatt, das heute noch in Winkel hängt: Es ist eine Flußansicht Frankfurts, von der Gerbermühle aus gesehen, eine kolorierte Radierung von Antonias Freundin Rosette Städel. Darunter schreibt Goethe die Verse: »Wasserfülle, Landesgroesse / Heitern Himmel, frohe Bahn! / Diese Wellen, diese Floesse / Landen auch in Winckel an!«

Antonia ist gerührt und spricht in ihrem Dankesbrief vom 28. Mai 1816 erneut eine Einladung nach Winkel aus: »Ihren Herzens und Geistes Zuruf habe ich Verehrtester mit ausdrucksloser Rührung aufgenommen, es that mir Noth nach heitern Himmel! Froher Bahn! Da mir die Stadt die Sie im grünen Bild mir senden in öder Wirklichkeit den langen Winter durch mehr Wasserfülle als Landesgröße dargebothen, und die verzögerte Erscheinung eines so holden Freundes die Frühlingsfreuden stört, und dem Gemüth unhold begegnet. Der schönen Wünsche reges Wollen drückt sich mir herzlich in Ihrer Gabe aus, und das ich Ihnen recht bald mündlich dafür danken könne, dort danken könne wo Sie mit eignen lieben Augen diese Wellen diese Flöße von Winkels Fenstern gerne begrüßen mögen, ist meines Herzens Drang, und würde süße Luft. Ohnehin wird Sie St. Rochus und die ihn warm verehrende Gemeinde des Versprechens den ihm geweihten Tempel durch Ihre Gegenwart der schönsten Einweihung zu würdigen nicht entlassen, und Himmel und Erde um eines solchen Zwecks willen zu bewegen will ich gewiß nicht unterlassen.« Und sie schließt mit den überschwenglichen Worten: »Was ich für Sie Verehrtester tief herzlich empfinde lebt in mir ohne Zuthat eines Wortes, Ihres Wohlseyns gewiß zu sein, und Ihrer gütigen Zuneigung mich zu schmeicheln vermehrt meine Zufriedenheit nicht aber kann meine liebevolle Achtung steigern.«

Goethe besteigt sieben Wochen später tatsächlich die Kutsche, um nochmals an Main und Rhein zu fahren. Doch er kommt nicht weit: Wenige Meilen außerhalb Weimars kippt der Wagen auf der schlechten Straße um. Der inzwischen immerhin fast siebenundsechzigjährige Dichter kommt mit dem Schrecken und ein paar harmlosen Blessuren davon. Pikant an der Sache ist, daß Goethe 1779 selbst Weimarischer Leiter der Wegebaukommission war und sich seit jener Zeit offenbar nicht viel gebessert hat. Goethe, von jeher abergläubisch und immer vor dem Tod flüchtend (sechs Wochen zuvor ist seine Frau Christiane gestorben, und er hat sich geweigert, ihr in der Todesstunde beizustehen), sieht den Unfall als böses Omen und fährt sofort nach Weimar zurück. Antonia ahnt davon nichts und bereitet in Winkel alles vor. Als sie Nachricht erhält, daß er nicht kommt, versucht sie ihn mit einem mehr als großzügigen Geschenk zu locken.

Am 2. August schreibt sie: »Mit Herrn von Stein den deutschen Mann mit italiänischen Blute bauete ich diesen Winter manches schöne Schlößchen in die Luft, den Boden dazu konnten wir bisher nicht finden. Ein Sommerbesitz am Rhein, und das Sie Ihren Thüringer Wald mit ihrer Vaterstadt für Zeit und Ewigkeit vertauschen mögen schien uns so wünschenswerth für Sie und uns und andere, daß wir beinahe vergessen haben zu bedenken ob es auch Ihnen so erscheint. Die Neuheit unsrer Bekanntschaft, der mit der Wiederkehr der ersten Schwalben erfolgte Aufbruch des Hrn von Stein nach seinen Thurmbau, und endlich die schwere Erkrankung des gesezgebenden Körpers wozu alle wirksame Mittel in Anspruch genommen sind, lähmte unser Beginnen, welches durch die Gewißheit daß Sie unsre Gesinnung darinn theilen Spannkraft und Schnellkraft zur Vollführung bald bekäme.«

Aus dem Kauf eines Landgutes am Rhein für den Weimarer Freund wird nichts, doch daß Antonia Brentano ernsthaft daran denkt, zeugt von ihrer anhänglichen Freundschaft und tiefen Verehrung für Goethe. Noch ein paar Jahre lang gehen Briefe zwischen Weimar und Winkel hin und her, und Goethe äußert mehrmals die Hoffnung, erneut an den Rhein zu kommen.

1820 schreibt er warmen Tones der Gönnerin und Freundin nach Frankfurt: »Es ist eine Empfindung, verehrte Freundinn, so wunderbar als unerfreulich wenn wir uns an werthgeschätzte vielgeliebte Personen erinnern, mit denen wir so manche glückliche Geist und Gemüth fördernde Stunde verlebt haben u. fernerhin zu verleben hofften, uns nun aber nach und nach gewöhnen sollen auf ein Wiedersehn Verzicht zu thun mit dem wir uns solange schmeichelten. Man mag sich nicht gern entschlißen dergleichen Gefühle auszudrucken und hierin liegt die Ursache meines langen Stillschweigens.«

Goethe und Antonia Brentano sehen einander nicht wieder. Auch der Briefwechsel schläft nach 1820 ein.

Wäre der Weimarer Dichter nochmals in seine Vaterstadt gekommen, hätte er die Gönnerin in ihrem neuen Zuhause in der Neuen Mainzer Straße besuchen können. Franz Brentano läßt das Haus 1818/19 von keinem Geringeren als Karl Friedrich Schinkel im klassizistischen Stil errichten. Antonia ist froh, endlich dem von Gewürzgerüchen erfüllten alten Kontorhaus zum Goldenen Kopf zu entfliehen. Auch liegt ihr und Franz daran, innerhalb der Frankfurter Bürgerschaft besser repräsentieren zu können, und da ist ein neues, geräumiges Haus vonnöten. Nun können Teile der Birkenstockschen Kunstsammlung in würdigem Rahmen präsentiert werden, und auch die Salonmöbel, die Kaiser Franz II. dem jungen Paar einst zur Hochzeit geschenkt hat, kommen endlich zur Geltung.

Das Haus in der Neuen Mainzer Straße entwickelt sich zu einer der ersten Adressen Frankfurts. Donnerstags und sonntags ist bei Antonia Brentano »Teestunde«, wie sie ihren Salon nennt. In den folgenden Jahrzehnten bis zu ihrem Tod gehen hier zahlreiche Vertreter des geistigen Lebens ein und aus: Moritz von Schwind und die Brüder Melchior und Sulpiz Boisserée, die Brüder Jacob und Wilhelm Grimm, Friedrich Carl von Savigny, Achim von Arnim, Dorothea Schlegel, Geheimrat Fritz Schlosser und seine Frau Johanna, der Maler Joseph Karl Stieler (der Antonia porträtiert hat), der Zeichner Ludwig Emil Grimm, der Sagensammler Nikolaus Vogt, Freiherr Karl vom Stein und viele andere. Hier wird geplaudert und musiziert, man spricht über die Literatur der Romantiker, über Politik und Handel, die Gäste bewundern die Gemälde und Radierungen von Martin Schongauer, Albrecht Dürer, Holbein d. J. und Rembrandt. Auch aus dem Ausland kommen Besucher, mit denen die hochgebildete Antonia fließend französisch, italienisch oder englisch plaudert.

Antonia Brentano ist in Frankfurt nicht nur als aufmerksame Gastgeberin bekannt, sondern geht auch als Gönnerin und Stifterin in die Geschichte der Stadt ein. Zeitlebens zieht sie einen Gutteil ihrer Kraft aus dem katholischen Glauben, wobei sie ihre Frömmigkeit als Aufgabe betrachtet. So stiftet sie Bücher und Zeitschriften für Priester und für den Frankfurter Dom Altartücher, sie spendet Geld für Missionare und Frauenorganisationen und fördert wohltätige Unternehmungen. Gemeinsam mit ihrer Freundin Rosette Städel gründet sie den ›Vaterländischen Frauenverein zur Unterstützung Bedürftiger und Beschaffung von Arbeit‹. Bald wird Antonia Brentano in katholischen Kreisen »Mutter der Armen« genannt. Sie trennt sich sogar von dem wertvollsten Gemälde ihrer Kunstsammlung, ›Die Kreuzabnahme Christi‹ von Anthonis van Dyck, und stiftet es dem Frankfurter Dom. Das Bild hat den Zweiten Weltkrieg überstanden und hängt heute wieder dort.

Antonia Brentano wird fast neunundachtzig Jahre alt. Sie überlebt beinahe alle, die ihr nahestehen: Beethoven stirbt 1827, Goethe 1832, ihr Ehemann Franz 1844. Auch ihre Kinder sterben – von Josefa (1804–1875) abgesehen – alle vor ihr. Doch selbst im hohen Alter ist sie nicht allein; Enkel und Urenkel kommen gerne zu ihr und lassen sich von der bis zuletzt geistig klaren Frau aus ihrem Leben erzählen oder Märchen des inzwischen berühmten Verwandten Clemens Brentano vorlesen.

Antonia Brentano stirbt am 12. Mai 1869 und wird in der Familiengruft auf dem Frankfurter Hauptfriedhof beigesetzt. Im Jahr darauf wird ihre Gemäldesammlung versteigert. Sieben Bilder, etwa eine ›Kreuzigung‹ von Lucas Cranach und das

›Porträt eines englischen Edelmannes‹ von Holbein d. J. gelangen in die Städelsche Kunstsammlung. Antonia Brentano war
weder Gelehrte noch Künstlerin, doch ihre Freundschaft zu
Beethoven und Goethe, den vielleicht größten Künstlern ihrer
Zeit, zeigt sie als großzügige Gönnerin. Durch ihr Wirken, ihre
Schenkungen und Stiftungen hat sie einen wichtigen Beitrag
zum Geistesleben Frankfurts geleistet. Und nicht zuletzt war
sie für die große Familie Brentano durch lange, wechselvolle
Jahrzehnte so etwas wie ein Fixstern. Diese Familie zusam-
mengehalten und das Erbe bewahrt zu haben ist vielleicht ihr
größtes Verdienst.

Bettine Brentano-von Arnim (1785–1859)

Bettine Brentano-von Arnim
(1785–1859)

*»Aber meine Seele ist eine leidenschaftliche Tänzerin, sie
springt herum nach einer innern Tanzmusik, die nur ich
höre und die andern nicht. [...] Sie reden von Dingen, die
meine Seele nicht achtet, sie reden in den Wind.«*

Bettine an Clemens Brentano

Bettine Brentano gehört zu jenen Gestalten der deutschen Kulturgeschichte, an denen sich bis heute die Geister scheiden. Den
einen gilt sie als extrovertiert, mit einem Hang zur Hysterie, die
anderen sehen sie als schillernde Persönlichkeit, als vielseitige
Schriftstellerin, die zu Unrecht lange Zeit im Schatten ihres
Bruders Clemens und ihres Ehemanns Achim von Arnim
stand. Vielleicht ist Bettine gerade wegen ihrer scheinbar gegensätzlichen Eigenschaften der Inbegriff des romantischen
Wesens. Ihre Widersprüche zeugen nicht von Zerrissenheit,
sondern von einer vielfältigen Begabung und vom unbeding-
ten Willen einer Frau, ihren eigenen, selbstgewählten Weg zu
gehen.

Freilich stieß gerade das Unbändige, Unangepaßte im Wesen
Bettines so manchen Zeitgenossen ab. Der Engländer Henry
Crabb Robinson schreibt abschätzig: »Als ich das erste Mal
nach Frankfurt kam, war sie ein kleines untersetztes, wildes
Mädchen, die jüngste und am wenigsten angenehme Enkelin
der Frau von La Roche. Sie wurde stets als ein grillenhaftes, un-
behandeltes Geschöpf angesehen. Ich erinnere mich, daß sie
auf Apfelbäumen herumkletterte und eine gewaltige Schwät-
zerin war.«

Bettine Brentano kommt am 4. April 1785 im Haus zum Goldenen Kopf in der Frankfurter Großen Sandgasse zur Welt. Sie
ist das dreizehnte Kind des Patriarchen Peter Anton Brentano
und das siebte Kind aus seiner Ehe mit der schönen Maximi-

liane, der Tochter Sophie von La Roches. Die Herkunft mütterlicherseits wird auf besondere Weise bestimmend für Bettines Leben: War Sophie von La Roche eine Freundin des jungen Goethe, von ihm verehrt als Frau und als Autorin, und wurde die junge Maximiliane von ihm sogar eine Zeitlang zärtlich umworben – sie ist neben Charlotte Buff das Urbild für die Lotte im ›Werther‹ –, so sucht Bettine später, angeregt durch die Erzählungen der Großmutter, die persönliche und spirituelle Nähe des Weimarer Idols.

Aber dieses gleichsam in die Wiege gelegte geistige Erbe ist nur einer von vielen prägenden Einflüssen. Die bewegte Lebensgeschichte Bettines hat gleichermaßen auch in dem ziemlich bunten und lauten Familienleben der Brentanos ihren Ursprung. Und schon bei der Namensgebung wird ihr chamäleonhaftes Wesen exemplarisch deutlich: Getauft wird sie auf die Namen Catarina Elisabetha Ludovica Magdalene. Der Vater nennt die Tochter zärtlich Elisabettina oder schlicht Bettina, was den Gepflogenheiten seines Herkunftslandes Italien entspricht. Sie selbst unterzeichnet ihre Briefe meist mit Bettine, als Autorin nennt sie sich später Bettina von Arnim. So sind in der Literatur bis heute beide Namen gebräuchlich.

Über Bettines frühe Kindheit ist wenig bekannt, man kann sich aber vorstellen, daß es in ihrem Elternhaus, dem Haus zum Goldenen Kopf, alles andere als beschaulich zuging. Das Gebäude war schließlich nicht das Repräsentationszwecken dienende Wohnhaus einer wohlhabenden Familie, sondern in erster Linie ein Handels- und Kontorhaus, in dem auch die Waren gelagert wurden.

In den Jahren nach Bettines Geburt bringt ihre Mutter Maximiliane noch fünf weitere Kinder zur Welt (die drei letzten sterben kurz nach der Geburt), und so ist das Haus vom Geschrei der Kinder, den lauten Geschäftsverhandlungen des Vaters mit Kontoristen und Zulieferern, dem Gerede und Gelächter der Dienstboten, dem Gepolter der Lastkarren, die durch das große Tor in den Hof des Hauses fahren, und den Gerüchen der Spezereien erfüllt. Weder die ständig schwangere Maximiliane noch Peter Anton Brentano können sich viel um die Heerschar von Kindern kümmern. Eine Amme und die Dienstboten sorgen für das Nötigste. Das Verständnis von Kindheit ist damals ein anderes als heute. Kinder werden wie kleine Erwachsene behandelt – sofern man sie überhaupt beachtet. Früh erhalten sie kleine Aufgaben im Haushalt und laufen ansonsten am Rande mit. Bei der Aufzucht geht es hauptsächlich um die Versorgung mit Nahrung und Kleidung, auch mit dem nötigsten Unterricht (allerdings meist nur für die Knaben) – von aufgeklärter Pädagogik und den besonderen Bedürfnissen einer Kinderseele weiß man kaum etwas; lediglich in einigen privaten Lehranstalten des Landes, gegründet von modernen Aufklärern, schlagt man in der Erziehung und Ausbildung neue Wege ein.

Bettine ist erst acht Jahre alt, als ihre Mutter Maximiliane im November 1793 mit siebenunddreißig Jahren stirbt. Peter Anton Brentano, sonst ein äußerst strenger, durch das Leben als Geschäftsmann hart gewordener Mensch, zeigt sich erschüttert über den Verlust seiner zweiten Frau. Er zieht sich zurück, die Kinder und Bediensteten sind ratlos; so kennen sie den Patriarchen nicht. Einzig Bettine wagt es, zu ihm ins Zimmer zu gehen und ihn auf kindliche Weise zu trösten.

In ›Clemens Brentanos Frühlingskranz‹ erinnert sie sich an diese Zeit, wobei sie von sich selbst in der dritten Person spricht: »Der nächste Frühling, vom Tod an der Hand geführt, kommt und geleitet ihm die schönste Mutter ins Grab. Da ist Zerstörung im Haus, die Freunde! – Und viele dankbare Tränen fließen. Der Vater kann's nicht ertragen, wohin er sich wendet, muß er die Hände ringen, alles scheuet seinen Schmerz. – Die Geschwister fliehen vor ihm, wo er eintritt, das Kind [Bettine] bleibt, es hält ihn bei der Hand fest, und er läßt sich von ihm führen. Im dunklen Zimmer, von den Straßenlaternen ein wenig erhellt, wo er laut jammert vor dem Bilde der Mutter, da hängt es sich an seinen Hals und hält ihm die Hände vor den Mund, er soll nicht so laut, so jammervoll klagen! – Gesegnetes Haupt, das an seiner seufzenden Brust lag und von seinen

Tränen überströmt ihm Linderung gab. – Werde doch auch so gut wie Deine Mutter, sagte in gebrochnem Deutsch der italienische Vater.«

Peter Anton Brentano, ein Mann von Ende fünfzig, wird zwei Jahre später noch einmal heiraten: die vierundzwanzigjährige Friederike von Rottenhoff, und mit ihr nochmals zwei Kinder zeugen. Für Bettine endet die ungebundene Zeit im Elternhaus: Gemeinsam mit ihren Schwestern Gunda und Lulu (später folgt noch Meline) wird sie im Frühjahr 1794 ins Internat der Ursulinen nach Fritzlar bei Kassel geschickt. Die Großmutter, Sophie von La Roche, die unterdessen in der Offenbacher Domstraße wohnt, in einem Haus, das ihr der Schwiegersohn gekauft hat, ist von dieser Entscheidung nicht begeistert, denn sie teilt die streng katholischen Anschauungen Peter Antons nicht.

Der alte konfessionelle Streit, der ihr in ihrer Jugendzeit so viel Schmerz bereitet hat, droht wieder aufzuflammen. Immer noch schwebt ihr eine Erziehung zwischen Aufklärung, Empfindsamkeit und Pietismus für »Teutschlands Töchter« vor, und erst recht für die Töchter ihrer geliebten, so früh verstorbenen Maxe. Doch Peter Anton gibt nicht nach: »presto in convento«, so lautet sein endgültiger Bescheid.

Bettine bleibt knapp drei Jahre in Fritzlar, eine Zeit, über die wenig bekannt ist. Immer wieder wird behauptet, sie sei dort recht glücklich und heiter gewesen. Dem widerspricht jedoch, daß sie selbst sich später vehement gegen eine orthodox-konfessionelle Erziehung von Kindern ausspricht und die Konfession als »Glaubensbefehl« brandmarkt.

Bettines Verhältnis zum Vater scheint während der Fritzlarer Zeit weiterhin herzlich gewesen zu sein – ungewöhnlich herzlich für den nicht eben zugänglichen Peter Anton. Besonders von einem kurzen Brief der neunjährigen Bettine zeigt er sich gerührt. Sie schreibt: »Lieber Papa! Nix – die Link durch den Jabot gewitscht auf dem Papa sein Herz, die Recht um den Papa sein Hals. Wenn ich keine Hände hab, kann ich nit schreiben. Ihre liebe Tochter Bettine.« Den Zettel findet man ein knappes Jahr später in der Tasche Peter Antons, als er überraschend stirbt.

Durch den Tod des Vaters wird dessen zweitältester Sohn Franz aus erster Ehe (der älteste Sohn Anton ist geistig behindert) zum Oberhaupt der Familie und zum Vormund der Geschwister. Bereits seit 1785 ist Franz mit der Leitung der Handelsfirma betraut. Peter Anton hinterläßt jedem seiner vielen Kinder ein Erbteil, das so groß ist, daß die Knaben (etwa Clemens) der Notwendigkeit des Geldverdienens enthoben sind und die Mädchen als gute Partie gelten. Dem Ansinnen ihres Bruders Franz, sich zu verheiraten, wird sich die heranwachsende Bettine später jedoch vehement widersetzen.

Zunächst freilich muß sich die Zwölfjährige noch fügen. Franz holt die Schwestern aus dem inzwischen von den Franzosen besetzten Fritzlar nach Frankfurt zurück. Im großen Haushalt in der Sandgasse kann sich niemand so recht um die Erziehung der Schwestern kümmern, deshalb werden Bettine, Lulu und Meline wenige Wochen später zur Großmutter Sophie ins nahe Offenbach geschickt. Die berühmte Autorin des ›Fräuleins von Sternheim‹ ist in Geldnot geraten. Ihre Publikationen, die sie mit erstaunlicher Regelmäßigkeit auf den Markt bringt, werfen infolge des veränderten literarischen Geschmacks kaum noch Gewinn ab. So ist Sophie, die sich nach wie vor mehr als Pädagogin denn als Romanautorin sieht, nicht unglücklich, die Enkelinnen um sich zu haben: Sie kann das Kostgeld gebrauchen, hat junges Leben um sich und die Möglichkeit, ihre Erziehungsideale praktisch zu erproben.

Bettine lernt bei der Großmutter die Literatur der Empfindsamkeit kennen, auch deren eigene Werke, und hört vieles über die große Zeit in Ehrenbreitstein: über den dortigen Salon, die alte Brief- und Vorlesekultur, die illustren Gäste im Hause des kurtrierischen Kanzlers La Roche. Bettine ist eine interessierte Zuhörerin, und besonders haben es der Heranwachsenden die Erzählungen angetan, die von Goethe handeln: Wie er der berühmten Sophie von La Roche den Hof machte, wie er die bezaubernde Tochter Maxe umwarb. Als reichlich fremd empfindet die Enkelin die zur Schau gestellte Tugendhaftigkeit und die Sentimentalität der Großmutter, die so wenig vereinbar sind mit dem überbordenden Gefühlskult der jungen Generation. So fallen bisweilen in den Briefen auch saloppe Bemerkungen. An ihren Bruder Clemens schreibt Bettine: »Und Du predigst mir immer Pietät gegen die Großmutter! – Wo und wie soll sich das alles zusammenfinden, ohne daß heuchlerische und kleinliche Furcht sich drein mische!« Meist jedoch überwiegen Achtung und eine große Liebe zu der alten Dame, der man ihre Marotten gerne nachsieht.

In ihrem Briefroman ›Die Günderode‹ erinnert sich Bettine: »Ei, wie fein ist doch die Großmama, alle Menschen sehen gemein aus ihr gegenüber, die Leute werfen ihr vor, sie sei empfindsam, das stört mich nicht, im Gegenteil findet es Anklang in mir, und obschon ich manchmal über gar zu Seltsames hab mit den andern lachen müssen, so fühl ich doch eine Wahrheit meistens in allem. – Wenn sie im Garten geht, da biegt sie alle Ranken, wo sie gerne hinmöchten, sie kann keine Unordnung leiden, kein verdorbenes Blatt, ich muß ihr alle Tage die absterbenden Blumen ausschneiden, gestern war sie lange bei der Geißblattlaube beschäftigt und sprach mit jedem Trieb: ›Ei kleins Ästele, wo willst du hin‹, und da flocht sie alles zart ineinander und band's mit roten Seidenfaden ganz lose zusammen und da darf kein Blatt gedrückt sein, ›alles muß fein schnaufen können‹, sagte sie – und da brachte ich ihr heute morgen weiße Bohnenblüten und rote, weil ich ihr gestern eine Szene aus ihrem Roman vorgelesen hatte, worin die eine Rolle spielen, sie fand sie auf ihrer Frühstückstasse. Sie ließ sich aus über das frische Rubinrot der Blüte, hielt's gegen's Licht und war ergötzt über die Glut – mir ist's lieb, wenn sie so schwätzt – ich sagt' ihr, sie komme mir vor wie ein Kind, das alles zum erstenmal sehe.«

Die Erziehung durch die Großmutter mag einseitig und nicht immer zeitgemäß sein, doch wird in jenen Jahren der Grundstein für Bettines spätere geistige Unabhängigkeit gelegt, die sie ihr Leben lang begleiten wird.

In die Offenbacher Zeit fällt eine andere, folgenschwere Begegnung Bettines: die mit ihrem neunzehnjährigen Bruder Clemens. 1778 geboren, ist Clemens bereits vor Bettines Geburt ins Haus der Tante Luise Möhn nach Koblenz geschickt worden. Später hat er in Pensionaten in Heidelberg und Mannheim gelebt, dann ist er zum Studium nach Bonn und Halle gegangen. Die kleine Schwester Bettine ist ihm nur von kurzen Besuchen in Frankfurt her unscharf in Erinnerung, und so ist es nun, als sähen sie sich zum ersten Mal. Beide erleben das Treffen als schicksalhaft, als eine Begegnung mit der eigenen Person im anderen Geschlecht.

Bettine hat diesen Augenblick später – überhöht – so wiedergegeben: »Meine alte Puppe vor zwei Jahren! Heut hat's mich geplagt, ich mußte sie wieder einmal betrachten, mit der ich mich zum letztenmal unterhalten hatte, als Du zum erstenmal hierherkamst, Clemente! Du weißt noch, wie ich sie geschwind unter den Tisch warf, als Du hereintratst, und ich sah Dich an und kannte Dich nicht und hielt Dich für einen fremden Mann, der mir aber so wohlgefiel mit seiner blendenden Stirne und Dein schwarz Haar so dicht und so weich, und Du setztest Dich auf den Stuhl und nahmst mich auf einmal in Deine zwei Arme und sagtest: ›Weißt Du, wer ich bin? Ich bin der Clemens!‹ Und da klammerte ich mich an Dich, aber gleich darauf hattest Du die Puppe unter dem Tisch hervorgeholt und mir in den Arm gelegt, ich wollte aber die nicht mehr, ich wollte nur Dich. Ach, das war eine große Wendung in meinem Schicksal, gleich denselben Augenblick, wie ich statt der Puppe Dich umhalste.«

In den folgenden Jahren entwickelt sich zwischen den Geschwistern, die sich ein wenig als Zwillinge sehen, eine Beziehung mit romanhaften Zügen. Der Brentano-Forscher Hartwig Schultz hat sie in seiner Doppelbiographie ›Unsre Lieb aber ist außerkohren. Die Geschichte der Geschwister Clemens und Bettine Brentano‹ akribisch dargestellt. Ihm zufolge handelt es sich in mehrerlei Hinsicht um eine Liebesbeziehung: Die Gefühle schwanken zwischen geschwisterlicher Zuneigung und psychischer Abhängigkeit und mitunter kommt es zu Eifersucht und kaum verborgenem inzestuösen Verlangen. Eine Liebe, die um so umfassender ist, als beide im anderen nicht nur den Bruder oder die Schwester sehen, sondern auch das poetisierte Gegenbild des romantisch gesinnten jungen Menschen. Es ist eine Verbindung voll poetischer Inspiration und erotischer Projektion.

Clemens Brentano porträtiert – und überhöht – Bettine in seinem autobiographisch gefärbten Erstlingsroman ›Godwi‹ als »die Rabenschwarze mit ihren Locken der Nacht«; sie setzt ihrer beider Beziehung in dem Briefroman ›Clemens Brentanos Frühlingskranz‹, der auf ihrem Briefwechsel mit dem Bruder basiert, ein idealisiertes und romantisiertes Denkmal. Beiden jedenfalls ist klar, daß ihr geschwisterliches Verhältnis außergewöhnlich ist, wie es nur von genialen Naturen gelebt und erfahren werden kann. Umgekehrt sind sie aber auch der Überzeugung, daß erst diese Beziehung in ihnen beiden das poetische Talent zur Reife bringen konnte.

Diese Erkenntnis ist um so erstaunlicher, als das Verhältnis von beiden schon früh als Ideal empfunden und beschrieben wird, am schönsten vielleicht in einem Brief Bettines aus dem Jahr 1802: »Clemens! Weist du wer der Mond ist, er ist der Wiederschein unsrer Lieb, und die Sterne sind Wiederschein der übrigen Lieb auf Erden, aber die Sterne so nah dem Mond lieber, was ist diese Liebe, die mir so nahe geht, unsre Lieb aber ist außerkohren, und groß und herrlich vor allen andern, die Erde aber ist ein großes Bett, und der Himmel eine grose freudenreiche Decke aller Seeligkeit, Clemens, Was sehnst du dich nach mir, wir schlafen in einem Bette.«

Die Beziehung der Geschwister gestaltet sich alles andere als konfliktfrei, vor allem, als Clemens sich in die Schriftstellerin Sophie Mereau verliebt. Sie ist fünfzehn Jahre älter als Bettine und wird von ihr als Konkurrentin empfunden. Clemens bittet seine Schwester um einen versöhnlichen Brief an Sophie, doch sie antwortet unverhohlen eifersüchtig und voller Angriffslust: »An die *Mereau* soll ich schreiben? – was denn? – ich kenne sie nicht, sage mir, was sie ist, so will ich einen Stein in den Brunnen werfen, ob sie versteht, was der ankündigt.«

Resignierter klingt ein anderes Schreiben Bettines an Clemens: »Übertrage meine Liebe zu Dir auf die gute *Sophie*! Ich werde dann kommen und naschen wie ein Kätzchen von dem was ehmals mein war! – Adieu doch! Ich bin schon ganz froh daß ich nichts mehr zu hüten habe mit sauerem Schweiß. Lieber ein Bettelmann sein, als ein Hüter von etwas was einem doch nicht gehört!«

Clemens sucht durch gutes Zureden seine Schwester zum Einlenken zu bewegen, bisweilen macht er auch einen Rückzieher und bietet ihr seine Kapitulation an: »Hab ich Dir nicht mehrmals gesagt, daß von Dir meine Zukunft abhängte, daß es Dein Wille ist, ja Deine Neigung, die mich bewegt zu allem, die mich lenkt! – Und ich sage Dir nun daß ich *Sophien* nie heirathen werde, wenn Du sie nicht lieb haben kannst, das ist auch ihre feste Entschließung, und sie opfert mehr dabei auf als ich, denn sie liebt mich mehr als ich sie liebe, sie hat keine *Bettine,* ich habe eine, die ich ewig mehr lieben werde als alle Menschen!« Ein Eingeständnis, das weder gelogen noch übertrieben ist.

Zwar gibt Bettine in dem Streit schließlich nach, so daß Clemens Sophie Mereau im November des Jahres 1803 heiraten kann, doch ändert das wenig an der geschwisterlichen Symbiose, der verschworenen Gemeinschaft. Im Gegenteil: Clemens sucht Bettine fester an sich zu binden, indem er sie mit seinem besten Freund, dem Dichter Achim von Arnim, bekannt macht, durchaus in kupplerischer Absicht. Bettine lernt den vier Jahre älteren märkischen Adligen im Juni 1802 kennen und zeigt sich von ihm alles andere als angetan. Sein Haar ist ungekämmt, der Überrock zu weit, die Naht am Ärmel offen, die Mütze zerrissen. Ganz anders als ihr bisweilen stutzerhafter Bruder Clemens.

Die beiden Freunde unternehmen eine Bootsfahrt auf Main und Rhein. Bettine ist beim Ablegen dabei, und aus einer spontanen Laune heraus reißt sie Arnim die Mütze vom Kopf und wirft sie ins Wasser. Er muß hinterherrudern und sie aus dem Fluß fischen. Bettine findet das amüsant, Arnim jedoch fühlt sich von ihrer Art verwirrt und abgestoßen. An Clemens schreibt er wenig später: »Du müßtest Bettinen nicht kennen: wenn sie liebte, wäre sie hier nicht kalt geblieben; und Du mußt mich nicht kennen, daß alle Elemente mich von Frankfurt nicht hätten wegbringen können, wenn ich nach meiner ganzen Wesenheit liebte.« Bettine und Achim begegnen einander in den nächsten Jahren immer wieder – doch ist nach dem Erlebnis mit der Mütze das Verhältnis eher abgekühlt und ernüchtert.

Bettine Brentano verfolgt unterdessen mit noch größerer Entschlossenheit als bisher ihr Ziel, ein selbstbestimmtes Leben zu führen – wobei sie freilich mehr ihren Launen folgt als einem konkreten Plan, denn für Frauen aus bürgerlichem Hause gibt es damals keine festen Berufsbilder. Die Schriftstellerei der Großmutter wurde von deren Mann eher geduldet, und Sophie Mereau, die erste Autorin Deutschlands, die von ihren Publikationen leben kann, ist zu sehr Konkurrentin um die Liebe des Bruders, als daß sie Vorbild sein könnte.

Seit Ende 1802 wohnt Bettine wieder im Haus zum Goldenen Kopf. Sie ist fast achtzehn Jahre alt, und ihr Bruder Franz will sie nun endlich in die Frankfurter Gesellschaft einführen und verheiraten. Doch sie widersetzt sich seinem Wunsch. Franz klagt in Briefen über die Leichtfertigkeit der Schwester: »Sie hasset so ganz alles, was nur eine entfernte Ähnlichkeit mit sittlichem Zwang hat.«

Bettine setzt durch, daß sie Privatunterricht in Geschichte, Philosophie, Zeichnen und Musik erhält, allerdings läßt Franz die Auslagen für die in seinen Augen sinnlosen Beschäftigungen von ihrem Erbteil abziehen. Im Unterschied zur Großmutter oder zur Schwägerin Sophie besitzt Bettine mehrere Talente, doch sie schwankt zwischen den Begabungen, weiß nicht, auf welchem Feld ihre größte Stärke liegt. Abgesehen von ihren schriftstellerischen und editorischen Arbeiten hat Bettine auch Liedkompositionen, Gemälde, Aquarelle, Schnitzereien und

Scherenschnitte hinterlassen, die alles andere als dilettantisch sind. Nach Aussagen von Zeitgenossen war sie eine begabte Klavierspielerin und vor allem Sängerin.

Nach den prägenden Jahren bei ihrer Großmutter Sophie von La Roche kommt Bettine nun mit einer Frau in Kontakt, die für sie Vorbild und Freundin zugleich wird: Karoline von Günderrode. Die 1780 Geborene entstammt einer verarmten Adelsfamilie und lebt seit ihrem siebzehnten Lebensjahr in einem evangelischen Damenstift in Frankfurt. Mit den Brentanos pflegt Karoline von Günderrode den üblichen gesellschaftlichen Umgang, bis sich zwischen ihr und Gunda Brentano eine innige Freundschaft entwickelt. Eine Freundschaft, die in Gefahr gerät, als Karoline sich in Gundas Verlobten Friedrich Carl von Savigny verliebt.

Bei einem Besuch Karolines auf Trages, dem Hofgut der Savignys (das Häuschen, in dem sie abseits des Herrenhauses gewohnt hat, steht heute noch), reicht Friedrich Carl ihr beim Einsteigen in die Kutsche hilfreich die Hand; sie achtet nicht darauf, wirft den Wagenschlag zu und klemmt Savignys Hand ein. Als er später in einem Brief scherzhaft seine Schmerzen erwähnt, antwortet Karoline ihm voll dunkler Andeutungen: »Die Geschichte mit Ihrer kranken Hand ist sehr schön, mir ist als hätte ich die Hand lieber als wenn Sie immer gesund geblieben wäre. Aber wissen Sie auch daß die Geschichte gar nicht vollständig, nur halb ist? ich weis die andere Hälfte, und werde sie Ihnen einmal erzählen, sie ist auch mehr traurig als lustig.«

Es ist ein bunter Haufen zumeist junger Leute, der sich in Frankfurt oder auf Trages trifft, wenig später auch in Winkel am Rhein, wo Franz Brentano ein Weingut erworben hat. Es wird geplaudert und gelacht, gesungen, gedichtet und improvisiert, wobei es zu allerlei erotischen Anspielungen und wechselnden Liebäugeleien kommt. Kurze Zeit tändelt Clemens auch mit Karoline, bis er im November 1803 dann doch seine alte Liebe Sophie Mereau heiratet.

Als Karoline 1804 unter dem Pseudonym »Tian« Gedichte veröffentlicht, ist die Autorschaft im Frankfurter Geistesklüngel schnell dechiffriert. Clemens schreibt ihr am 1. Mai beinahe unterwürfig: »[…] ich habe sie [die Gedichte] mit Entzücken gelesen, es scheint mir möglich, daß sie von Ihnen seyen, aber ich kann es dann wieder nicht begreifen, daß ich eine solche Vollendung in Ihrem Gemüth nicht sollte verstanden haben, liebe Karoline, zwei Stunden sind es kaum daß ich Ihre Lieder gelesen, die Idee, daß sie von Ihnen seyn könnten, hat mich durch Berg und Thal gejagt, ich habe weinen müssen über das wunderbare Geschick meiner Empfindungen, und nun weiß ich doch nicht mehr, als vorher, ob die Lieder von Ihnen sind, weiß ich nicht, aber daß das, was ich in diesem Augenblick fühle, Ihnen gehört, das weiß ich. Wie Sie über mich denken, ist mir nicht bekannt geworden, seit Sie meine Nähe vermieden, seit Sie jenseits des Bösen Dämons getreten sind, der zwischen mir und meiner Schwester steht, aber daß Sie einstens für mich etwas empfanden, das weiß ich […].«

Die Einsicht kommt reichlich spät. Nach den Enttäuschungen mit Savigny, Gunda und Clemens Brentano wendet sich Karoline von Günderrode im Sommer 1804 der jüngeren Brentano-Schwester Bettine zu. Oder besser: Bettine wirbt förmlich um die fünf Jahre ältere Karoline, bei der sie Geschichtsunterricht nimmt und die für sie in der Verkörperung eines poetisierten, romantisierten Lebens zum Vorbild wird. Die Freundschaft der beiden jungen Frauen erlangt ein hohes Maß an Intensität, hält jedoch nur anderthalb Jahre. Während dieser Zeit wechseln Bettine und Karoline zahlreiche Briefe, in denen sie Privates und Intimes besprechen, aber auch poetologische, philosophische und emanzipatorische Fragen miteinander diskutieren. Karoline, die sehr diszipliniert ihre autodidaktischen Studien in Geschichte, Philosophie und Poetik betreibt, ist dabei eindeutig die Gebende, die Erfahrene, die Frau mit dem realistischen Blick – trotz oder gerade wegen ihres Hangs zur Melancholie.

An Bettine schreibt sie oft im Ton der Pädagogin. »Sei mir ein bischen standhaft«, so mahnt sie die jüngere Freundin einmal, »trau mir, daß der Geschichtsboden für Deine Phantasie, Deine

Begriffe ganz geeignet, ja notwendig ist. – Wo willst Du Dich selber fassen, wenn Du keinen Boden unter Dir hast? [...] Der Naturschmelz, der Deinen Briefen und Wesen eingehaucht ist, der meint Clemens, solle in Gedichten oder Märchen aufgefaßt werden können von Dir; – ich glaubs nicht. In Dich hinein bist Du nicht selbsttätig, sondern vielmehr ganz hingegeben bewußtlos, aus Dir heraus zerfließt alle Wirklichkeit wie Nebel, menschlich Tun, menschlich Fühlen, in das bist Du nicht hineingeboren, und doch bist Du immer bereit, unbekümmert alles zu beherrschen, Dich allem anzueignen.« Die Zukunft wird zeigen, daß sie sich in Bettine getäuscht hat, zum damaligen Zeitpunkt aber mag die Jüngere wirklich noch sehr das Bild der Suchenden, Irrenden, Zögernden vermittelt haben.

Die Freundschaft endet jäh: Karoline von Günderrode verliebt sich 1805 in den Heidelberger Altphilologen Friedrich Creuzer, einen charakterlich eher unsteten und schwachen Mann. Creuzer, unglücklich mit einer wesentlich älteren Frau verheiratet, will seine Fesseln zerreißen und hat dennoch Angst davor. Sein Verhältnis mit Karoline sucht er zu verbergen und fordert deshalb von seiner Geliebten, ihre Freundschaft mit Bettine, die er für klatschsüchtig hält, zu lösen. Karoline – verblendet in der Liebe zu Creuzer und getäuscht von der Hoffnung, endlich aus dem Gefängnis des Damenstifts entfliehen zu können – tut, wie ihr geheißen. Sie bricht unter einem Vorwand mit Bettine.

Diese schreibt ihr verstört und zutiefst verletzt im April des Jahres 1806: »Wenn mir mein Freund das Messer an die Kehle gesetzt hätte und ich hätte so viele Beweise seiner Liebe, so freundliche, so aufrichtige Briefe von ihm in Händen gehabt, ich würde ihm dennoch getraut haben. Die Briefe mußt Du mir wieder geben, denn Du kömmst mir falsch vor, so lang Du sie besitzest, auch leg' ich einen Wert darauf, ich habe mein Herz hinein geschrieben.«

Zwei Monate später ist Karoline von Günderrode, eine der talentiertesten Dichterinnen der Romantik, tot: Sie hat sich in Winkel, am Ufer des Rheins, mit einem Dolch erstochen. Bettine verwahrt den Briefwechsel; die literarische Verarbeitung wird sie erst mehr als dreißig Jahre später beginnen.

Unterdessen hat sie eine andere »beste Freundin« gefunden, wie sie trotzig in dem Brief an Karoline vom April 1806 vermerkt: »Ich habe mir statt Deiner die Rätin Goethe zur Freundin gewählt, es ist freilich was ganz anders, aber es liegt was im Hintergrunde dabei, was mich selig macht, die Jugendgeschichte ihres Sohnes fließt wie kühlender Tau von ihren mütterlichen Lippen in mein brennend Herz [...].«

Die Verbindung mit Goethes Mutter wird für Bettine in mehrfacher Hinsicht bedeutsam: Die Frau Rat hegt nicht nur mütterliche Gefühle für die junge Frau, sondern sie erzählt ihr auch freimütig von Goethes Kindheit und Jugend und von seiner Zuneigung zu Bettines Mutter Maxe. Bettine notiert sich manches und wird zur wertvollen Gedächtnisstütze für den Weimarer Dichter, als der 1810 daran geht, seine Autobiographie zu schreiben.

Die Jahre 1806 und 1807 sind für Bettine und Clemens Jahre der Verluste: Karoline von Günderrode begeht Ende Juli 1806 Selbstmord, Ende Oktober überlebt Clemens' Frau Sophie die Geburt des dritten Kindes nicht, im Februar 1807 stirbt die geliebte Großmutter Sophie von La Roche, und im September 1808 schließlich verscheidet die Frau Rat Goethe, die mütterliche Freundin Bettines.

Diese konzentriert ihr ganzes Denken und Empfinden nun auf den Weimarer Dichter, den sie verklärt und zum Idol erhöht. Bereits im April und November 1807 hat Bettine den Dichter in Weimar besucht und durch ihren unverstellten Charme und ihre Jungmädchenhaftigkeit Eindruck auf ihn gemacht. Er bietet ihr sogar das Du an und bittet sie um schriftliche Aufzeichnungen der Erzählungen seiner Mutter: »So könntest Du mir noch nebenher einen großen Gefallen tun. Ich will Dir nämlich bekennen, daß ich im Begriff bin meine Bekenntnisse zu schreiben [...] in jedem Fall bedarf ich Deiner Beihilfe. Meine gute Mutter ist abgeschieden und so manche andre, die mir das Vergangne wieder hervorrufen könnten, das ich meistens vergessen habe. [...] Setze Dich also nur gleich hin und schreibe nieder, was sich auf mich und die Meinen bezieht, und Du wirst mich dadurch sehr erfreuen und verbinden. Schicke von Zeit zu Zeit etwas und sprich mir dabei von Dir und Deiner Umgebung. Liebe mich bis zum Wiedersehn!« Bettine tut sogleich, wie ihr geheißen.

Durch die Beziehung zu Goethe befreit sich Bettine Brentano innerlich von dem inzwischen verhaßten Haus zum Goldenen Kopf, wo ihr Bruder Franz brav die Geschäftsbücher führt und den poetischen Extravaganzen seiner Geschwister Clemens und Bettine verständnislos gegenübersteht. In dieser Situation der Gängelung durch Franz kommt ihr Friedrich Carl von Savignys Berufung an die Landshuter Universität wie gerufen. Er hat inzwischen Gunda Brentano geheiratet und fungiert lange Jahre als enger Vertrauter für die immer noch ihren Weg suchende Schwägerin. Bettine begleitet das Ehepaar Savigny zunächst nach München, später nach Landshut.

Die Zeit in Bayern nutzt sie zur Vertiefung ihrer musikalischen Studien; beim Münchner Hofkapellmeister Peter von Winter nimmt sie Unterricht in Klavierspiel, Gesang und Komposition. Bald ist Bettine Mittelpunkt eines kleinen Kreises von Studenten. Sie lernt Künstler und Gelehrte kennen, so den Zeichner Ludwig Emil Grimm, die Philosophen Friedrich Heinrich Jacobi und Friedrich Schelling, den Theologen (und späteren Regensburger Bischof) Johann Michael Sailer und den Dichter Ludwig Tieck. Im Umgang mit diesen Kreisen – fern der Bevormundung durch die Frankfurter Verwandtschaft – gewinnt Bettine an Sicherheit und Selbstbewußtsein.

Im Mai 1810 reisen die Savignys und Bettine nach Bukowan an der Moldau, einem neuerworbenen Landgut der Brentanos, zu dem auch Bettine einen Teil ihres Erbes beisteuern mußte. Die Reisegesellschaft macht einen Abstecher nach Wien, wo zu der Zeit Franz und seine Frau Antonia weilen, um den umfangreichen Besitz von Antonias verstorbenem Vater zu sichten und den Haushalt aufzulösen. Antonia, aus der angesehenen Wiener Beamtenfamilie Birkenstock stammend, hat seit Kindheitstagen Verbindungen zu Ludwig van Beethoven, und so ist es selbstverständlich, daß sie ihre junge Schwägerin Bettine dem Komponisten vorstellt.

Auch Beethoven ist von Bettine schnell umgarnt, will man ihren Erinnerungen glauben. In ›Goethes Briefwechsel mit einem Kinde‹ schmückt sie die Begegnung mit ihm schwärmerisch aus: »Unangemeldet trat ich ein, er saß am Klavier, ich nannte meinen Namen, er war sehr freundlich und fragte: ob ich ein Lied hören wolle, was er eben komponiert habe; – dann sang er scharf und schneidend, daß die Wehmut auf den Hörer zurückwirkte: ›Kennst du das Land?‹ – ›Nicht wahr, es ist schön‹, sagte er begeistert, ›wunderschön! Ich will's noch einmal singen‹, er freute sich über meinen heiteren Beifall. ›Die meisten Menschen sind gerührt über etwas Gutes, das sind aber keine Künstlernaturen, Künstler sind feurig, die weinen nicht‹, sagte er. Dann sang er noch ein Lied von Dir, das er auch in diesen Tagen komponiert hatte: ›Trocknet nicht Tränen der ewigen Liebe.‹«

Im August 1810 trifft Bettine sich in dem böhmischen Badeort Teplitz mit dem einundsechzigjährigen Goethe. Dort, so behauptet sie später in einem für Hermann Pückler-Muskau verfaßten Bericht, sei es in der Abenddämmerung zu einer körperlichen Annäherung gekommen: »›So laß doch die Kühlung Dich anwehen‹, sagte er und öffnete meine Kleidung. Ich ward rot. Er sagt: ›Das Abendrot hat sich auf Deine Wangen eingebrannt‹, und küßt mich auf die Brust und senkt die Stirne darauf.« In ihrem Buch ›Goethes Briefwechsel mit einem Kinde‹ ist dieses Ereignis – wenn es denn überhaupt stattgefunden hat – stark entschärft wiedergegeben; vor der Öffentlichkeit wahrte Bettine denn doch etwas Diskretion. Was damals in Teplitz tatsächlich passiert ist, wird ewig im Dunkeln bleiben. Unbestreitbar ist Goethe jedoch von dem koboldhaften Charme Bettines gefangen, und sie verehrt ihn glühend, als Dichter und als Mann.

Während für Beethoven das Verhältnis zu Antonia Brentano, der »unsterblichen Geliebten«, schicksalsträchtig wird, glaubt

Bettine nach der Abendstunde im böhmischen Teplitz, Goethes Muse und Geliebte zu werden. Sie irrt sich offensichtlich, denn bereits ein Jahr darauf, im September 1811, kommt es in Weimar zu einer häßlichen Szene, die ihre Beziehung zu Goethe nachhaltig schädigt. Beim Besuch einer Kunstausstellung bricht zwischen Bettine und Goethes Frau Christiane ein Streit aus. Eifersucht, Konkurrenzgebaren und das alte bürgerliche Vorurteil gegenüber Christiane, die aus einfachen Verhältnissen stammt, mögen hierbei eine Rolle gespielt haben. Bettine soll ihre Kontrahentin als Blutwurst bezeichnet haben, die nicht eben zimperliche Christiane (sie stellt sich bei der Besetzung Weimars durch französische Truppen sogar schützend vor ihren Mann, als die marodierenden Soldaten das Haus erstürmen) ohrfeigt Bettine, wobei deren Brille zu Bruch geht. Eine im Grunde lächerliche Geschichte, die allenfalls den Weimarer Klatschmäulern als gefundenes Fressen dient. Dennoch führt dieses Ereignis dazu, daß Goethe von da an nichts mehr von Bettine und den Romantikern Achim von Arnim und Clemens Brentano wissen will. Hat er wenige Jahre zuvor noch eine rühmende Rezension von ›Des Knaben Wunderhorn‹ verfaßt, so betrachtet er nun die romantische Generation als überspannt, ja krank. Der Zwischenfall mit Bettine ist ihm Beweis genug.

Bettine sucht in den nächsten zwanzig Jahren bis zu Goethes Tod indes hartnäckig immer wieder den brieflichen und persönlichen Kontakt. Goethe empfängt sie noch mehrmals in Weimar, zu einer herzlichen, unbeschwerten Annäherung kommt es aber nicht mehr. Gegenüber dem Weimarer Herzog Carl August bezeichnet der Dichter Bettine sogar als »leidige Bremse«. Bettine indes gelingt es durch die Wahrung des Kontakts zu Goethe, ihr eigenes Image vor der Öffentlichkeit zu wahren, das sie dann mit dem Denkmal ihres Goethe-Buches zu vervollkommnen trachtet.

Goethes plötzliche Abneigung gegenüber den Romantikern ist auch dem Umstand zuzuschreiben, daß bei dem Weimarer Eklat Bettines Ehemann Achim von Arnim zugegen ist, den er zu Unrecht mitverantwortlich macht. Bettine hat den Busenfreund ihres Bruders Clemens – der Briefwechsel der beiden Freunde ist nicht frei von homoerotischen Anklängen und schäumt förmlich über von Gefühlsschwelgereien und Treuebekundungen – im März 1811 geheiratet. Entgegen späteren romantischen Vereinnahmungen dieser Ehe ist das Verhältnis zwischen Bettine und Achim keineswegs ungetrübt. Das bürgerliche Bild von dem, wie eine romantische Ehe zu sein hat, hat der Beziehung nachträglich ihren Stempel aufgedrückt (ähnliches ist beispielsweise auch an der zerrütteten Ehe Robert und Clara Schumanns vollzogen worden). Der Briefwechsel der Eheleute Bettine und Achim und die 1997 von Dagmar von Gersdorff veröffentlichte Geschichte dieser »fast romantischen Ehe« liefern ein differenzierteres, ernüchterndes Bild.

Bettine weilt im Sommer 1810 auf Bukowan in Böhmen, als gleich zwei Freier um sie werben: Max von Freyberg und Achim von Arnim. Freyberg sendet ihr leidenschaftliche Briefe; er ist charmant, witzig, hat viel von Bettines Temperament. Bettine flirtet mit ihm, fühlt sich von ihm verstanden. Weit trockener kommt Arnim daher. Seine Briefe und Billetts sind verhaltener, vorsichtiger.

Kurz zuvor ist Achim von Arnims Großmutter Caroline von Labes gestorben und hat ihm verschiedene Landgüter in der Uckermark und im Fläming hinterlassen, jedoch als Fideikommiß, das heißt mit der Auflage, daß er heiratet und männliche Erben zeugt. Arnim, der von dichterischen und journalistischen Arbeiten nicht leben kann und sich bislang vergeblich um eine Anstellung im Staatsdienst bemüht hat, sieht nur einen Ausweg: sich als Junker um seine Güter selbst zu kümmern und die Erbfolge zu regeln. Wenige Wochen nach der Testamentseröffnung reist er mit Clemens nach Bukowan, um dort um Bettine zu werben. Doch Bettine ist abweisend. Achim reist unverrichteter Dinge nach Berlin zurück. Erst dort kann er sich zu einem brieflichen Antrag durchringen.

Unumwunden schreibt er ihr, er wolle »das Meinige tun, um rechtmäßige Kinder zu haben«. Sie, Bettine, sei die einzige

Frau, die er je heiraten wolle, ansonsten sei »niemand auf der Welt, von der ich so gern ein Ebenbild besessen hätte, und auch keine, mit der ich […] so gern mich erfreut, gestritten, gewacht und geschlafen hätte, als Dich«.

Bettine zögert, dann entscheidet sie sich überraschend gegen Freyberg und für Arnim. Ihr Antwortbrief fällt pragmatisch aus. »Warum soll ich nicht Dein sein?«, fragt sie mehr sich selbst als ihn, »warum, wenn Du an mich verlangst, soll ich Dir nicht geben? […] Sei von mir geliebt, sei mein, sei getrost. Bettine.« Das also ist der Beginn einer romantischen Ehe.

Bettines späterer Berliner Freund und Vertrauter, der Schriftsteller Karl August Varnhagen von Ense, hat in seinen Tagebüchern die Äußerung Bettines protokolliert, »daß sie ihren Mann nicht eigentlich geliebt, sondern nur aus Ehrfurcht geheiratet habe, und er habe ihr die Ehre angetan, sie zur Mutter seiner Kinder zu machen«. Dieses Zitat aus einer späteren Lebensphase dürfte nicht ganz der Wahrheit entsprechen, eher spiegelt es die Enttäuschungen und Desillusionierungen der Zeit nach 1820. Denn dem Briefwechsel der Eheleute läßt sich entnehmen, daß es gute wie schlechte Zeiten gab, Glück wie Hader, Einigkeit wie Widerspruch.

Bedeutungsvoll für die Familiengeschichte der Brentanos im besonderen und für die deutsche Geistesgeschichte im allgemeinen ist der Wechsel von der süddeutsch zur norddeutsch geprägten Kultursphäre, von der katholischen zur protestantischen, von der bürgerlichen zur adligen. Eine Diskrepanz, die nicht zuletzt Bettine aushalten muß: Ihr gewohntes Umfeld verändert sich vollkommen. Aus der reichsstädtischen Beschaulichkeit Frankfurts tritt sie hinaus in das vergleichsweise junge, militärisch geprägte Berlin, das von einem König regiert wird und in dem die bürgerliche Tradition eine eher untergeordnete Rolle spielt. Die Arnims als Angehörige des alten preußischen Adels sind überzeugte Protestanten, und Bettine muß einwilligen, ihre Kinder in der reformierten Konfession zu erziehen. Die Erfahrungen, die sie im Klosterinternat gemacht hat, dürften ihr die Entscheidung erleichtert haben.

In schneller Folge werden die Kinder geboren, wobei die Söhne im Hochgefühl der Befreiungskriege und des aufkommenden Patriotismus altdeutsch klingende Namen erhalten: Freimund, Siegmund, Friedmund, Kühnemund kommen in den Jahren 1812 bis 1817 zur Welt, es folgen die Mädchen Maximiliane (1818), Armgart (1821) und Gisela (1827). Die schnell wachsende Familie bringt Achim von Arnim finanziell in arge Bedrängnis. Er bemüht sich persönlich darum, die Güter in Wiepersdorf und Bärwalde zu gewinnbringenden Unternehmen zu machen, doch decken die Einnahmen nicht einmal die Ausgaben. Hohe Schulden belasten das Erbe, und Bettine ist es per Ehevertrag verboten, ihr Erbteil, das wegen ihrer vorehelichen Sorglosigkeit ohnehin beträchtlich geschrumpft ist, zur Sanierung der Arnimschen Güter einzusetzen. Zwar ist sie jetzt Freifrau von Arnim, den Frankfurter Wohlstand der Brentanos muß sie jedoch gegen die kärgliche »märkische Streusandbüchse« tauschen.

In den ersten Ehejahren gönnt sich das Paar noch die eine oder andere Reise nach Teplitz oder an den Rhein, doch die Wohnung in Berlin, wo Bettine gern gesellschaftlichen Umgang pflegt, kann nicht gehalten werden. Die nachfolgenden Jahre bis zu Achims frühem Tod im Jahr 1831 sind geprägt von dem Zwiespalt zwischen Stadt- und Landleben, Schuldenlast und Sparwut, Bettines Lebenslust und Achims zunehmender Zurückgezogenheit. Sie kann nicht ohne Menschen sein, ohne Theater, literarische Salons, Ansprache, Unterhaltung. Ihm dagegen wird die »Gesellschaft« zunehmend gleichgültig, er bevorzugt die Bestellung der eigenen Äcker und Felder, den Umgang mit seinen Dörflern in Wiepersdorf, den abendlichen Rückzug in sein Studierzimmer, die stille, verborgene Arbeit an seinen Gedichten und Romanen.

Eine Zeitlang findet Bettine mit ihren Kindern bei den verständnisvollen und vor allem großzügigen Savignys am Pariser Platz Unterschlupf (was sie ihnen später kaum dankt). Dann mietet sie erneut eine Wohnung. Ihr Mann mahnt sie hingegen immer wieder zur Sparsamkeit, bittet sie darum, nach Wiepersdorf zu kommen: »Denke daran, daß wir mit 4 bis 5 Kindern bei so teurem Quartier, Kost, usw. in Berlin gar bald nicht mehr bestehen können [...].« Bettine folgt ihm, doch nach wenigen Monaten auf dem Land drängt es sie zurück unter Menschen. Sie müht sich redlich im Haushalt und bei der Kindererziehung, Dinge, auf die sie, das verwöhnte Bürgerkind, zu wenig vorbereitet worden ist. Nach der Geburt Maximilianes kommt es zu einer schweren Ehekrise und mehrjährigen Auseinandersetzungen, bei denen Bettine schließlich den Sieg davonträgt. Immer wieder wirft sie ihrem Mann seine Menschenscheu vor, die sich letztlich gegen ihn selbst richte: »Wenn Du in der Stadt bist, so ist immer Dein größtes Vergnügen mir Deinen Ekel und Langeweile zu beschreiben, es mag wahr sein, aber dann ist es gewiß eine Krankheit in Deinem Gemüt.«

Schließlich einigt man sich auf eine weitgehend getrennte Haushaltsführung. Bettine mietet in Berlin eine Wohnung und widmet sich dort der Erziehung der Kinder (die Söhne müssen schließlich zur Schule gehen), Achim hingegen bleibt in Wiepersdorf, kümmert sich um die Güter und schreibt an seinen Dichtungen.

Selbst der Kontakt zu seinem Herzensfreund Clemens schläft in jenen Jahren beinahe ein. Beide, Achim und Bettine, beobachten die Veränderungen in Clemens' Wesen und Weltanschauung mit großer Skepsis: das jahrelange Ausharren am Bett der stigmatisierten Nonne Anna Katharina Emmerick im westfälischen Dülmen, die erneute, bedingungslose Hinwendung zu einem restaurativen Katholizismus, die philiströse Verdammung der in seiner Jugend geschriebenen »unmoralischen«, »heidnischen« Gedichte und Romane. Bettine steht nach wie vor unter dem Eindruck der Heidelberger und Frankfurter frühromantischen Bewegung und kann Clemens' Beweggründe nicht nachvollziehen.

Indes ermutigt sie ihren Mann auf seinem schriftstellerischen Weg, vergleicht sein Talent sogar mit dem eines Shakespeare, was ihm freilich wenig hilft, ihn eher unter Druck setzt. Immerhin verwendet sie sich bei der Intendanz des neu errichteten Berliner Schauspielhauses auf dem Gendarmenmarkt für ihn und seine Stücke.

Selbst die getrennten Haushalte in Berlin und Wiepersdorf vermögen die Ehe nicht zu retten. Man mag Achim von Arnim zugute halten, daß er seiner Frau seinen Willen nicht aufzwingt, was er nach damaligem Eherecht tun könnte, sondern in seinen Briefen immer bei der Form der Bitte bleibt. Gleichwohl bewirkt er im Juni 1822 erneut Bettines Rückkehr nach Wiepersdorf. Dort bleibt sie aber nur wenige Monate.

Verbittert schreibt sie Ende 1822 an das Ehepaar Savigny: »Ich habe die 12 Jahre meines Ehestandes leiblich und geistigerweise auf der Marterbank zugebracht und meine Ansprüche auf Rücksicht werden nicht befriedigt. Die Kinder, um deren irdischen Vorteil alle Opfer geschehen, werden in allem, was sich nicht mit der Ökonomie verträgt, versäumt; [...] Mir aber sind (ich schäme mich es zu sagen) die Hände gebunden, und ich kann nichts befordern, wozu ich mich bei jedem Nachdenken aufgefordert fühle. Was ich stets mit Geduld ertrug, weil ich mich kräftig genug fühle, das trag ich jetzt mit Ungeduld, weil ich schwach genug bin. *Mein Perspektiv ist das End aller Dinge.*« Sie kränkelt, greift zu Alkohol und Opium. Arnim fühlt sich ebenfalls geistig und körperlich überlastet, ein rheumatisches Fieber bringt ihn dem Tod nahe.

Auch in der Kindererziehung ist sich das Paar uneins: Bettine will eine freie Erziehung, vor allem für die Mädchen, und denkt dabei an ihre eigenen Kämpfe in der Jugend. Achim hingegen will preußische Disziplin und Drill für die Jungen, Anstand und häuslichen Fleiß für die Mädchen. Zumindest bei dem Nesthäkchen Gisela kann Bettine ihre »antiautoritäre«, »freie« Pädagogik ausprobieren – ob mit Erfolg, sei dahingestellt. Gisela ist von den Arnimschen Kindern zwar die Begabteste, sie trägt die Talente von Mutter und Vater gleichermaßen in sich, zugleich wirkt sie aber seltsam gespalten und unausgeglichen – positiv gewendet könnte man es vielleicht romantische Zerrissenheit nennen. Wobei Außenstehende das Mädchen bisweilen als verzogen betrachten.

Die allgemeine Teuerung in dem sich zur Großstadt wandelnden Berlin zwingt Bettine und die Kinder in den folgenden Jahren und Jahrzehnten zum häufigen Wohnungswechsel. Erst »In den Zelten«, vor dem Brandenburger Tor im Tiergarten gelegen (damals noch ein richtiger Wald, der als Jagdgrund genutzt wird), werden sie viel später eine dauerhafte und repräsentative Bleibe finden. In den Jahren der Ehe mit Achim von Arnim bleibt die finanzielle Lage hingegen so angespannt, daß Bettine ein Angebot ihres Bruders Georg annimmt, die Töchter Maxe und Armgart für einige Zeit nach Frankfurt zu schicken.

Hin und wieder besuchen sich die Eheleute gegenseitig in Wiepersdorf oder Berlin, doch selbst die Weihnachtsfeste werden nicht mehr gemeinsam verbracht. Arnims letzter Besuch bei Bettine findet im November 1830 statt. Am 21. Januar 1831 stirbt er völlig unerwartet an einem Gehirnschlag.

Im nachhinein überhöht Bettine die Ehe, vielleicht auch aufgrund uneingestandener Schuldgefühle wegen ihrer häufigen Abwesenheit von Wiepersdorf: »Ich bin sein Weib und habe seine Kinder unter dem Herzen getragen, es ist sehr viel Schönes in diesen Kindern, ich soll noch eine Weile mit diesen Kindern sein, und diese Prüfung meiner Liebe soll mich ihm neu vermählen.«

Allen Sorgen und Belastungen zum Trotz erlangt Bettine durch Achims Tod die Freiheit geistiger Selbstverwirklichung. Der Witwenstand erlaubt selbst in einer bürgerlich-patriarchalischen Gesellschaft eine gewisse Ungebundenheit. Ein neuer Lebensabschnitt beginnt für Bettine. Sie entwickelt sich zur Herausgeberin und Schriftstellerin, zur Wahrerin der deutschen Frühromantik und zur Hüterin des Brentanoschen und Arnimschen geistigen Erbes.

In den Jahren zuvor war sie kaum zu eigenständiger literarischer Arbeit gekommen, lediglich mit den Vorarbeiten für ihr Goethe-Buch hatte sie sich beschäftigt. 1835 schließlich erscheint ›Goethes Briefwechsel mit einem Kinde‹. Das Buch basiert auf der Korrespondenz, die Bettine von Arnim mit Goethe und seiner Mutter geführt hat, doch bereits den Zeitgenossen

ist klar, daß es sich bei den abgedruckten Briefen und Tagebüchern nicht um wortgetreue Originale handelt, sondern um
Bearbeitungen. Bettines Familie ist entsetzt. Man sieht nicht
nur den Ruf der Brentanos, sondern auch Bettines Ehre in Mit-
leidenschaft gezogen. Die Autorin porträtiert sich in dem Band
als eine Mischung aus Kind und frühreifem Mädchen (in
Wahrheit war sie bei der ersten Begegnung mit Goethe schon
zweiundzwanzig), als enge Vertraute des Weimarer Dichters.

Das Buch wird, drei Jahre nach Goethes Tod, in einer Zeit
glühender Goethe-Verehrung und -Idealisierung, zum Erfolg.
Die Befürchtungen der Familie – selbst der inzwischen recht
bieder gewordene Clemens hat von einer Veröffentlichung ab-
geraten – erweisen sich als unbegründet. Im Gegenteil: Bettine
wird selbst zum Idol, vor allem für junge Menschen, Studenten, Literaturliebhaber, denen sie als lebende Zeugin einer un-
tergegangenen geistigen Epoche gilt, auch und gerade vor dem
Hintergrund der eigenen jämmerlichen, restaurativen Zeit.
Aus heutiger Sicht mag man die Bearbeitung der Originalbriefe
und den zum Teil recht freien Umgang Bettine von Arnims mit
der biographischen Wahrheit bedauern – gerecht wird man
dem Buch indes nur, wenn man es mehr als fiktionales denn
quellenhistorisches Werk betrachtet und die Person der Bettine
in die Nähe einer Romanfigur rückt, wie es in der jüngeren Forschung getan wird.

Ähnlich verhält es sich mit ihrem nächsten Buch, ›Die Günderode‹, das 1840 erscheint und Bettines Briefwechsel mit der
befreundeten Dichterin in freier Bearbeitung wiedergibt. Auch
hier geht es der Autorin nicht primär um Quellentreue, weshalb dieses und das Goethe-Buch oft als Briefromane bezeichnet wurden. Neben dem schmerzhaften Prozeß der Erinnerung
an die Verstorbene, bis hin zur detaillierten Beschreibung des
Zerwürfnisses der Freundinnen und der Auffindung des Leich-
nams der Günderrode, finden sich zahlreiche Überlegungen
zur Poetik, Ästhetik und Philosophie ihrer Zeit. Auch werden
Briefe und Briefpassagen Dritter eingeflochten. Neben dem gescheiterten Leben der Karoline von Günderrode wird auch das

tragische Schicksal Friedrich Hölderlins skizziert. Von einer persönlichen Begegnung Bettine Brentanos mit dem Dichter ist nichts bekannt, wohl aber wußte Bettine als Frankfurterin von Hölderlins unglücklicher Liebe zu der Bankierstochter Susette Gontard. Zudem stand sie in Kontakt mit Hölderlins Schüler Henry Gontard und dessen Freund Isaak von Sinclair.

Für Bettine, die Romanfigur in dem Günderrode-Buch, wird die zunächst schmerzhafte Wiederbegegnung mit dem Schicksal Karolines und Friedrich Hölderlins zur befreienden Trauerarbeit und führt zur Entdeckung eigener, verschütteter Lebenskräfte. Im Mittelpunkt steht die Erkenntnis: »Nicht wahr, das soll auch ein Hauptprinzip der schwebenden Religion sein, daß wir keine Bildung gestatten – das heißt kein angebildet Wesen, jeder soll neugierig sein auf sich selber und soll sich zutage fördern wie aus der Tiefe ein Stück Erz oder ein Quell, die ganze Bildung soll darauf ausgehen, daß wir den Geist ans Licht hervorlassen. Mir deucht, mit den fünf Sinnen, die uns Gott gegeben hat, könnten wir alles erreichen, ohne dem Witz durch Bildung zu nahe zu kommen. Gebildete Menschen sind die witzloseste Erscheinung unter der Sonne. Echte Bildung geht hervor aus Übung der Kräfte, die in uns liegen, nicht wahr?«

So wird Bettine von Arnims literarische Wiederbegegnung mit ihrer Jugendfreundin nicht nur zum kathartischen Mittel, zur Möglichkeit, sich von unterschwelligen Schuldgefühlen gegenüber der früh aus dem Leben Geschiedenen zu lösen, sondern auch zur Positionsbestimmung innerhalb ihres eigenen Emanzipationsprozesses als Frau und Autorin. Und schließlich ist ›Die Günderode‹ der Versuch, die frühromantische Bewegung auferstehen zu lassen, ihr ein Denkmal zu setzen, sie dem Leser von 1840 nochmals in Erinnerung zu bringen.

Dieses Bemühen hat um so größere Bedeutung, als die Jahrzehnte zwischen dem Wiener Kongreß von 1815 und der gescheiterten Revolution von 1848 von vielen Intellektuellen als verlogen, restaurativ, philiströs und erzkonservativ empfunden werden. Die wenigen noch lebenden Dichter der Romantik – etwa Ludwig Tieck oder Joseph von Eichendorff – haben sich von dieser literarischen Richtung abgewandt, ja, verurteilen sogar in vorauseilendem Gehorsam ihre eigenen literarischen Jugendarbeiten als »Sünden«. Das allumfassende romantische Lebensprinzip ist von einem süßlich-sentimentalen, spießbürgerlichen Biedermeier abgelöst und verengt worden. Selbst Bettines Bruder Clemens sieht nach seiner Konversion die eigene frühe poetische Produktion als moralisch verwerflich an und wird so zum Verräter an den Idealen seiner Jugend.

Clemens Brentano stirbt 1842 im Hause seines erzkatholischen Bruders Christian und dessen Frau Emilie in Aschaffenburg. Christian und Emilie beginnen daraufhin mit den Vorarbeiten für eine große Werkausgabe des Dichters, allerdings mit der Absicht, moralisch »anstößige« oder religiös und politisch bedenkliche Stellen zu glätten oder zu unterdrücken. Bettine ahnt die geplante Zensur und antwortet auf ihre eigene, keineswegs quellenkritische Art: 1844, zwei Jahre nach des Bruders Tod, veröffentlicht sie schließlich das Buch ›Clemens Brentanos Frühlingskranz‹. Dieser Band wird, ähnlich wie das Günderrode-Buch, zum Denkmal der verklungenen Frühromantik und zum mahnenden Spiegel für all jene, die die eigenen Wurzeln verleugnen.

»Was hab ich alles erfahren in jenen Kinderjahren«, schreibt Bettine an Clemens, »Wurzeln und Kräuter, eine Blumendolde, aus der bei leisem Druck der Same aufsprang – die waren mir Unterpfand und Beteuerung vom Gegenteil alles Aberglaubens, sie sagen mir immer dasselbe: Frei sein, und jeder Glaubensbefehl leugnet mir das, und endlich, da die Überschwemmung der ganzen Erdenkultur auf mich losgeschwemmt kommt, da strecke ich die Hand allem Unschuldigen entgegen, um es zu retten in meinen Busen. Und jeder Begriff des Großen, Kühnen, der Lüge zum Trotz Reinen, – das ist mir ein Lebendiges, das mich anwirbt mit schmeichelnder Verheißung. Und was war dagegen, was man mich lehrte? – Ach so unfaßlich, daß man eine Maschine sein mußte, um es nachzusprechen.«

Bettine von Arnim beschäftigt sich in jenen Jahren jedoch keineswegs nur mit den eigenen Wurzeln und mit der Heraufbeschwörung der frühromantischen Bewegung. Im Gegenteil: Sie wendet sich mehr denn je den Fragen der Gegenwart zu und wandelt sich zu einer dezidiert politisch denkenden und sozial engagierten Schriftstellerin. Bereits 1843 – ein Jahr vor dem ›Frühlingskranz‹ – erscheint ein Buch, das den Titel trägt: ›Dies Buch gehört dem König‹. Es ist König Friedrich Wilhelm IV. gewidmet, der seit 1840 auf dem preußischen Thron sitzt. Zunächst als Romantiker begrüßt und wegen seiner aufgeklärten Haltung mit großen Hoffnungen belegt, gelingt es Friedrich Wilhelm nicht, die Probleme Preußens – wie die Verarmung breiter Landstriche, die Teuerung, die wuchernde Bürokratie, die weiterhin ungelöste Verfassungsfrage – in den Griff zu bekommen.

Bettine von Arnim, die mit dem zunächst aufgeschlossenen König korrespondiert (sie trifft sich im Jahre 1845 sogar zu einem dreistündigen Gespräch mit ihm), entwickelt die Idee eines preußischen Staates, an dessen Spitze ein aufgeklärter und gerechter Volkskönig steht – einer Verfassung verpflichtet und in wechselseitiger Liebe mit dem Volk verbunden. Eine Demokratie im heutigen Sinne lehnt sie jedoch ab. Diese Gedanken entwickelt sie in ihrem in Dialogform gehaltenen »Königsbuch«, dessen Titel Friedrich Wilhelm vor der Drucklegung sogar zustimmt. Ihre eigenen Gedanken und Theorien legt Bettine von Arnim dabei der Frau Rat in den Mund – eine Reminiszenz an Goethes Mutter –, die ein Streitgespräch mit Pfarrer und Bürgermeister führt.

»Sehn Sie drei Schritte vor sich«, so weist die Frau Rat ihr Gegenüber zurecht, »da tritt die Zukunft auf. Vor der kann Theorie und Erfahrung nicht bestehen; sie veralten vor der Freiheit des Geistes. Und das ist die Macht der Zukunft! – Und das mag Ihnen beweisen, wie unwürdig Ihre Ansicht ist! – Was halten Sie an einer Religion, die Sie im Gelübde zwischen Volks- und Fürstenrecht nicht wagen geltend zu machen? Ihr verschüttet ihren Balsam, aber nicht um dem Gott im Menschen zu huldigen, wie das Weltkind Magdalena.«

Dem König gehen solche und ähnliche Äußerungen zu weit,

und er belegt das nächste Projekt der Bettine von Arnim, das erst 1962 anhand von Materialien aus dem Nachlaß publizierte ›Armenbuch‹, mit einem Veröffentlichungsverbot. Das Buch sollte sich dem Problem der Verarmung ganzer Volksschichten und Landstriche widmen. Dazu sammelt Bettine – zum Teil über Mittelsmänner – Augenzeugenberichte, Statistiken aus den preußischen Provinzen, vor allem aus Schlesien, und andere Materialien. Im Jahre 1844 ist in Schlesien der Weberaufstand ausgebrochen, der jedoch durch den Einsatz preußischer Truppen rasch niedergeschlagen worden ist. Heinrich Heine hat dieses Ereignis in seinem Kampflied ›Die schlesischen Weber‹ aufgegriffen, und noch ein halbes Jahrhundert später macht Gerhart Hauptmann es zum Thema seines Dramas ›Die Weber‹.

Bettine von Arnim erfährt nun ihrerseits die Härte des preußischen Polizeistaats und die Endlichkeit der Geduld des Königs. Ihr Salon, in dem sich auch Demokraten, Liberale und Sozialisten verschiedener Couleur treffen, wird bespitzelt, zum Teil werden sogar Spione in den Zirkel eingeschleust, die detaillierte Berichte an den Geheimdienst liefern. Bettines Briefe werden abgefangen und geöffnet, ebenso Briefe, die an sie gerichtet sind. Einer der Spitzel weiß im Jahre 1847 zu berichten: »Die Tendenz dieser Teegesellschaften ist eine sozialistische, indem die Versammelten sich vorzugsweise über ein in Wesen und Form zu verbesserndes Leben unterhalten und besprechen. Vorzüglich ist es das weibliche Geschlecht, das sich nach der Befreiung von den Fesseln des Herkommens, der Mode, der Konvenienz sehnt. Unter allen Frauen dieser Art in Berlin, die einen öffentlichen Ruf genießen, ist Bettina von Arnim unstreitig die erste und bedeutendste.«

Zu Bettines Bekanntschaften gehören der Anarchist Michail Bakunin, der Dichter Iwan Turgenjew, die Schriftstellerin und Sozialistin George Sand, Karl Marx, die Demokraten Heinrich Bernhard Oppenheim und Edgar Bauer. Vor und nach der Revolution setzt sie sich beim König für Inhaftierte ein, so für Edgar Bauer, für den Revolutionär Gottfried Kinkel und für den ehemaligen Storkower Bürgermeister Heinrich Ludwig Tschech, der aus Enttäuschung über seine Entlassung aus dem Amt – er hatte es gewagt, gegen die Korruption vorzugehen – ein Attentat auf den König begangen hat. Auch für den polnischen Revolutionär Louis von Miroslawski verwendet sich Bettine. Miroslawski wird 1844 verhaftet und 1847 zum Tode verurteilt, die Strafe wird jedoch in lebenslange Haft umgewandelt.

Auf ein Gnadengesuch Bettines antwortet Friedrich Wilhelm voller Abscheu: »Ich hoffe um Ihretwillen, gnädige Frau, daß dies Blatt von Niemand gesehen werde. [...] Dies Blatt und anderes beweisen mir, daß Sie, wie es dem Weibe wohl ansteht, sich fern von der Tragödie des großen Processes gehalten haben. [...] Gott weiß, daß ich Ihnen diese Unwissenheit nicht zum Verbrechen mache. [...] daß Sie meine pflichttreuen Diener [...] beschimpfen, daß Sie die Frau des Vorstehers des Polnischen Revolutionärs [...] daß Sie den Mann, der an dem Unglück so vieler 100 Familien schuld ist, Lämmer nennen, [...] ist Ihrer nicht würdig. [...] Wehe aber dem König, der treue Pflichterfüllung der Lästerung Preis gibt. Dies thue ich nicht.«

Bettine von Arnim läßt die »polnische Frage« nicht los. In einer Broschüre, 1848 unter Pseudonym erschienen, wendet sie sich mit scharfen Worten gegen die Unterdrückung der Polen durch die preußische Regierung: »Und verfehlt nicht, was die öffentliche Stimme behauptet zu bemerken, daß der Verrat an Polen Hand in Hand gehe mit der Absicht, das Volk wieder in die alte Sklaverei zu zwängen. [...] Herrschsüchtige Leidenschaft, die, um sich zu sättigen, nur ein Volk in nichts auflösen will! Das Volk sträubt sich – das ist sein Verbrechen!«

Man mag die Naivität, mit der Bettine von Arnim sich auf einen Dialog mit Staat und König einläßt, belächeln; aber diese Naivität, diese Kindlichkeit, gehört unverwechselbar zu ihrem Wesen. Zugleich muß man ihr Courage zugestehen. Sie weiß, daß sie überwacht wird, und mehr als einmal ist sie auch persönlich in Gefahr. Freilich verzettelt sie sich bisweilen im Kampf gegen die feindliche Bürokratie. Ihren Schwager und einstigen Vertrauten Friedrich Carl von Savigny, von 1842 bis 1848 preußischer Justizminister und seit 1810 in der Gründungskommission der Berliner Universität, greift sie in einem offenen Brief an, da er sich nicht für die Berufung von Jacob und Wilhelm Grimm an die Universität einsetzen will, nachdem die beiden Göttinger Professoren wegen ihres Protests gegen die Aufhebung der Verfassung durch den Hannoveraner König entlassen worden sind.

Umgekehrt hält Savigny seiner Schwägerin sehr wohl die Treue und bewahrt sie sogar vor dem Gefängnis: Als Bettine einen Verlag gründet, um die eigenen Schriften, die Märchen der Töchter und vor allem die Werke Achim von Arnims publizieren zu können, wird sie vom Magistrat aufgefordert, die Bürgerrechte der Stadt Berlin zu erwerben. Bettine prozessiert gegen die Aufforderung, da sie nicht einsieht, eine Amtsgebühr zu zahlen, und versteigt sich in ihrem Zorn auf die Bürokratie zu leichtfertigen Äußerungen. Daraufhin wird sie wegen Behördenbeleidigung zu zwei Monaten Gefängnis und zur Übernahme der Prozeßkosten verurteilt. Sie ist sich der öffentlichen Wirkung bewußt und gewillt, als Opfer des Systems die Strafe heldenmütig anzutreten. Der besonnene Savigny jedoch agiert im Hintergrund und führt einen Vergleich herbei – gegen den Willen seiner Schwägerin.

Nach der Veröffentlichung des Königsbuches gerät Bettine von Arnim zunehmend ins gesellschaftliche Abseits. Weitere Buchprojekte werden von der Zensur behindert: neben dem ›Armenbuch‹ die politisch engagierte Dokumentation ihrer Korrespondenz mit Philipp Nathusius, die unter dem Titel ›Ilius Pamphilius und die Ambrosia‹ firmiert, 1847 vor ihrem Erscheinen jedoch beschlagnahmt wird und erst im Jahr darauf veröffentlicht werden kann.

1852 erscheint im eigenen Verlag die seit 1843 geschriebene Fortsetzung des Königsbuches unter dem Titel ›Gespräche mit Daemonen‹, worin Bettine sich unter anderem gegen den Antisemitismus wendet, der im Zuge nationaler Tendenzen sehr zunimmt, und die juristische Gleichberechtigung sowie die gesellschaftliche Integration der Juden fordert: »Der Vogel kann nicht in der Luft sich immer halten, er muß sich niederlassen! – Der Charakter muß eine Basis haben, auf der er sich ruhe! Das Feld der Freiheit ist die Basis aller. Was aber aus jenem gebildeten Judentum hervorgehe für die Christenheit, ist der Begriff, daß sie mit dem Christenhimmel nicht auch die irdische Welt gepachtet habe und die Hölle für Ketzer, Heiden und Juden allein übrigbleibe! Die Juden würden, trotz ihrem Festhalten an dem Glauben ihrer Väter, einen viel freieren Überblick über Anfang und Ende gewinnen, eben weil ihre Bedrückung ihnen ihr Anrecht an die Freiheit um so fühlbarer macht. – So würde der Christ durch des Juden freie Bildung Fülle freier Anschauung gewinnen, eine Entwicklung wurde die andere steigern und endlich durch den goldnen Frieden sich ins goldne Zeitalter verwandeln, wo Jude und Christ gemeinsam fühlen, Gott sei unter ihnen!«

Die Revolution von 1848 beobachtet Bettine von Arnim aus nächster Nähe. Unweit ihres Wohnhauses sammeln sich in den Märztagen protestierende Bürger, die den König wegen der Erschießung unschuldiger Demonstranten lautstark zur Verantwortung rufen.

In Briefen an ihre Söhne hat Bettine, die von vielen Konservativen zunehmend als Unruhestifterin gesehen wird, diese Tage und Stunden detailliert geschildert. Über ihre Schwester Gunda schreibt sie amüsiert: »Die Tante Savigny […] möchte in ihrer Angst gern alles auf den nächsten Besten schieben, […] sie geht so weit daß sie den Keim dieser Schauervollen Zeit ins Königsbuch legen will!«

In einem anderen Brief beschreibt Bettine anschaulich die Stimmung auf dem Schloßplatz am 19. März: »[…] heute Nacht sind Proklamationen gedruckt wo der König den Bürgern alles nachgeben will und sie seine Lieben Berliner nennt, das Volk hat alle diese Proclamationen mit den Zähnen zerrissen; sie wollen alle *Den Tod des Königs!* […] auf dem Schloßplatz versammelte sich das Volk verlangt die gestern Gefangnen die im Schloß in den Kellern stacken der König mußte sie herausgeben. [...] Das Volk schrie der König solle heraus kommen und die Leichen ansehen es hörte nicht auf zu schreien bis er heraus kam.«

In den letzten Lebensjahren wird Bettine gegenüber Andersdenkenden bisweilen ungeduldig, ja ungnädig. In ihrer Wohnung im Tiergarten treffen sich immer noch bekannte Persönlichkeiten, auch viele junge Leute, die ihre Briefromane bewundern, zu Gespräch und Musik. Ein bekanntes Aquarell von Carl Johann Arnold zeigt die greise Schriftstellerin um 1856 bei solch einer abendlichen Gesellschaft: Sie sitzt zusammengesunken, von mehreren Schlaganfällen gezeichnet im Lehnstuhl, an der Wand ein Gipsmodell des von ihr entworfenen Goethe-Denkmals, und lauscht einem Streichquartett (darunter auch der Geiger Joseph Joachim, ein Verehrer ihrer Tochter Gisela), das – so ist zu vermuten – etwas von Beethoven vorträgt, dem Bettine vor langer Zeit in Wien beim Klavierspiel zugehört hat.

Bettine von Arnim stirbt am 20. Januar 1859 in Berlin und wird in Wiepersdorf neben ihrem Mann beigesetzt.

Einer der wenigen engen Vertrauten ihrer letzten Jahre war der Schriftsteller Varnhagen von Ense, der ein Vierteljahr vor ihr stirbt. Ihm hat sie ein paar Jahre vor ihrem eigenen Tod eine Vielzahl von Manuskripten und Briefen aus dem Brentanoschen und Arnimschen Besitz ausgehändigt. Über Varnhagen gelangen diese Handschriften in die Königliche Bibliothek in Berlin, die heutige Staatsbibliothek Preußischer Kulturbesitz. Die meisten Originalbriefe aus der vielseitigen Korrespondenz mit Goethe, Karoline von Günderrode und Clemens Brentano sind hingegen verschollen, so daß Leser wie Forscher bis heute auf die fiktionalisierten Briefromane Bettines angewiesen sind.

So hat Bettine von Arnim, geborene Brentano, einen unschätzbaren Beitrag zur Wahrung des geistigen Erbes dieser beiden bedeutenden Familien und zur Wiedererweckung der frühromantischen Bewegung geleistet. Als eine der ersten politischen Autorinnen ist sie in die deutsche Geistesgeschichte eingegangen. Freilich hat sie auch Spuren verwischt – gerade in ihren Briefdialogen – und damit so manches Geheimnis unwiederbringlich mit ins Grab genommen. Aber auch das gehört wohl zu ihrem romantischen Wesen.

Meline Brentano-von Guaita (1788–1861)

Meline Brentano-von Guaita
(1788–1861)

»Ich glaube, wir sind alle mit fixen Luftideen gestraft.«

Meline Brentano über ihre Familie

Die katholischen Brentanos liebten es, ihren Kindern mehrere Vornamen zu geben, nach deren Paten oder Schutzheiligen. Das jüngste der überlebenden Kinder aus der Ehe Peter Anton Brentanos mit seiner zweiten Frau Maximiliane von La Roche ist die 1788 geborene Magdalena Maria Karolina Franziska. Weil das natürlich viel zu kompliziert ist, gibt ihr die Familie den Rufnamen Meline. Bettine, die drei Jahre ältere Schwester, nennt sie auch »Mulin« oder »der Linster«. Doch unter dem Namen Meline geht sie in die Geschichte Frankfurts ein.

Ist sie überhaupt in die Geschichte eingegangen? Hat sie etwas Bleibendes geschaffen? Zu Lebzeiten gilt sie als Schönheit, nach der sich die Leute auf der Straße umschauen. Goethe, so überliefert es uns Bettine, soll gesagt haben, Meline »gleiche einer Rose, die der Tau eben aus tiefem Schlaf geweckt«.

Auch eine Aussage von Goethes Mutter, der Frau Rat, ist nur durch Bettine überliefert: »Die Meline ist aber einmal schön, ich hab gesagt, die Stadt sollte sie malen lassen und sollt sie auf den Ratssaal hängen, da könnten die Kaiser sehen, was ihre Stadt für Schönheiten hat.« Ob Bettine da nicht ein wenig hinzuerfunden hat? Gleichviel: Durch diese Äußerungen ist Melines Schönheit vor der Nachwelt zur gewissermaßen beglaubigten Legende geworden. Bettine hat also viel zu dem Bild beigetragen, das sich die Welt heute noch von ihrer jüngeren Schwester macht.

Dabei ist Bettines Bewunderung nicht frei von Neid und auch

ein wenig Verachtung. Denn die beiden Schwestern sind wie Feuer und Wasser, beinahe wie ein Geschwisterpaar aus einem Märchen. Meline wächst nach dem frühen Tod der Mutter zunächst – gemeinsam mit Bettine und Gunda – im Internat der Ursulinen in Fritzlar auf. Dann sorgt eine Zeitlang die Großmutter La Roche in ihrem Offenbacher »Grillenhäuschen« für sie und Bettine. Schließlich kommt Meline zurück nach Frankfurt, ins Haus zum Goldenen Kopf.

Während sie bei der Großmutter umsorgt und umhegt war, brechen nun die Fronten innerhalb der Familie auf, in der es keineswegs so harmonisch zugeht, wie Herman Grimm, der Ehemann von Bettines Tochter Gisela, später glauben machen will. Bettine, die früh mit ihrer Genialität kokettiert, die ihre Launen, kapriziösen Einfälle und überschwenglichen Gefühle pflegt und zur Schau trägt, sieht in der Schwester das artige, brave Kind, das sich bevormunden und gängeln läßt. Aber damit tut sie der Jüngeren ebenso unrecht, wie es Franz und Antonia Brentano – nach dem Tod des Vaters ihre Vormünder – tun, wenn sie dem heranwachsenden Mädchen immer wieder zu verstehen geben, daß es an der Zeit sei zu heiraten. Und selbst Clemens, der durchaus psychologisches Feingefühl besitzt, reduziert die kleine Schwester auf die gefügige Jungfrau. In seinem Sonett ›Mariens Bild‹ – 1801 in seinem Roman ›Godwi‹ veröffentlicht – porträtiert er sie als eine Art Muttergottes, die im »kleinen Stübchen« sitzt, sittsam »den holden Blick gesenket« hält und stickt, während ihr eine Taube im Schoß sitzt. So wird bereits die Dreizehnjährige mit viel ikonographischem Ballast aus Feder und Mund ihrer künstlerisch begabten Geschwister belastet, und es paßt dazu, wenn der Schädelforscher Franz Joseph Gall 1806 in seinen öffentlichen Vorlesungen meint, Meline »sehe aus wie eine Mutter Gottes«, oder wenn Bettine später an Goethe von »Meline mit den schönen Augenwimpern« schreibt, »die einem jeden eine Freud und Wohlgefallen als Jungfrau ist […]«.

Da tut es der fast Sechzehnjährigen gut, als sie im April 1804, nach der Hochzeit Gunda Brentanos mit Friedrich Carl von Savigny, zusammen mit dem Paar auf das Landgut der Savignys ziehen darf, Hof Trages bei Hanau. Hier geht es etwas geordneter zu als im großen Kontorhaus zu Frankfurt, aber gerade das mag Meline, und außerdem kommt hin und wieder die geheimnisvolle Karoline von Günderrode zu Besuch, die Mütterlichkeit und Melancholie gleichermaßen ausstrahlt. Savigny, neun Jahre älter als Meline und ein gewissenhafter, aber nicht humorloser Mensch, schließt Meline ins Herz und wird für sie zu einer Art Ersatzvater, dem sie noch als erwachsene Frau brieflich ihr Herz ausschüttet.

Nach einem schönen, gemeinsam verbrachten Sommer begleitet Meline das Ehepaar Savigny nach Paris, und auch hier fällt sie in Gesellschaft wegen ihres Äußeren auf. Die damals bekannte Schriftstellerin Helmina (Wilhelmine) von Chézy wird auf die Frankfurter Kaufmannstochter aufmerksam und ist von ihrer »aufblühende[n] Schönheit unaussprechlich [ge]rührt«. Kein Wunder, daß Meline immer wieder von Malern porträtiert wird. Ein unbekannter Künstler stellt die Sechzehnjährige in einem Umhang mit Kapuze dar, die das Gesicht anmutig einrahmt – eine Darstellungsweise, wie man sie von vielen Marienbildnissen kennt.

Doch die junge Dame ist in Paris nicht nur bei Gesellschaften zu finden. Sie hilft der schwangeren Gunda im Haushalt und kehrt nach der Geburt ihrer Nichte Bettina im Sommer 1805 mit den Savignys nach Deutschland zurück, nach Marburg, wo Savigny eine Dozentur an der Universität erhält. Auch Bettine kommt nach Marburg, wozu angeblich Meline sie aufgefordert hat. In ihrem Buch ›Die Günderode‹ berichtet Bettine, poetisch eingefärbt: »Die Meline geht mit Savigny nach Marburg und sagt, ich soll auch mit, ich sag nicht ja, aber die Meline sagt: ›Wer soll für dich sorgen, wenn ich's nicht tu, du wirst hier alles verschlampen, alles vergessen, alles verreißen, alles verschenken, alles verderben, du mußt mit.‹« Ob das den Tatsachen entspricht, sei dahingestellt, bezeichnend ist jedoch die Selbstdarstellung Bettines und ihre Einschätzung Melines als braves, fügsames, mütterliches Mädchen.

In diesem Sinne wird auch vor der Abreise nach Marburg das

Verhältnis zur Schwester von Bettine konterkariert: »Heut morgen wach ich auf vom Rufen der Italiener«, so schreibt Bettine an die Günderrode, »die Parapluies [Regenschirme] feiltragen, die wahre Lockstimme für mich – unwiderstehlich, ich denk gleich, der Italiener mag Regen wittern, denn sonst gehen sie nicht so früh herum, ich laß die Lisbeth den Mann heraufholen und lauf zur Meline – die liegt noch im Bett – ob wir nicht einen Parapluie wollen kaufen, mitzunehmen nach Marburg? Die Meline kriegt einen Schrecken – sie glaubt, ich hab's Fieber, daß ich nach einem Parapluie frag, unterdessen war il signor Pagliaruggi vor der Tür und ein grünseidner Regenschirm gekauft […].«

Mit einem grünseidnen Regenschirm im Gepäck geht es also nach Marburg. Die beiden ungleichen Schwestern wohnen allerdings nicht bei den Savignys, sondern im »Forsthof«, dem Haus von Professor Friedrich Weis, einem Lehrer und Kollegen Savignys. Der Forsthof liegt unterhalb der Schloßbefestigung, »ganz hoch oben am Berg, Savignys unten, alles ist hier terrassenförmig«, wie Bettine an die Günderrode schreibt. So gegensätzlich die Schwestern auch sein mögen, in ihrem jungmädchenhaften Verhalten ähneln sie sich doch. Vom Fenster des Forsthofes beobachten sie täglich die jungen Studenten auf ihrem Weg zum Kolleg.

Im Dezember 1805 schreibt Bettine in einem Brief an die Günderrode: »Heut morgen bin ich aus dem Bett gesprungen, um das Eis mit meinem Hauch zu schmelzen. Um halb acht kamen die Studenten den Berg herauf gejubelt, es war noch dämmerig und der Nebel so dicht, daß sie wie Schatten bloß durchschimmerten. Die Meline und ich sehen jeden Morgen mit großem Gaudium, wie sie zu unserm Professor Weiß ins Kolleg marschieren – sie können uns nicht sehen, denn unsre Fenster sind hart gefroren, wir stiegen auf den Tisch und hauchen an der obersten Scheibe ein Löchelchen ins Eis, wo grad ein Aug durchsehen kann; ein jeder hat ein verschiednes Abzeichen, treiben sich immer eine Viertelstunde herum, bis sie im Gang nach dem Kolleg verschwinden, den der Professor Weiß präzis acht Uhr aufschließt […] uns macht's tausend Spaß, die

Liebschaft mit dem ganzen Kolleg ist im besten Gang, wir haben sie geteilt, die Meline sagt, der ist mein, und ich, der ist mein, so haben wir zwei Regimenter, und ihre Balgereien werden mit großer Freude und Triumph belacht. […] Der Meline ihrer heißt der Braune, der ist ganz blond, aber er hat einen braunen Rock, dieser trägt eine blaue Mütze mit einer Quaste, die ihm auf der Nase herumspielt, er sitzt gelassen auf der Mauer und sieht zu, wenn die andern sich mit Schneeballen werfen […] ich beneid ihn oft der Meline und wollt ihm mit einem Ansehnlichen aus meinem Regiment umtauschen, aber sie will ihn nur gegen meinen General, den Blonden, herausgeben, das will ich nicht.«

Bei diesen voyeuristischen Annäherungen bleibt es unterdessen nicht. Bettine und Meline knüpfen Kontakt zu den Studenten und flirten ein wenig mit den jungen Burschen. Diese laden die beiden hübschen Schwestern zur Aufführung eines Theaterstücks ein, das sie selbst auf die Bühne bringen. Bettine berichtet der Günderrode: »Heut hab ich Dir was Lustiges zu erzählen, es war Studentenkomödie, und wir waren drin, unter dem Schutz von einer großen Begleitung; das Stück war eine Selbsterfindung der Studenten, worin drei Duelle vorkamen von Schuß, Stich und Hieb; wie der Schuß vorkam, war der Meline schon nicht wohl zumut, wie der Stich vorkam, ward uns grün und blau vor den Augen, wie aber der Hieb kam, gab's ein Lärm und Gepolter, und man sprang übers Orchester hinüber, über die Öllampen weg, hinauf aufs Theater, die Öllampen gingen zum Teil aus, und aus der bisherigen Dämmerung entwickelte sich Finsternis; unsre Begleitung umstellte uns auf den Bänken und hielt uns in ihrer Mitte, um uns vor jedem Unfall zu schützen, bis wir wagen konnten, aus dieser Konfusion und dem Ölqualm herauszukommen, und auf freier Straße wieder Luft schöpften.«

Die anscheinend sehr heitere und unbeschwerte Zeit in Marburg ist jedoch nicht von Dauer. Der Bruder und Vormund Franz holt die Schwestern bereits im April 1806 nach Frankfurt zurück, ins Haus zum Goldenen Kopf. Die Savignys gehen im Herbst 1808 nach München und Landshut, und Bettine schließt sich ihnen an. Meline hingegen bleibt, trotz der Einladung Bettines, im Elternhaus zurück – vielleicht weil ihr das kapriziöse Wesen der Schwester auf Dauer doch zu fremd und anstrengend ist.

Franz läßt unterdessen immer öfter durchblicken, daß es für die Zwanzigjährige an der Zeit sei, sich gut zu verheiraten. Meline gilt nicht nur wegen ihrer Schönheit, sondern auch wegen ihres Erbteils – Peter Anton Brentano hat ihr, wie jedem seiner Kinder, 77 500 Gulden vermacht – als gute Partie. Doch so fügsam Meline nach außen zu sein scheint: Sie empfindet dennoch manche Gängelung und Bevormundung als Eingriff in ihre Person, als Verletzung ihrer Würde.

Gegenüber Gunda beklagt sie sich brieflich: »Ich habe hier Niemand dem ich so wie Euch, folchen könnte, ich muß hier mein eigner Herr sein, wenn ich mich nicht will misbrauchen lassen, und ihr wist ja nur selbst zu gut, daß nur ein kindliches Verhältnis zu mir past. Du weist, daß ich kein Mittel zwischen Nachgiebigkeit, und festem harten Willen habe. Ich fürchte sehr daß ich rau und barsch werde. Auch gewöhne ich mir meine äuserliche Höflichkeit die ich sonst gegen F. [Franz] und T. [Toni/Antonia] hatte, sehr ab, weil ich sehe, daß man sie weder erkennt noch dankt.«

Meline weiß, daß eine Heirat der einzige Ausweg aus ihrer Misere ist, denn Frauen bleibt es verwehrt, einen eigenen, selbstbestimmten Weg einzuschlagen. Der Selbstmord der Karoline von Günderrode im Juli 1806 mag das auch ihr wieder einmal vor Augen geführt haben. Die Dichterin scheiterte nicht zuletzt am Widerspruch zwischen ihrem Willen nach beruflicher und persönlicher Freiheit und den Grenzen, die die äußeren Verhältnisse und die Konventionen ihr setzten. Gegenüber Bettine äußerte die Günderrode einmal: »Recht viel lernen, recht viel fassen mit dem Geist und dann früh sterben; ich mag's nicht erleben, daß mich die Jugend verläßt.« Was wohl soviel bedeutet wie: daß ihr ihre Illusionen genommen werden. Daß auch Meline die Sehnsucht nach Selbstbestimmung und Selbstverwirklichung durch Bildung und geistige Tätigkeit nicht fremd ist, geht aus einem Brief vom 15. September 1809 hervor. »Ich mögte«, so schreibt sie verzweifelt an die Savignys, »so gerne etwas lernen, daß mich recht absorbierte; etwas recht schwehres und doch zugleich so anziehendes, daß ich mich ganz daran hängen könnte, und ganz davon erfüllt würde. (Denn Euch im Vertrauen gesagt, ich bin leer, gräßlich leer, und die Welt ist mir zum Ekel.) Savigny kann mir vielleicht etwas angeben, ich weiß selbst nicht recht was, aber ich mögte so gerne etwas haben, daß mir Interesse einflößte meinen Geist nützlich beschäftigte, und mir treu bliebe.«

Doch nicht nur die Einsicht in die Grenzen ihrer individuellen Freiheit treibt Meline zu solch resignativen Äußerungen. Auch desillusionierende Erlebnisse mit Heiratskandidaten und vor allem die Reaktionen ihrer eigenen Familie machen sie so schwermütig.

Im Sommer 1806, Meline ist gerade aus Paris zurückgekehrt, lernt sie im Haus zum Goldenen Kopf zwei junge Männer kennen, die nur für wenige Wochen in Frankfurt zu Besuch sind: den dreiunddreißigjährigen Dichter Ludwig Tieck und seinen jungen Freund, den erst einundzwanzigjährigen Kunsthistoriker Carl Friedrich von Rumohr. Der Jüngere ist sofort von Melines Schönheit hingerissen und verliebt sich – in ihr Bildnis, in das, welches in Paris entstanden ist und sie in der Pose einer Madonna zeigt.

Meline schreibt am 15. September etwas belustigt an Savigny. »Tieck ist hier mit einer Reisegesellschaft, einem jungen Menschen von 21 Jahr, der mit ihm in Rom gewesen ist und auch jetzt mit ihm nach Gotha reist. Es ist ein Hannoveraner, Herr von Rumohr. Diese beide und [Fritz] Schlosser sind den ganzen Tag im Haus, essen immer mit und halten sich auch oft in meiner Stube auf. Tieck gefällt mir über alle Maßen wohl; sein Äußeres ist sanft und bescheiden, seine Sprache unendlich schön, und wenn er liest, gerät man in Entzücken. Er tat es den Freitag [12. 9.] Abend bei der Lulu, wo sie alle zu Nacht speisten. Ich konnte nicht dabei sein, und als Tieck mich darüber jammern hörte, verbot er sich für mich ganz eigens noch einmal zu lesen. Dies geschah auf den Samstag Abend in meiner Stube. Ich lag auf dem Canapé und 15 Menschen saßen in einem Kreis an den Wänden herum. Tieck las den Sommernachtstraum von Shakespeare ganz unaussprechlich schön. Wenn ich Dir nur beschreiben könnte, wie schön er liest, es ist aber über alle Begriffe. Die Leute wollten behaupten, der Rumohr wandle auf dem großen Pfad der Freundschaft zu mir, weil er so ganz begeistert ist über mein Bild. Er schwört, es sei ein Leonardo da Vinci, und wird nicht satt abwechselnd das Original und die Copie anzusehen. Auch hat er mir aus lauter Begeisterung eine Landschaft in Öl, welche er mit Sorgfalt aus Rom brachte, zum Opfer dargebracht [...].«

Auch hier kommt es wieder zu einer Konkurrenzsituation zwischen den ungleichen Schwestern. »Die Bettine«, berichtet Meline, »war sehr fidel mit dem Tieck, so daß ich mir dachte, seine Abreise würde sie sehr schmerzen, aber sie ist heute so toll und lustig wie immer. Ich kann noch immer aus ihrem Charakter nicht klug werden. Tieck hat ihren Gesang über alles erhoben, er sagte, in Italien habe er keine schönere Stimme gehört. Genug, ich glaube, er hatte einige Neigung zu ihr, so wie sie zu ihm.«

In diesen Zeilen klingen Eifersucht und Neid auf Bettines gesangliche Fähigkeiten an, die in einem späteren Brief unmißverständlich deutlich werden. Darin lästert Meline: »Bettine hat seit zwei Tagen einen Singmeister, den Schauspieler Haßloch, angenommen und schreit mir die Ohren voll.« Schließlich weist die Jüngere jedoch all die kapriziösen Liebäugeleien und Grillen brüsk von sich: »Ich glaube, wir sind alle mit fixen Luftideen gestraft.« Damit ist die Angelegenheit um Rumohr und Tieck gemeint, aber wohl auch die Brentanosche Art, der Phantasie freien Lauf zu lassen.

Eine andere Werbung bleibt ähnlich in den Anfängen stekken: In Paris hat Meline den zwölf Jahre älteren Arzt Franz Joseph Harbaur kennengelernt, der Gunda bei der Entbindung des ersten Kindes beistand. Harbaur ist bereits seit längerem mit Mitgliedern der Familie bekannt, so hat er zum Beispiel in Jena während seines Studiums Clemens Brentano getroffen. Auch Goethe, den er 1801 wegen eines »Brustübels« erfolgreich behandelt hat, erwähnt ihn. Acht Wochen nach der glücklichen Niederkunft Gundas in Paris hält sich Harbaur in Frankfurt auf. Er kommt auch ins Haus zum Goldenen Kopf und lernt dort Bettine kennen. Die schreibt daraufhin einen Brief an Savigny, in dem sie Harbaurs Besuch auf eine Weise ausschmückt, die darauf angelegt zu sein scheint, die »brave« Schwester Meline eifersüchtig zu machen: »Dem Mulin [Meline] sage, daß mich Harbaur sehr viel geküßt hat von wegen ihr; er sagte, die Küsse wären alle von dem Mulin, 10 000 000 000 000 an der Zahl, und in eigener Person ihm überliefert worden, mithin wollte er sie auch alle selbst wieder geben. Ei, Mulin, Du hast Dich angegriffen!«

Mag das noch Koketterie gewesen sein, so kommt es 1808, zwei Jahre nach der Begegnung mit Tieck und Rumohr, wirklich zu einer Annäherung Harbaurs an Meline: Der Arzt wirbt um die Frankfurter Kaufmannstochter. Sie zögert zunächst noch, tendiert aber zu einer Einwilligung, allerdings nicht weil ihr Harbaur gefällt oder sie liebevolle Gefühle für ihn hegt, sondern aus rein praktischen, rationalen Erwägungen.

Ihrem Herzensfreund, dem Schwager Savigny, schreibt sie am 10. Juni 1808: »[Emmerich Joseph von] Dalberg hat mir vor 14 Tagen durch den Maurice und nun gestern selbst geschrieben. Harbauer wolle mich gerne heurathen. Er habe une réputation et une existance faites [einen guten Ruf und eine gemachte Existenz]. Ich habe Heute dem Dalberg geantwortet und ihm auseinander gesetzet was ich von einem Manne dem ich mich verbinden solle, verlange.« Melines Wünsche sind genau umrissen und alles andere als unerfüllbar. Immerhin weiß sie, daß sie durch ihre Mitgift ein begehrtes Heiratsobjekt ist und sich deshalb nicht zu gering »verkaufen« darf: »Ferner habe ich den Wunsch geäusert das Harbauer nicht so gar zu bequem sein solle, und sich nur die gebratene Tauben soll ins Maul fliegen lassen. Er soll selbst schreiben, wo er ist, und bleiben wird. In welchen Verbindungen er ist, wieviel Batzen (denn die brauche ich ja.) er hat und dergleichen Dinge mehr.« Meline geht nicht nur auf die geschäftliche Seite des Heiratsprojekts ein, sondern auch auf ihre Empfindungen gegenüber dem Menschen Harbaur. Nüchtern schreibt sie: »So viel ich ihn kenne ist er mir recht sehr lieb; er hat ein gutes Herz und das ist schon viel.« Wie aber steht es mit der Liebe? Für Meline ein zu vernachlässigender Faktor: »In der heftigen Liebe würde ich nie glücklich sein, wie noch das lezte Exempel zeicht. Wenn ich mich aber ruhig und mit Überlegung verheurathe, an einen Mann der Lebendig ist und mich also mithinreist, so wird es recht gut werden.«

Meline vertraut diese Überlegungen ihrem Schwager Savigny unter dem Siegel der Verschwiegenheit an. Der jedoch rät zur Vorsicht, um Harbaurs finanzielle Verhältnisse sei es nicht zum besten gestellt. Meline erscheint das unwichtig. Der Kandidat ist ihr nicht zuwider, und sein Charakter scheint in Ordnung zu sein, das genügt. An ihre Schwester Gunda, die ebenfalls in das Geheimnis eingeweiht ist, schreibt sie: »Das seine [Harbaurs] Ältern geringe Leute sind, macht mir gar nichts aus, so wie ich auch gar nicht darauf sehen würde wenn seine jezige Verhältnisse nicht glänzend sind.« Ja, es gilt für sie sogar der Umkehrschluß: »Ich verlange durchaus das H. als ein rechtschaffner Mann erscheint, der die Achtung aller Leute welche ihn kennen verdient. Ist das nicht so, so mögen seine Verhältniße noch so reitzend sein; ich bekümmere mich nichts darum.«

Alle edle Gesinnung und Selbstverleugnung von seiten Melines, selbst ein Vermittlungsversuch Dalbergs reichen nicht aus: Harbaur zieht seine Werbung zurück. Aus welchen Gründen, ist unbekannt. Meline jedenfalls fühlt sich zutiefst verletzt und zurückgestoßen. »Die ganze Geschichte«, so schreibt sie an die Savignys, »ist mir wie aus der Luft enstanden und auch so wieder zerronnen. Mir hat sie vielen Kummer gemacht und mein Gemüth nur noch mehr zerstört und scheue gemacht.«

Dessen ungeachtet, drängt Melines Bruder Franz weiter auf eine rasche Verheiratung. Die junge Frau ist inzwischen einundzwanzig Jahre alt, für damalige Verhältnisse ist es höchste Zeit, einen Mann für sie zu finden, will sie nicht als alte Jungfer enden und der Familie auf der Tasche liegen. Bettine, obgleich drei Jahre älter, gibt sich immer noch als Irrwisch, nimmt sich immer noch jungmädchenhaftes Benehmen heraus und treibt in ihrem freundschaftlich-naiven Verhältnis zu Goethe auf einen Höhepunkt zu. Sie schlägt der Schwester vor, den Weimarer Dichter – Meline ist ihm im Spätherbst 1807 begegnet – nochmals zu besuchen.

Meline weist das Ansinnen empört zurück: »Es giebt Gesetze der Schicklichkeit, die sehr drückend sind, weil sie uns einschrauben bey Handlungen die genau untersucht sehr unschuldig sind; dennoch werden wir beyde die wir sehr über solche Pedantereyen hinaus sind, es doch nie ertragen können falsch beurtheilt zu werden.« Und sie erklärt der Schwester, wie sie Glück im Leben definiert: »So bald man sich bescheidet, zufrieden ist mit dem was uns vom Schicksal kömmt, und nichts anderes verlangt, ist man immer glücklich.«

Das ist deutlich – und sicher auch an die Adresse Bettines gerichtet, die immer einem Glücksphantom hinterherjagt und die vielleicht gerade in ihrem Verhältnis zu Goethe Wünsche hegt, die niemals in Erfüllung gehen können. Meline jedenfalls hat nur noch einen Wunsch: Sie will endlich einen Mann finden, der ihr Sicherheit und ein Auskommen bietet und der sie vor der Bevormundung durch ihre Familie rettet. Sie will ein Heim, in dem sie ein »Häuslich Bürgerliches Leben mit lieben Menschen« teilen kann, wie sie es formuliert, »wo ein gegenseitiges Bemühen ist, Freude zu machen, wo man in des anderen Glück allein das seinige findet, wo *ich* besonders deutlich empfände daß ich nützlich wäre […]«.

Schließlich findet sich im Haus zum Goldenen Kopf ein passender Bewerber ein: der siebenunddreißigjährige Senator Georg Friedrich Guaita, Sproß einer angesehenen Kaufmannsfamilie, die wie die Brentanos vom Comer See stammt und es mit dem Handel von Spezereien seit dem 17. Jahrhundert in Frankfurt zu Reichtum und Ansehen gebracht hat. Einen besseren Kandidaten kann es weder für die Familienpolitik Franz Brentanos noch für Melines Wunsch nach Ehrbarkeit und gediegener Häuslichkeit geben.

Bettine freilich mokiert sich über Guaita, den sie als Philister – heute würde man sagen: Spießer – betrachtet. Am 13. Dezember 1809 schreibt sie an Goethe: »Um wieder auf etwas Bitteres zu kommen, die Meline […] heiratet einen Mann, von dem die allgemeine Sage geht, er sei ein ganz vortrefflicher Mensch. O, wie ist das traurig, Sklave der Vortrefflichkeit sein, […] man ketzert sich und andre mit der Tugend ab.« Sie hat das später in ihrem Buch ›Goethes Briefwechsel mit einem Kinde‹ veröffentlicht. Und Clemens spricht gegenüber Wilhelm Grimm von dem »Wonneschisser« Guaita, den Meline da heirate.

Die Sticheleien der genialischen Geschwister fechten Meline jedoch nicht an. Der Handel mit Guaita ist perfekt. Beide bringen Geld mit in die Ehe, zudem wird die Familie wenig später vom Fürstprimas Carl Theodor von Dalberg in den Adelsstand erhoben (früher als die Brentanos, die diesen Status erst Jahrzehnte später erlangen). Mit »von Guaita-Brentano« unterschreiben Georg Friedrich und Meline später ihren Eintrag in Goethes Stammbuch, ein Zeichen ihres Stolzes auf die Tradition und das Erbe ihrer beider Familien.

Zwar verkauft Georg Friedrich von Guaitas Bruder im Jahre 1813 die altehrwürdige Firma, doch Melines Ehemann geht ohnehin in die Politik. Er wird Schöffe und Senator und ist in den Jahren 1822 bis 1838 siebenmal Bürgermeister Frankfurts. Ein hohes Amt und eine hohe Ehre, zumal er in der traditionell protestantisch geprägten Freien Reichsstadt der erste katholische Bürgermeister seit der Reformation ist.

Wird die Schwägerin Antonia gemeinhin Frau Schöff genannt, so geht Meline als Senatorin von Guaita in die Frankfurter Stadtgeschichte ein. In der Ehe mit ihrem Mann findet sie häusliche Gediegenheit und das große Familienleben, das sie sich gewünscht hat. Sechs Kinder bringt sie zur Welt, von denen fünf das Erwachsenenalter erreichen – zur damaligen Zeit etwas Außergewöhnliches.

Die Familie residiert in einem dreigeschossigen Haus in der Neuen Mainzer Straße, nur wenige Schritte von Franz' und Antonias neuem Domizil entfernt. Freilich haben die Guaitas ihr Heim nicht von Schinkel erbauen lassen. Überhaupt scheint es trotz des Geldes ein wenig an Geschmack gefehlt zu haben, sofern man dem chronisch in Geldnöten schwebenden, aber ästhetisch anspruchsvollen Achim von Arnim Glauben schenken mag, der sich nach einem Besuch darüber mokiert, von den Tapeten, die der Hausherr ausgesucht habe, sei kaum eine erträglich: »überall sieht man hier hübschere«. Dennoch: Die Guaitas zählen zu den ersten Familien in Frankfurt, und Meline läßt sich im Jahre 1820, auf dem Höhepunkt von Ansehen und Schönheit, von Ludwig Emil Grimm in Öl malen. Das Bild hängt heute im Frankfurter Goethe-Museum.

Grimm weilt damals gerade im Landhaus von Melines Bruder Georg in Rödelheim, vor den Toren Frankfurts. Das Anwesen an der Nidda hat der reiche Kaufmann im Jahre 1808 von dem preußischen Hofrat Dettmar Basse gekauft und für seine Bedürfnisse umbauen lassen. Während seines Aufenthalts dort erhält Ludwig Emil Grimm also den Auftrag, von der Frau Senatorin von Guaita ein Ölporträt zu malen.

Er erinnert sich: »Ich fing das Bild der Frau von Guaita an, ein Kniestück, und durfte es ganz nach meinem Willen malen: in violettem Samtkleid, lange faltige Ärmel, mit violettsamtem Barett, worauf eine lange, weiße, herunterhängende Feder steckte. In den Händen hielt sie ein Stück von dem goldenen Gürtel, Kopf drei Viertel profil und eine Schnur weißer Perlen um den Hals. Als ich damit fertig war, hatten alle Freude daran. Nachher radierte ich noch zwei Bildnisse. Es war überhaupt ein vergnügter Winter; Theater, Bälle, Konzerte wechselten ab, und im Haus war meist Gesellschaft und zu Tisch ausgezeichnete Leute eingeladen.«

Freilich haftet dem Ölporträt Meline von Guaitas auch etwas Kühles an, was an der altdeutschen Manier liegen mag, in der Grimm es gemalt hat, aber auch an Melines Ausstrahlung, die in jenen Jahren sehr stark von der repräsentativen Verantwortung ihres Standes geprägt ist. Bettine lästert noch im Jahre 1821 in einem Brief an ihren Mann, Meline sei eine Frau, »die sich das Denken schon längst verboten, um auch in ihren Ansichten nicht einmal gegen ihren Mann zu handlen […]«.

An dieser Beobachtung mag etwas Wahres sein, denn so sehr das Ehepaar nach außen auf Würde bedacht ist, so sehr scheint die Ehe nach innen in patriarchalischen Strukturen erstarrt zu sein. Achim von Arnim urteilt über seinen Schwager zwar, er sei ein »guter verständiger Mann«, und rühmt auch, daß bei einer abendlichen Gesellschaft der Guaitas sein Schattenspiel ›Das Loch oder Das wiedergefundene Paradies‹ aufgeführt worden sei, doch gibt Maximiliane von Arnim, eine Tochter Bettines und Achims, in ihren Memoiren eine Episode wieder, die nur vordergründig lustig ist und vieles über die Ehe Melines mit Georg Friedrich verrät:

»Weniger gern waren wir bei Guaitas, weil es da so entsetzlich steif zuging. Das lag am Onkel. Der Herr v. Guaita war einer der angesehensten Männer der Freien Stadt Frankfurt. […] Das färbte natürlich auf das häusliche Leben ab, in dem der Onkel so ein bißchen als Tyrann schaltete. Seine Frau und Kinder lebten ständig in der Furcht des Herrn, es brauchte nur jemand aus Versehen eine Tür nicht ganz leise zu schließen, so gab es schon ein Unheil. Es war ein Glück, daß die Tante Meline nicht das Temperament ihrer Schwester Bettina hatte, sondern das ruhigste und geduldigste Wesen war, das sich denken läßt – immer sanft, lieb und gut. […] Das Mittagsmahl beim Onkel Guaita war für uns also kein reines Vergnügen. Schrecklich waren seine ewigen Ermahnungen, bei Tisch ganz korrekt dazusitzen. Dabei passierte einmal die hübsche, später in der Familie oft erzählte Geschichte von Leberecht [ein Sohn der Guaitas] und dem Pfannekuchen. ›Leberecht, geradesitzen!‹ Leberecht, damals etwa fünfzehn Jahre alt, gibt sich einen Ruck. Nach zwei Minuten: ›Leberecht, Rücken noch gerader!‹ Leberecht sitzt wie ein Kammerherr vor seinem Fürsten. Nach zwei Minuten: ›Leberecht, das Kinn noch höher!‹ Da ruft Leberecht mit Tränen im Auge: ›Aber Vadder, nu kann ich ja mein Pannekuche nit mehr sehe.‹«

Trotz aller familiären und gesellschaftlichen Verpflichtungen scheint Meline nie ihre Herzenswärme verloren zu haben. Ihren auf Etikette bedachten Mann, der 1851 stirbt, überlebt sie um zehn Jahre. Ihr Schwager Savigny, bis zuletzt eng mit ihr verbunden, rühmt noch in späteren Jahren ihre Lieblichkeit und ihr kindliches Wesen. Sie hält die Familie zusammen und kümmert sich als Wirtschafterin um das große Hauswesen in der Neuen Mainzer Straße – darin ähnlich ihrer Schwägerin Antonia Brentano. Melines Enkel Georg von Hertling (er war 1917/18 Reichskanzler) betrauert denn auch ihren Tod. Es sei ein harter Schlag für die Kinder gewesen, »die wir mit besonderer Liebe an ihr gehangen hatten, und dazu war jetzt Frankfurt für uns zu Ende, denn sie war der Mittelpunkt des dortigen Familienkreises gewesen«.

Wenn man also die Frage stellt, ob Meline in die Geschichte eingegangen ist, so muß man mit einem Ja antworten, sofern man die Geschichte der Stadt Frankfurt meint. Meline ist die Senatorin von Guaita-Brentano und als solche eng mit der Freien Reichsstadt verbunden. Ihr Porträt, gemalt von Ludwig Emil Grimm, erscheint auch uns Heutigen noch geheimnisvoll und berückend. Vom Genialischen ihrer Schwester Bettine fehlte Meline jede Spur, daß sie aber innerhalb dieser schwierigen Familie mit ihren »fixen Luftideen« ruhig und vergleichsweise unangefochten ihren eigenen, ihr gemäßen Weg ging, verdient Hochachtung. Weshalb ihr zweifellos ein Platz an der Seite ihrer berühmteren Verwandten zusteht.

Ludovica (Lulu) Brentano-von Des Bordes (1787–1854)

Ludovica (Lulu) Brentano-von Des Bordes
(1787–1854)

> »*Ihre Gaben sind um einiges reicher als die der Fran-*
> *zösinnen, die einen Namen haben, im Vergleich zu ihr*
> *war Madame Récamier ein Nichts.*«
>
> Der Diplomat Baron Martens über Lulu von Des Bordes

»Stiegelitz, Stiegelitz, Zeiserl ist krank, sehr krank, / Stiegelitz, Stiegelitz, Zeiserl ist krank. / Flieg' doch zum Bader, / Laß' ihn zur Ader, / Stiegelitz, Stiegelitz, es ist mir bang. / Zeiserl, Zeiserl, sag' mir, was fehlt dir heut? / Zeiserl, Zeiserl, was fehlt dir heut? / Hatt' keine Gabel, / Brach mir den Schnabel, / Zeiserl, Zeiserl, das ist mir leid.« Diese eingängigen Verse stammen nicht etwa aus der Volksliedersammlung ›Des Knaben Wunderhorn‹ von Clemens Brentano und Achim von Arnim, sondern von Clemens' jüngerer Schwester, Ludovica Brentano, die jedoch erst spät zum Schreiben und Veröffentlichen kommt.

Lulu, so wird Ludovica in der Familie genannt, wird am 9. Januar 1787 in Frankfurt geboren. Sie ist sechs, als die Mutter stirbt, zehn beim Tod des Vaters, und auch sie schickt man – wie Gunda, Meline und Bettine – für ein paar Jahre ins Internat der Ursulinen nach Fritzlar. Nach Frankfurt zurückgekehrt, gilt für Lulu das gleiche wie für ihre Schwestern: Sie muß so schnell wie möglich unter die Haube, um den großen Haushalt ihres Bruders Franz nicht unnötig zu belasten. Schon bald findet sich ein geeigneter Kandidat, der zur Heiratspolitik der aufstrebenden Familie Brentano paßt: der Bankier Carl Jordis, ein Frankfurter Bürger, dessen Ahnen allerdings aus Holland stammen. Lulu heiratet ihn 1805, mit achtzehn Jahren.

Es ist die Zeit der Napoleonischen Kriege und Kriegswirren, und in Deutschland arrangiert sich so mancher – entgegen späteren Darstellungen – mit den neuen Herrschern. Der Bankier

Jordis gehört zu denjenigen, die es verstehen, persönlichen Vorteil aus der Lage zu schlagen. Er macht Karriere, wird Hofbankier des Königs Jérôme im von Napoleon neu geschaffenen Königreich Westfalen und zieht nach Kassel, der Residenz des prunksüchtigen »Königs Lustig«, wie Jérôme vom Volk bald genannt wird. Das Ehepaar Jordis wohnt zunächst in der Rue Royale, später beziehen Lulu und Carl eine geräumige Wohnung, gemeinsam mit dem befreundeten Hofkapellmeister Johann Friedrich Reichardt und dessen Familie.

Lulu – ähnlich wie Clemens und Bettine ein Mensch mit geistigen und künstlerischen Interessen – ist unglücklich in der Ehe und flüchtet sich, das legen kritische Äußerungen in Briefen ihrer Geschwister nahe, in eitlen Putz und Konsum.

Achim von Arnim, der sie in Schönfeld bei Kassel besucht, spottet in einem Brief an seinen Schwager Savigny: »Lulu, die hier ein dicht bronzirtes, mahagonisirtes, gardinisirtes, troddelirtes Quartier bewohnt, während Jordis abwechselnd in Cassel und Paris und hier ist, wo er allerseits Handelshäuser errichtet hat, […] glaubt sich jetzt wieder in anfangender Schwangerschaft, ist aber zu keiner Schonung zu bringen […] sie hat sich übrigens nicht verändert, trägt Bänder um den Kopf hinten Locken und einen goldnen Kamm in den Haaren, der in sieben Veränderungen aus einem bloßen Lausekamm in ein kaiserliches Diadem sich verwandelt.«

Bei Arnim, den ständig Geldnöte umtreiben, mag da durchaus Neid im Spiel sein, zumal Jordis nicht nur Handelshäuser errichtet, sondern seiner Ehefrau ein Schloß kauft, die Besitzung Schönfeld. Hier kann Lulu ihre Repräsentationslust ausleben, Maskenbälle veranstalten und Empfänge geben, während der Gatte seinen Geschäften nachgeht. Es ist ein offenes, gastfreundliches Haus. Clemens und Bettine kommen mehrmals zu Besuch, auch die Brüder Jacob und Wilhelm Grimm sind gerngesehene Gäste.

Vor allem zu Wilhelm Grimm unterhält Lulu eine freundschaftliche Beziehung. Für die Volksmärchensammlung der Brüder schreibt sie Geschichten auf, die ihre Mutter Maximiliane Brentano ihr abends vor dem Einschlafen erzählt hat, und übermittelt sie Wilhelm Grimm: das Märchen von der ›Hochzeit der Frau Füchsin‹, die nach dem Tod des alten Fuchses die Freier verschmäht, bis sie einen jungen Fuchs mit »rotem Höslein und spitzem Mäulchen« findet; das Märchen von ›Catharinella und dem bösen Oger‹; das Märchen von der ›Prinzessin und ihrem in einen Löwen verzauberten Bruder‹.

Wilhelm Grimm ist von allen drei Märchen angetan, doch die beiden letzteren ähneln motivisch zu sehr den damals bereits aufgeschriebenen Märchen von Rapunzel (Nr. 12) und von der Wassernixe (Nr. 79). Um das Märchen von der Füchsin hingegen entbrennt geradezu ein Herausgeberstreit: Jacob Grimm nämlich hat eine andere Fassung ermittelt, der er den Vorzug gibt. Sein Bruder Wilhelm und auch Achim von Arnim halten Lulus Märchenfassung hingegen für die überzeugendere, authentischere. Schließlich setzt sich Jacob durch und nimmt seine Fassung der ›Hochzeit der Frau Füchsin‹ als Nummer 38 in die Erstausgabe auf.

In späteren Auflagen jedoch kommt Lulu schließlich zu ihrem Recht. Seither stehen beide Fassungen des Märchens gleichberechtigt nebeneinander, und die Frau Füchsin kann in Lulus Fassung am Ende die lustigen Verse sprechen: »Katze, kehr die Stube aus / und schmeiß den alten Fuchs zum Fenster hinaus. / Bracht so manche dicke, fette Maus, / fraß sie immer alleine, / gab mir aber keine.«

Noch ein weiteres Märchen stammt aus Lulus Überlieferung: 1814 veröffentlicht ihr Bruder Clemens das Drama ›Die Gründung Prags‹ und baut darin das Schauermärchen von den tanzenden teuflischen Katzen ein. Nach Aussage Jacob Grimms hat Lulu ihrem Bruder das Märchen erzählt.

Als weniger märchenhaft erweist sich Lulus Eheleben. Die erhofften Kinder bleiben trotz mehrerer eingebildeter Schwangerschaften aus. Und auch die Freude an dem Schloß ist nicht von Dauer. Im Februar 1809 besucht König Jérôme das Ehepaar und zeigt sich von dem Besitz so angetan, daß er nach der Verabschiedung zu dem ihm zufällig über den Weg laufenden

167

Gärtner sagt: »Cette maison m'appartient.« – »Dieses Haus gehört mir.« Gesagt, getan: Der König läßt mit Jordis verhandeln, und um seinen besten Kunden nicht zu vergraulen, gibt der nach. Schönfeld wechselt schließlich für hunderttausend Francs den Besitzer. Der Bankier wird nun für seine Gefügigkeit in den Adelsstand erhoben, was Lulus Selbstbild noch weiter erhöht.

Im Jahre 1812 verlegt Carl von Jordis sein Geschäft nach Paris, und Lulu, die mit ihm geht, zieht in den Salons der feinen Gesellschaft bald die Blicke auf sich. Die junge Frau gilt nicht nur als reich und schön, sondern auch als gesellig und geistreich. Lulu genießt dieses Leben in Luxus und Zerstreuung, möglicherweise auch, weil es sie von der erkalteten Ehe ablenkt. Sie trägt sich mit dem Gedanken, sich von Jordis zu trennen, aber als Katholikin ist ihr die Scheidung verwehrt. Achim von Arnim freilich hat eine pragmatische Lösung parat. An Savigny schreibt er: »Wozu ihr raten? Protestantisch zu werden und einen anderen zu heirathen, wäre ihr das beste, doch das thut sie nicht […].«

Aus Anspielungen Arnims geht hervor, daß Carl von Jordis sich wahrscheinlich mit anderen Frauen einläßt, und auch Lulu scheint einer Liebelei nicht abgeneigt zu sein. In Paris lernt sie den Baron Richard Rozier Des Bordes kennen und erhält den Kontakt zu ihm in den kommenden Jahren aufrecht. Aus einem Brief Achim von Arnims kann man schließen, daß sich Lulu – ihren katholischen Prinzipien zum Trotz – auf ein Liebesverhältnis mit dem Baron eingelassen hat.

Nach dem Zusammenbruch des Napoleonischen Kaiserreichs geht Carl von Jordis nach Berlin, um wiederum auf der Seite der Sieger nach finanzkräftigen Geschäftspartnern zu suchen. Dort begegnet ihm Clemens Brentano, der den Schwager in einem Brief an Achim von Arnim recht drastisch beschreibt: »Bei dieser Gelegenheit fällt mir das fette Schwein, der Jordis ein, ich fand ihn bei Savigny […] er unterhandelt hier mit [Friedrich Ludwig von] Bülow, und ist dümmer, und trüffelgrauer als je.«

Lulu lebt in jenen Jahren der Restauration zunächst noch in Paris. Im Jahre 1820 nimmt sie, nach eigenen Angaben, ein dreijähriges Waisenmädchen aus dem Pariser Findelhaus auf, um es an Tochter Statt aufzuziehen. Maria Julia, genannt Meline, ist am 22. Juli 1817 geboren und soll das Kind einer Madaline Consolant in der Rue Colombière sein. Doch für jene Zeit ist unter der angegebenen Adresse keine Madame Consolant nachweisbar, die Angaben im Taufschein sind offensichtlich gefälscht. Welches Motiv könnte Lulu gehabt haben, die Herkunft des Mädchens zu verschleiern? Eine Möglichkeit wäre, daß Meline in Wahrheit ihr eigenes Kind gewesen ist – vermutlich aus der Verbindung mit Richard Des Bordes. Doch bleibt all dies letztlich Spekulation, Lulu selbst hat sich dahingehend nie geäußert. Jedenfalls wächst Meline im Hause Lulus als deren Ziehtochter auf und wird von ihr im Alter von einundzwanzig Jahren offiziell adoptiert.

Unterdessen schleppt sich die Ehe dahin. Lulu leidet darunter und kompensiert ihr Leid mit immer neuem Schmuck, neuen Kleidern und Putz. Die zwei Jahre ältere Schwester Bettine berichtet ihrem Mann darüber in einer Mischung aus Spott und Mitleid: »Vor 2 Tagen kamen Lulu und Jordis, sie ist, trotzdem daß sie gänzlich von ihrem körperlichen Dasein eingenommen sowie von ihrer Toilette, doch unendlich glücklich in unserer Mitte […] ihr abgenütztes Verhältnis zu Jordis scheint ihr immer noch so weh zu tun, wie wenn sie es zum erstenmal ertrüge, sie spürt mit Ängstlichkeit seinen Schritten nach, und entdeckt immer das Unangenehmste; und trotz dieser häufigen Erfahrungen kann sie sich nicht dazu bequemen, sondern muß den Becher der Verzweiflung benippen und sich über seine Bitterkeit beklagen. […] ihre Kasten sind voll Toiletten Künste gepackt […]. Es ist ein Taillen messen, ein falsche Locken, Hauben, Hüte Korsett anprobieren, seit Lulu da ist.«

Schließlich nutzt die einflußreiche Familie Brentano ihre Verbindungen zum Klerus und erwirkt – ob unter Einsatz finanzieller Mittel, ist nicht bekannt – beim Papst in Rom einen Dispens der Ehe von Carl und Lulu von Jordis, wobei die Kinderlosigkeit der beiden als Hauptargument herangezogen worden sein dürfte. Dadurch wird für Lulu endlich der Weg frei, ihren Herzensfreund Des Bordes – Bettine und die anderen Geschwister sprechen schon seit Jahren nur vom »Liebhaber« oder vom »Onkel« – 1828 zu ehelichen.

Doch das Glück währt nur kurz, denn Des Bordes stirbt bereits 1831. Lulu, durch Mitgift und Erbschaft doppelt reich, siedelt sich nun mit ihrer Ziehtochter Meline in Rödelheim bei Frankfurt an, in unmittelbarer Nähe ihres Bruders Georg, der an der Nidda ein Landhaus mit Park besitzt. Auch jetzt scheut Lulu keine Kosten, um zu repräsentieren und den pfeffersäckischen Frankfurtern mit Pariser Luxus und Lebensart zu imponieren. Diese Weltläufigkeit, gepaart mit einem Schuß Überheblichkeit, stößt bei den Zeitgenossen auf geteilte Meinung. Manche bewundern aber gerade ihre Art zu repräsentieren. Der Diplomat Baron Martens bringt das gegenüber Bettine zum Ausdruck: »Oh, Madame Des Bordes ist eine vollkommene Frau, voller Geist, voller Anmut, voller Talente, aber sie ist auch eine Frau mit Seele. In Paris stand sie im Ruf, gütig und fein zu sein, charaktervoll und unverstellt. Sie müssen wissen, daß sie hätte die erste Rolle spielen können, sie besitzt all das, was Erfolg bringen kann […].«

Daß Lulu nicht nur Anmut und Lieblichkeit besitzt, sondern auch ihren Kopf durchzusetzen vermag, zeigt sich in den Jahren nach ihrer Rückkehr aus Paris. Zusätzlich zu dem Haus in Rödelheim erwirbt sie ein großes Grundstück in Frankfurt, am Wall bei der Neuen Mainzer Straße gelegen, in unmittelbarer Nähe zu den neuen Domizilen ihrer Geschwister Franz und Meline. Hier läßt sich Lulu ein prächtiges Haus errichten und findet es romantisch, die Reste einer alten Befestigungsanlage im Garten nicht abzutragen. Ein Nachbar erregt sich darüber und fordert von ihr den Abriß des Bollwerks sowie die Einebnung des Bodens. Sie weigert sich, schließlich kommt es zu einer Verhandlung vor der Baubehörde. Lulu argumentiert, niemand habe ihr beim Kauf des Grundstücks die Auflage gemacht, das Bollwerk abzutragen, sie richte sich nicht nach den

Wünschen ihrer Nachbarn. Sie bekommt recht und darf sich weiterhin an ihrem urtümlichen Grundstück erfreuen.

»Berg- und talwärts führten die Wege«, so schreibt ein späterer Chronist der Familie, Johannes von Brentano, »mit Plätzchen für Sonnenwärmung im Herbst, für Kühlung im Sommer; unangetastet, die Umgebung überragend, blieb die hohe Terrasse stehen, wie sie im Zug der letzten reichsstädtischen Wehrbefestigung der Festungsbaumeister [Wilhelm] Dilich während des Dreißigjährigen Krieges erbaut hatte.« Das Grundstück am Rande der alten Stadt gewährt damals noch einen Ausblick auf das freie Land, zumindest vom Bollwerk aus: »Von diesem ging der Blick weit über Gärten, Felder und Wälder, mainab über das idyllische Höchst, nordwärts zu den Taunusbergen. Es war ein Ort recht nach dem Sinne der Romantik und den Herzen der Brentanos [...].« Das ist von Johannes von Brentano arg gefühlsselig formuliert, außer Frage steht aber, daß Lulu einen Sinn für die angenehmen und schönen Dinge des Lebens besaß.

Gleichzeitig entwickelt sie einen ausgeprägten Familiensinn, sucht immer mehr die Nähe der Geschwister, der Nichten und Neffen. Eine Zeitlang ist Maximiliane von Arnim, die Tochter Bettines, bei ihr zu Gast. Maximiliane berichtet in ihren Memoiren über die Tante, die zunehmend als erzkatholisch gilt und mit ihrer frömmlerischen Art zuweilen den Spott der leichtlebigeren Verwandtschaft erregt. Zu der Zeit steht gerade die standesgemäße Verheiratung Melines an.

Maximiliane schreibt: »Melinchen, ganz hübsch und schwer reich, war nun schon zwanzig Jahr geworden, aber es hatte sich noch kein Freier gefunden, der der Tante Lulu vornehm genug war. Da schlug ihr der Solmssche Hofrat Wichterich, der als alter Junggeselle wie eine Eule in einem Turme des Solmsschen Parkes hauste und abends zuweilen zu einer Partie Whist zum Onkel Georg herüberkam, einen Grafen [Moritz von] Bentheim vor. Der Graf wurde verschrieben und erwies sich als zwar schon vierzig Jahr alt, aber sehr vornehm und auch sonst recht nett.«

Lulu fädelt geschickt ein Rendezvous ein, mit dem Ziel, die

Angelegenheit mit einem förmlichen Verlöbnis zu besiegeln. Maximiliane erinnert sich: »Als er [Bentheim] ein paar Tage da war, bat mich Tante Lulu, ich möchte doch Melinchen einmal eine Beethovensche Sonate vortragen. Ich ging mit der Cousine in den Musiksaal und begann mit Pathos zu spielen. Bald merkte ich aber, daß noch jemand in den Saal trat, und sah mit einem raschen Seitenblick, daß es der Graf war. Nun ahnte mir, was los war, und ich ging gleich in ein sanftes Piano über, weil es mich natürlich brennend interessierte, mal so was mit zu erleben. Ich konnte aber nichts verstehen, da sie nur flüsterten, sah aber doch mit einem neuen Seitenblick, daß sie Hand in Hand dastanden. Im richtigen Augenblick öffnete sich die Tür, die Tante Lulu rauschte herein und segnete das Paar. Es hat aber doch noch geraume Zeit gedauert, bis die Tante ihre und Melinchens Erhebung in den Freiherrnstand durch den Großherzog von Hessen erreichte und nun die Hochzeit stattfinden konnte. Daß trotzdem die Ehe von den Bentheims, die zu den standesherrlichen Häusern gehören, nicht als ebenbürtig anerkannt wurde, und vollends, daß ihr Schwiegersohn evangelisch war, ist ein großer Schmerz für die Tante Lulu gewesen, die streng katholisch war und mit den Jahren immer mehr in die Hände ihres Hauskaplans geriet und immer frommer wurde.«

Wahrscheinlich ist es Lulus Frömmigkeit und der Sorge um ihr Seelenheil zuzuschreiben, daß sie in jenen Jahren beginnt, karitativ tätig zu werden. In Rödelheim gründet sie eine private Schule und unterrichtet dort eine Zeitlang sogar selbst. Ihr Rödelheimer Nachbar, der Bruder Georg, berichtet denn auch ziemlich erstaunt in einem Brief an Clemens: »[…] die erste Zeit hat sie selbst Unterricht darinnen gegeben, und das war wirklich merkwürdig, wie die Kinder heiter und vergnügt waren, und wie rasch sie lernten […].«

Bald wird die vermögende Lulu noch von anderer Seite um Unterstützung angegangen. Ihr Bruder Christian hat sich 1830 auf dem Klostergut Marienberg bei Boppard niedergelassen und 1835 die Vorsteherin und Teilhaberin der dortigen Mädchenschule, Emilie Genger, geheiratet. Doch die Anstalt trägt sich nicht, und Christian bittet seine Schwester um Hilfe. Großzügig erklärt sie sich bereit, das Klostergut zu kaufen, was an der finanziellen Schieflage des Instituts jedoch nichts ändert. Lulu stößt daraufhin das Gut wieder ab und stellt sich dabei offensichtlich so geschickt an, daß sie noch einen Gewinn erzielt.

An Christian schreibt sie im Dezember 1838: »Als ich Marienberg kaufte hatte ich die Absicht es zu bewohnen, aber nicht eine speculation zu machen. Das Schiksal hat es anders gewendet, durch welche Verhältnisse das weißt du so gut als ich, und es komt nun ein Gewinst herauß welcher nicht unbedeutend ist.« Großzügig fügt sie hinzu: »Willst du es nun für dich nehmen? und die 2000 Thaler deinen Kinderchen zuwenden? So soll es mich freuen, alles bleibt dann in deinen Händen wie es ist, und ich lege mein Geld wieder in Obligationen.«

Christian siedelt mit seiner Familie nach Aschaffenburg über, zunächst in die Webergasse, im Jahr 1842 dann in die Kleine Metzgergasse 5, das heutige Aschaffenburger Brentano-Haus, das im Zweiten Weltkrieg beschädigt und danach baulich stark verändert wurde. Wieder greift Lulu ihren Verwandten unter die Arme: 1849 kauft sie das Haus – und vererbt es 1854 an Christians älteste Tochter, die ebenfalls Lulu heißt.

Um den Aschaffenburger Verwandten näher zu sein, erwirbt Lulu Freifrau von Des Bordes 1845 für 142000 Gulden Schloß und Gut Wasserlos bei Alzenau, zwischen Hanau und Aschaffenburg gelegen. Hier wohnt sie in ihren letzten Lebensjahren, gemeinsam mit Tochter, Schwiegersohn und Enkel.

Während dieser letzten Jahre auf Schloß Wasserlos ordnet Lulu ihre familiären, finanziellen, geistigen und geistlichen Angelegenheiten. Schloß und Gut läßt sie testamentarisch ihrer Tochter Meline zukommen. Der Gemeinde Wasserlos vermacht sie ein Stiftungsvermögen, von dessen Zinsen ein Gotteshaus errichtet werden soll. Es dauert freilich seine Zeit, bis das Geld für den Bau ausreicht, so daß erst im Mai 1914 mit der Grundsteinlegung begonnen werden kann. Durch Krieg und Geldentwertung gerät der Bau ins Stocken, doch 1920 wird die mächtige neobarocke Katharinenkirche, versehen mit dem alten Inventar der Schloßkapelle, fertiggestellt. Im Jahre 1929 weiht der Würzburger Bischof Matthias Ehrenfried das Gotteshaus schließlich.

Doch nicht nur an das Wohl der Gemeinde denkt die fromme Freifrau von Des Bordes. Sie ruft auch eine Stiftung für in Not geratene Wasserloser Familien und alleinstehende Personen ins Leben. Ihr Testament verfügt: »Für die Armen in Wasserlos 2000 fl [Gulden], welche ich besonders für Kranke und Reinigen der Wohnungen verwenden haben will.« Fast siebzig Jahre lang erhalten die Armen von Wasserlos Hilfe aus der Stiftung. Nach der Inflation von 1923 ist das Stiftungsvermögen jedoch so gering, daß keine Zahlungen mehr geleistet werden können. 1938 wird die Stiftung offiziell aufgelöst.

Ein letztes Vermächtnis der Lulu von Des Bordes liegt der Nachwelt in Form ihrer über Jahre und Jahrzehnte selbstverfaßten Gedichte vor, die sie 1853 in zwei Bänden herausgibt: ›Geistliche Lieder‹ und ›Kinderlieder‹. Die religiösen Gedichte, in sieben Themenkreisen geordnet (darunter Weihnachts-, Marien- und Passionslieder), entsprechen dem Geschmack der nachromantischen Biedermeierzeit: Sie sind im Ton süßlich, in der Aussage frömmlerisch und besitzen einen stark moralisierenden Beigeschmack. Die Kinderlieder haben zumeist ebenfalls diesen erzieherischen Anspruch, doch finden sich zwischendrin immer wieder wahre Perlen, die bezeugen, daß Lulu aus der Volksliedersammlung ihres Bruders Clemens gelernt und literarisches Talent besessen hat.

So sind alle wichtigen Belange geordnet, als Lulu sich im November 1854 nach Würzburg aufmacht, um ihren Schwiegersohn Moritz von Bentheim, der dort eine Kreisblindenanstalt gegründet hat, zu besuchen. Während ihres Aufenthalts in Würzburg erkrankt sie an einer Magenentzündung und stirbt wenige Tage darauf, am 19. November, »fromm ergeben in den göttlichen Willen«, wie Graf Bentheim schreibt, »und gestärkt mit den heiligen Sakramenten der Kirche«. Ludovica Freifrau von Des Bordes, geborene Brentano von La Roche, wird entsprechend ihrem testamentarischen Willen in der Familiengruft auf dem Aschaffenburger Altstadtfriedhof beigesetzt, neben den Gräbern ihrer Brüder Clemens und Christian.

Obwohl die Bentheims Schloß Wasserlos bereits 1868 verkaufen, hat man in dem Ort, der heute zu Alzenau gehört, die Erinnerung an die spendable Schloßherrin bewahrt und ihr im Jahre 2002 ein Denkmal gesetzt, geschaffen von dem Bildhauer Theophil Steinbrenner. Es stellt einen Rundturm dar, auf dessen Spitze ein Hahn steht – eine Reminiszenz an Clemens Brentanos Märchen ›Hinkel, Gockel, Gackeleia‹. Aus dem geöffneten Fenster des Turmes schaut Lulu von Des Bordes heraus und trägt zwei Kindern, die unten stehen und lauschen, aus ihren Kinderliedern vor.

Emilie Brentano (1810–1882)

Emilie Brentano
(1810–1882)

*»Eine geistig bedeutende, sehr lebhafte Frau – sie war
es, der das Hauptverdienst bei der ersten Gesamtaus-
gabe der Clemens Brentanoschen Schriften zukommt.«*

Reichskanzler Georg von Hertling
über seine Großtante Emilie Brentano

Emilie Brentano, geborene Genger, gehört zu den Frauen, die
sich große Verdienste als Hüterinnen und Verwalterinnen des
geistigen Erbes der Familie Brentano erworben haben – auch
wenn, wie in ihrem Fall, die Germanistik anderer Ansicht zu
sein scheint. Aber das liegt daran, daß Emilies Editionsarbei-
ten heutigen historisch-kritischen Ansprüchen nicht genügen.
Sie hatte familiäre und nicht wissenschaftliche Interessen.

Emilie Genger wird am 27. September 1810 in Braubach am
Rhein als Tochter eines herzoglich-nassauischen Landrats geboren. Von 1825 bis 1827 besucht sie gemeinsam mit ihrer
Schwester Mina das Internat der Schwestern Doll auf dem
Klostergut Marienberg bei Boppard. 1833 treten die Schwestern Genger als Lehrerinnen und Teilhaberinnen in die Erzie-
hungsanstalt ein, wobei Emilie sogar die Leitung der Schule
übernimmt.

In Marienberg lernt Emilie Ende der 1820er Jahre Christian
Brentano kennen. Der ist zu jener Zeit bereits Mitte Vierzig,
immer noch unverheiratet und hat bis dahin ein unstetes, auch
von Erfolglosigkeit geprägtes Leben geführt. Ein paar Jahre
lang hat er das neuerworbene Brentanosche Landgut Bukowan in Böhmen verwaltet und große Verluste erwirtschaftet.
Sein Bruder Clemens, selbst wahrlich kein Finanzgenie, verurteilt ihn im Jahre 1811 mit den harschen Worten: »Wäre er
nicht faul […] und dabei ungemein unbeharrlich und unor-
dentlich in allen seinen Papieren ich glaube, er wäre noch Grö-

ßerem, als diesem gewachsen, es dauert mich ungemein, wenn ich ihn stumm von innerem Verdruß auf dem Sopha halbe Tage lang liegen sehe.«

Doch Christian, im Grunde ein schöngeistiger Mensch, dessen Talente nur nicht ausreichen, um wie Clemens vor der Familie ausschließlich als Literat aufzutreten, wandelt sich. Dabei folgt er gewissermaßen den Spuren des älteren Bruders: Gleich ihm wendet er sich zunächst vom Katholizismus ab, um sich später erneut dazu zu bekennen; gleich ihm sucht er die stigmatisierte Nonne Anna Katharina Emmerick auf und berichtet Clemens darüber; gleich ihm legt er bald darauf eine Generalbeichte ab. Über sein religiöses Erweckungserlebnis verfaßt er eine Schrift mit dem Titel ›Aufschlüsse über Verderben und Heil mit dem Schlüssel des Kreuzes‹. 1819 reist der Bekehrte in die Schweiz und empfängt dort die Firmung. Später geht er nach Rom, studiert eine Zeitlang Theologie, kann sich aber nicht entschließen, Priester zu werden, und kehrt letztendlich im Jahre 1827 nach Deutschland zurück, geläutert zwar, aber weiterhin ratlos, was er mit seinem Leben anfangen soll.

Diesen Mann also lernt die aufstrebende Institutsleiterin Emilie Genger kennen und lieben. 1835 – Emilie hält sich zur Kur in Nizza auf – heiratet das Paar und begibt sich anschließend nach Italien. Im Jahr darauf kehren Emilie und Christian nach Marienberg zurück, zunächst glücklich, wie es scheint. Im Jahre 1836 kommt ein Mädchen, Ludovica, zur Welt, 1838 der Sohn Franz.

Doch bald darauf sehen sie sich unerwarteten Schwierigkeiten gegenüber: Im damals preußischen Boppard eckt Christian wegen der Zugehörigkeit zur katholischen Kirche an. Hintergrund ist die Verbannung des Kölner Erzbischofs Clemens August von Droste-Vischering auf die Festung Minden. Der Erzbischof geriet im sogenannten »Kölner Kirchenstreit« in Konflikt mit der preußischen Regierung, da er die Einsegnung von Mischehen verbot, wenn für die daraus hervorgehenden Kinder nicht die katholische Erziehung zugesichert wurde.

Emilie selbst schildert die Begebenheit in ihrer Biographie

über Christian, die sie nach seinem Tod veröffentlicht, etwas
undurchsichtig: »Als aber die Kölnerwirren ausbrachen,
schien die lebhafte Teilnahme des rührigen Mannes [Christian
Brentano] der engherzigen preußischen Regierung Besorgnisse
einzuflößen, und man wußte ihm den schönen Aufenthalt zu
verleiden.«

Der Historiker Ewald Reinhard hat nachgewiesen, daß es
Schikanen gab und Christian und Emilie Brentano tatsächlich
gezwungen waren, Preußen zu verlassen. Hinzu kamen wirtschaftliche Probleme, denn das Mädchenpensionat Marienberg geriet in den Adelskreisen, die bis zu diesem Zeitpunkt
ihre Kinder dorthin geschickt hatten, »aus der Mode«. Was
auch immer den Ausschlag gegeben haben mag: Die Familie
siedelt zu Freunden nach Aschaffenburg über und bezieht 1842
das Haus in der Kleinen Metzgergasse 5, das als Brentano-
Haus in die Stadtgeschichte eingeht. Unterdessen wächst die
Familie rasch: 1839 kommt Sophie zur Welt, 1840 Claudine,
1844 Lujo. Drei weitere Kinder, Cunigunde, Clemens und
Georg, sterben im Säuglingsalter.

Die Beziehung zwischen den Brüdern Christian und Clemens, der in München wohnt, wird mit den Jahren immer enger. Als der Dichter 1842 erkrankt, reist Christian an die Isar,
um ihn zu pflegen, Anfang Juli bringt er ihn in einer Postkut-
sche nach Aschaffenburg. Doch Clemens Brentanos Zustand
verschlechtert sich unaufhaltsam. Drei Wochen später, am
28. Juli 1842, stirbt er und wird auf dem Aschaffenburger Altstadtfriedhof beigesetzt.

Die späte Annäherung der Brüder und Christians Einsatz für
den vom Tod Gezeichneten verschaffen dem Aschaffenburger
Zweig der Familie ein unerwartetes Erbe: Clemens setzt seinen
Bruder Christian – und nicht die Lieblingsschwester Bettine –
testamentarisch zum Universalerben der Skripte und der Rechte
an seinen Werken ein. Bettine kümmert sich jedoch nicht um
den testamentarischen Passus und schenkt später etliche Manuskripte und Briefe des Bruders, die sich noch in ihrem Besitz befinden, ihrem Freund und Vertrauten Karl August Varnhagen

von Ense. Der übergibt die umfangreichen Materialien später der Königlichen Bibliothek in Berlin, der Vorläuferin der heutigen Staatsbibliothek Preußischer Kulturbesitz.

Anfang des 20. Jahrhunderts erwächst daraus ein heftiger Streit zwischen der Königlichen Bibliothek und Lujo Brentano. Christians Sohn vermutet in den Briefwechseln von Clemens mit Auguste Bußmann und Sophie Mereau »unschöne« Intimitäten und will die Publikation verhindern. Er strebt eine Klage gegen die Bibliothek an. Die Angelegenheit wird schließlich im Jahre 1911 mit einem Tauschvertrag gütlich geregelt: Lujo Brentano überläßt der Bibliothek einige Dramenfragmente und Libretti Clemens Brentanos, im Gegenzug händigt die Bibliothek Lujo die meisten Briefe aus dem Besitz Bettines aus.

Dieser Streit macht deutlich, wie lange die Angst vor der Preisgabe intimer Familienangelegenheiten bei den Brentanos virulent war. Man traute Clemens nicht über den Weg, wußte man doch von seinem »liederlichen« Lebenswandel vor seiner Rückkehr in den Schoß der Mutter Kirche. Auch für Christian – den vom Saulus zum Paulus Bekehrten – und seine Frau Emilie wird diese Frage zum Problem, denn immer wieder findet sich in Clemens Brentanos Schriften und Briefen sittlich, religiös, politisch oder erotisch »Anstößiges«, das es zu unterdrücken oder gar zu tilgen gilt.

In den zehn Jahren zwischen 1842 und 1851 ordnet das Ehepaar den umfangreichen Nachlaß und streicht oder schreibt um, was nicht ins Bild bürgerlicher oder streng katholischer Konvention paßt. Emilie selbst tritt vor der Öffentlichkeit stets hinter ihren Mann zurück, doch die erhaltenen Briefe und Aufzeichnungen legen den Schluß nahe, daß sie die treibende Kraft bei dem gewaltigen Editionsvorhaben war.

Christian Brentano erlebt das Erscheinen der Schriften seines Bruders nicht mehr. Er stirbt, nachdem er mit verschiedenen Immobilienspekulationen den größten Teil des Familienvermögens verloren hat, am 27. Oktober 1851 an den Folgen eines Schlaganfalls und wird neben Clemens begraben.

Emilie treibt in den nächsten Jahren das Editionsvorhaben

zielstrebig voran. Behilflich ist ihr dabei der Hofbibliothekar Joseph Merkel. So können schließlich in den Jahren 1852 bis 1855 Clemens Brentanos ›Gesammelte Schriften‹ in neun Bänden erscheinen. Sieben Bände waren von Christian vorgesehen und erscheinen nun, posthum, unter seinem Herausgebernamen, nicht dem Emilies. Band 8 und 9 werden von ihr in alleiniger Verantwortung nachgereicht – diesmal ohne Angabe eines Herausgebernamens. Emilie hat offenbar an dem bürgerlichen Verdikt, daß eine Frau namentlich nicht auf dem Buchmarkt hervorzutreten habe, festgehalten, obwohl sie genügend Gegenbeispiele in der nahen Verwandtschaft hatte, etwa Bettine oder Lulu. Bettines Publikationen, besonders das innerhalb der Familie aus moralischen Gründen verurteilte Buch ›Goethes Briefwechsel mit einem Kinde‹ mag für Emilie das Vorurteil gegenüber schreibenden und publizierenden Frauen bestätigt haben.

Emilie Brentano ist nicht nur die Herausgeberin von Clemens Brentanos Schriften, sie wird auch zur ersten Biographin ihres Schwagers. Den beiden zusätzlichen Bänden der Werkausgabe fügt sie eine immerhin knapp hundert Seiten umfassende Biographie bei, die freilich das zerrissene Leben des Dichters auf betuliche Weise zu beschönigen sucht – auch darin ist Emilie ein Kind ihrer Zeit, kann sie ihre gesellschaftliche Herkunft nicht verleugnen. Der Brentano-Forscher Henning Boëtius unternahm 1967 eine Würdigung der Herausgeberin, indem er ihr attestierte, »daß die GS [Gesammelten Schriften] eine für die damalige Zeit große philologische Leistung Emilie Brentanos darstellen. Es wäre inadäquat, an die GS Maßstäbe anzulegen, die modernen kritischen Editionsgrundsätzen entsprächen. Man wird Emiliens Versuchen, einen Kompromiß zwischen Texttreue und gereinigter Wiedergabe zu finden, angesichts der verworrenen Handschriftenlage auch heute noch Respekt zollen müssen, zumal eine Wirkung dieses Werkes ohne die GS praktisch ausgeblieben wäre. «

Neben diesem editorischen Großprojekt veröffentlicht Emilie 1854 auch noch die ›Nachgelassenen religiösen Schriften‹ ihres Mannes, denen sie eine vierundvierzigseitige Biographie beifügt. Außerdem engagiert sich die Witwe zunehmend karitativ. So ist sie in der katholischen Gemeinde Aschaffenburgs tätig, etwa im Paramentenverein, der sich der Kunst der Paramentenstickerei für den liturgischen Gebrauch widmet, im katholischen Frauenverein und in der Bruderschaft der Christlichen Mütter. Ihre zunehmend erzkatholische Gesinnung sucht sie journalistisch und schriftstellerisch zu verbreiten: Sie schreibt religiöse Gedichte, geistliche Schriften, übersetzt aus dem Englischen, Französischen und Italienischen, verfaßt redaktionelle Beiträge für den »milden Frauenverein von Coblenz« und die »Freischule für arme Knaben in Coblenz«. Das alles ist bis heute unveröffentlicht und im Stadt- und Stiftsarchiv Aschaffenburg und im Freien Deutschen Hochstift Frankfurt archiviert.

Emilies Kinder verlassen nach und nach das Haus: Claudine tritt als Nonne ins Salesianerinnenkloster Zangberg am Inn ein und nimmt den Namen Schwester Seraphica an. Sophie heiratet einen Monsieur Théophile Funck und zieht mit ihm zunächst nach Luxemburg, dann nach Paris. Dort wird sie viel später, nach 1900, Lujos Tochter Sissi beherbergen, die an die Seine geht, um bei Aristide Maillol Bildhauerei zu studieren. Lulu heiratet den englischen Ägyptologen Peter Le Page Renouf und zieht nach London. Lujo schließlich studiert Nationalökonomie, habilitiert sich und erhält 1872 eine Professur in Breslau, wo er Valeska (Valerie) Erbreich kennenlernt. Schon bald ist von Hochzeit die Rede, doch in Lujo sperrt sich alles gegen die vom Bischof verlangte vorhergehende Beichte, denn im Gegensatz zu seinen Eltern hat er sich vom katholischen Glauben entfernt.

Das Gespräch mit dem Breslauer Bischof schildert er in seiner Autobiographie so: »Dagegen hatte ich große Schwierigkeiten zu überwinden, da der Fürstbischof [Heinrich] Foerster mich nicht zur Trauung zulassen wollte, wenn ich nicht vorher beichte und kommuniziere. Das schien mir, da ich nicht mehr gläubig war, als etwas, was gerade vom katholischen Standpunkt ein Sakrileg gewesen wäre; auch war nach katholischer

Lehre eine Einsegnung seitens des Pfarrers zur Gültigkeit der Ehe nicht nötig [...]. Ich habe, um die Zustimmung des Fürstbischofs zu dieser Trauung zu erlangen, ihn persönlich aufgesucht, und noch erinnere ich mich, wie ich bei ihm in ein Zimmer kam, in dem sich nichts befand als ein Schreibtisch und zwei Stühle; alles andere war gerichtlich wegen Vergehens gegen die Kulturkampfgesetzgebung gepfändet worden. Ich legte dar, warum ich ehrlicherweise auf das Verlangen des Fürstbischofs nicht eingehen könne. Unsere Auseinandersetzung war hartnäckig auf beiden Seiten. Doch gab der Fürstbischof schließlich nach, wohl aus Furcht, ich könne mich von meinem Kollegen Weber, einem altkatholischen Geistlichen, trauen lassen und damit einen von diesem ersehnten Präzedenzfall schaffen.«

Lujos verwitwete Mutter erfährt von den Auseinandersetzungen um die Eheschließung nichts. Emilie hegt zunächst allerdings Vorurteile gegen die Schwiegertochter, bis Lujo ihr seine Braut vorstellt: »[...] als sie meine junge Frau kennenlernte, hat deren bezaubernde Anmut – sie glich in überraschendem Maße einem Bild meiner Großmutter Maximiliane – und deren überfließende Güte sofort ihr Herz gewonnen.«

Der 1875 geborenen Enkelin Sophie (Sissi) ist Emilie eine liebevolle Großmutter. In einem Brief an das sechsjährige Mädchen heißt es: »Mein liebes goldiges Kind! Wie große Freude hast du mir mit deinem lieben, schön geschriebenen Brief gemacht. In Gedanken gebe ich dir viele herzliche Küsse dafür u. freu mich wie du, dich bald wirklich ans Herz drücken zu können, wenn ich auch nicht vor Freude hüpfen u. springen kann wie ein Floh, weil ich eine alte Großmutter u. nicht ein kleines flinkes Mädchen bin [...].«

Weniger geradlinig verläuft Franz Brentanos Lebensweg. Der älteste Sohn von Christian und Emilie ist hochbegabt. Er studiert zunächst Theologie und Philosophie und wird 1864 zum Priester geweiht. Doch als Papst Pius IX. 1870 das Dogma von der Unfehlbarkeit des Papstes verkündet, wendet sich der Skeptiker Franz Brentano enttäuscht ab und tritt 1873 aus der katholischen Kirche aus. Seiner Karriere tut dies keinen Abbruch: Bereits im Jahr darauf erhält er eine Professur für Philosophie an der Universität Wien.

Der Abfall ihres einstigen Lieblingssohnes von der Kirche ist für die fromme Mutter ein tiefer, nie verwundener Schmerz. Lujo gesteht sie, daß sie Franz' »Hiersein mehr fürchte als wünsche«. Die Lage spitzt sich zu, als Franz sich in Wien in eine Frau namens Ida Lieben verliebt und sie heiraten möchte. Da die österreichischen Gesetze vom unauflösbaren Charakter der Priesterweihe ausgehen, selbst bei einem Kirchenaustritt, wäre Franz' Ehe anfechtbar. Die einflußreiche Familie erwägt, den Papst direkt um einen Dispens anzugehen. Doch die Sache scheint wenig Aussicht auf Erfolg zu haben. Ihrer Tochter Lulu schreibt Emilie: »Daß die Kirche dispensieren kann, wie der Pater sagt, wußte ich längst, sie thut es aber nur in Fällen, wo das Wohl von Ländern, Dynastien u. dgl. davon abhängt u. dann gegen Compensationen. Bei gewöhnlichen Menschen nicht, um die Disciplin nicht zu lockern. Bei einer Disposition wie die von Franz sicher nicht.«

Schließlich entscheidet sich Franz für eine standesamtliche Eheschließung nach sächsischem Recht, wofür er vorübergehend einen Wohnsitz in Leipzig anmelden muß. Innerhalb weniger Tage erhält er das sächsische Bürgerrecht und kann Ida am 16. September 1880 heiraten.

Für Emilie ist die Sache damit nicht einfacher geworden. Es widerstrebt ihr zutiefst, ihre Schwiegertochter kennenzulernen, zumal Ida Jüdin ist. Sie spricht von der »unkatholischen, ja ungläubigen« Ida. Franz versucht mehrmals, seine Mutter durch Vermittlung seines Schwagers Théophile Funck umzustimmen – vergeblich. Sie bleibt hart: »Von der Einrichtung, Häuslichkeit u. Ida selbst wußte Theo nicht genug Liebes u. Gutes zu berichten. Ich zweifle ja auch nicht daran, daß gegen Ida selbst nichts zu sagen ist, ja daß sie gut u. verständig ist u. viele treffliche Eigenschaften besitzt, ich bin ihr auch von Herzen gut, das ändert aber nicht die traurige Thatsache, daß diese Verbindung *nur* vor dem Staate eine Ehe ist. Als Katholikin kann ich sie nie anerkennen.«

Emilie wird diese Einstellung bis zu ihrem Tod nicht mehr ändern. Fotografien aus den letzten Lebensjahren zeigen sie in langer, schwarzer Witwentracht, mit verhärmten Gesichtszügen. Ihren Schmerz, ihre Selbstkasteiung, ihr Leiden mag sie ein wenig kultiviert haben, vielleicht gehörte das zu ihrem Selbstbild. An die älteste Tochter Lulu schreibt sie nur wenige Monate vor ihrem Tod: »Lasse mich ruhig m. einsamen Weg gehen die wenigen Tage, die ich noch zu leben habe. [...] Will Gott nicht, daß ich Franz noch einmal sehe, so geschehe auch hierin sein Wille, u. auch dieses Opfer sei dem Heil seiner Seele gebracht.«

Emilie Brentano stirbt am 1. Oktober 1882 in Aschaffenburg und wird in der Familiengruft bestattet. Ihr Sohn Franz stirbt 1917 in Zürich, die Urne mit seiner Asche wird ebenfalls im Aschaffenburger Familiengrab beigesetzt. So kommen die enttäuschte Mutter, die den Konventionen ihrer Zeit verhaftet bleibt, und der abtrünnige Sohn, der eine freiere, selbstbestimmtere Lebensweise wählt, am Ende doch wieder zueinander.

Maximiliane von Arnim, verh. von Oriola (1818–1894)

Armgart von Arnim, verh. von Flemming (1821–1880)

Maximiliane (1818–1894)
und
Armgart (1821–1880) von Arnim

> »*Armgart und ich haben unser ganzes Leben von den Kinderschuhen bis zu meiner Vermählung geteilt – wir waren unzertrennlich und hießen nur ›die beiden Arnims‹.*«
> Maximiliane von Arnim

Maximiliane und Armgart von Arnim teilten das Los von Kindern genialer Eltern. Die ältesten Töchter von Achim und Bettine von Arnim übten sich zwar in der Malerei und in der Dichtkunst, doch ihre Arbeiten gingen selten über das Niveau talentierter Dilettanten hinaus. Wobei der Begriff des Dilettanten hier ganz im Sinne des 18. Jahrhunderts gebraucht sei: der Liebhaber des Schönen, der meist im kleinen Kreis – in Salons oder beim abendlichen Beisammensein von Familie und Freunden – den Künsten frönt, indem er musiziert, Selbstgeschriebenes vorträgt oder junge, wenig bekannte Künstler einlädt, um sie zu protegieren. Ohne den Dilettanten wäre ein Großteil bürgerlicher und kleinadliger Salonkultur des 18. und 19. Jahrhunderts nicht möglich gewesen. Auf diese Weise haben auch Maximiliane und Armgart von Arnim Kunst und Literatur gefördert. Und sie haben zur Erhaltung und Weitergabe des geistigen Erbes der Brentanos und von Arnims beigetragen.

Maximiliane von Arnim ist für uns Heutige als Person besser faßbar als Armgart, da sie im Alter ihre Memoiren geschrieben hat. Diese wurden im Jahre 1937 von dem Germanisten Johannes Werner herausgegeben, eine Edition, die als Quelle freilich problematisch ist. Werner hat Memoiren und Briefe Maximilianes aus deren Nachlaß in Schloß Büdesheim verwendet, sie jedoch nicht vollständig wiedergegeben, sondern Passagen, die ihm zu intim erschienen, unterdrückt, anderes kommentierend hervorgehoben, hin und wieder auch in den Text eingegriffen.

Eva Lindemann hat 2003 die Tageblätter Maximiliane von Arnims aus den Jahren 1839 bis 1847 ediert und an einzelnen Stellen und Motiven nachgewiesen, daß der Herausgeber von 1937 nicht nur aus Prüderie manches Detail aus Maximilianes Leben weggelassen oder gereinigt hat (so etwa die heftige Liebe des alten Onkels Georg Brentano zu seiner heranwachsenden Nichte), sondern daß er der Memoirenschreiberin Maximiliane – als Zugeständnis an die damaligen Machthaber – auch ziemlich heftige antisemitische Äußerungen in den Mund gelegt hat, eine Einstellung, die so aus den Tageblättern nirgends ersichtlich ist. Wie dem auch sei: Die Memoiren Maximiliane von Arnims in der von Johannes Werner herausgegebenen Fassung bilden bis heute eine wichtige Quelle für die Geschichte der Familien Brentano und von Arnim, zumal das Originalmanuskript von Maximilianes Hand heute verschollen ist.

Maximiliane wird als erste Tochter von Achim und Bettine von Arnim am 23. Oktober 1818 geboren. Sie hat vier ältere Brüder: Freimund, Siegmund, Friedmund und Kühnemund; alles altdeutsche Namen – oder was man zu jener Zeit nationaler Begeisterung nach der Befreiung von Napoleon unter altdeutsch versteht. Maximiliane – gemeinhin schlicht Maxe genannt – erhält ihren Namen in Erinnerung an die Großmutter Maximiliane von La Roche, die von Goethe verehrt wurde, dann aber den Frankfurter Kaufmann Peter Anton Brentano heiratete. Zweieinhalb Jahre nach Maxe wird Armgart geboren, im August 1827 folgt noch das Nesthäkchen Gisela. Das Verhältnis zur jüngsten Schwester bleibt immer etwas problematisch, nicht nur wegen des Altersunterschieds. Gisela – sie hat vieles vom genialischen Charakter der Mutter – ist in ihren Lebensanschauungen unangepaßter als die beiden älteren Schwestern, in ihrem Wesen zerrissener. So wird zwischen ihr und dem älteren Schwesternpaar immer eine Kluft bestehen bleiben, die sich wegen unterschiedlicher politischer Überzeugungen nach der gescheiterten Revolution von 1848 sogar noch vertiefen soll.

Maxe und Armgart hingegen sind einander innig nah, selbst nach ihrer Verheiratung bleiben sie, wie Maxe bekennt, »ein

Herz und eine Seele«. Doch so wesensverwandt die Schwestern auch sein mögen, äußerlich sind sie sehr verschieden. Maximiliane schreibt: »Armgart war dunkelblond mit lichtbraunen Rehaugen, während ich tiefschwarzes Haar und dunkle Augen hatte.« Die bekannte Malerin Caroline Bardua hat um 1845 beide Schwestern porträtiert und dabei deren Wesensverwandtschaft auf schöne Weise bildhaft zum Ausdruck gebracht.

Die Kindheit verbringen Maxe und Armgart abwechselnd bei der Mutter in Berlin und beim Vater in Wiepersdorf, manchmal auch in dem alten Ritterschlößchen Bärwalde, das 1845 allerdings abbrennt. Die Monate beim Vater auf dem Land hat Maxe in schwärmerischer Erinnerung: »In Wiepersdorf gehörte er ganz uns.« Das Landleben bietet viel mehr an Abenteuern und Freiheit als die Stadt. Gerne spielen die Schwestern mit Kindern aus dem Dorf und schließen Freundschaft mit dem Schäfersohn. »Unserem Vater behagte diese Intimität freilich nicht recht«, schreibt Maxe in der Rückschau. Der Standesdünkel, den sie später als Gräfin Oriola mitunter hervorkehrt, wird ihr damals anerzogen, mehr vom Vater als von der ohnehin bürgerlichen und revolutionär gesinnten Mutter. Dennoch geht es in Berlin, bei der Mutter, steifer zu. Das liegt am großstädtischen Leben und an den dortigen Verpflichtungen. Da sind etwa Onkel Friedrich Carl und Tante Gunda von Savigny, die, nachdem Savigny Karriere gemacht hat, überaus repräsentabel am Pariser Platz wohnen. Bettine lebt mit ihren Kindern eher bescheiden in der Dorotheenstraße. Das Gut in Wiepersdorf wirft kaum Geld ab, und so kommt es immer wieder zu finanziellen Engpässen. Häufig wechselt Bettine daher die Wohnung, bezieht billigere Quartiere und bleibt manchmal Mietzahlungen schuldig. Da sie nicht alle Lebensmittel auf den teuren Berliner Märkten kaufen kann, schickt ihr Mann regelmäßig einen Proviantwagen: »An jedem Montag kam ein großer Fouragewagen aus Wiepersdorf, der das frische Brot, Butter, Eier, Geflügel und Wild, Gemüse und Obst für unseren Hausbedarf brachte.«

Die Söhne erhalten teuren Privatunterricht, an den Töchtern

hingegen wird gespart. Bettine improvisiert den Unterricht zum Teil selbst, hin und wieder schickt sie Maxe und Armgart zu den Savignys, die großzügig sind und die Nichten eine Zeitlang von ihrem eigenen Privatlehrer mit unterrichten lassen. Zum Nötigsten, was man einer Tochter aus gutem Hause damals angedeihen läßt, gehört der Zeichen- und Malunterricht. Darin bringen es die beiden Schwestern, vor allem Armgart, zu einer erstaunlichen Fertigkeit. Und auch das Singen und Musizieren wird geübt, in den Zeiten vor Erfindung elektronischer Tonträger beinahe eine Selbstverständlichkeit. Maxe besitzt einen dunklen Alt, Armgart einen sehr weichen Sopran, und beide Schwestern werden von Besuchern häufig aufgefordert, im Duett zu singen.

Das Leben zwischen Berliner Boheme und Wiepersdorfer Gemütlichkeit wird an Ostern 1829 jäh unterbrochen: Bettines Schwester Meline von Guaita und Sophie Brentano, Georgs Tochter, kommen zu Besuch. Sie finden großen Gefallen an Maxe und Armgart und bitten Bettine, sie eine Zeitlang nach Frankfurt zu geben. Dort sollen sie die Brentanosche Verwandtschaft kennenlernen und etwas vom alten Geist der Kaufmannschaft in der Freien Reichsstadt atmen. Bettine willigt nach kurzem Zögern ein; sie fühlt sich mit den vielen Kindern, um die sie sich weitgehend alleine zu kümmern hat, ohnehin überlastet und muß sich seit kurzem auch noch um die Nachzüglerin Gisela kümmern. Georg Brentano stimmt ebenfalls zu, nur Achim von Arnim ist zunächst nicht zu überreden. An Georg schreibt er ausweichend: »Schwerlich möchte meine Frau die Abwesenheit der Kinder auf längere Zeit ertragen, obgleich sie zur Erziehung der Kinder so wenig Anlage hat wie ich selbst.«

Doch Georg und Sophie Brentano lassen nicht locker. Schließlich kann Bettine ihren Mann überzeugen, und so hält im Oktober 1829 ein Reisewagen vor dem Wiepersdorfer Gutshaus, der Maxe und Armgart ins ferne Frankfurt bringen soll. Der Abschied vom Vater ist – was niemand ahnt – endgültig. »Er packte uns im Wagen noch warm ein«, erinnert sich Maxe,

»wir achteten kaum darauf, voll Ungeduld, daß die Reise losgehen sollte. Es ist das letztemal gewesen, daß wir unseren Vater gesehen haben.«

Frankfurt wird für die Schwestern zum prägenden Erlebnis.
Sie wohnen im Haus zum Goldenen Kopf und erhalten dort
eine Vorstellung von der alten Kaufmannstradition der Familie. Auch in die luxuriösen, geschmackvoll eingerichteten Häuser von Antonia Brentano und Meline von Guaita kommen
sie. Hier sind sie von wertvollen Gemälden und teuren Möbeln
umgeben, Diener und Mägde kümmern sich um den Haushalt,
und die Damen des Hauses laden abends die einflußreichsten
Familien der Stadt zu sich ein. Wie anders ist das im Vergleich
mit dem stets etwas improvisierten und unordentlichen Haushalt der Mutter in Berlin!

Besonders aber staunen Maxe und Armgart, als sie im Frühjahr das Landhaus des Onkels Georg in Rödelheim, vor den
Toren Frankfurts, besuchen. Noch Jahrzehnte später schwärmt
Maxe: »Ach Rödelheim, du Juwel, wie soll ich dich beschreiben! Du Zauberreich, geschaffen allein durch des Onkels feinen Geschmack und seine originelle Phantasie!«

Besonders hat es ihr der von Georg Brentano nach und nach
angelegte Park angetan:

»Wie soll ich nun all die Schönheiten und Überraschungen,
die der Park barg und der Onkel noch immer bereicherte, auf-
zählen?! Da war der kleine griechische Tempel, in dem ein
Marmorbassin zum Bade einlud. Im Bad wurde einem die Zeit
nicht lang, denn hinter einer großen Spiegelscheibe sah man
eine Volière, in der viele bunte Vögel hin und her flogen. Wenn
wir hier baden wollten, ließ der Onkel den ganzen Raum mit
Rosenblättern bestreuen. [...] Da war das große Treibhaus,
vor dem zwei große Sphinxe lagen, mit den seltensten Pflanzen, und in seiner Mitte war ein schöner Salon, in dem auch
ein guter Flügel stand und Musiknachmittage und -abende
stattfanden. Da war das hübsche Schweizerhäuschen, Lud-
wigslust genannt, das der Vetter Louis [Brentano] bewohnte
und mit seinen Studentenerinnerungen ausgeschmückt hatte.

Da war ferner eine Fasanerie und das Labyrinth, ein Schaukel- und Spielplatz. […] An der Nidda entlang führte ein Gang, der von Kletterrosen überdacht war […].«

Von all diesen Wundersamkeiten existieren heute nur noch das Badehaus und das Petrihaus, das in Maxe von Arnims Erinnerungen ebenfalls beschrieben wird: »Das poetischste von allem aber war das malerische Petrihäuschen, in dem der Onkel wohnte und auch ganz allein schlief. Es lag unter einer alten Platane nahe beim Niddawehr, so daß man immer das sanfte Rauschen des Wasserfalls hörte. […] Das ganze Häuschen war von einem Balkon umgeben, der immer mit blühenden Pflanzen geschmückt war. […] Das Allerschönste aber und für uns der Gegenstand steter Bewunderung war, daß man durch eine große Glasscheibe das Leben und Arbeiten der Bienen in drei Etagen übereinander beobachten konnte.«

Der Onkel ist gleich in seine Nichten vernarrt und sucht ihnen jeden Wunsch von den Augen abzulesen. Er läßt ihnen Klavier- und Gesangsunterricht erteilen und liebt es, wenn sie ihm abends vorsingen.

Überhaupt ist Georg Brentano mehr ein Genußmensch und Bonvivant denn ein Kaufmann. Die Künste bedeuten ihm viel, und er genießt es, seine freie Zeit in Rödelheim zu verbringen, wo er sich ein kleines Reich der Musen und der Phantasie geschaffen hat.

Maxe schreibt über ihn: »Der Onkel Georg war ein schöner Mann und eine imponierende Erscheinung. Wenn er in seiner vornehmen Haltung mit seinen eleganten Manieren irgendwo eintrat, hatte man immer das Gefühl, es komme ein italienischer Herzog. Heute würde man sagen: er war ein vollendeter Gentleman vom Scheitel bis zur Sohle. Kein Wunder, daß wir bei der steten Güte und Herzlichkeit, die er uns bezeigte, ihn schwärmerisch liebten!«

Fünf Jahre lang leben Maxe und Armgart in Frankfurt und Rödelheim, Jahre, die sie nie vergessen werden und die zu den glücklichsten ihres Lebens gehören: »In diesem Zauberreich haben wir fünf Sommer verlebt, verwöhnt durch des Onkels

Liebe und Güte – kein Wunder, daß wir uns selbst wie ein paar Märchenprinzessinnen vorkamen!«

Doch eine Nachricht trübt die Stimmung: Am 12. Januar 1831 stirbt plötzlich und unerwartet der Vater der Mädchen an einem Gehirnschlag. Um so wichtiger wird für Maxe und Armgart der Onkel: Er ersetzt ihnen auf liebevolle Weise den Vater und hat immer ein offenes und verständnisvolles Ohr für sie. Maxe erinnert sich dankbar: »Wie oft haben wir mit dem Onkel auf dem Balkon seines Petrihäuschens gesessen, ihm unsere kleinen Sorgen gebeichtet und gesagt, was wir auf dem Herzen hatten, oder ihm die alten Volkslieder gesungen, die er so liebte und auf seiner Guitarre begleitete.«

Nicht nur den Onkel lernen Maxe und Armgart lieben, sondern auch seine älteste Tochter Claudine, liebevoll Clödchen genannt: »Sie war damals jung verheiratet mit dem lustigen Georg v. Firnhaber auf dem Neuhof bei Gießen [...]. Firnhabers hatten im Goldenen Kopf eine eigene Wohnung, da sie besonders im Winter oft und lange in Frankfurt waren. Wie habe ich oft die schöne junge Frau in ihrem Festgewande bewundert, wenn sie sich zu einem Balle rüstete und ich ihr das Geschmeide umlegen durfte. Ich konnte damals nicht ahnen, daß Clödchen mir später eine muttergleiche Freundin, die mir in mancher Herzensnot beigestanden hat, werden würde [...].«

Claudine, deren Ölportrait heute im Petrihaus in Frankfurt-Rödelheim hängt, erlangt später noch eine besondere Bedeutung für die Familie. Nach dem Tod Firnhabers heiratet sie in zweiter Ehe den verwitweten Freimund von Arnim und zieht dessen Sohn Achim von Arnim auf. Dieser, der Enkel des verstorbenen Dichters, ist ebenfalls ein Schöngeist: Er studiert in München Malerei und lebt ganz für die Kunst. Später läßt er auch das etwas heruntergekommene, altmodische Gutshaus Wiepersdorf umbauen und erweitern und verwandelt den verwilderten Garten in einen gepflegten Park mit Rabatten und Statuen – so wie wir das Anwesen heute kennen und wie verschiedene Schriftsteller, etwa Sarah Kirsch, es beschrieben und bedichtet haben. All dies tut der unverheiratete Schloßherr, der zwar den Adelstitel führt, aber ähnlich seinem Großvater nie zu Geld kommt, einzig mit den Mitteln seiner reichen Stiefmutter Claudine. So bleibt Claudine Brentano, verheiratete von Arnim, auf mehrfache Weise mit dem Schicksal der beiden berühmten Familien verbunden. Auch sie trägt durch ihren Familiensinn, ihre Hilfsbereitschaft und die nötigen Geldmittel zur Pflege des Erbes bei.

Die traumhafte Zeit in Frankfurt und Rödelheim geht für Maxe und Armgart zu Ende, als Bettine 1834 ihr Buch ›Goethes Briefwechsel mit einem Kinde‹ abschließt und – zum Entsetzen der Frankfurter Verwandtschaft – tatsächlich veröffentlicht. Nun hat sie wieder mehr Zeit und holt die inzwischen sechzehnjährige Maxe und die dreizehnjährige Armgart zurück nach Berlin.

Die folgenden Jahre verherrlicht Maximiliane in ihrem Lebensrückblick als »das ideale Zusammenleben mit der Mutter, das in den langen Jahren auch nicht ein einziges Mal ernstlich getrübt worden ist«. Doch zwischen den Zeilen liest man immer wieder heraus, daß es zu Reibereien mit Gisela kommt und die »Künstlerwirtschaft im Hause«, wie Maxe es formuliert, den in Frankfurt zu Ordnung erzogenen Schwestern aufstößt. »Ohne ein Wort zu sagen«, so Maxe, »begannen wir still und behutsam aufzuräumen, um in dem Tempel der geistigen Schönheit auch äußere Schönheit zu schaffen. Ohne ein Wort zu sagen, ließ uns die Mutter gern gewähren.«

Es wird deutlich: Mag auch äußerlich Friede geherrscht haben – was das Temperament betrifft, sind Bettine und Gisela auf der einen und die heranwachsenden Töchter Maxe und Armgart auf der anderen Seite doch sehr gegensätzlich. Vieles von dem, was Maxe über die Mutter sagt und was lobend gemeint zu sein scheint, liest sich vor dem Hintergrund von Gräfin Oriolas Standesdünkel der späteren Jahre als verdeckte Kritik an der intellektuellen, »revolutionären«, unangepaßten Mutter.

»Nein«, schreibt Maxe in ihren Erinnerungen, »unsere Mutter ist kein weltfremder Blaustrumpf gewesen, sondern eine wunderbar vielseitig begabte geniale Frau. Es mag aber für den Fernstehenden überhaupt schwer sein, ihre Persönlichkeit ganz zu verstehen und richtig zu beurteilen. Dazu war sie eine zu originale und komplizierte Natur, voll scheinbarer Widersprüche und Gegensätze [...] kein Mensch war gleichgültiger gegen Stand und Adel als sie [...].« Einige Jahre später, während der Revolution von 1848, wird Maxe weniger verständnisvoll über die Gleichgültigkeit der Mutter gegenüber der alten Ordnung urteilen.

Maximiliane übernimmt jetzt die Aufgabe, die jüngere Schwester Gisela zu unterrichten, und nimmt auch sonst der Mutter, die bereits an weiteren Buchprojekten arbeitet, etliche Pflichten ab. Im Sommer 1835 wird das Familienleben durch den jähen Tod des achtzehnjährigen Bruders Kühnemund erschüttert, der beim Baden tödlich verunglückt.

Aber auch manch Angenehmes bereichert das Leben in Berlin. Das Haus der Mutter wird nach dem Erfolg des Goethe-Buches mehr und mehr zu einem Treffpunkt von Künstlern und Literaten. Die Pianistin und Komponistin Johanna Mathieux, die spätere Frau des Schriftstellers und demokratischen Politikers Gottfried Kinkel, kommt nach Berlin und erteilt den Schwestern Maxe und Armgart Klavier- und Gesangsunterricht. »Ich lernte bald«, so Maxe, »mit meinem tiefen Alt die zweite Stimme zu Armgarts hellem Sopran zu singen. Bald waren es mehr als hundert Lieder, die wir ohne jede Begleitung, uns ganz einfach an die Wand stellend, loszuschmettern vermochten. [...] Sogar dem König haben wir solche Lieder vorsingen müssen.« Die Beziehungen zum Königshaus werden in jenen Jahren enger, vor allem wegen der Stellung des Onkels Friedrich Carl von Savigny, der Privatlehrer des Kronprinzen Friedrich Wilhelm (ab 1840 König) und ab 1842 Minister für Gesetzesrevision ist.

Der Unterricht bei Johanna Mathieux und der Umgang mit Persönlichkeiten des öffentlichen Lebens stärken das Selbstbewußtsein der heranwachsenden Schwestern: »In dieser Zeit sind wir innerlich stark gewachsen. Die Mathieux brachte uns zum Bewußtsein, daß wir Anlagen besaßen und ›wer‹ waren: unser Selbstvertrauen wurde geweckt.«

Dieses erwachte Selbstvertrauen führt auch zur Gründung eines Bundes, den man heute als Literaturgruppe bezeichnen würde: des Kaffeters. Am 30. März 1843 treffen sich in der Wohnung der Familie von Graefe, Behrenstraße 48 in Berlin, einige junge Frauen, um eine eigene Literaten- und Künstlergesellschaft ins Leben zu rufen – eine bewußte Gegengründung zu den Männerdomänen »Tunnel über der Spree« oder »Mittwochsgesellschaft«. Provokant ist deshalb auch der Name gewählt: »Kaffeter« läßt an ein Damenkränzchen denken und ist doch in Wirklichkeit weit mehr. Die Gründungsmitglieder sind Maximiliane, Armgart und Gisela von Arnim, die Schwestern Wilhelmine und Caroline Bardua, Pauline und Anna von Wolzogen, Ottilie von Graefe und Marie Lichtenstein. Zur Vorsitzenden der Kaffeologen, wie sie sich nennen, wird Maxe von Arnim gewählt. Sie übernimmt das Amt unter dem Kaffeternamen Präsident Maiblümchen; auch die anderen tragen skurrile Mitgliedernamen: Armgart etwa heißt Lord Armgart, Gisela zunächst Herr Giseloff, später Marilla Fittchersvogel und Spatz von Spatzenheim – nach dem von ihr verfaßten Märchen ›Aus den Papieren eines Spatzen‹.

Die Mitgliedschaft ist zunächst ausschließlich Frauen vorbehalten, erst später, als Giselas Freund (und späterer Ehemann) Herman Grimm auftritt, macht man nach langer, kontrovers geführter Diskussion Ausnahmen: Männer dürfen Aufnahme finden, jedoch nur »ungefährliche«. So finden sich neben Grimm bald auch Emanuel Geibel und Gebhard von Alvensleben unter den Kaffeologen, und der dänische Dichter Hans Christian Andersen wird mit einer Ehrenmitgliedschaft bedacht.

Die meisten Frauen sind im Alter von Maxe und Armgart, doch gibt es auch Ausnahmen: Caroline Bardua etwa, die berühmte Portraitmalerin, ist 1843 bereits einundsechzig Jahre alt, ihre Schwester Wilhelmine (Mine) Bardua fünfundvierzig. Die beiden fungieren in erster Linie als Gastgeberinnen; in ihrer Wohnung in der Französischen Straße 28 gehen die Kaffeologen bald ein und aus. Der Kreis wächst und wird bunter: Valeska von Grabow, Nina, Marie und Hedwig von Olfers, Louise Bardua, Amalie von Herder (eine Enkelin des Weimarer Dichters), Fernanda von Pappenheim und Elisabeth von Königsmarck gehören bald ebenfalls dazu – alles Damen aus den »ersten« Familien Berlins und, ebenso wie die Schwestern von Arnim, meist Töchter oder Enkelinnen berühmter Persönlichkeiten. Aus dem Schatten der Ahnen herauszutreten mag ein unterschwelliger Antrieb zur Bildung des Kaffeters gewesen sein. So ist es auch nicht verwunderlich, daß Bettine von Arnim nie die Mitgliedschaft angeboten wird.

Vor allem Wilhelmine Bardua und die Dichterin und Malerin Marie von Olfers werden zu Chronistinnen des Bundes, indem sie über viele Jahre hinweg akribisch Tagebuch führen. Beide Tagebücher werden in den zwanziger Jahren des 20. Jahrhunderts veröffentlicht (Marie von Olfers stirbt erst 1924, mit achtundneunzig Jahren) und bieten einen einzigartigen Einblick in das gesellschaftliche Leben Berlins während der Biedermeierzeit.

Die eigentliche Chronik der Gemeinschaft ist die Kaffeterzeitung. Sie verzeichnet sämtliche Ein- und Austritte, die Protokolle der Sitzungen und besonderer Ereignisse und sammelt auch die Beiträge der Kaffeologen zu den Zusammenkünften. Johan-nes Werner, der 1929 die Aufzeichnungen von Wilhelmine Bardua veröffentlicht, publiziert einige Beiträge, Zeichnungen und Scherenschnitte aus der Kaffeterzeitung, die ihm damals noch vorliegen. Die Chronik gilt heute jedoch – ähnlich dem Manuskript der Memoiren Maxe von Arnims – als verschollen.

Die Sitzungen des Kaffeters werden nach strengen Regeln inszeniert. Zu essen gibt es in den ersten Jahren nur Schrippen, dazu Kaffee, denn das Kulinarische soll nicht die Kunst überdecken. Erst später schleicht sich die Sitte ein, daß auch Obstsalat, Schokolade und Kuchen gereicht werden. Zudem gibt es eine Art Kaffetertracht für die Damen: hohe, spitze Mützen – wie Feenhüte – aus kaffeebraunem Glanzpapier, von denen ein rosa Schleier herabfällt. Nur Präsident Maiblümchens (Maxe von Arnims) Hut ist aus weißem Stoff. Der Schleier dient dazu, daß die Vortragende bei zu starkem Applaus ihr Erröten dahinter verbergen kann.

Wilhelmine Bardua beschreibt in ihren Memoiren den Ablauf einer Kaffetersitzung: »Sobald man sich an Speise und Trank gelabt, ergriff Präsident Maiblümchen sein Szepter aus weißem Holz, mit rosa Band umwunden und mit Blüten geschmückt, und hielt zur Eröffnung eine Ansprache. Darauf wurde zunächst das Protokoll der letzten Sitzung, von Mine Bardua in komisch-feierlichem Curialstil und oft mit gutem Humor verfaßt, verlesen und Carolines neues Titelbild bewundert. Alsdann hatte jedes Mitglied seinen Beitrag mitzuteilen. Die geschriebenen wurden vorgelesen, die Zeichnungen herumgereicht, Kompositionen vorgespielt oder gesungen. Jeder einzelne Beitrag wurde kritisiert. Um sein Mißfallen kundtun zu können, hatte jeder Kaffeologe eine Kinderknarre, für den Beifall eine kleine Trompete. Auch Ordensauszeichnungen gab es im Kaffeter zur Belohnung besonderer Verdienste. Den Orden der goldenen Kaffeekanne besaßen nur die Begründer, die zweite Klasse wurde in Silber verliehen; beide Klassen waren am rosa Band zu tragen. Für die Herren bestand die Auszeichnung in einem silbernen Miniatur-Kaffeelöffelchen, das an der Uhrkette zu tragen war.«

Heute mögen solche Gepflogenheiten und Verkleidungen ein wenig lächerlich anmuten, doch muß man sich vor Augen halten, daß Bünde wie der Kaffeter für die meist jungen, unverheirateten Frauen die einzige Möglichkeit darstellten, eigene künstlerische Neigungen auszuprobieren und zu pflegen und den ansonsten sehr starren Konventionen bei Hof oder in der bürgerlichen Gesellschaft wenigstens für einige Stunden zu entfliehen.

Ein Vorhaben, das die Damen des Kaffeters im März 1845 beschließen, zeigt, wie selbstbewußt sie in künstlerischen und gesellschaftlichen Belangen bereits sind: Sie laden König und Königin zu einer Kaffetersitzung ein. Tatsächlich erscheint das königliche Paar einige Zeit später zu dem Fest, das diesmal in der repräsentableren Wohnung der Savignys stattfindet. Zu diesem Ereignis wird Christian Fürchtegott Gellerts Schäferspiel ›Das Band‹ aufgeführt. König und Königin amüsieren sich sehr. Friedrich Wilhelm IV., seit 1840 auf dem preußischen Thron, gilt damals noch als liberaler, menschenfreundlicher Monarch, dem die schönen Künste besonders am Herzen liegen.

Ihm bereiten Maxe und Armgart bei anderer Gelegenheit denn auch ein besonderes Geschenk: Im Winter 1842/43 malt Armgart, die begabte Zeichnerin, ein großes Arabeskenbild, das detailreich allerlei Blüten und Pflanzen zeigt, und dazwischen, fein versteckt, winzige Figuren: Insekten, Schmetterlinge, Käfer, aber auch menschliche Gestalten und Wesen aus Märchen und Fabeln.

Maxe von Arnim erinnert sich: »Der König hatte den Scherz, daß er sich bei der Huldigungsfeier von Armgart eine Malerei gewünscht hatte, nicht vergessen und durch [Alexander von] Humboldt schon wiederholt fragen lassen, ob das Bild denn immer noch nicht fertig sei. Armgart hatte, sobald sie merkte, daß der Scherz ernst gemeint war, immer wieder poetische Entwürfe versucht und Einzelstudien dafür gemacht. Im letzten Winter war das Bild nun fertig und schon von vielen bewundert worden: ein Pergamentblatt größten Formats, auf dem ein Märchenbild gemalt war. In der Mitte saß ein Elfenkönigspaar auf einem Blumenthron, auf dessen Stielen muntere Elfengeisterchen geschäftig ein Fest vorbereiteten, während in den Wurzeln kleine Köche und Konditoren und Küfer tätig waren. Rund herum waren die Elemente, die Weltgegenden, die Jahreszeiten, das Tierreich, und alle huldigten dem Königspaar. Ganze Regimenter von kleinen Käfern und Schmetterlingen in den Farben der Garde-Infanterie und -Kavallerie waren aufmarschiert. Umrahmt war das Ganze von einem arabeskenartigen Gewinde von Eichenlaub und Lorbeer.«

Dazu schreibt Maxe ein langes, das Bild erklärendes Huldigungsgedicht. Friedrich Wilhelm bittet die Schwestern nach

Potsdam, als er über Humboldt erfährt, daß das Bild fertigge-stellt ist. Sie fahren abends dorthin und nähern sich dem Schloß durch den Garten. Armgart berichtet in einem Brief an ihren Onkel Georg Brentano:

»Da sehe ich auf einmal, wie ein Mann mit einem Regen-mantel und einer Soldatenmütze sich an der Kette, die die Ter-rasse für das Publikum absperrt, zu schaffen macht, und als es ihm nicht gelingt, sie auszuhaken, darüber springt. Was hat denn der hier in der nächsten Nähe des Schlosses zu suchen?! denke ich – da ist es der König. ›I, wat chik, wat chik!‹ rief er im Berliner Dialekt, als er mich erblickte. Er führte uns dann aus dem großen Gartensaal in ein kleineres Gemach neben dem, wo eigentlich der Abend zugebracht wird, und fragte nach dem Bild. Ich stellte es schnell auf einen kleinen Marmor-tisch an der Wand zwischen zwei Leuchter und mich mit einem Bleistift als Zeichenstab zur Rechten, Maxe mit ihrem Gedicht sich zur Linken. […] Der König saß auf einem Stuhl, der Hof-staat stand um ihn herum. Maxe begann mit ihrer schönen, weichen Stimme zu lesen, und ich zeigte mit meinem Stab auf die betreffende Malerei.«

Der König ist nach wenigen Versen so angetan, daß er von seinem Stuhl aufspringt, nahe an das Bild herantritt und wäh-rend der Rezitation alles genau mustert: »Zwischendurch machte er immer lustige Bemerkungen; besonders amüsierten ihn seine Gardedragoner als blaue Schmetterlinge und die Kö-che, die in der Unterwelt hantierten. Als wir endlich fertig wa-ren, dankte uns der König für die große Freude, die wir ihm bereitet hätten: ›Das ist alles so originell, in Idee wie Ausfüh-rung, wie ich noch nichts gesehen.‹ Und dann führte er uns in den anstoßenden Saal zum Tee, so daß wir vor allen Herr-schaften und Exzellenzen als erste mit ihm durch die Tür ge-hen mußten.«

Der Triumph ist vollkommen: Maxe und Armgart, vor kur-zem als Debütantinnen bei den Hofbällen eingeführt, gehören nun zu den Lieblingen des Königs, was in seltsamem Wider-spruch zu den gesellschaftspolitischen Anschauungen ihrer

Mutter (und später auch ihrer Schwester Gisela) steht. Besonders Maxe legt – zumal später, als Gräfin Oriola – stets großen Wert auf ihre adlige Abkunft und ihren Umgang bei Hofe. Auch ihr Preußentum kehrt sie, vor allem nach dem Krieg von 1870/71, immer wieder hervor. Innerlich scheint sie sich mehr dem Arnimschen Umfeld zugehörig zu fühlen, während Bettine und Gisela zeitlebens eher die bürgerlichen und vor allem reichsstädtischen Frankfurter Brentanos bleiben.

Der Kaffeter indes besteht nur fünf Jahre: Im März 1848 löst er sich unter dem Eindruck der revolutionären Ereignisse in Berlin auf. Im Mai 1851 werden zwar von den Schwestern Bardua nochmals zwei Sitzungen einberufen, doch sind es eher nostalgische denn inspirierende Zusammenkünfte. Die Revolution, in deren Verlauf Prinz Wilhelm, der Bruder des Königs und spätere deutsche Kaiser, in die vor dem Berliner Stadtschloß demonstrierende Menge schießen läßt, hat die bürgerliche Kultur der Spätromantik und des Biedermeiers nachhaltig beschädigt. So unschuldig-verspielte Bünde wie der Kaffeter sind nach 1848 ideologisch kaum mehr möglich.

In den Jahren vor 1848 wird das kulturelle und gesellschaftliche Interesse Maxe von Arnims zeitweise durch persönliche Dinge überlagert. Nach dem verheerenden Brand auf Schloß Bärwalde und der zeitweiligen Verpachtung Wiepersdorfs sehen Armgart und sie sich nach einem anderen Sommerdomizil um. Wie gerufen kommt da eine Reise der Savignys nach Frankfurt. Die beiden Schwestern überlegen nicht lange: Hat ihr Onkel Georg in Rödelheim sie nicht stets aufs herzlichste willkommen geheißen und ihnen jeden Wunsch von den Augen abgelesen? Kurzentschlossen besteigen sie die Savignysche Kutsche.

»Unsagbar schön«, so Maxe, »war die freudige Überraschung des Onkels Georg, als wir ganz unerwartet bei ihm in Rödelheim eintraten. Nun begann für uns ein Leben wie im Himmel.« Die Schwestern genießen einen unbeschwerten Sommer im ländlichen Paradies an der Nidda. Aber auch in Frankfurt werden Maxe und Armgart vom Onkel verwöhnt: »Als wir im

Winter von Rödelheim in den Goldenen Kopf übersiedelten, fanden wir in unserem Zimmer prachtvolle vergoldete Himmelbetten vor, die der Onkel für uns hatte arbeiten lassen und uns schenkte – nie solle jemand anderes darin schlafen. Die Güte und Liebe, mit der der Onkel uns und besonders mich überhäufte, war grenzenlos.«

Diese Zeilen, die Maxe im Alter verfaßt hat, verschweigen die wahren Hintergründe von Georg Brentanos Anhänglichkeit, teils aus Verklärung des Onkels, teils wohl auch aus intimer Scheu. Der Brentano-Forscher Hartwig Schultz hat vor wenigen Jahren in seinem Buch über den Frankfurter Zweig der Familie Briefe Georg Brentanos zum ersten Mal veröffentlicht, die eine persönliche Tragödie offenbaren. Georg Brentano, inzwischen siebzig Jahre alt und seit dreißig Jahren Witwer, ist von einer tiefen Liebe zu der siebenundzwanzigjährigen Nichte ergriffen, die unerfüllbar ist, aber gerade deshalb um so leidenschaftlichere, ja quälende und zerstörerische Züge annimmt. Nicht nur ein goldenes Himmelbett schenkt Georg ihr, er läßt für sie sogar eine lauschige Laube im Rödelheimer Park errichten. Die Briefe des Onkels (Maxes Antworten sind nicht erhalten) sprechen deutlich die Sprache der Liebe und veranschaulichen das ganze Drama dieses alten Mannes.

Am 25. März 1846 schreibt er an Maxe (sie ist wieder in Berlin): »[...] waß habe ich für Ansprüche, der reichste Mensch der Erde zu seyn; ich bin ein zudringlicher Nimmersatt, ganz deutlich und oft, werfe ich mir, mir lächerlichen Menschen das ins Gesicht. [...] Sehr oft habe ich mich selbst gefragt, waß will ich dann eigentlich? und ich kann dir ehrlich die Antwort geben, nichts, als dich so glüklich zu wißen als möglich, nichts, als daß du mich lieber habest, und mehr Vertrauen zu mir habest, als in andere, mehr will ich nicht, mehr verlange ich nicht, aber das zu erreichen, soll auch durch mein ganzes Leben mein Bestreben seyn, warum es so in mir ist ehrlich zu sagen, ich weiß es nicht, es ist aber nun einmahl so in mir.«

Maxe sieht sich in einer schwierigen Lage: Einerseits schätzt sie den Onkel sehr und will ihn nicht verletzen, andererseits quält er sie mit seinen Liebesbeteuerungen, die sie zur Leinwand seiner Projektionen machen und ihn selbst der Lächerlichkeit und Demütigung preisgeben. Noch in ihren Memoiren schimmert etwas von dieser Qual durch: »Immer wieder fragte er mich: ›Hast du mich lieb?‹ und wenn ich das bejahte, sagte er: ›Du sollst mich aber lieb*er* haben als alle anderen!‹ Dieses ›*er*‹ spielte fortan eine große Rolle. Der Onkel schenkte mir eine kostbare Briefmappe aus feinstem Leder – auf dem goldenen Schlüssel war eingraviert ›ER‹. […] Eines Tages fand ich das Buch, nach dem er mich in der italienischen Sprache unterrichtete, in einen silbernen Deckel eingebunden, und darauf stand unter dem ›*ER*‹ eingraviert: ›Die glücklichsten Stunden eines armen Schelmen.‹ Die Mutter drängte auf unsere baldige Rückkehr, und Friedmund, der uns abholen sollte, war schon vor Weihnachten gekommen, aber der Onkel ließ uns nicht fort. Sobald nur das Wort ›Abreise‹ fiel, geriet er in eine ganz exaltierte Erregung.«

Schließlich bleibt Maxe doch nur die Flucht. Aber auch jetzt läßt der Onkel in seiner Liebeswut nicht nach. Innige Briefe, wechselnd zwischen Sehnsucht und Zerknirschung, gehen nach Berlin. In ihren tagebuchartigen Aufzeichnungen (unter dem Titel ›Die Grashalme‹ im Jahr 2003 veröffentlicht) gesteht Maxe Ende 1847: »Die Leidenschaft des Onkel Georg dauert fort und fort! Briefe auf Briefe! Geschenke auf Geschenke, er hofft immer noch, daß ich seine Wünsche erfüllen werde! Nie habe ich verstehen können, warum ich ohne es zu wollen, ohne irgend einen Wunsch zu gefallen Herzen erobere während mein Herz nach so tiefem Schmerz, so kalt geworden!«

Dieses Geständnis läßt auf andere Herzensangelegenheiten schließen. Tatsächlich wird Maxe von Arnim in jenen Jahren von mehreren jungen Männern aus adligem Hause teils heftig umworben. Manchmal ist sie es, die einen Rückzieher macht, manchmal ist es Bettine, der ein Bewerber wegen seines aristokratischen Dünkels mißfällt, dann wieder sind es Standesgrenzen, die eine Verbindung scheitern lassen, gilt Maxe doch, auch wenn sie zum niederen Freiherrenadel gehört, nach wie vor als Bürgerliche aus einer Frankfurter Krämerdynastie – so zumindest sieht es der vorurteilsbehaftete Altadel.

Lediglich einen Bewerber verliert Maxe nie aus den Augen, obgleich er lange Zeit nur als guter Freund gilt: den aus altem portugiesischen Adel stammenden Grafen Eduard von Oriola, Sohn des portugiesischen Gesandten in Berlin. Bereits 1846 macht Oriola, der neun Jahre älter ist als Maxe, der jungen Frau einen Heiratsantrag, doch sie weist ihn ab – ihrer Mutter Bettine ist der Graf zu aristokratisch. Oriola bleibt hartnäckig: »Nun, wenn Sie mich nicht lieben können, dann glauben Sie wenigstens daran, daß Sie an mir einen treuen Freund haben, der, wenn Sie ihn brauchen, immer für Sie bereit sein wird.«

Seit Anfang 1848 wohnt Bettine mit ihren drei Töchtern in einer geräumigen Wohnung: In den Zelten 5, vor dem Brandenburger Tor im Tiergarten gelegen. Dieses Haus geht in die deutsche Geistesgeschichte ein als Treffpunkt von Künstlern und Wissenschaftlern wie Alexander von Humboldt, Jacob, Wilhelm und Herman Grimm, Joseph Joachim, Franz Liszt und vielen anderen. Armgart hat das Haus zwischen den Bäumen des Tiergartens gezeichnet, Maxe liefert uns eine Beschreibung:

»Bald aber fanden auch wir, daß die neue Wohnung eigentlich ideal, so recht ein Dichterheim im Grünen war. Schon die freie Lage: vorn der Wald, hinten die Spree. Und vor allem die vielen schönen, großen und hohen Räume. In unserer Beletage hatten wir zehn Zimmer und den großen Saal, vor dem die geräumige gedeckte Veranda mit der Aussicht auf den Wald lag. Der Saal war in pompejanisch Rot gehalten; hier standen der Flügel und später auch das große Goethedenkmal, an den Wänden Götterbüsten. Rechts davon hatte die Mutter zwei Zimmer und daneben ihr Schlafzimmer, dann folgten nach rückwärts Gisels Zimmer und das Eßzimmer.«

Daneben gibt es noch Zimmer für Armgart und Maxe, für die Brüder, für den Arnimschen Verlag (in dem auch die Märchen und Dramen Giselas sowie das Märchen ›Das Heimelchen‹ von Armgart von Arnim erscheinen), eine Wohnung für Bettines Sekretär und Verlagsgeschäftsführer Jenatz sowie ein Atelier, in dem sie an ihrem Goethe-Denkmal arbeiten kann. Das klingt alles sehr luxuriös, doch ist die Miete einigermaßen erschwinglich, da das Haus außerhalb der eigentlichen Stadt liegt – für manchen Besucher zu weit außerhalb, denn nachts muß man durch den dunklen Tiergarten gehen.

Die heimische Idylle wird durch die Revolution von 1848 getrübt. Maxe und Armgart – seit Jahren auf den Bällen bei Hofe eingeführt und immer wieder von adligen Herren umworben – stehen auf seiten der königlichen Familie und der alten Ordnung. Für sie sind die Forderungen der Revolutionäre nach einer Verfassung und mehr Mitspracherecht gleichbedeutend mit anarchischen Umtrieben. Vereinzelt kommt es zu Plünderungen, was Maxe als Vorboten des Chaos und der Herrschaft durch den Pöbel verurteilt. Friedrich Carl und Gunda von Savigny, vor deren Haus sich die Protestierer ebenfalls versammeln, müssen durch einen Seitenausgang fliehen. Noch vierzig Jahre später schreibt Maxe fassungslos: »Von all dem Schrecklichen empörte uns am meisten die unsinnige Wut des Volkes gegen unseren geliebten Prinzen von Preußen und dessen Flucht, die er auf Wunsch des Königs notgedrungen antreten mußte. Wir erfuhren bald all die schmählichen Einzelheiten durch Eduard Oriola […].«

Im Haus In den Zelten herrscht in jenen Tagen eine eigentümliche Atmosphäre: »Während wir [Armgart und Maxe] die Köpfe hängen ließen, blickte die Mutter (und mit ihr natürlich auch Gisel) rosig in die Zukunft und war Feuer und Flamme für die Revolution als einen gewaltigen Fortschritt in der Entwicklung.« Gleichzeitig beteuert Maxe, es sei in der Familie zu keinerlei Spannungen gekommen: »Das alles war für uns, die wir ganz anders empfanden und dachten, nicht leicht, aber die Liebe, die in unserer Familie trotz mancher Verschiedenheit herrschte, hat auch diese stärkste Probe bestanden: es hat auch in dieser Zeit nie eine wirkliche Verstimmung oder gar Entfremdung zwischen uns gegeben.«

In ihren Memoiren behauptet Bettines älteste Tochter, es habe eine Zeitlang getrennte Salons im Hause gegeben: einen aristokratischen der Schwestern Armgart und Maxe, und einen demokratischen unter der Führung von Bettine und Gisela, der »edlen Weltverbesserer«, wie Maxe nicht ohne Hohn schreibt. Diese Zweiteilung der Salons unter einem Dach darf jedoch angezweifelt werden. Bettine hatte in jenen Jahren zu sehr das Heft in der Hand, als daß sie sich von den eigenen Töchtern so auf der Nase hätte herumtanzen lassen.

Die Situation entspannt sich nach dem Scheitern der Revolution – und mit Beginn der langwierigen Krankheit Bettines. Mehrere Schlaganfälle und eine fortschreitende Altersschwäche binden sie mehr und mehr an Wohnung und Bett. Die drei Töchter teilen sich die Krankenpflege und fahren, solange das noch möglich ist, immer wieder einmal mit der Mutter zur Kur in die böhmischen Bäder.

Erst spät beginnen Maxe und Armgart, sich mit dem schriftstellerischen Werk Bettines eingehender zu beschäftigen; Maxe behauptet später, die Bücher der Mutter zu lesen sei ihnen in jungen Jahren verboten gewesen. Wahrscheinlich haben sie sich jedoch für Bettines »Weltverbesserer«-Anschauungen einfach nicht interessiert.

Auch dem Onkel Georg in Frankfurt geht es schlecht. Im Juli 1849 reisen Maxe und Armgart an den Main, um ihn, zusammen mit Claudine von Firnhaber und Georgs Tochter Sophie, zu pflegen. Georgs Siechtum dauert lange. Armgart reist bald zu Bekannten nach Paris weiter und feiert dort gesellschaftliche Erfolge. »[...] ihr Geist«, schreibt Maxe nicht ohne Neid, »ihre Grazie und Liebenswürdigkeit hat alle für sie gewonnen. Berühmte Gelehrte und Künstler und große Politiker haben sich ihr vorstellen lassen, in den vornehmsten Zirkeln wurde ihr gehuldigt, jeder wollte sie ins Theater führen, dann mußte sie auf die Landschlösser der Ducs und Duchessen.«

Maxe bleibt unterdessen – unterbrochen von kürzeren Aufenthalten in Berlin – in Frankfurt und pflegt den alten Mann, der sie vor wenigen Jahren noch so leidenschaftlich und quälerisch umworben hat. Am 22. Februar 1851 stirbt Georg schließlich. In ihren Tageblättern notiert Maxe: »Ach es war schwer ihn so enden zu sehen! u es bleibt mir nichts als der eine Trost daß ich bei ihm gewesen in dieser Zeit! Keinen Trunk Wasser nahm er mir ab ohne mir die Hand zu streicheln, u immer blickte er mich liebevoll an wenn ich ihm nahte – sein letztes Wort als ich ihm ein Gebet vorlas war ›so gut‹; u er drückte mir die Hand!«

Nach Maxes und Armgarts Rückkehr nach Berlin geht das Leben zunächst seinen gewohnten Gang: Bettines abendliche Salons, die Bälle bei Hofe, sommerliche Ausflüge nach Wiepersdorf und in die böhmischen Bäder. Ein letzter Versuch zur Wiederbelebung des Kaffeters scheitert. Armgart und Maxe malen und dichten noch eine Zeitlang weiter, doch ohne allzu großen Elan, und scheinen beide Beschäftigungen später ganz aufgegeben zu haben.

Während Gisela, das Nesthäkchen, zur schönen jungen Frau erblüht und von Herman Grimm und Joseph Joachim gleichermaßen heiß umworben wird, fürchten Armgart und Maxe – das klingt in Briefen an –, als alte Jungfern übrigzubleiben. Immerhin ist Maxe im Jahre 1851 bereits dreiunddreißig Jahre alt, für damalige Verhältnisse zum Heiraten beinahe zu alt. Doch tritt, nach mehreren Enttäuschungen mit anderen Bewerbern, Graf Eduard von Oriola wieder in ihren Kreis, und auch für Armgart findet sich ein Verehrer: Graf Albert von Flemming, der als dilettierender Cellist in Bettines Salon kommt und sich in deren zweite Tochter verliebt.

1853 heiraten Maximiliane von Arnim und Eduard von Oriola in Wiepersdorf, nach protestantischem und katholischem Ritus, um beiden Familien Genüge zu tun. Bettine, durch Krankheit geschwächt, widersetzt sich der Verbindung nicht länger. Ein Jahr nach dem Tod der Mutter im Januar 1859 heiratet Armgart, die sich diesen Schritt zuvor versagt hat, Graf Flemming und geht mit ihm, dem preußischen Gesandten am badischen Hof, nach Karlsruhe.

Armgarts Leben ist fortan, bis zu ihrem Tod im Jahre 1880,

von den Pflichten der Mutterschaft und der Repräsentation geprägt. Der spätere Kaiser Wilhelm I. verbringt seine Ferien gerne als Gast der großherzoglichen Familie in Baden-Baden. Im Hause des preußischen Gesandten Flemming finden zahlreiche Empfänge statt – unter der Führung der als geistreich bekannten Dame des Hauses, Armgart von Flemming.

Armgart bringt zwei Töchter zur Welt, Elisabeth und Irene, die beide berühmte Schriftstellerinnen werden und das literarische Erbe der Brentanos bis weit ins 20. Jahrhundert hineintragen – durch eigene, unverwechselbare Werke, aber letztendlich auch durch das Bewahren verschiedener Nachlässe und Nachlaßteile.

Ob Armgart unter anderen Lebensumständen ihre zeichnerischen Fähigkeiten zur Meisterschaft hätte bringen können, muß Spekulation bleiben. Talent besaß sie zweifelsohne, die überlieferten Arbeiten belegen das.

Ihr Name ist jedoch untrennbar mit dem Kaffeter verbunden, der als eigenständige literarische Gesellschaft zwar nicht die Bedeutung eines »Tunnel über der Spree« erlangte, aber aus der Geistesgeschichte Berlins und der Sozialgeschichte weiblicher Emanzipation nicht wegzudenken ist.

Mit dem Kaffeter eng verbunden bleibt auch der Name Maxe von Arnims, der verheirateten Gräfin von Oriola. Ihr weiteres Leben ist ebenfalls von der Familie und von aristokratischen Pflichten bestimmt.

Maxe bringt drei Söhne und zwei Töchter zur Welt. Früh verwitwet (Eduard von Oriola stirbt 1862), wechselt sie immer wieder den Wohnort, lebt bei den Brüdern oder den erwachsenen Kindern in Bonn, Breslau und Berlin. Wiederholt hält sie sich auch bei ihrer Schwester Armgart in Karlsruhe und als Sommerfrischegast der Flemmings auf Schloß Buckow in der Märkischen Schweiz auf. So verbringen die unzertrennlichen Schwestern selbst als verheiratete Frauen noch viel Zeit miteinander.

Maxe betätigt sich in den Jahren ihrer Witwenschaft karitativ: In den Kriegen von 1866 und 1870 organisiert sie Hilfsfonds wie den ›Invalidendank‹, gründet Wohltätigkeitsbasare und einen ›Verein der Frauen und Jungfrauen‹, lädt sogar verwundete Soldaten in ihr Haus und pflegt sie. Sie gibt ein Familienblatt mit dem Titel ›Nach der Arbeit‹ heraus, dessen Erlös wohltätigen Zwecken dient und das sie redaktionell leitet.

Ihren künstlerischen Neigungen geht sie nur noch passiv nach: Im Jahre 1867 tritt sie zusammen mit ihrer Freundin Marie von Olfers dem ›Verein der Künstlerinnen und Kunstfreundinnen zur gegenseitigen Förderung in Leben und Kunst‹ bei. In ihrem Hause finden sogar Theateraufführungen zugunsten der Armen Berlins statt. Die Salonkultur der Mutter wird wiederbelebt, allerdings verkehren in Maxes Wohnung in Berlin nicht die Demokraten von einst, sondern konservative und aristokratische Geister, so der Dichter Gustav zu Putlitz, Wilhelm von Moltke, der Physiker Hermann von Helmholtz und zahlreiche Diplomaten, Offiziere, Parlamentarier und Unternehmer.

An eine neuerliche Heirat denkt Maxe nicht. Einen späten Bewerber, der um ihre Hand anhält, Fürst Wilhelm zu Löwenstein, weist sie ab. Ihr Umgang mit Angehörigen des Hochadels zeigt aber immerhin, daß Maxe von Oriola auch offiziell die bürgerliche Frankfurter Abstammung hinter sich gelassen hat. Bis zu ihrem Lebensende betont sie immer wieder glühend ihre Nähe zum Hochadel, besonders zum Kaiserhaus, und ihren preußischen Patriotismus.

1876 stirbt in Wiepersdorf die Freundin und Schwägerin Claudine, die zweite Ehefrau ihres Bruders Freimund (der bereits 1863 gestorben ist). Maxes Neffe, der Maler Achim von Arnim, gestaltet mit dem Geld der Stiefmutter Schloß und Park großzügig um. Maxe schreibt bedauernd: »Er traf alsbald viele Verbesserungen an dem alten Haus, an dem seit meiner Kindheit nichts Wesentliches geändert worden war; […] aber – *mein altes* Wiepersdorf war es nicht mehr.«

1888 macht sie sich die Mühe, die in Wiepersdorf liegenden Nachlässe von Mutter und Vater zu sichten – sie ist sich des geistig-ideellen Wertes der Manuskripte und Briefe durchaus bewußt. Leider versteigern Mitglieder der Familie von Arnim im Jahre 1929 große Teile der Nachlässe, wodurch vieles in Sammlerhände gerät und für Wissenschaft und Leserschaft teilweise verloren geht. Schloß Wiepersdorf indes wird nach dem Zweiten Weltkrieg saniert und seither als Kulturhaus und Begegnungszentrum für Schriftsteller genutzt.

Ihre letzten Lebensjahre verbringt Maxe auf Schloß Büdesheim in der Wetterau, dem Schloß ihrer Schwiegertochter Marie von Berna. »Büdesheim ist ein ganz herrlicher Besitz«, schwärmt die alternde Witwe. »In der fruchtbaren Wetterau gelegen, mit dem Ausblick auf den Taunus, mit dem schönen, von der Nidder umflossenen alten Park ist es, zumal seitdem Gabriel Seidl das imposante neue Schloß an den alten Bau angefügt hat, wirklich ein Juwel.«

So kehrt Maximiliane von Arnim, verheiratete von Oriola, in ihren späten Jahren wieder in die Heimat ihrer Vorfahren mütterlicherseits, der Brentanos, zurück. Hier, auf Schloß Büdesheim, schreibt sie auch ihre Memoiren und wird so zur Schriftstellerin – vielleicht nicht mit literarischem Anspruch, wohl aber als Chronistin einer bewegten Zeit und zweier bedeutender Familien, der Brentanos und der von Arnims.

Maxe überlebt alle ihre Geschwister, wobei besonders der Tod ihrer Lieblingsschwester Armgart sie schwer trifft: »Am 17. Januar 1880 ist sie mir entrissen worden – die Gefährtin meines Lebens von der Kindheit an.«

In der Zurückgezogenheit und Einsamkeit ihrer letzten Lebensjahre wird sie jedoch von »Didi«, Armgarts Tochter Irene, die später eine bekannte Dichterin wird, umsorgt. »Bei der Leere, die mich nun umgab, war es eine Wohltat, daß Didi Flemming dauernd bei mir war«, schreibt Maxe dankbar, »dieses bildschöne, reichbegabte Mädchen, das mir mit ihrem immer heiteren Wesen und ihrer schönen, glockenreinen Stimme Sonnenschein in meine Einsamkeit brachte.«

Am Morgen des 31. Dezember 1894 sitzt in Berlin Marie von Olfers über einer Zeichnung mit Glückwunschversen, die sie der alten Kaffeterfreundin, die gerade in der Stadt zu Besuch weilt, als Silvestergruß überbringen will. Sie kommt wenige Stunden zu spät. Maximiliane stirbt am Silvestermorgen und wird auf dem St.-Hedwigs-Friedhof im Familiengrab der Oriolas beigesetzt.

Gisela von Arnim, verh. Grimm (1827–1889)

Gisela Grimm
(1827–1889)

» Was rührt uns an den Blumen? Sie sind in kindlicher Zartheit in das wilde Leben in Regen und Sonnenschein hineingewachsen: wie ihr Schicksal auch sei, sie blühen!«

Gisela Grimm

Gisela, die jüngste Tochter Bettine und Achim von Arnims, wird bis heute verkannt und unterschätzt. Schon zu Lebzeiten rankte sich so manche romantisierende Vorstellung um ihre Person, die ihr Wesen mehr verschleierte denn greifbar werden ließ. Eine vielzitierte Anekdote, die das Bild, das man sich von ihr machte, anschaulich vermittelt, überliefert Prinz Kraft zu Hohenlohe-Ingelfingen in seinen Memoiren:

»Ihre [Bettines] jüngste Tochter Gisela war eben erwachsen, etwa zwanzig Jahre alt. Bei ihrem jüngsten Kinde hatte Bettina, da sie nun Witwe war, ihre Erziehungsgrundsätze ungestört anwenden können. Ihr leitender Gedanke war absolut Rousseau. Der Mensch erziehe sich selbst am besten, meinte sie. Demzufolge konnte Gisela thun, was sie wollte. Mit siebzehn Jahren konnte sie weder lesen noch schreiben, saß, wenn es sehr heiß war, nur mit einem Hemd bekleidet, oder wie sie wollte, wo sie wollte, zuweilen unter dem Tisch und kniff die Gäste in die Beine. Eines Tages sagte sie: ›Mutter, ich möchte was lernen.‹ ›Schön, mein Kind‹, sagte die Mutter, ›was denn?‹ ›Griechisch.‹ Also fing das Kind an, Griechisch zu lesen und zu schreiben. Sie lernte, da ihre Kopfnerven bis zum neunzehnten Jahre geschont waren, bald Alles, was andere in langer Zeit lernen, und schriftstellerte bald. Als ich sie kennenlernte, war sie bereits ein vollkommener Blaustrumpf.«

Das Perfide an dieser Geschichte: Sie ist nach heutigen Erkenntnissen frei erfunden. Dennoch gibt sie wieder, wie man che Zeitgenossen die Verhältnisse im Hause Bettine von Arnims sahen oder welche Mutmaßungen sie darüber anstellten.

Geboren wird Ottilie Beate Gisela Walpurgis am 30. August 1827. Der Vater Achim von Arnim meldet den Brüdern Grimm stolz: »Das Vieh und die Kinder soll man nicht beschreien, sagt unser Landvolk, das heißt, seine Gesundheit und Schönheit nicht rühmen, weil das dem Teufel einen Lusten macht, es zu verderben. Dieser niederträchtige Glaube, der das bißchen Schöpfung, was man zu sehen kriegt, in lauter Bedenklichkeiten hüllt […] soll mich nicht abhalten, mein kleines Mädchen als einzig zu preisen, das mir am 30. August geboren, ja allen Teufeln zum Trotz soll es zu einem frommen Kinde, Jungfrau, Frau, Mutter, Großmutter gedeihen – alles durch Gottes Gnade.«

Die Familie wohnt damals zeitweise in Wiepersdorf, zeitweise in der Berliner Dorotheenstraße. Berlin ist noch nicht die Stadt der rechtwinkligen Mietskasernen, der dunklen Hinterhöfe und schnurgeraden Chausseen, sondern besitzt biedermeierlichen, kleinbürgerlichen Charme. Die kleinen Häuser sind verwinkelt, die Gärten mit alten Bäumen bestanden.

In ihrem Märchen ›Aus den Papieren eines Spatzen‹ hat Gisela von Arnim dieses romantische Ambiente später festgehalten: »Das Nest war beschattet von einem dunklen Kastanienbaum, der seine strebenden, gewaltigen Zweige mit dem kräftigen Laub gegen die Mauer des Hauses streckt, zuerst erblickte ich also die heimliche Dämmerung der Welt und nicht das Licht.« In Giselas Weltverständnis hat die Dämmerung nichts Bedrückendes an sich, sondern verkörpert eher das Geheimnisvolle der Romantik. Und als Romantikerin versteht Gisela sich zeitlebens, auch in ihrem eigenen schriftstellerischen Werk. Sie sieht sich als geistige Erbin der Brentanos, vor allem jedoch als Lieblingstochter Achim von Arnims, dessen Phantasiereich sie sich innig verbunden fühlt.

Bereits sehr früh liest Gisela die Werke der Romantiker: Neben den Erzählungen des Vaters gehören die Hausmärchen der Brüder Grimm und die Märchen Ludwig Tiecks sowie alte deutsche Volkssagen zu ihrer Lieblingslektüre. Den Vater selbst freilich hat sie nur in schemenhafter Erinnerung. Sie ist gerade einmal drei Jahre alt, als er in Wiepersdorf stirbt.

Die Beziehung zur Mutter ist eng, wenngleich nicht ungetrübt. Gisela hat viel von Bettine geerbt: Spontaneität, Überschwang, Phantasie. Aber sie scheint auch lange im Schatten der sehr beherrschenden Frau gestanden zu haben. Freunde überliefern, Bettine habe sich bisweilen beklagt, wegen der Nachzüglerin Gisela an Berlin gebunden zu sein, während sie doch lieber zu Verwandten nach Paris ginge. Die alternde Frau hegte nach dem Tod des Gatten wohl den Wunsch, sich von den Fesseln der Konvention, der gesellschaftlichen und familiären Erwartungen zu befreien. Daß Bettine wegen ihres Freiheitsdrangs jedoch die Erziehung und Ausbildung ihrer Jüngsten vernachlässigt habe, ist eine Erfindung des klatschsüchtigen Prinzen Hohenlohe-Ingelfingen. Tatsächlich erhält Gisela früh Privatunterricht, etwa durch Karl Keck, einen Schüler Hegels. Mathematik, Geographie und Zeichnen stehen auf dem Lehrplan. Und von der Berliner Komponistin Johanna Kinkel wird sie in Klavier und Gesang ausgebildet.

Wilhelmine Bardua, die über ihr Leben im Dunstkreis der Berliner Intellektuellen Tagebuch führt und in deren Hause Bettine mit ihren Töchtern ein und aus geht, bietet an, Gisela – sie nennt sie Gisel – in Französisch zu unterrichten. Freilich stößt sie mit diesem Vorschlag nicht nur auf Gegenliebe. Vor allem Louis, ein Neffe Bettines, vertritt die Ansicht, Frauen sollten nichts lernen. Empört überliefert Wilhelmine Bardua seinen Ausspruch: »Nein, Gisel soll gar nicht lernen! Die muß sich, wie ihre Mutter, ganz frei aus sich heraus in ihrer Eigenart entwickeln.« Nicht zuletzt solche Äußerungen dürften zum später kolportierten Bild des unzivilisierten Naturkindes Gisela beigetragen haben.

Jedenfalls gibt Wilhelmine Bardua nicht allzu viel auf solches Geschwätz und studiert mit der zwölfjährigen Gisela kleine französische Komödien ein, die in privaten Salons aufgeführt werden. »Aber ein schweres Stück Arbeit ist's schon«, notiert

Wilhelmine in ihrem Tagebuch, »der lebhaften Gisel, die noch wenig Französisch kann, die Couplets beizubringen; und ganz schrecklich ist es, daß die Kinder immer mit Säckel spielen und herumtollen, so daß ich fortwährend den Stock in der Hand haben muß, um das ungebärdige Tier nur einigermaßen im Zaum zu halten.« Sie tut es aber gerne, denn sie erkennt die Einzigartigkeit dieses vielseitig begabten und eigensinnigen Wesens. Ihrem Tagebuch von 1840 vertraut sie an: »Gisel erhält täglich ihre französische Lektion. Sie ist ein selten liebenswürdiges Kind, dem die Natur Schönheit, Anmut, Gefühl, Geist und Talente wunderbar freigebig zugeteilt hat. Aber mit dem Lernen will es nicht recht gehen […]. Sie ist zu wenig daran gewöhnt, und je ungezwungener sie sich in ihrer Lieblichkeit entwickelt, desto mehr erschrickt sie vor der Trockenheit des Unerläßlichen beim Lernen. Dabei ist sie geistig ihren Jahren weit voraus.«

Bettine von Arnim zieht in jenen Jahren mit ihrer Familie mehrmals um: 1836 in eine Wohnung Unter den Linden 14, zu Beginn der vierziger Jahre in das Haus Hinter dem Neuen Packhof 2, Anfang 1848 schließlich in den Tiergarten, in das Haus In den Zelten 5. Hier finden die berühmten Salons statt, musikalische und literarische Zusammenkünfte, an denen auch die Töchter teilnehmen, vor allem Gisela, die mit ihrer warmen Altstimme die Zuhörer verzaubert, wenn sie Lieder von Schumann und Schubert singt, manchmal auch Lieder der Mutter oder Selbstgedichtetes vorträgt.

Gisela wird wie ihre Schwestern Maxe und Armgart Mitglied des Kaffeters, der im Salon von Wilhelmine und Caroline Bardua tagt. Sie nimmt den Phantasienamen Marilla Fittchersvogel an und veröffentlicht unter diesem Pseudonym in der Kaffeterzeitung. Auch zu anderen künstlerischen Kreisen der preußischen Residenz erlangt Gisela Zutritt, etwa zum Salon der Familie Olfers in der Cantianstraße. Ignaz von Olfers ist Generaldirektor der Berliner Museen, seine Frau Hedwig, geborene Staegemann, Schriftstellerin und als solche eine Vertreterin der Berliner Romantik. Beider Tochter Marie, später eine bekannte Malerin und Schriftstellerin, wird eine enge Freundin der nur ein Jahr älteren Gisela von Arnim.

Es ist eine goldene Zeit in Berlins Kulturleben. 1840 hat Friedrich Wilhelm IV. – »der Romantiker« wird er genannt – den preußischen Thron bestiegen. Zwar verschärft sich die soziale Lage, und 1844 kommt es in Schlesien zum Aufstand der Weber, doch in den gebildeten Kreisen der Berliner Salons, in denen einflußreiche Personen aus Kunst und Wissenschaft verkehren, verschließt man überwiegend die Augen vor den drohenden Signalen am politischen Horizont.

So zeichnet Marie von Olfers in ihren Tagebüchern ein unbeschwertes Bild von den Zusammenkünften mit Bettines Töchtern. Das Dreigestirn Maxe, Armgart und Gisela hat in ganz Berlin den Ruf, heitere Laune zu verbreiten und hübsches Kunsthandwerk geradezu aus dem Ärmel zu schütteln. »Eben sind alle drei, Arnims und Herr Leist, fortgegangen«, schreibt Marie von Olfers, »sie haben hier gegessen, es war ein lustiger Tag. Maxe sagte, wie eine Landpartie. Erst wütendes Malen. Armgart malt mit kindlicher Freude an einem Apfelzweig, Gisel zeichnet Schnörkeleien, Maxe im höchsten Eifer an einer Aquarell-Landschaft, wo sie den Leist bald durch Courage, bald durch Zaghaftigkeit in Schrecken setzt.« Gisela zeichnet nicht nur Schnörkeleien, wie die Freundin meint. Sie illustriert auch recht geschickt Beiträge in der Kaffeterzeitung und außerdem das Märchen ›Heimelchen‹ ihrer Schwester Armgart. Und sie wird gerne porträtiert: Eine Zeichnung von unbekannter Hand zeigt die etwa Achtzehnjährige mit streng nach hinten gebundenem Haar im einfachen, schulterfreien Kleid. Die großen Augen schauen neugierig, beinahe verletzlich in die Welt, der Mund ist klein und sinnend verschlossen, die Stirn wirkt durch das nach hinten gebundene Haar recht hoch. Gisela von Arnim macht hier, wie auch auf einem um 1845 entstandenen Ölporträt von Caroline Bardua, einen sehr jünglingshaften Eindruck. Jedenfalls entspricht sie nicht dem typischen Frauenbild der damaligen Zeit, mit Korkenzieherlocken und in hoch geschlossenen, rüschenbesetzten Kleidern.

In ihrem Tagebuch von 1846 notiert Wilhelmine Bardua denn auch: »Gisel ist ein Wesen, das man schwer versteht, sie wechselt wie ein Chamäleon. Die Grundfarbe ist gutmütig, natürlich, kindlich; aber bald merkt man die anmaßliche junge Schriftstellerin, bald das geniale, emanzipierte Mädchen, das Zigarren raucht und sich als Student geriert; bald ist sie weiter nichts als ein junges Mädchen, das die Welt verachtet.«

Einer ist von diesem Mädchen besonders angetan: Herman Grimm, der Sohn des Germanisten und Märchensammlers Wilhelm Grimm. Herman, 1828 in Kassel geboren, kommt zusammen mit seinem Vater und seinem Onkel Jacob, die einen Ruf an die Akademie der Wissenschaften erhalten haben, im Jahre 1840 nach Berlin. Kurz darauf begegnet er Gisela zum ersten Mal. Das ist kein Zufall, denn Bettine von Arnim hat sich bei dem soeben auf den Thron gekommenen Friedrich Wilhelm IV. für Jacob und Wilhelm Grimm eingesetzt. Sie gehören zu den in Ungnade gefallenen »Göttinger Sieben«, Professoren, die 1837 gegen die Aufkündigung der liberalen Verfassung durch den Hannoveraner König Ernst August protestiert haben.

Herman Grimm besitzt viele Talente: Er schreibt Gedichte und Dramen, zeichnet, interessiert sich für Kunstgeschichte, Philologie und Jura. Bald nach Gründung des Kaffeterkreises im Jahre 1843 will Gisela, die in Herman verliebt ist, den Freund dabeihaben, doch die sehr strengen Statuten verbieten die Aufnahme männlicher Wesen. Einzig Hans Christian Andersen ist die Ehrenmitgliedschaft verliehen worden, aber den dänischen Dichter kann man auch aus der Ferne anhimmeln und muß ihn nicht persönlich bewirten. Schließlich setzt sich Gisela durch: Herman wird nach langer Diskussion in den erlesenen Kreis aufgenommen, da er als »ungefährlich« gilt – was immer darunter zu verstehen sein mag. Als Kaffeologe darf er Erzählungen und Zeichnungen zur Vereinszeitung beisteuern und erhält den Namen Laban Habelmann.

In jenen Jahren gilt der preußische König Friedrich Wilhelm IV. noch als liberal, und die Kaffeologen veranstalten ihm zu Ehren im Jahre 1845 sogar ein Fest. Doch der Schein trügt: Im entscheidenden Augenblick regiert der Monarch mit harter Hand, um seine Macht zu erhalten, was die Bevölkerung Berlins bald zu spüren bekommt. Am 11. April 1847 wird der Vereinigte Landtag einberufen. Es ist dies noch kein demokratisch gewähltes Parlament mit gesetzgebender Befugnis, sondern nur eine Zusammenkunft der Provinziallandtage, die wiederum das feudale Ständeprinzip Preußens widerspiegeln: Die Ritterschaft schickt 237 Abgeordnete, die Städte 182, die Landgemeinden 124 Vertreter. Dieser Landtag erhält lediglich ein Mitspracherecht bei Entscheidungen über den Finanzhaushalt.

In seiner Eröffnungsrede schlägt der König einen selbstherrlichen, autokratischen Ton an. Er rühmt sich, »daß es keiner Macht der Erde je gelingen soll, Mich zu bewegen, das natürliche, gerade bei uns durch seine innere Wahrheit so mächtig machende Verhältnis zwischen Fürst und Volk in ein konventionelles, konstitutionelles zu wandeln«.

Als Friedrich Wilhelm IV. daraufhin Mißmut entgegenschlägt und man ihm eine Protestnote überreicht, tritt er gemäßigter auf, behält sich aber vor, alle Anträge lediglich als Bittschriften zu behandeln.

Gisela von Arnim – damals neunzehn Jahre alt – kommentiert in einem Brief an die Mutter in Wiepersdorf die Ereignisse. Ihr Schreiben vom 11. April zeigt sie als kritische, liberal und demokratisch denkende Frau, die offensichtlich viele Ansichten der streitbaren Mutter übernommen hat.

»Die Zeit der Stände naht mehr und mehr«, so beginnt Gisela den Brief und versetzt gleich darauf ihrer konservativen Tante Gunda, deren Mann beim Staat in Lohn und Brot steht, einen bissigen Seitenhieb: »Wie hat Euch die Rede des Königs gefallen? [...] Der Onkel [Friedrich Carl von Savigny] fuhr in Staatslivree hin, und die Karossen rollten gewaltig durch die Straßen. [...] Nur sie, Tante Gundel, war außer sich vor Wonne über die Rede [des Königs] und glühte purpurn. Denn durch die feinen Haarröhren des Verständnisses, welches zwischen den Royalisten herrscht, war schon das Begeisterungsgas gedrungen. Und nun war Onkel auch natürlich von zwar stiller, aber reiner Wonne beseelt.«

Am Vorabend der ersten Landtagssitzung wird ein großer Empfang bei Hofe gegeben. Gisela ist mit ihren Schwestern dort und beobachtet amüsiert das Zusammentreffen der Adligen mit den wenigen Ackerbürgern, die als Vertreter der Landstädte geladen sind. Maxe, so berichtet Gisela, habe sogar mit einem Bauern aus dem Kreis Posen ein politisches Gespräch zu führen versucht, doch nur eine recht gleichgültige und verständnislose Antwort erhalten. Allerdings habe der Mann das vornehme Fräulein anschließend zum Tanz aufgefordert: »Und er stellt seinen Hut auf einen Stuhl und kriegt die Max an – und nun geht's los. Der Fußboden war so spiegelglatt, daß selbst die besten Kavaliere mit Furcht tanzten, und einige gar nicht. Die Max sagt, es wäre ihr unterwegs himmelangst geworden, die Posaunen des Weltgerichts hätten vor ihren Ohren geklungen, und es wäre auch ganz wunderbar gegangen, ganz à la Bauern-Hopser.«

Man ist jedoch nicht nur zu dem Empfang gekommen, um über den einberufenen Landtag zu sprechen und mit den Bauern zu tanzen. Vielmehr erhoffen sich die jungen Damen auch den einen oder anderen Blickwechsel mit einem der Kavaliere bei Hofe. Gisela unterscheidet sich da nicht von anderen jungen Frauen ihres Alters. Um so unglücklicher ist sie über ihre, wie sie findet, völlig unpassende Frisur: »Ich war den ganzen Abend übler Laune, weil die Max, um meine unendliche Schönheit zu vermehren, mir das Haar gewaltsam herabgekämmt. Mit dieser dicken Haarmütze war nun wirklich der Anstand und die Weiblichkeit über mich gekommen. Ich komme mir vor wie ein gezähmtes Tier […]. Ich war ganz milde und jungfräulich und sah ganz aus wie: *Komme nur, ich nehme dich, hast du nicht Appetit??? Wollen sie nicht, meine Mutter fragen* usw., was noch für passende Jungfrauengesichter existieren.«

Neben Spott und Häme blitzen hier und an anderen Stellen des Briefes eine feine Beobachtungsgabe, Sprachwitz und Sympathie für die Belange des Volkes auf. Über die konservative, antidemokratische Haltung im Hause Savigny berichtet Gisela der Mutter augenzwinkernd: »Donnerwetter, es ist Revolutionches gespielt worden, und damit will ich meinen Brief schließen. Große Bewegung hier im Haus; Tante [Gunda] Savigny spricht mit Seufzern über die Schlechtigkeit der Menschen, die Brot fressen wollen, und knabbert dabei ein Hammelrippchen ab.« Die drei Schwestern erlauben sich ihren hintergründigen Spaß mit der auf Beamtentreue eingeschworenen Gunda: »Wir alle lachen; sie wirft uns nun in einer langen Rede vor, warum wir lachen. Wir lachen wieder – neue Seufzer; jetzt lachen wir ganz unbändig. Die Tante sagt, wir wären dumm, und jetzt fangen wir so an zu lachen, daß sich's gar nicht halten läßt. Die Tante geht erzürnt ab [...].«

Ende der Schwankszene, aber nicht Ende des Stückes. Am Nachmittag kommt der junge Prinz Waldemar von Preußen ins Haus des Ministers, um die Lage zu besprechen. Er vertritt die Junkermeinung, man solle dem Volk mit »Scharfeinhauen« zeigen, wer der Herr im Hause ist.

Auch mit Gisela kommt er ins Gespräch, die kein Blatt vor den Mund nimmt. »Ich dachte«, so schreibt sie an die Mutter, »›Aha, Karnickel, fängst du an! So bin ich allemal derjenige, der die Wahrheit sagt.‹ Ich sagte also ganz einfach: ›Wenn man denn auf einer Seite steht, so ist es doch jedenfalls ehrenvoller, auf der Seite des Volks zu stehn; überhaupt bin ich an und für mich revolutionär. Und drittens bin ich durchaus nicht zornig, denn das passiert mir selten. Also bin ich auch widers Scharfeinhauen.‹ Der Prinz trat mir 3 Schritte nah, so daß er dicht vor mir stand, machte ein Kreuz mit seiner Hand über meinen Kopf, so daß, wenn seine Hand ein Schwert gewesen und scharf eingehauen hätte, wahrscheinlich mein Kopf in 4 richtige Teile zerfallen wäre. Es war mir etwas wunderlich zumut, doch ich blieb ruhig stehn, und er sagt: ›Da müßte man sie ja als Volk behandeln, was würden sie dazu sagen?‹ Ich konnte mir innerlich dabei recht denken, wie den Leuten zumut ist, wenn so ein Pinsel von Offizier einhaut.«

In jenen Apriltagen des Jahres 1847 kommt es zur Erstürmung von ein paar Bäckerläden und zu kleinen Handgreiflichkeiten auf dem Markt, denn das einfache Volk hungert. »Auf dem Markt«, so schreibt Gisela mit Genugtuung, »soll es auch sehr lustig zugegangen sein. Die Fische wurden umgeschüttet, die Hühner aus den Bauern gelassen, und die Gendarmen blieben in einem Haschen. Als ein Gendarm einen Hahn gefangen, schrie alles voll Jubel: ›Der Hahn hat geraucht, der wird eingesteckt!‹ Kohlköpfe, gelbe Rüben, Radieschen flogen um die Soldaten, und einigen Gendarmen wurden Kiepen über den Kopf gezwängt.«

Noch ist all das mehr Klamauk denn geballter Volkszorn. Aber bereits ein Jahr darauf sucht sich der Unmut über die wirtschaftliche und politische Not ein revolutionäres Ventil. Bettine wohnt mit ihren Töchtern am Rande des Tiergartens; vom Balkon der Wohnung können sie die Zusammenrottungen der erzürnten Bürger verfolgen.

Die Revolution scheitert. Der Bruder des Königs, Prinz Wilhelm, der spätere preußische König und deutsche Kaiser, läßt mit Billigung des Monarchen auf die Aufständischen schießen. Viele Republikaner werden verhaftet und ins Gefängnis gesteckt oder kommen in die verschärfte Festungshaft. So auch der Schriftsteller und demokratische Politiker Gottfried Kinkel, Ehemann der mit Arnims befreundeten Komponistin Johanna Kinkel. Er wird in die Zitadelle Spandau verschleppt und zum Tode verurteilt. Seine Frau wendet sich hilfesuchend an Gisela von Arnim: Sie soll dem König eine Petition mit der Bitte um Begnadigung Gottfried Kinkels überreichen. Der König könne, so das Kalkül der Komponistin, einer so jungen und schönen Frau diese Bitte nicht abschlagen, zumal er sich doch wenige Jahre zuvor im Kaffeterkreis so prächtig amüsiert habe.

Johanna Kinkel verwechselt Privatleben mit Politik. Gisela macht sich im Juli 1849 zwar nach Sanssouci auf und wird tatsächlich zum König vorgelassen. Der aber reagiert zurückhaltend. Karl August Varnhagen von Ense notiert in seinem Tagebuch: »Klatschereien wegen des Gnadengesuchs für Kinkel; die ganze hohe Gesellschaft schimpft, als wenn es ein niedriges Verbrechen, ein frevelhafter Eingriff in ihre heiligste Sache wäre, für einen Kinkel um Gnade zu bitten.« Gottfried Kinkel wird schließlich zu lebenslanger Festungsstrafe »begnadigt«. Ob Gisela von Arnims Auftritt in Sanssouci zu dieser Entscheidung beigetragen hat, darf bezweifelt werden. Immerhin wird Kinkel 1850 von dem Revolutionär Carl Schurz auf aufsehenerregende Weise aus dem Gefängnis befreit und kann nach England entkommen, wohin ihm seine Frau folgt. Über die Jahre im Exil schreibt Johanna Kinkel den Schlüsselroman ›Hans Ibeles in London. Ein Familienbild aus dem Flüchtlingsleben‹.

Wer zu den intellektuellen Kreisen gehört und nicht das Land verläßt, zieht sich nach dem Ende des kurzzeitigen politischen Frühlings ins Privatleben zurück, so auch Gisela von Arnim. Freilich erleichtern ihr ihre vielseitigen künstlerischen und literarischen Interessen, die politische Desillusionierung zu ertragen. Eine gewisse kindliche Naivität, die ihrem Wesen kapriziösen Leichtsinn und Originalität verleiht, fließt auch in ihre literarische Beschäftigung mit der Form des Märchens ein. 1848 erscheint im Verlag der Mutter, unter dem Pseudonym Marilla Fittchersvogel, das Buch ›Aus den Papieren eines Spatzen. Märchen für eine Morgenstunde‹, das die Autorin in der Nachfolge des romantischen Kunstmärchens epischen Ausmaßes zeigt. Eines der Märchen, das ›Heimelchen‹, hat allerdings nicht Gisela, sondern Armgart verfaßt. Irene Forbes-Mosse, Armgarts Tochter, hat später darauf hingewiesen. Ein Jahr darauf publiziert Gisela von Arnim das Märchen ›Mondkönigs Tochter‹. Auch ›Gritta von Rattenzuhausbeiuns‹, lange Zeit als Gemeinschaftswerk von Mutter und Tochter angesehen, stammt wohl zu großen Teilen aus Giselas Feder. Dieses Märchen wurde 1985 in der DDR Grundlage eines Spielfilms: Nach dem Drehbuch und unter der Regie von Jürgen Brauer spielten in den Hauptrollen Natja Klier, Fred Delmare und Hermann Beyer.

Ein besonders hübsches Kabinettstück stellen Gisela Grimms

›Märchenbriefe an Achim‹ dar, die erst 1991 in einer bibliophilen Ausgabe publiziert wurden. Achim von Arnim, geboren 1848, ist der Sohn Freimund von Arnims und seiner ersten Frau Anna, geborene von Baumbach. Der kleine Achim, erster Enkel Bettines, ist als Kind häufig krank, und um ihn aufzuheitern, schreibt ihm seine Tante Gisela Briefe mit selbstersonnenen Märchen, die sie liebevoll illustriert. Diese Impromptus bestechen durch die Nachahmung kindlicher Erfindungsgabe; sie wollen nicht Kunst sein, sondern Ausdruck kindlicher Phantasie.

Eines dieser kleinen Märchen ist die ›Geschichte von Achim, der russischen Prinzessin und dem Bauernmädchen‹: »Lieber Achim! Bist du denn endlich von Wiepersdorf hier angekommen, und hast so viele schöne Kleider für das Bad mitgebracht, das die kleine rußische Prinzessin und ihr Hund die dort sein wird, ganz erstaunen wird. – Ziehst Du erst in Deinem grauen Kittelchen dort ein so wird sie garnichts von Dir wissen wollen, – und meinen du werst ein Armer und Dir einen Groschen schenken worüber dann der Achim sehr erstaunt ist, – das kleine Bauernmedchen aber findet ihn so sehr schön. Nun zieht Achim aber seine schönen Kleider an und geht auf die Promenade. – Jetzt erstaunt sich die russische Prinzessin. Da giebt ihr Achim aber das Geldstück wieder das sie ihm statt ihrer Hand gegeben zieht seinen alten Kitel an und geht zu dem kleinen Bauernmedchen das sich sehr freut und eben die Eier den Hühnern weghohlt. – Da sind sie sehr glücklich und essen die Eier alle zusammen. –«

Im Sommer des Jahres 1852 begleiten Gisela und Armgart ihre kränkelnde Mutter Bettine zur Kur nach Franzensbad in Böhmen. Auf der Rückreise im September machen sie Station in Weimar und steigen im Gasthaus zum Elephanten ab. Franz Liszt ist zu der Zeit ordentlicher Kapellmeister am herzoglichen Hof, und die kleine Residenzstadt hat sich unter seiner Ägide zu einem der wichtigsten musikalischen Zentren Deutschlands entwickelt.

Auch der Dirigent und Pianist Hans von Bülow (damals noch verheiratet mit Liszts Tochter Cosima) und der Komponist Peter Cornelius sind zeitweise in Weimar tätig. Seit 1849 hat das Orchester zudem einen neuen Konzertmeister, den jungen, 1831 geborenen Geiger Joseph Joachim. Er ist mit Robert und Clara Schumann befreundet, gilt bereits als einer der besten Violinvirtuosen und beginnt in jenen Jahren auch als Komponist von sich reden zu machen.

Bei Abendgesellschaften im privaten Kreis lernen die Arnims den Geiger kennen. Herman Grimm reist aus Berlin an, um seine Verlobte abzuholen. Er erinnert sich an den Zauber einer der musikalischen Soireen: »Ich weiß noch, wie ich abends beim Dunkelwerden in ihr Zimmer trat, in dem noch kein Licht brannte. Es waren allerlei Leute darin, mit denen ich bekannt gemacht wurde, ohne sie zu sehen. Dann wurde Musik gemacht. Ich hörte damals zum ersten Male eine Violinsonate Beethovens von Joachim. Ich saß still in meiner Ecke. Das Gefühl des Wiedersehens derer, zu denen ich mich rechnen durfte, und die leise, einschmeichelnde, entzückende Musik bildeten ein Element, das mich wie in eine neue Welt versetzte. Weimar war immer noch die Residenz Goethes, und sein Geist schien dort noch umherzugehen.«

Franziska von Bülow, die Mutter des Pianisten, hält in einem Brief ebenfalls etwas von der Atmosphäre jener Herbsttage fest: »Wir machen mit Arnims alle Tage Spaziergänge, da das Wetter so hell und schön ist; dann kommen wir erst im Mondschein zurück. Vorgestern waren wir in Tiefurth, das ich so liebe. Der Großherzog, dem Armgart den Tag vorher gesagt, daß sie wohl hingehen würde, hatte hingeschickt und heizen lassen. Armgart setzte sich an ein altes Spinett und sang das schöne Lied von Clemens Brentano: ›Gehör' der Welt nicht an, sonst ist's um Dich gethan‹ usw. Der Heimweg im Mondschein war reizend, durch den kleinen Wald, der so viel Laub hat – meist noch grün – es war wie lauter Calame's. Die Abende sind wir immer bis Mitternacht bei Arnims [im Gasthaus zum Elephanten], wo Hans und Joachim spielen, die Mädchen singen, was interessante Gespräche nicht ausschließt. Grimm ist sehr amüsant, Bettina ganz einzig; sie kommt alle Morgen zu mir, gestern holte sie mich früh 10 Uhr ab, wir gingen im Park und lange im Goetheschen Garten spazieren.«

Gisela ist von dem hübschen Joachim angetan – und er von ihr. Auf dem letzten Spaziergang vor der Heimreise nach Berlin gesteht er ihr seine Liebe. Eine vertrackte Situation: Gisela ist mit Herman Grimm verlobt, Joseph Joachim mit ihm befreundet. Ein Freundesbund zu dritt, der gerade wegen seiner gefühlsmäßigen Tiefe allen drei Beteiligten Qualen bereiten wird. Leider sind aus den nun folgenden Jahren nur die Briefe Herman Grimms und Joseph Joachims erhalten. Sie wurden nach Joachims Tod von dessen Sohn veröffentlicht. Die Briefe Gisela von Arnims an Joachim hingegen wurden nach ihrem Tod auf Wunsch Herman Grimms vernichtet. Die erhaltenen Dokumente vermitteln dennoch sehr eindringlich das Drama der nun folgenden Jahre.

Wenige Wochen nach dem Liebesbekenntnis kommen die Arnims erneut nach Weimar, aus Anlaß der Berlioz-Woche, die Franz Liszt ausrichtet. Herman Grimm ist diesmal nicht mit von der Partie, und so können Gisela von Arnim und Joseph Joachim ungestörten Umgang miteinander pflegen. Sie besuchen Konzerte und Museen, lesen einander vor. Gisela bringt dem Geiger die Werke ihres abgöttisch verehrten Vaters näher. Joachim erzählt ihr von seinen Kompositionsvorhaben und spielt ihr Musik von Beethoven vor. Nach Giselas Abreise nach Berlin schreibt er ihr überschwenglich: »Solange Dich mein geistig Aug' erschauen kann, tönt auch Musik in mir. Ihr sollt, eng verbunden, voran mir, führend leuchten, daß ich zum höchsten Ziel gelange! Wo ich verklärt Euch nahen darf: Gisela und Beethoven!«

Kurz darauf wird Joachim als Kapellmeister nach Hannover berufen. Gisela fährt im November 1853 mit der Mutter dorthin. Inzwischen kursieren in den doch recht überschaubaren intellektuellen Kreisen Berlins Gerüchte über das Verhältnis Gisela von Arnims zu Joseph Joachim. Herman Grimm ist sich in diesen Jahren sehr wohl der Tiefe der Gefühle zwischen seiner Verlobten und dem Geiger bewußt. Aber er schweigt – vielleicht zu lange –, um dem Geschwätz nicht Auftrieb zu geben und weil er fürchtet, durch eine harsche Reaktion das Verlöbnis mit Gisela und die Freundschaft mit Joachim zu gefährden. Nicht nur Liebesworte, auch Pläne für künstlerische Gemeinschaftsprojekte fliegen zwischen Berlin und Hannover hin und her. Selbst Herman Grimm wird einbezogen: Joachim schreibt zu des Freundes Drama ›Demetrius‹ eine Ouvertüre. Und er komponiert in jener Zeit sein Violinkonzert G-Dur, wobei er im ersten Satz eine Melodie verwendet, die Bettine auf Achim von Arnims ›Lied des Schülers‹ aus ›Isabella von Ägypten‹ geschrieben hat. Gisela schickt Joseph Joachim sogar die Skizze eines Opernlibrettos, ein Projekt, das freilich nie realisiert wird.

Gisela ist dem jungen Geiger und Komponisten in jenen Jahren nicht nur Freundin und Inspiration, er erhöht sie vielmehr zu einem überirdischen Wesen. »Du nanntest Dich einmal meinen Schutzgeist«, schreibt er ihr im November 1853, »als Du mir den Operntext in der Skizze nach Göttingen schicktest; damals tat es mir weh, denn Du schriebst dabei: Du wolltest mir das sein; aber wahr ist es geworden, daß Du mich errettet hast, wie ein vom Himmel gesandtes Wesen, als ich mich immer weiter verstieg und verlor auf der öden, steinernen, kalten Höhe des Grübelns, und mich zuletzt nur gewaltsam an einen Fels klammern konnte [...]. Du kamst und führtest mich wieder dem warmen Hauch der Empfindung zu. Du fühltest, was Du mir werden konntest und bist's, über jeden Schein erhaben, geworden.«

Herman wird in diesen Seelenbund einbezogen, und er scheint das Spiel eine Zeitlang mitzuspielen. So veröffentlicht er das bekenntnishafte Gedicht ›Traum und Erwachen‹ und widmet es Joseph Joachim. Der schreibt bestürzt an Gisela: »Hermans ›Traum und Erwachen‹ ist sehr schön – aber ich war betroffen ein Geheimnis unseres Lebens der Öffentlichkeit damit anvertraut zu sehen.«

Joachim erlebt in jenen Monaten, trotz oder gerade wegen seines Liebesschmerzes, einen ungekannten Höhenflug kompositorischer Inspiration. Im Rausch schöpferischer Begeisterung schreibt er an seine Freundin: »Was wäre ich ohne Dich geworden, wie wäre ich vertrocknet an der Treibhauswärme meiner Weimarschen Genossen. Du hast mir ja Wonne, Leid, alle ursprünglichen Flammen des Empfindens wiedergeweckt, mit Deinem reichen, sonnengleichen Sinn. Ja ich habe wieder alle meine Musik-Begeisterung, ich fühle mich glücklich in meines Empfindens Seligkeit [...] und Dir dank ich es ewig, daß ich wieder ich selbst geworden bin, Du Harmoniegeborene.« Es ist ein gefährliches Spiel, das er betreibt, indem er diese zarte Person, die sich schmerzlich zwischen zwei geliebte Männer gestellt sieht, solch einer übermenschlichen Erhöhung aussetzt.

Der Schein wird unterdessen möglichst lange gewahrt. Die Gründe hierfür dürften in dem eigentümlichen Freundschaftsbund selbst liegen, aber auch in der die äußere Form hochhaltenden bürgerlichen Kultur des 19. Jahrhunderts. Joseph Joachim besucht Herman und Gisela in Berlin. Sie verbringen einen Abend bei Gesprächen und Musik. Das eigentliche Band, das alle drei aneinanderkettet, wird tunlichst nicht erwähnt. Am nächsten Tag schickt Joachim ein selbsttrügerisches Dankesbillett: »Es war so schön bei Euch gestern Abend; so ruhig, aller Absicht entrückt und Du mir so nah. Der Schimmer Eures Stübchens begleitete mich auf meinem Heimweg; ich konnte an alles denken, das mir lieb und theuer ist.«

1855 kommt es schließlich offenbar doch zu einer Aussprache zwischen den Freunden und Kontrahenten. Joachim scheint eingelenkt und seinen Verzicht geäußert zu haben. An Gisela schreibt er bedrückt: »Bleib mir, Echo in der Einsamkeit der Kunst, bleib mir, Gisel, Wesen das nicht außer Dir auf diese Erde gerufen ward vom Schöpfer! Ich will freudig mit Dir meine ird'schen Pflichten erfüllen, will nicht unthätig trauern, daß Du nicht ganz mein eigen werden sollst mit Leib und Seel – ich kann meine Pflichten alle freudig erfüllen, wenn Du mir bleibst, mir schreibst; werde es auch können, wenn Du einst Dein Versprechen hältst, an des Freundes Herd sorgen wirst. Sei so mein. Ich hab ein Recht auf Dich, so gut wie der Herman.«

Der gute Vorsatz und die hehre Selbsttäuschung halten freilich nicht lange an. Zwar reisen Joseph Joachim und Herman
Grimm im Frühjahr 1856 gemeinsam nach Venedig und Mai-
land, aber beider Briefe aus Italien an Gisela in Berlin klingen
unruhig und gequält. Schließlich trennt sich Herman Grimm
von Joachim und reist allein nach Rom weiter: Er ist mit den
Vorarbeiten zu seiner großen Biographie über Michelangelo
beschäftigt, die 1860/63 in zwei Bänden erscheinen und Grimms
Ruf als Kunsthistoriker begründen wird.

Zurück in Berlin, kommt es erneut zu Spannungen. Noch immer glauben Joachim und Gisela an die Beständigkeit ihrer
Liebe, selbst im Verzicht. Joachim an die Freundin: »Opfern
will ich mich wohl, aber nicht kälter werden.« Und wenige
Tage danach: »Nur Dir selbst oder dem Herman und Dir kann
ich unser Verhältnis opfern.«

Während dieser Zeit feiert Herman Grimm literarische Erfolge: Sein Stück ›Verlorenes Spiel‹ kommt zur Uraufführung,
wenig später sein Lustspiel ›Der kranke Ehemann‹, beide mit
großer Resonanz. Gisela wird sich in jenen Wochen mehr und
mehr der Grenzen schmerzlich bewußt, die ihr als Frau durch
die Fesseln der Konvention auferlegt werden. An eine Freundin schreibt sie: »Schade, daß ich kein Mann bin, dann könnte
ich als wahrer und echter Freund für Herman Grimm handeln –
und er wie andere Dichter bedürfen das, denn wer ist nicht zu
edel darin etwas für sich selber zu tun […] weil ich aber eine
Frau bin würde jeder denken, ich sorgte einstweilen schon für
eine zukünftige Häuslichkeit – woran ich nie gedacht noch
denke – als Mann würde man nur fühlen, daß ein gleiches Streben uns gleiche Wege führt und daß ein Freund des anderen edles Herz zu tragen und zu heben sucht – wie Priester auch das
Allerheiligste.«

Kurz darauf versucht Herman Grimm nochmals das Unmögliche: Er will mit Joseph Joachim nach Italien reisen, vielleicht,
um die Freundschaft fester zu knüpfen und eine – wie auch immer geartete – Lösung für eine Verbindung zu dritt zu finden.
Doch Joachim schlägt das Ansinnen ab. Herman Grimm ver-

langt nun von Gisela, sie solle entweder ihn verlassen oder mit Joachim brechen. Sie berichtet Joachim davon, und der schreibt ziemlich hilflos zurück: »Findet Deine Weisheit und Sorge für Herman es nöthig so gib ihm die Ruhe mit auf den Weg, zu der ihn vielleicht seine Sorge für mich und Dich nicht kommen ließen, daß wir unsern Verkehr nicht fortsetzten. Es klingt dies so hart und kalt, aber es ist der einzige Weg scharf zu schreiben, was das Schicksal an Opfern fordert. Ich hoffe zu Gott es soll kommen, daß wir uns nie weniger zu lieben brauchen führt uns das Schicksal im Leben wieder von einander, scheiden wir auch jetzt. Ich überlasse alles Dir. Es sind dies nicht Zeilen des Abschieds. Mein Herz weiß nichts von Vorwurf oder gar Kälte.«

Herman nimmt unterdessen Gisela das Versprechen ab, die Korrespondenz mit Joachim abzubrechen. Sie schreibt einen Brief an den Geiger mit der Bitte, er möge sich und sie nicht länger quälen. Doch Joachim gibt nicht auf. Verzweifelt erinnert er sie daran, was sie ihm bedeutet: »Ich fühle nur, daß Du mir meine Heimath geworden, mir Muttersorgfalt, alles, was ich fort ersehnt und doch nie ganz besessen, durch Deine Treue, Deine Ausdauer ersetzen kannst; daß Du mir Stützpunkt bis zum Genuß zum Verständnis zur Dankbarkeit für die Schöpfung, daß das nie aufhören kann um meinetwillen nicht aufhören darf [...]. Soll ich es Dir noch schreiben daß ich in dem Zusammenhang mit Dir mein einziges reelles Glück finde, daß ich in der Reinheit und Seligkeit, die ich in meinem Verhältnis zu Dir zu empfinden fähig bin, jetzt wo wir uns zu dieser Stufe durchgekämpft haben, den süßesten Lohn empfinde für Entbehrungen, die mir das Schicksal frühzeitig auferlegt hatte, lange bevor wir uns kannten. Soll ich Dir schreiben, daß ich durch Dich erst das Gefühl einer Heimath, einer stets begleitend treuen aufopfernden Sorge jetzt wieder neu wie ein Kind aus Gottes Hand empfangen kann, daß ich mich rein gekämpft von Mißtrauen aus Eifersucht erzeugt, daß ich Dich liebe viel stärker als je, nachdem ich Dich in Deiner ganzen Tiefe und Wahrheit, in der Größe Deiner Liebe und Offenheit, so rein geschaut.«

Gisela antwortet auf diesen und weitere Briefe Joachims nicht mehr. Im Herbst reist sie mit ihrer Mutter, die einen neuerlichen Schlaganfall erlitten hat und mittlerweile pflegebedürftig ist, zur Kur nach Teplitz. Dort erkrankt Gisela selbst so schwer, daß man schon mit ihrem Tod rechnet. Herman Grimm, der in Rom weilt, wird per Depesche nach Teplitz gerufen und eilt in nur sechs Tagen von Italien nach Böhmen. Als er ankommt, hat Gisela das Schlimmste glücklicherweise bereits überstanden, doch sie ist immer noch sehr schwach. Marie von Olfers, die die Hintergründe zu ahnen scheint, schreibt voller Mitleid: »Heut bekam ich einen langen Brief von Gisela, sie ist schwer krank gewesen an einem rheumatischen Fieber; mir macht das recht angst, denn sie war ja schon so durchsichtig. Ihre Seele ist zu unruhig, die wird noch das Haus zerstören. – Der Brief war ganz sie selber, sehr lieb, wunderlich und bedeutend.«

In dieser Situation rafft sich Herman Grimm endlich zu einem Brief an Joseph Joachim auf, in dem er unumwunden die Lage klarstellt, ohne den Freund jedoch unnötig zu verletzen:

»Deine Briefe verlangen von mir eine Erklärung über unsere gegenseitige Stellung für die Zukunft. Du hast ganz recht, wir können weder stilschweigend auseinandergehen, noch uns bei etwaigem Begegnen in einer lügnerischen Stimmung die Wahrheit verhehlen. Das Leben zu Dreien, wie wir es führten, war für mich eine Unmöglichkeit geworden; entweder, müßtest Du Deine Stellung Gisela gegenüber aufgeben oder ich. Mehr als mich bereit erklären, dies selbst tun zu wollen, konnte ich nicht tun. Ich habe dies getan. Aber selbst dieser Schritt schien in den Sand getan, seine Spuren verblasen zu werden. Ich verlangte endlich, die Giesel solle allen Verkehr mit Dir abbrechen, und sie hat dies getan.

Lieber Freund, ein Gedanke an Trennung ist mir dabei fern gewesen, wohl uns allen Dreien. Geistigen Zusammenhang zerreißt nichts, und wo der Haß wie ein giftiger Fluß dazwischen flösse, überfloge den das Gefühl, das einen Maßstab seiner selbst sucht. Wir werden nie entfernt voneinander sein. Ich kann nicht von der Zeit reden, aber daß wir uns wiedersehen werden, es müssen, scheint mir notwendig und natürlich. Ich habe ebensoviel an Dich als an mich gedacht, als ich auf eine durchgreifende Entscheidung drängte. Es ist ein grausames Schicksal für mich, daß der Einzige, an dem ich fühle, daß er die Laufbahn ganz begreift, die ich vor Augen habe, mir so entwandt wird.«

Damit endet der für alle Beteiligten schmerzliche Liebesroman dreier verwandter Seelen. Erst Jahre später – Joachim ist inzwischen (unglücklich) mit der Sängerin Amalie Weiß verheiratet – suchen sie in Berlin, wo der Komponist inzwischen lebt und wirkt, wieder zaghaften Umgang miteinander. Zu einer Herzensfreundschaft indes kommt es nicht mehr.

Gisela wendet sich in den fünfziger Jahren des 19. Jahrhunderts – auch unter dem Eindruck der Dichtungen ihres Verlobten – mehr und mehr dem dramatischen Genre zu und knüpft Kontakt zu bedeutenden Autoren ihrer Zeit. In Berlin lernt sie Gottfried Keller kennen, sie steht mit Eduard Mörike in lockerem, aber sehr freundlichem Briefkontakt, und schließlich entspinnt sich sogar eine kleine Korrespondenz mit dem von ihr hochverehrten amerikanischen Schriftsteller Ralph Waldo Emerson, der in Concord bei Boston lebt.

Die Reaktionen auf Giselas Dramen, darunter das am Hofe Neros spielende ›Das Herz der Lais‹ und ›Trost in Thränen‹ (ein Stück über die unglückliche Liebe Michelangelos zu Vittoria Colonna), sind höchst unterschiedlich. Gottfried Keller bezeichnet das Thema von ›Das Herz der Lais‹ zwar abschätzig als »Hetärenpoesie«, rühmt aber zugleich, das »Dramchen« stecke »so voll famoser Schönheiten, daß man nicht mit einer Nadel dazwischen stechen kann«. Über ›Trost in Thränen‹ schreibt der Schweizer Schriftsteller: »Die ästhetische Cour bei der Vittoria ist freilich ein modernes Teekränzchen, aber doch in ihrer Art ein Meisterstück; das Märchen, das die Vittoria erzählt, eine wahre Perle der Poesie.«

Mörike äußert sich nur zu Giselas Märchen: Er rühmt sie als phantasievoll und vergleicht die Autorin darin mit ihrer Mutter. Emerson wiederum, des Deutschen wohl nur ungenügend mächtig, schreibt etwas ausweichend: »Ich las ihre Stücke und fand sie interessant […] ich glaube wirklichen Gefallen an der Form zu finden, ich wünsche aber immer, daß es statt dessen eine Erzählung wäre, die mir die Form zu sein scheint, die immer zeitgemäß ist; während das Drama, obgleich es einst die rechte Form war und dann wieder recht war, doch allmählich abzusterben scheint und mit diesen Tagen sich abzumühen scheint.«

Alles andere als beeindruckt sind die Freunde in Berlin. Die Schriftstellerin Ludmilla Assing fällt in einem Brief an Gottfried Keller das vernichtende Urteil: »Das literarische Ereignis des Tages sind hier jetzt die ›Dramatischen Werke‹ von G. von Arnim welche in zwei Bänden herausgekommen sind. Gewiß in vielen Jahren hat es kein Buch gegeben, das ein so einstimmiges Mißfallen, so viel Entrüstung und Verachtung hervorgerufen hätte, daß sie noch nirgends so viel Faselei, Geschmacklosigkeit, Unsinn und Gedankenarmut beisammen gefunden, daß es eine so gänzliche Talentlosigkeit, einen so entschiedenen Mangel an gesundem Menschenverstande nicht zum zweiten Male geben könne.«

Selbst Marie von Olfers, der Dramenautorin freundschaftlich zugetan, verhehlt nicht ihre Bedenken: »Phantasie und Talent die Fülle, nur nicht die weise Ordnung, Mäßigung und Ökonomie eines Meisters.«

Diese Einschätzung der Zeitgenossen trifft nur bedingt zu. Tatsächlich ist das scheinbar Ungeordnete der Dramen Gisela Grimms dem allumfassenden poetischen Verständnis der Romantik geschuldet: So sind in den Stücken auch Märchen, Traumgeschichten, Tanz und Pantomime integriert. Unmaß und Ungeformtheit bilden in Gisela Grimms spätromantischem Kunstverständnis die Voraussetzung dafür, daß Phantasie und Ratio, Kunst und Welt, Ideal und Realität zusammengeführt und miteinander versöhnt werden können. So bewegt sich die jüngste Tochter Bettine und Achim von Arnims auch als Autorin auf den Spuren ihrer romantischen Ahnen.

Freilich haben Freunde und Bekannte in jenen Jahren noch aus anderem Grund Anlaß zum Gerede. Wenige Monate nach dem Tod ihrer Mutter am 20. Januar 1859 reist Gisela – endlich der schweren Last der Pflege Bettines enthoben – allein in die Schweiz. Für eine unverheiratete Frau zu jener Zeit ein Unding. Marie von Olfers rätselt in einem Brief voller Entrüstung: »Aber denk Dir, Gisel auf und davon – uns allen durchgegangen nach der Schweiz, von niemand Abschied genommen, niemand etwas gesagt, nicht einmal den Schwestern. Große Familien- und Freunde-Entrüstung. Näheres weiß ich also gar nicht darüber, ob sie unter die Karbonari will oder …«

Was die Freunde nicht wissen: Gisela trifft sich in der Schweiz heimlich, ohne daß wie sonst immer Dritte dabeisind, mit Herman Grimm. Nach ihrer Rückkehr nach Berlin geht das Versteckspiel weiter: Am 24. Oktober 1859 heiratet das Paar, ohne irgendjemanden davon in Kenntnis zu setzen. Als die Nachricht von der Trauung in der Matthäikirche durchsickert, sind alle entrüstet und verärgert; nicht wegen der Hochzeit – sie wurde ohnehin von allen erwartet –, sondern wegen der Heimlichkeit.

Herman und Gisela Grimm beziehen eine Wohnung in der Matthäikirchstraße 5. Nachdem das Gerede der Leute über die verstohlene Hochzeit verebbt ist, beginnt das Ehepaar damit, an den Montagabenden einen Kreis gelehrter Herren um sich zu scharen. Was in der ersten Jahrhunderthälfte die Salons von Rahel und Karl August Varnhagen von Ense, von Henriette Herz und Bettine von Arnim waren, wird nun von dem Dichterpaar fortgesetzt. Bei Grimms treffen sich die Germanisten Wilhelm Scherer, Wilhelm Dilthey und Julian Schmidt, die Historiker Bernhard Erdmannsdörffer, Heinrich von Treitschke und Theodor Mommsen, der Schriftsteller und nationalliberale Politiker Wilhelm Wehrenpfennig und der Romanist Adolf Tobler, der Jurist Alfred Boretius, der Maler Adolph von Menzel und der Regisseur Heinrich Richter. In der Matthäikirchstraße lebt Herman Grimm noch als alter Witwer, und auf dem benachbarten Matthäikirchhof wird er 1901 beigesetzt. Von dem einst lauschigen Quartier mit den ruhigen Straßen und blühenden Vorgärten – in der nahen Potsdamer Straße 134 c wohnt ab 1872 Theodor Fontane – ist nichts erhalten geblieben; es wurde im Zweiten Weltkrieg völlig zerstört. Einzig die Matthäikirche hat man wiederaufgebaut. Sie steht heute etwas verloren zwischen den umliegenden Gebäuden – der Gemäldegalerie, der Neuen Nationalgalerie, der Philharmonie und der Staatsbibliothek – auf dem weiten Gelände des ›Kulturforums‹.

Das Altberliner Idyll kann das junge Paar jedoch nicht auf Dauer in der Stadt halten. Häufig reisen Herman und Gisela Grimm nach Italien, manchmal gar für mehrere Jahre. Herman gibt das Dichten auf und widmet sich ganz der Kunstgeschichtsschreibung: Nach Veröffentlichung seiner großen Biographie über Michelangelo widmet er sich dem Leben Raphaels. So dienen die Reisen nach Florenz und Rom auch Studienzwecken. Doch es gibt noch einen zweiten Grund, in den Süden zu fliehen: Gisela Grimms angeschlagene Gesundheit. Eine eindeutige Diagnose gibt es nicht; mal ist von einer Überlastung der Nerven die Rede, mal von Rheuma, dann wieder von einem erweiterten Herzen. Jedenfalls sind Ruhe und der Aufenthalt in einem milden Klima geboten.

In Rom nähert sich Gisela der katholischen Kirche an, ohne jedoch zu konvertieren. Besonders gern und häufig sitzt sie im Petersdom vor Michelangelos ›Pietà‹ – nicht nur aus kunsthistorischem Interesse. Freunde in Rom bemerken sehr wohl, wie angeschlagen sie ist.

Bernhard Scholz, ein gemeinsamer Bekannter von Joseph Joachim und dem Ehepaar Grimm, berichtet im Mai 1863 in einem Brief an den Kapellmeister: »Ich soll Dir viel von Grimms erzählen: das wird sich darauf beschränken müssen, welchen Eindruck sie mir gemacht haben, denn erlebt, was man so nennt, haben wir nicht viel miteinander, da sie der Frau wegen ganz still und zurückgezogen hausten. Anfangs war ich meist abends bei ihnen, bis 9 ½ Uhr […]; später regten die abendlichen Besuche Frau Grimm zu viel auf und sie sahen ihre Freunde nur noch vormittags beim Frühstück. Dann fuhren sie regelmäßig ein wenig spazieren. Nach Tisch schlief Frau Gisela und diese Lebensweise führte H. Grimm sowie es das unruhige Gemüth seiner Gattin gestattete, mit ängstlicher Sorgfalt durch. Überhaupt hab ich ihn bewundert mit welcher Liebe und Schonung, mit welch ausdauernder Aufmerksamkeit er sie pflegt. Das ist wahrlich nicht leicht; denn er muß ihr förmlich jede anregende Unterhaltung versagen und untersagen, weil sie sonst nicht schlafen kann; er muß sie doch wieder so zu beschäftigen wissen, daß sie sich nicht langweilt; dabei muß er alle die kleinen Liebesdienste im häuslichen Leben, die sonst die Frau dem Mann erweist, ihr tun; er kocht Tee, Kaffee, Eier, bewirtet, kurz ist unermüdlich; er verläßt sie auch höchstens einmal auf eine Stunde [...]. Er ist überhaupt ein vortrefflicher, und dabei ein geistreicher und liebenswürdiger Mann, der mir je mehr und mehr gefiel [...]. Frau Gisela ist ein merkwürdiges Wesen, erstaunlich lebendig und viel begabt, dabei ein Bettinisches Herz, dem es Bedürfnis ist, zu erfreuen und wohlzutun; doch ist sie nicht frei von einer gewissen Art Eitelkeit, einem gewissen Behagen an ihren Absonderlichkeiten. Es ist ihr Bedürfnis, wie mir scheint, Leiterin und Lenkerin zarter Männerseelen zu sein, die dann durch sie erst zum Genießen und Würdigen des Schönen erzogen und befähigt werden [...].«

Seltsam mutet es an, daß Gisela Grimm nach dem Erlebnis der gescheiterten Revolution von 1848, bei der sie sich als Parteigängerin der Aufständischen offenbart hat, nun immer mehr nationalliberale Ansichten übernimmt. Nach dem Krieg von 1870/71 wird sie sogar zur glühenden Anhängerin Bismarcks und der nationalen Erneuerung unter Kaiser Wilhelm I., wobei sie offenbar vergißt, welch traurige Rolle der Monarch im Jahre 1848 gespielt hat.

Während des Krieges gegen Frankreich zupft Gisela Grimm in den Krankenhäusern Berlins Charpie (vor der Erfindung von Watte dient gerupftes Leinen zur Wundbehandlung). Zur selben Zeit arbeitet sie an einer dramatischen Erzählung mit dem Titel ›Wie es unterdessen daheim war‹. Das Werk beschreibt die Stimmung von Juli bis Ende August 1870 in der preußischen Heimat und beschwört sogar den alten Kaiser Friedrich

Barbarossa herauf, der aus dem Schlaf erwacht, um die Deutschen gegen den Erzfeind Frankreich zu führen. In ihrem ›Bismarcklied‹ schlägt Gisela markige Töne an – und bringt es darin nicht zu größerer Meisterschaft als die anderen völkischen Verseschmiede ihrer Zeit: »Bruder Bismarck, der läßt grüßen, / Beiden Männern treu zu glühen, / Bei dem Gläserklang wir schwören. / Jener lehrt uns hoch zu denken; / Dieser schlug den Amboß kühn, / Deutschland groß und weit zu schmieden / Deutschland und der deutschen Sitte / Bis ins Mark und in die Mitte / Schmiedet einen Kaiser-Reif!«

Die Gründerjahre sind für das Ehepaar Grimm eine Zeit gesellschaftlicher Reputation: Herman erhält 1873 eine Professur für Kunstgeschichte an der Universität Berlin. Die neue Hauptstadt des Deutschen Reiches verändert sich rasant. Überall werden die alten Häuser niedergerissen und durch Mietskasernen ersetzt, die engen Gassen weichen breiten Aufmarschstraßen, die Vorgärten werden gepflastert, da man Platz für den wachsenden Verkehr braucht. Gisela Grimm beobachtet die Veränderung ihrer Vaterstadt voll Trauer und Wehmut. »Berlin war früher eine schöne Stadt«, schreibt sie, »mit breiten Straßen und großen Gärten. Das Brandenburger Thor mit der Siegesgöttin, welche im Befreiungskrieg zurückgebracht worden ist, beherrschte die Linden. Die Werke Schinkels, welcher sich in Italien gebildet hatte, zeichneten und adelten die Straßen. Die Universität, die Wache, das Zeughaus Schlüters, das Museum, das Schloß standen wie große Monumente oder wie bedeutende Männer, in anständiger Versammlung. Nun ist dies alles erniedrigt, durch eine Anzahl banaler Privatbauten.«

Im Winter 1876 besucht Gisela die Mutter ihrer Freundin Marie, Hedwig von Olfers, in der Cantianstraße. Das verwinkelte Haus, an dem so viele schöne Jugenderinnerungen hängen, soll ebenfalls der neuen Zeit weichen. Nach ihrem Besuch schreibt sie der alten Dame: »Liebe Frau von Olfers! – Sie wissen gar nicht, mit welcher Rührung und Freude ich sie das letzte Mal in ihrem Saale sah, der mir ein so liebenswürdiges Welttheater war – denn in der Cantianstraße sah ich viele Menschen und dann Sie und so viel liebe Menschen. Die Säulen und der Mondschein und das Haus sagten mir in wunderbarer Weise, daß bei guten Menschen auch Scheiden und Trennen und die Verwilderung der Cantianstraße, wie sie jetzt ist, zur Poesie wird, weil eben ewige Wahrheit in ihrem Dasein lag und noch liegt. Deshalb hatte ich kein Gefühl der Trauer, weil sie und Miete [Marie von Olfers] so liebenswürdig in diesem traumhaften Dasein der Zerstörung standen, als etwas Wahres, Liebes und ewig Bestehendes. Die Dinge umher werden dann zum Symbol; anders ist es bei denen, deren Seelen verleert und verwirrt, da ist in noch so schön gesuchtem Dasein alles leer. Ich kann nicht weiter schreiben, so gern ich noch sagen möchte, wie ich alles das empfand.«

Herman Grimm läßt zwar 1876 für sich und Gisela eine Villa in Berlin-Lichterfelde bauen – nicht weit vom Domizil Joseph Joachims entfernt, mit dem das Ehepaar wieder vermehrt Umgang pflegt –, doch es zieht die beiden immer noch oft nach Italien, vor allem nach Rom. 1887 erscheint Giselas ›Brief über Rom und Berlin‹. Darin geht sie mit dem modernen Städtebau und der zeitgenössischen Architektur hart ins Gericht. Auch die Ewige Stadt hat sich seit ihrem ersten Besuch stark verändert. Rom ist nun – ähnlich wie Berlin – Hauptstadt eines Nationalstaates geworden und wird nach den Bedürfnissen staatlicher und wirtschaftlicher Repräsentation umgestaltet: Alte Stadtteile müssen weichen, breite Magistralen werden schnurgerade durch die im Laufe von Jahrhunderten gewachsenen Viertel geschlagen, Denkmäler von zweifelhaftem künstlerischen Geschmack werden errichtet.

Gisela schreibt in ihren letzten Lebensjahren auch an einem Drama mit dem Titel ›Alt Schottland‹. Nach vielen Umarbeitungen kann sie es noch kurz vor ihrem Tod fertigstellen. Herman Grimm veröffentlicht es posthum und versieht es mit einer sehr persönlich gehaltenen Vorrede. Das Drama behandelt eine Episode aus der schottischen Historie, nämlich die Flucht des Prinzen Carl (Charlie) Eduard Stuart nach Frankreich, das Hauptgewicht liegt jedoch auf den Intrigen und

Amouren einer schottischen Adelsfamilie im Umfeld des Prinzen. Das Stück ist in klassischen Versen geschrieben und basiert auf einem historischen Ereignis, doch Gisela Grimm drückt darin auch ihren Protest gegen den Materialismus der Gründerzeit aus – deren Beginn mit der Reichsgründung von 1871 sie einst so patriotisch begrüßt hat. Der dem Stück innewohnende rückwärtsgewandte Idealismus mag seine Wurzeln in der romantischen Geisteshaltung von Gisela Grimms Vorfahren haben, doch ihre Materialismuskritik geht weit darüber hinaus.

So urteilt Gisela Grimm im Vorwort zu ›Alt Schottland‹ über die Zerstörung Roms durch die Moderne: »In dem Augenblick, da ich die Feder niederlege und schließe, hat der Materialismus, von dem ich, da ich zu schreiben begann, zurückschauderte und mich in diesen Traum vertiefte, noch viel mehr an unserem Volk verbrochen, als ich damals ahnte, und hier das Höchste ausgespielt, was man von seiner treibenden Kraft vermuten konnte: Er hat Rom vernichtet. Rom liegt wie ein ausgeschlachtetes Thier vor mir, das zu Haushaltungszwecken des Materialismus benutzt werden soll. [...] Heute durchschneidet der Materialismus mit rohen viereckigen Steinhäusern, dicht aneinander ohne Höfe, wie mit abgekanteten Linien aus den Contobüchern der piemontesischen Kaufleute, alle Poesie der Welt und streicht Rom aus der Geschichte aus.«

Die weitere Modernisierung ihrer Vaterstadt Berlin und ihrer Herzensstadt Rom muß Gisela Grimm nicht mehr miterleben. Im März 1889 erkrankt sie während eines Aufenthalts in Rom. Herman Grimm will sie nach Deutschland zurückbringen, doch sie kommen nur noch bis Florenz, weiter reichen ihre Kräfte nicht. Kurz vor ihrem Tod wird Gisela von ihrer Nichte Elisabeth von Heyking, Armgarts Tochter, besucht, die wenige Jahre später mit ihrem Erstlingsroman einen grandiosen Erfolg feiern wird. Gisela Grimm stirbt am 4. April 1889 (es ist der Geburtstag ihrer Mutter) in Florenz und wird auf dem Neuen Evangelischen Friedhof, an der Landstraße südlich der Porta

Romana, bestattet. Herman Grimm schreibt in seiner Vorrede zu ›Alt Schottland‹, wenige Tage nach dem Tod seiner Frau: »Für Giesela war Dichten und Leben etwas, das sich nicht trennen ließ. Im unausgesetzten Zusammenleben mit ihrer Mutter wäre ihr unmöglich gewesen, die Welt anders zu nehmen als diese sie nahm. Ein Reich der Phantasie, das sich aus allem aufbaute, was sie las und was sie erlebte, umgab sie und vermischte sich mit dem Wirklichen, für das sie – dies war das Schöne dieses Lebens – zugleich den offenen Blick und genießende Empfänglichkeit bewahrte.« Und er reiht die Dichtungen seiner Frau ein in das große Erbe ihrer Familie: »Meinem Gefühle nach sind ihre Werke in eine Zeit gefallen, die anders geformte Phantasiearbeit verlangt als sie hier giebt, in den Kreis der deutschen romantischen Dichtung aber fügen sie sich fest ein und werden als ihre wunderbaren letzten Blüthen neben den Werken ihres Vaters und ihrer Mutter das volle Verständniß finden, das ihnen heute in weiterem Umfange nicht zu Theil werden kann.«

Gisela Grimms Stücke mögen aus der Nähe betrachtet unvollkommen, ja teilweise unausgegoren sein. Auch lassen uns Heutige die historischen Vorlagen eher kalt. Doch sind die Dramen authentische Beispiele spätromantischer Bühnenliteratur in der zweiten Hälfte des 19. Jahrhunderts. Zudem transportieren sie mit ihren sich selbst verwirklichenden Frauengestalten das emanzipatorische Weltverständnis der Autorin. Um so mehr verwundert es, daß bis heute eine umfassende wissenschaftliche Würdigung und Einordnung des Bühnenschaffens von Gisela Grimm fehlt.

Das Drama ihres Lebens ist mit ihrem Tod nicht zu Ende. Giselas Mann wird nochmals von der Erinnerung an die schmerzliche Zeit mit Joseph Joachim eingeholt: Als der Komponist vom Tod der Freundin erfährt, will er ihrem Andenken sein Violinkonzert G-Dur widmen, das in den fünfziger Jahren mit ihrer Anregung entstanden ist. Er wendet sich brieflich an seinen alten Freund und erbittet dessen Einwilligung. Doch die alte Wunde ist immer noch nicht verheilt. Hermans Neffe

Rudolph Grimm schreibt zurück und richtet Joachim die Antwort des trauernden Witwers aus: »Es ist mir sehr leid, daß ich Joachim jetzt nicht sehen kann, es würde mich sehr erschüttern […] Giesel ist immer seine Freundin geblieben.«

Elisabeth von Heyking (1861–1925)

Elisabeth von Heyking
(1861–1925)

*»Sollte vielleicht wirklich eine bestimmte Qualität
Geist vorhanden sein, die sich, nachdem sie in den
einen ausgedient, dann wieder auf andre verteilt?«*

Elisabeth von Heyking

Um 1906 begegnet der Hamburger Bürger Heinrich Merck –
ein Freund bibliophiler Bücher und schöner Literatur – einer
Dame mittleren Alters, die so gar nicht in die kühlen hansea-
tischen Kaufmanns- und Diplomatenkreise zu passen scheint.
Mehr als ein halbes Jahrhundert später erinnert er sich: »Von
der faszinierenden, zarten, blonden Frau mit den braunen Augen der Brentanos ging, obwohl sie nicht mehr jung war, ein
seltener Zauber aus, nicht nur der Zauber der großen Welt-
dame, sondern jener Zauber des Andersseins, der ihren Vorfahren eigen gewesen ist. In ihrer Gegenwart spürte man um
sich die Atmosphäre einer fast sagenhaften Umwelt, einer Umwelt, die Alt-Frankfurt oder Weimar hieß, die an den Hirsch-
graben denken ließ, wo Frau Rat Goethe einem wißbegierigen
jungen Mädchen Geschichten aus der Jugendzeit ihres Hät-
schelhans erzählen mußte, an den Frauenplan, wo der Herr
Geheime Rat eben dieses jungen Mädchens ihm vielleicht hin
und wieder etwas lästige Besuche in klassischer Würde und
doch in stiller Zuneigung empfing, und an das Haus zum Goldenen Kopf, wo die Schar der Geschwister erregt dem Locken
der Blauen Blume nachrannte, wo der ›Frühlingskranz‹ geboren wurde und der wildschöne ›Godwi‹.«
Mercks Begeisterung ist echt und alles andere als unange-
bracht, denn tatsächlich steht vor ihm eine Frau aus dem Geschlecht der Brentanos, noch dazu eine, die selbst schreibt und
mit ihrem Erstlingsroman ›Briefe, die ihn nicht erreichten‹

einen der größten Verkaufserfolge der damaligen Buchgeschichte feiern konnte. Bereits innerhalb der ersten zwölf Monate mußte der Verlag fünfundsechzig Auflagen drucken, und im Laufe der Jahre wurden es über zweihundert allein in deutscher Sprache, die zahlreichen Übersetzungen nicht mitgerechnet. Sie war eine Bestsellerautorin, die – wichtig für die wilhelminische Ära – zudem aus adliger Familie stammte, in deren Person sich also literarischer Erfolg mit gesellschaftlichem Glanz verband. Nicht zuletzt umwehte sie die Aura ihrer berühmten Vorfahren, der Brentanos und von Arnims. Ihr Name: Elisabeth von Heyking.

Die Enkelin Bettine und Achim von Arnims und Tochter Armgarts ist sich zeitlebens des literarischen Erbes bewußt, das sie angetreten hat – wenngleich sie viele Jahre lang nicht daran denkt, selbst zur Feder zu greifen. Doch sie hält Kontakt zu den Verwandten, etwa zu ihren Tanten Gisela und Maximiliane oder zu ihrem über alles geliebten Onkel Herman Grimm, der ihr ebenfalls zärtlich zugetan ist. Und sie ist im Besitz der Saloneinrichtung der Großmutter, diverser Bilder, Bücher und Manuskripte. Diese wertvollen Erbstücke bewahrt sie – da ist sie schon älter – in ihrem Schloß Crossen an der Weißen Elster auf, das in den ersten beiden Jahrzehnten des 20. Jahrhunderts zu einem zweiten Wiepersdorf wird, zu einem zwar kleinen, aber erlesenen Ort, an dem die geistige Elite des ganzen Landes zusammenkommt.

Daß sie selbst, die sich als Bewahrerin eines Stücks Familiengeschichte sieht, auf ihre Weise die deutsche Geistesgeschichte fortschreiben könnte, hält sie lange Jahre für unmöglich. Sie gehört zu der Art von Menschen, denen trotz günstiger Bildungsvoraussetzungen der eigene Weg zunächst verschüttet ist, sei es aufgrund gesellschaftlicher Konventionen oder einer Persönlichkeit, die sich erst langsam aus falscher Schüchternheit und Unsicherheit befreien muß.

Elisabeth von Heykings märchenhaft anmutender Aufstieg zur Bestsellerautorin und zu einem Glanzpunkt des gesellschaftlichen Lebens ist auch ein Lehrstück aus der Frühzeit weiblicher Emanzipation, mithin nicht untypisch für die Familien Brentano und von Arnim, die so viele eigenwillige und selbständige Frauen hervorgebracht haben.

Elisabeth Luise Auguste Helene von Flemming, so ihr vollständiger Name, kommt am 10. Dezember 1861 in Karlsruhe als Tochter der Armgart, geborene von Arnim, und des preußischen Gesandten in Baden, Graf Albert von Flemming, zur Welt. Die Namen, die dem Mädchen gegeben werden, zeugen von Ansehen und Tradition: Ihre Taufpatinnen sind die Großherzogin Luise von Baden, die Prinzessin Auguste von Preußen (die spätere Kaiserin) und die Großfürstin Helene von Rußland. Der Rufname Elisabeth jedoch geht auf keine andere als ihre Großmutter Elisabeth, genannt Bettine, zurück.

Es ist ein geistig aufgeschlossenes Haus, in dem Elisabeth, genannt Mumedei, und ihre drei Jahre jüngere Schwester Irene, genannt Didi oder Didiwipp, aufwachsen. Die Mutter ist eine feinsinnige Frau, die selbst singt und aquarelliert und den Kontakt zu ihren Schwestern Maxe und Gisela sowie zu deren Ehemann Herman Grimm pflegt. Der Vater entstammt einem alten preußischen Geschlecht, das Schlösser in Crossen an der Weißen Elster und in dem in der Märkischen Schweiz gelegenen Buckow besitzt. Seine verwandtschaftlichen und diplomatischen Beziehungen öffnen ihm viele Türen, umgekehrt werden auch die Häuser der Flemmings in Karlsruhe und Baden-Baden von Künstlern aus aller Welt besucht. Der musikliebende Graf – er spielt ausgezeichnet Cello – hat gerne Musiker zu Gast. Die Pianistinnen Clara Schumann und Sophie Menter, die Sängerin Pauline Viardot und der Komponist Anton Rubinstein gehen bei den Flemmings ein und aus. Aber auch die Schriftsteller Iwan Turgenjew, Ludwig Auerbach und Viktor von Scheffel sind gerngesehene Gäste.

Viel später erinnert sich Elisabeth von Heyking, die als Kind die Welt gerne in ›Guckkästen‹ und Dioramen bestaunte: »Aber am geheimnisvoll anziehendsten waren mir doch die Leute, die Bücher schrieben! Eine Faszination hatten sie für mich, die ich nur mit der von dem Guckkasten ausgeübten vergleichen kann.

Vielleicht war auch dabei ein Zukunftsahnen! – Scheffel lebte damals in Karlsruhe, Auerbach besuchte meine Eltern; aus beider Werken hatte mir mein Vater vorgelesen, und ich blickte staunend auf diese Erschaffer unsichtbarer Wesen, die mich doch als ganz ebenso wirklich begleiteten wie die lebenden Menschen. – Versuche eigenen Fabulierens lagen nahe.«

Elisabeth beginnt früh, eigene Geschichten aufzuschreiben, kommt über das Spielerische gleichwohl nie hinaus. Erst spät, nach der Lebensmitte, als sie die Welt nicht nur aus Guckkästen, sondern aus eigener schmerzlicher Anschauung kennt, bricht das Schreiben plötzlich aus ihr heraus. Doch die Kinderjahre in Karlsruhe und der ›Wettkampf‹ mit der ebenfalls hochbegabten Schwester sind prägende Erfahrungen. Elisabeth von Heyking erinnert sich: »Meine einzige Schwester, die jetzt als Dichterin bekannte Irene Forbes-Mosse, und ich waren noch ganz klein, als wir begannen, uns gegenseitig Geschichten zu erzählen; ein Doppelleben entwickelte sich daraus, eine Welt der Phantasie, in der wir beinah mehr zu Hause als in der wirklichen waren.«

Schreiben bedeutet für das Mädchen Elisabeth auch Flucht aus einer Welt, in der sie sich als Fremde fühlt. Denn so geborgen sie im Hause Flemming ist, so viel Liebe ihr von den Eltern entgegengebracht wird, empfindet sie doch mit dem untrüglichen Instinkt des Kindes ihr Anderssein. Als Tochter des preußischen Gesandten gilt sie in der Schule immer als Zugezogene. Die südlich-süße Atmosphäre Badens bleibt ihrem Wesen fremd, die zutrauliche Mentalität seiner Bewohner erscheint ihr distanzlos. Sie gehört nicht hierher, das wird ihr früh klargemacht: »Rein äußerlich war dies Gesondertsein schon bemerkbar. Bei Festen wehte von unserm Dache eine andere Fahne als an all den übrigen Häusern, und während in der Schloßkirche, die wir allsonntäglich besuchten, für den Großherzog gebetet wurde, lehrte mich meine Mutter daheim vor dem Einschlafen in meinem kleinen Kinderbett für ›den König, Bismarck und Moltke‹ beten; auch lag meines Vaters Gut nicht in den benachbarten Regengeländen, an der Murg etwa oder am Bodensee, sondern in meinem Schulatlas mußte ich auf der Karte, nicht des Deutschen Reiches damals, sondern der deutschen Länder, mit dem Fingerchen weit nordwärts suchen, bis ich östlich von Berlin das Wort Buckow ganz klein gedruckt fand. Dort, hieß es, seien wir eigentlich zu Hause.«

Aber gibt es für Elisabeth ein Zuhause? Buckow ist weit, und obgleich sie dem Schloß in der Märkischen Schweiz immer ein liebendes Andenken bewahrt und es sogar mehrfach literarisch verewigt, bleibt es doch ein fernes Sommerdomizil, ein Ort, an dem man nur wenige Wochen im Jahr zu Gast ist. Sie selbst erklärt aus diesem Fremdsein manche Sehnsucht späterer Jahre: »Dies Gefühl, verschieden von der Umgebung zu sein, ist wohl das Los aller Diplomatenkinder. Entsteht es aber zufällig in einem Menschlein, das vielleicht aus Vererbung oder sonstigen Umständen sich schon ohnedies irgendwie als differenziert empfindet, so wird daraus leicht ein gewisses allgemeines Fremd- und Alleinsein auf der Welt. Und aus diesem Bewußtsein entsteht Sehnsucht nach einem vagen Etwas, das die doch liebe und vertraute Umgebung nicht bietet, Denken an ein Anderswo, das vielleicht Erfüllung brächte.«

Das Gefühl der Fremdheit und Einsamkeit vertieft sich durch den frühen Tod der Mutter. Armgart von Flemming stirbt am 17. Januar 1880, mit gerade einmal achtundfünfzig Jahren. Elisabeth leidet sehr unter dem Verlust der Mutter, um so mehr, als sie deren Krankheit zum Tode jahrelang hilflos mit ansehen mußte. Die heranwachsende Elisabeth ist in jenen Jahren nicht nur Begleiterin der Mutter, sondern auch deren Pflegerin, eine Erfahrung, die der drei Jahre jüngeren Irene erspart bleibt. Elisabeth, so die Berichte von Zeitgenossen, zieht sich immer mehr zurück, gibt sich den Anschein von Gleichgültigkeit, wohl weil sie dem Übermaß an Bürde nichts anderes entgegenzusetzen weiß. Sie selbst hat dieses Verhalten später als Ausdruck scheinbarer »marmorner Kälte und Versteinerung« bezeichnet; aber das ist schon zu einer Zeit niedergeschrieben, als sie mit Mitteln der Literatur Worte für ihr Empfinden gefunden hat.

Was ist Auslöser dieser »Versteinerung«? Nicht allein der

frühe Tod der Mutter, sondern auch zwei desillusionierende Liebeserlebnisse dürften dazu beigetragen haben. Noch zu Lebzeiten Armgarts verliebt Elisabeth sich in einen jungen Offizier, doch die Eltern erfahren davon und unterbinden daraufhin jeglichen Kontakt. Nach dem Tode seiner Frau unternimmt Graf Albert von Flemming zusammen mit seinen beiden Töchtern eine Reise nach Italien. Eine Freundin Elisabeths, Lita zu Putlitz, schließt sich an.

In Verona stößt Litas Bruder zu der Gruppe: Stephan Gans Edler Herr zu Putlitz. Er ist sechsundzwanzig Jahre alt und Habilitand der Nationalökonomie mit Aussicht auf einen Lehrstuhl. Zeitgenossen schildern ihn als burschikos, was der kühlreservierten Elisabeth imponiert haben mag, ebenso wie seine vielversprechende universitäre Stellung. Daher wohl auch ihr schneller Entschluß: Als die Familie Italien den Rücken kehrt, haben sich die beiden jungen Leute bereits verlobt.

1881 wird die Ehe geschlossen, und das Paar zieht nach Berlin. Eine Tochter, Stephanie, kommt zur Welt. Bald zeigen sich zwischen den jungen Eheleuten jedoch so tiefe Verwerfungen, daß Elisabeth zeitweilig daran denkt, ins Haus ihres Vaters zurückzukehren. Nur die Furcht vor der gesellschaftlichen Schmach hält sie zurück. Das Leben als Professorengattin, so erkennt die junge Frau, bietet zwar Sicherheit und Ansehen, verhindert aber jegliche eigene Entwicklung. Der Reputation des Gatten hat sich die Frau unterzuordnen. Elisabeth hat das Gefühl, im goldenen Käfig zu sitzen und darin zu verkümmern.

Da begegnet sie im Haus des Nationalökonomen Adolf Wagner einem Studienkollegen ihres Mannes: Baron Edmund von Heyking. Er entstammt altem kurländischen Adel, die Begeisterung für Reichskanzler Bismarck hat ihn jedoch veranlaßt, seine baltische Heimat zu verlassen und die preußische Staatsangehörigkeit anzunehmen. Heyking beabsichtigt, in den Staatsdienst einzutreten. Er macht einen aufgeschlossenen, weltläufigen Eindruck, erzählt ihr von Rußland, von seinen Reisen und Plänen. Das fasziniert die junge Frau, und die beiden kommen sich näher. Putlitz ist nicht blind, doch er glaubt, die Zuneigung zwischen seiner Frau und Heyking durch eine gemeinsame Freundschaft im Zaum halten zu können, lädt den Freund und Nebenbuhler sogar nach Schloß Buckow ein. Nach der Abreise Heykings kommt es zum Eklat: Stephan zu Putlitz öffnet sich die Pulsadern. Er wird gerettet, und Elisabeth erklärt sich bereit, zugunsten der Ehe auf ihre Verbindung zu Heyking zu verzichten. In Putlitz bohren jedoch weiterhin Mißtrauen und Eifersucht. Er verläßt Buckow unter dem Vorwand, den Rest seiner akademischen Ferien an der See verbringen zu wollen. In Wahrheit jedoch fährt er nach Berlin und erschießt sich dort im Juli 1883.

Elisabeth zu Putlitz steht vor dem Trümmerhaufen ihrer gesellschaftlichen Existenz. In Adelskreisen wird sie für den Tod ihres Mannes verantwortlich gemacht, die Gerüchteküche brodelt. Zusammen mit ihrer kleinen Tochter Stephanie flieht sie nach Venedig. Heyking reist ihr nach. Aber auch ihr Schwiegervater kommt nach Italien und überredet Elisabeth, ihm die Enkeltochter eine Zeitlang zu überlassen, damit er besser über den Verlust des Sohns hinwegkomme. Sie gibt seinem Drängen nach, doch es ist eine Finte. Später weigert sich der alte Herr, der Mutter das Kind zurückzugeben.

Derweil streut die Klatschpresse verleumderische Gerüchte über den Selbstmord des jungen Putlitz. Die Überlassung des Kindes, so die Journalisten, sei ein indirektes Schuldeingeständnis der jungen Witwe. Elisabeth steht kurz vor dem Zusammenbruch. Nur Heykings bedingungslose Liebe – sie haben sich unterdessen verlobt – gibt ihr Rückhalt. Zwischenzeitlich ist Elisabeths Vater, Graf Albert von Flemming, in Florenz gestorben. Er war der Tochter dorthin nachgereist, um ihr moralisch beizustehen. Wenige Wochen später heiratet Elisabeth Edmund von Heyking. Das Paar lebt zurückgezogen in der Stadt am Arno. Ein Prozeß in drei Instanzen ist notwendig, um Stephanie nach zwei Jahren der Trennung zur Mutter zurückzuführen.

Edmund von Heyking will nun endlich in den Staatsdienst eintreten und nimmt – auch mit Rücksicht auf seine kompromittierte Frau – eine Anstellung als stellvertretender Konsul in

New York an. Der diplomatische Dienst im Ausland ist ihm als Garantie für den schnellen Aufstieg auf der Karriereleiter dargestellt worden, ein Irrtum, wie sich später herausstellen soll. Doch die Würfel sind gefallen: Mehr als zwanzig Jahre lang wird das Ehepaar Heyking kreuz und quer über vier Kontinente beordert werden. Die große Karriere bleibt Edmund von Heyking trotz außergewöhnlichen Einsatzes verwehrt. Er wird dies mit Bitterkeit feststellen und erst nach und nach erkennen, daß die Fäden anderswo gezogen werden, in Berlin, im Außenministerium und im Dunstkreis des Kaisers. Nicht Fleiß und herausragende Fähigkeiten entscheiden über seinen Weg, sondern die Launen hoher Beamter und das Intrigenspiel übelwollender Vorgesetzter.

In den Jahren 1886 bis 1904 schreibt Elisabeth von Heyking Tagebuch. Ihre Aufzeichnungen erlauben nicht nur einen Einblick in den Alltag einer Diplomatengattin zu Zeiten des kolonialen Imperialismus, sondern sind gleichzeitig Zeugnis einer zunehmenden Emanzipation von den Fesseln der Konvention, des Selbstzweifels und blind übernommenen Vorurteils. Das Tagebuch, anfänglich noch als Belegbuch für ein tapferes, pflichterfülltes Dasein in der Fremde geführt, wird zunehmend Zeuge der Sehnsucht nach Ausdruck – persönlichem wie sprachlichem.

»Mich dünkt manchmal«, schreibt Elisabeth von Heyking am 1. Januar 1887, »daß in mir außer dem Geist, der mit dem täglichen Leben sich beschäftigt und sich über dasselbe seinen Vers macht, noch ein andrer höherer Geist wohne, der noch im Werden, sich selbst noch nicht bewußt geworden ist. Es ist mir oft wie ein Schmerz, als fühlte ich ein zweites Leben in mir, das nicht zum Ausdruck kommen kann. Ich habe so keinerlei Gaben und kann gar nichts. Oft will es mich dünken, könnte ich nur das Kleinste leisten, ganz aus mir selbst heraus und selbständig, so käme dieser zweite Geist zur Ruh. Im kleinsten Schaffen müßte ihm so sein wie Gott, der die Welt schuf und sich in ihr bewußt ward.«

Ihre Not ist typisch für eine Zeit, in der Frauen aus gehobenen Kreisen eine Berufsausübung weitgehend verwehrt bleibt. Zudem verhindern die häufigen Versetzungen Edmund von Heykings die Möglichkeit, irgendwo richtig seßhaft zu werden. Während der knapp zwanzig Jahre, in denen Elisabeth das Tagebuch führt, folgt sie ihrem Ehemann von New York nach Valparaiso in Chile, von dort nach Kalkutta, dann nach Kairo und schließlich nach Peking. 1899/1900 darf sie für ein knappes Jahr in Berlin pausieren, dann geht es nach Mexiko-Stadt und schließlich nach Belgrad. Über den Posten in Belgrad ist sie schon insofern mehr als glücklich, als es Heykings erster innerhalb Europas ist.

Das Ehepaar muß sich nicht nur an immer neue Kulturen, Sprachen und fremde klimatische Verhältnisse gewöhnen, erschwerend kommt hinzu, daß die drei Kinder – das Mädchen Stephanie aus erster Ehe und die gemeinsamen Söhne Alfred und Günther – in Berliner Internaten zurückbleiben müssen. Die zum Teil recht abenteuerlichen und politisch unsicheren Verhältnisse in Krisengebieten wie Chile und China verbieten es, Kinder mit auf große Fahrt zu nehmen.

So verwundert es wenig, daß Elisabeth von Heyking jahrelang unter Schuldgefühlen, Mutlosigkeit und Resignation leidet, eine Sinn- und Daseinskrise, die sie oft an den Rand ihrer körperlichen und seelischen Kräfte bringt: »Es ist alles so hart und hoffnungslos. Man schläft mit dem Gedanken ein, fühlt ihn wie einen Alp während der Nacht und wacht morgens damit auf. Der einzig schöne Augenblick ist, während man betet – dann allein stehe ich jemand gegenüber, der schon alles weiß, dem ich alles sagen kann und den ich um alles bitten darf. Oft stundenlang denk' und bet' und wein' ich so vor mich hin und dann wird mir ein bißchen ruhiger zumute. Das Traurigste ist der Gedanke an die Kinder.«

Freilich ist das äußere Leben so abwechslungsreich, mit so vielen Beobachtungen, Begegnungen und Erlebnissen gespickt, daß oft gar nicht die Zeit zum Grübeln bleibt. Ihr Tagebuch ist daher nicht nur persönlich-intime Beichte, sondern auch ein kulturhistorisches Dokument ersten Ranges. Elisabeth von

Heyking verbringt all die Jahre nicht nur in diplomatischen Kreisen und in den Villengegenden der Großstädte, sie unternimmt auch etliche Reisen und Ausflüge. Sie sieht die Armut der Indios im südlichen Chile und besucht die Elendsquartiere Kairos. An den Ufern des Ganges beobachtet sie Hindus bei ihren rituellen Waschungen und Gebeten, und sie bewundert die Naturschönheiten des indischen Hochlands. Sie besichtigt die Tempel Japans und ist von der Größe und Weite des kanadischen Westens überwältigt. In China wird ihr die tiefe Kluft zwischen der verarmten, rückständigen Landbevölkerung und dem vor Reichtum strotzenden, seit Jahrhunderten in Traditionen erstarrten Kaiserhof bewußt.

Gleichwohl sind Elisabeths Beobachtungen nicht frei von Wertung und europäischer Voreingenommenheit. Als überzeugte Preußin und Dienerin ihres Königs und Kaisers glaubt sie an die europäische Zivilisation und an die diplomatische Mission ihres Mannes. Die Parole Kaiser Wilhelms II., »An deutschem Wesen soll die Welt genesen«, geht auch an Elisabeth von Heyking nicht spurlos vorbei. Als sie in Peking, wo es eine breite, völlig verarmte und rechtlose Unterschicht gibt, einem feudalen System mit korrupter Beamtenschaft und einer willkürlich herrschenden Adelsschicht begegnet, folgert sie: »Wenn man in Shanghai sieht, wie sehr die Chinesen europäische Straßen genießen, auf denen sie spazierenfahren können, wie sehr sie sich bemühen, in die Settlements hineinzukommen und dort die besten Häuser und Gärten zu kaufen, so sagt man sich doch unwillkürlich, daß dem Lande nichts Besseres passieren könnte, als unter europäische Kontrolle zu kommen, und daß sich die Chinesen dabei sehr bald viel glücklicher fühlen würden.«

Nicht Borniertheit und Machtgier sprechen aus diesen Zeilen Elisabeth von Heykings, sondern der durch ihre Erziehung und ihren kulturellen Hintergrund geprägte Glaube an den Fortschritt der Zivilisation. Der direkte Vergleich zwischen dem bereits industrialisierten Deutschland, das eine halbwegs funktionierende Sozialgesetzgebung kannte, und dem alten

China mit seinen gesellschaftlichen Verwerfungen und Unge-
rechtigkeiten mußte sie beinahe zwangsläufig zu dieser ver-
kürzten Schlußfolgerung verleiten.

Doch nicht immer ist Elisabeth von patriotischem Sendungs-
bewußtsein durchdrungen. Bisweilen regen sich auch Zweifel
in ihr, ob die Zivilisation der Europäer diesen fremden Kulturen und Mentalitäten wirklich gerecht werden kann. Dann
nehmen ihre Eintragungen einen ironischen, ja sarkastischen
Ton an, der später auch ihre Romane angenehm frisch durchzieht. Als sie sich etwa auf der Schiffsreise von Vancouver nach
Yokohama befindet, lernt sie eine Missionarsfamilie kennen,
die auf dem Weg nach China ist. Elisabeth von Heyking, selbst
Protestantin, zweifelt an der Befähigung des Geistlichen für
den schwierigen Einsatz: »Der Missionar ist klein, dick, blond,
fett und schwitzig, seine Frau ist dito, und sie haben vier kleine,
dicke, fette und schwitzige Kinder von 4, 3, 2 und 1 Jahr. Da
die Chinesen auch ohne Christentum so viele Kinder zustande
bringen, daß sie einen Teil davon wieder ersäufen, wird diese
Leistung allein sie wohl nicht bekehren! Wie solch ein dicker
Mann, der es sich mit seinem dicken Weibe wohlsein läßt und
vier dicke Kinder zeugt, andre bekehren will, die auch nichts
Besseres und nichts Schlechteres tun, ist mir unverständlich.
Da lob ich mir doch noch einen mageren asketischen Jesuiten.«

Sie kritisiert in ihren Notizen aber nicht nur den kirchlichen
Stand. Der preußischen Patriotin ist es nachgerade peinlich,
wenn »das Deutsche« bei jeder passenden wie unpassenden
Gelegenheit lauthals hervorgekehrt wird. Als sie einmal auf Urlaub in Rom weilt, wird sie Zeugin eines Besuches Kaiser Wilhelms II. anläßlich der Silberhochzeit des italienischen Königs-
paars. Beinahe hellsichtig geht sie mit dem prahlerischen und
wenig einfühlsamen Auftreten Seiner Majestät ins Gericht:
»Sehr amüsant war es, die große Hofloge dabei zu beobachten,
in der sich zuerst allerhand fremde Fürstlichkeiten versammelten, bis dann schließlich die italienischen und unsre Majestä-
ten in großartigem Zuge durch die Arena angefahren kamen.
Dabei spielte man etwa zwanzig Minuten lang: ›Heil Dir im

Siegerkranz‹, was zum Verrücktwerden klang, so daß das Ende mit einem ›Ah‹ der Erleichterung begrüßt wurde. Bei der Abfahrt geschah dasselbe, und die andern Fürstlichkeiten müssen sich dort sehr froissiert gefühlt haben. [...] Es war entschieden sehr ungeschickt arrangiert, und überhaupt wird einem hier oft angst, wenn man den rasenden Tratra sieht, der um S. M. [Seine Majestät] gemacht wird. Man denkt sich unwillkürlich, wenn das nur nicht noch mal ein Ende mit Schrecken nimmt, denn wir zehren doch rein von unsrer vergangenen Größe und neues Große wird doch auf keinem Gebiet geleistet. Seit ich in Europa bin, muß ich immer an die Französische Revolution denken. Hier ist gerade so viel Verschuldung und Armut und soziale Unzufriedenheit und daneben grundloser Luxus, vermischt mit Wohltätigkeitsgemache!«

Der Talmiglanz der Kaiserzeit, die überhebliche Borniertheit der Neureichen sind ihr zuwider. Da ihre Wurzeln gleichermaßen in einem alten Adelsgeschlecht wie in einer Kaufmanns- und Künstlerfamilie liegen, weiß sie Verdienst von Tagesglück, ernstgemeinte Verehrung von speichelleckerischer Demut zu unterscheiden. Selbst an den »Stars« des damaligen Kunstbetriebs läßt sie kein gutes Haar, wenn ihr der Kult, der um sie gemacht wird, verlogen vorkommt. Einmal begegnet sie Cosima Wagner, die als Witwe des Opernkomponisten nicht nur die Verwalterin von dessen musikalischem Erbe ist, sondern auch zur Hüterin echter deutscher Kunst hochstilisiert wird. Elisabeth schreibt böse: »Komisch ist es aber, die Gemeinde zu beobachten. Sie sprechen alle mit Frau Cosima mit einem Augenaufschlag und Stimmfall, als träten sie in eine Kathedrale, und doch kann man beim Betrachten des Lebens der Frau Cosima am allerwenigsten religiöse Empfindungen haben.«

Daß sie selbst eine lange und bedeutende künstlerische Ahnenreihe aufzuweisen hat, ist Elisabeth von Heyking stets bewußt. Und auch ihre Umgebung sieht die Diplomatengattin gern in diesem Licht. Selbst der amerikanische Botschafter in Berlin spricht sie einmal darauf an: »Ich saß neben ihm und er erzählte mir, daß le cercle le plus spirituel [der geistreichste

Kreis], den er je gekannt habe, derjenige gewesen sei, der sich vor 50 Jahren um Bettina versammelte. Von da ab hatten wir natürlich Anknüpfungspunkte die Menge.«

In all diesen Jahren ist sie bei Gesellschaften eine gerngesehene, vielbeachtete Frau, nicht nur als Gattin des Diplomaten Heyking. Elisabeth besitzt Ausstrahlung, Anmut, Charme, gleichzeitig scheint tief unter der schillernden Oberfläche dessen, was man gesellschaftlichen Glanz nennt, noch etwas anderes, Ungehobenes zu schlummern. Der Schriftsteller Paul Lindenberg, Redakteur der ›Deutschen Rundschau‹, erinnert sich: »Niemand konnte sich dem Zauber dieser seltenen Frau entziehen. In keiner Weise legte sie es darauf an, zu gefallen oder Aufmerksamkeit zu erregen. Sie war zurückhaltend in vornehmer Ruhe, ihre Sprache hatte einen schwingenden, musikalischen Klang. – Nur der aufmerksame Beobachter empfand das starke Innenleben dieser Frau, die bloß wenigen einen Blick in ihr Inneres gestattete, das in ihren Büchern zu tiefem Ausdruck gelangte. Ihr Leben war ein Roman, von Jugend an, und von Jugend an führte sie, die Reichbegabte, ein Doppeldasein: Hier die Frau der großen Welt, die Gattin eines Diplomaten, internationaler Verkehr, gastliches Haus, weite Reisen; dort die Stille, Insichgekehrte, die sich wenig aus dem rauschenden ›Weltplunder‹ machte, für dessen Narrheiten sie bloß ein leichtes Lächeln übrig hatte.«

Tatsächlich lebt Elisabeth von Heyking in den Jahrzehnten, da sie ihrem Mann um den Erdball folgt, ziemlich zurückgezogen. Aus ihrem Tagebuch läßt sich schließen, daß sie große Gesellschaften eher meidet. Doch hinter den Kulissen zieht sie die Fäden: Als das Ehepaar in den Jahren 1896 bis 1899 in Peking weilt, nimmt Elisabeth entscheidenden Einfluß auf diplomatische Bestrebungen ihres Mannes. China ist damals ein innen- und außenpolitisch schwacher Staat, der gleichwohl über reiche Bodenschätze verfügt und dessen Märkte für den europäischen Export bedeutsam sind. Die europäischen Kolonialmächte, allen voran Großbritannien, Frankreich und Rußland, versuchen, sich ganze Provinzen oder zumindest einzelne Hafenstädte als Brückenköpfe für den Handel anzueignen. Die Verträge, die geschlossen werden, sind Knebelabkommen und für China mit beschämenden Bedingungen verknüpft. Auch das Deutsche Reich wittert seine Chance. Doch anders als in Afrika und der Südsee beabsichtigt man nicht, Kolonien in China zu erwerben. Zu dicht ist das Land bevölkert, die Heeresführung fürchtet, sich mit einem kolonialen Engagement im Reich der Mitte zu überheben.

Edmund von Heyking, der Kontakte zu deutschen Handelshäusern, insbesondere in Hamburg, besitzt, verhandelt mit chinesischen Beamten und sogar mit dem Kaiserhof über die Pachtung eines kleinen Stückes Land an der Küste. Keine Kolonie, nur ein Stützpunkt soll es sein, um deutsche Handelsschiffe anlanden zu lassen, um Kontore und Lagerhäuser errichten zu können für den Handel mit dem chinesischen Hinterland. Heyking geht vorsichtig vor, er will einen Krieg mit China oder gar mit den anderen Kolonialmächten, die eifersüchtig die Lage beobachten, vermeiden. Bei seinen Verhandlungen kommt ihm seine Frau zu Hilfe. Auch sie sondiert die Situation, führt Gespräche, schreibt für ihren Mann Berichte an das Auswärtige Amt in Berlin, stärkt ihm den Rükken, schickt bisweilen sogar eigenmächtig Briefe an Personen des öffentlichen Lebens in Berlin, mit der Bitte, das Vorhaben ihres Mannes beim Kaiser und seinen Beamten und Generälen zu befürworten. Dennoch gibt es immer wieder Rückschläge. Zudem mangelt es an eindeutigen Weisungen aus Berlin: Die Gegner Heykings, aber auch die Feinde seiner Frau, die ihr nie verziehen haben, daß sie ihren ersten Mann angeblich ins Unglück gestürzt hat, wissen zu intrigieren.

Schließlich jedoch kann Heyking sein Vorhaben trotz aller Widerstände umsetzen: Am 6. März 1898, zwei Jahre vor dem »Boxeraufstand« gegen die Kolonisatoren in China, schließt das Deutsche Reich mit dem Kaiserreich China einen Vertrag, wonach die knapp fünfhundert Quadratkilometer großen Gebiete um die Bucht von Kiautschou auf neunundneunzig Jahre verpachtet werden. In den Unterlagen des Auswärtigen Amtes wird Heyking gelobt, er habe die Verhandlungen »mit großer Festigkeit« geführt. Auch von kollegialer Seite schlägt ihm Bewunderung entgegen: Der Kiautschou-Vertrag sei ein »Meisterstück diplomatischer Arbeit«, zumal China nicht der Eindruck vermittelt worden sei, der betrogene, unterlegene Part zu sein.

Als das vom Kaiser von China unterzeichnete Abkommen im Konsulat eingeht, notiert Elisabeth von Heyking stolz: »Edmund zeigte mir ein Exemplar des Vertrags, und es freute mich, seinen Namen darauf zu sehen. Der Vertrag ist in gelbe Seide eingebunden und liegt zwischen zwei mit gelbem Brokat bezogenen Tafeln, die selbst wieder in einem gelben Brokatkasten ruhen, wie sie benutzt werden für alle Akten, die dem Kaiser von China vorgelegt werden.«

In den folgenden Jahren wird der in der Bucht von Kiautschou gelegene Hafen Tsingtau für Hochseeschiffe ausgebaut und eine Eisenbahnlinie ins Landesinnere verlegt. Die Stadt Tsingtau, einst ein unbedeutendes Fischerdorf, wächst auf über dreißigtausend Einwohner an. Eine grundlegende Infrastruktur nach deutschem Vorbild wird geschaffen. Im November 1914, kurz nach Ausbruch des Ersten Weltkriegs, erobern japanische Truppen das von den Deutschen gepachtete Gebiet; im Versailler Vertrag von 1919 wird es Japan offiziell zugesprochen. Das Washingtoner Abkommen von 1922 schließlich regelt die Rückgabe der Bucht von Kiautschou an China. Ein Jahr darauf verzichtet Deutschland auf seine Pachtrechte. Edmund von Heyking erlebt das alles nicht mehr, er stirbt bereits 1915. Doch der typisch deutsche Charakter der Altstadt von Tsingtau zeugt bis heute von der Vergangenheit der Stadt, auf deren Schicksal das Ehepaar Heyking so großen Einfluß genommen hat.

Der Triumph des Diplomaten und seiner Frau vom Frühjahr 1898 währt freilich nicht lange. Andere reißen die Lorbeeren an sich, und schnell vergißt man in Berlin, wer den Vertrag zustandegebracht hat. Elisabeth schreibt verbittert, »daß es sich mehr lohnt, England schlecht, wie Deutschland gut zu dienen!« Schließlich wird Heyking aus China abberufen.

Sein Nachfolger in Peking ist unsensibel genug, das fragile

Gleichgewicht zwischen chinesischen und deutschen Interessen zu zerstören. Im Jahre 1900 bricht der Boxeraufstand los: Ein chinesischer Geheimbund, der sich selbst Boxer nennt, ruft zum Mord an den Europäern im Lande auf. Vereinzelt werden Missionare und Kaufleute umgebracht, was die Europäer zum Anlaß nehmen, Truppen ins Reich der Mitte zu entsenden. Der Oberbefehl liegt in Kaiser Wilhelms Händen, und bei der Einschiffung seiner Truppen ruft er den Soldaten großspurig zu: »Gefangene werden nicht gemacht. Wer euch in die Hände fällt, sei euch verfallen. Wie vor tausend Jahren die Hunnen unter ihrem König Etzel sich einen Namen gemacht haben, der sie noch jetzt in Überlieferungen und Märchen gewaltig erscheinen läßt, so möge der Name *Deutscher* auf tausend Jahre durch euch in der Weise bestätigt werden, daß niemals wieder ein Chinese wagt, einen Deutschen auch nur scheel anzusehen!«

Die Unruhen in China erlebt das Ehepaar Heyking glücklicherweise nicht mit. Es ist auf Urlaub in Berlin und entrinnt so der Gefahr für Leib und Leben. In der Hauptstadt werden die von Heykings zu Soiréen und Empfängen eingeladen, nicht nur in Diplomatenkreisen. Elisabeth lernt den Dichter Ernst von Wildenbruch und Harry Graf Kessler kennen, Bekanntschaften, die für ihre Zukunft als Autorin bedeutsam werden. Bereits in China hat sie begonnen, mit einigem handwerklichen Geschick Gedichte zu verfassen, und zwar auf Französisch, eine Sprache, die ihr seit früher Kindheit vertraut ist. Doch es hat den Anschein, als habe sie zwar ihren Gefühlen Ausdruck verleihen wollen, ihrer Einsamkeit und Melancholie, sich aber zugleich hinter dem fremden Idiom verborgen. Nun, in Berlin, begegnet sie Kessler, und er fordert sie auf, für die Zeitschrift ›Pan‹ zu schreiben. Fünf Tage später trifft sie ihn erneut. Im Tagebuch vermerkt sie: »Kessler war früh bei mir, und ich las ihm meine Gedichte vor. Er, Wildenbruch und auch [Paul] Goldmann [der Vertreter der Wiener ›Neuen Freien Presse‹ in Berlin] sagen, ich müsse Deutsch schreiben.«

Sie nimmt sich den Rat zu Herzen und beginnt noch am selben Tag: »Ich versuche es jetzt, aber es geht unendlich holperig.« Nach und nach jedoch gewinnt sie an Sicherheit. Gleichwohl hält sie an ihren französischen Versen fest, reist im April 1900 sogar nach Paris, um Anatole France und Henri de Régnier kennenzulernen. Beide verpaßt sie, erhält aber Gelegenheit, bei verschiedenen Redaktionen vorzusprechen, denen sie ihre Gedichte vorlegt. Man vertröstet sie und verspricht, die Verse zu drucken, sobald ein ganzer Band beisammen ist. Dazu kommt es freilich nicht. Glücklicherweise, möchte man sagen, denn auf dem Gebiet der Lyrik scheint Elisabeth, anders als ihre Schwester Irene Forbes-Mosse, eher geringes Talent besessen zu haben.

Bereits Ende April geht es wieder auf große Fahrt: Elisabeth von Heyking folgt ihrem Mann nach Mexiko. Die dortigen Möglichkeiten, ein gesellschaftliches Leben zu führen, sind – ähnlich wie in Chile oder China – recht begrenzt. Außerdem fühlt sich Elisabeth zunehmend von der Intrigenwirtschaft des diplomatischen Dienstes abgestoßen. »›Das Operettenhafte bei den verschiedenen Völkern‹ wäre ein guter Titel für diplomatische Memoiren!«, vertraut sie ihrem Tagebuch an.

Obwohl sie sich in den Jahren zuvor oft herablassend über China geäußert hat, gerät sie nun in eine wehmütige Stimmung und sehnt sich sogar nach Peking zurück. Doch weniger den gesellschaftlichen Verhältnissen im Reich der Mitte trauert sie nach, als vielmehr der ihr von einem Verehrer entgegengebrachten Zuneigung. Sie beginnt, zunächst nur für sich selbst, mit der Abfassung fiktiver Briefe an besagten Herrn von Groot[e], der in Peking den Posten eines Wirtschaftsberaters der Russischen Gesandtschaft innehatte. Die mit Elisabeth von Heyking befreundete Schriftstellerin Marie von Bunsen schreibt: »Sie erzählte über ihre Ritte, über ihre Pekinger Zeit, gleichzeitig waren drei Herren leidenschaftlich in sie verliebt. Groote, ein Spanier und noch ein Dritter. Es hätte an der Luft von Peking gelegen. Ausführlich, mit Rührung, beschrieb sie Herrn von Groote [...]: ›Täglich saß er bei mir, oft schweigsam. Ein Mensch, wie es keinen zweiten gegeben; was er tat, tat er gut. Glänzender Reiter, glänzender Tänzer, glänzender Hausherr.

Als ich ihm unsere bevorstehende Abreise verkündete, war er fassungslos, wollte es nicht glauben.‹«

Erst nachträglich wird Elisabeth klar, daß ihr unter den Händen ein Briefroman gelungen ist. Sie tilgt autobiographisch verfängliche Spuren und gibt dem Buch einen melodramatischen Schluß. Dann liest sie das Manuskript ihrem Mann vor. Er ermutigt sie, es zu publizieren, allerdings anonym; für eine Dame der Gesellschaft schickt es sich nicht, unter ihrem eigenen Namen zu veröffentlichen.

1902 erscheint das Buch als Fortsetzungsroman in der ›Täglichen Rundschau‹, ein Jahr darauf in gebundener Form unter dem Titel ›Briefe, die ihn nicht erreichten‹ in dem Berliner Verlag Gebrüder Paetel. Es wird einer der größten Bucherfolge der damaligen Zeit, und Elisabeth von Heyking, deren Anonymität nicht lange gewahrt werden kann, ist mit einem Schlag berühmt – und reich. Der Erfolg gibt bekanntlich recht, und so schert sie sich nicht mehr um das Gerede der Leute über ihr angebliches Verhältnis mit Groote. Dieser selbst, der im Roman nie namentlich genannte »liebe Freund«, ist über die Hervorkehrung intimer Gefühle, deren Auslöser er war, sprachlos. Marie von Bunsen, die wohlunterrichtete Freundin, erinnert sich: »Er konnte sehr schweigsam sein; als ich ihn nach dem Erscheinen der ›Briefe, die ihn nicht erreichten‹ in Peking traf und über diese wie über Frau von Heyking sprach, sah er vor sich hin und sagte kein Wort.«

In den ›Briefen, die ihn nicht erreichten‹ schreibt eine Frau, Schwester eines deutschen Kaufmanns, der in China lebt, ihrem »lieben Freund« in Peking bekenntnishafte Briefe. Sie hat ihn im Reich der Mitte zurücklassen müssen, um ihren Bruder auf eine Reise nach Europa zu begleiten. Ihr Weg führt sie per Schiff über Japan nach Vancouver, mit der Eisenbahn quer durch Kanada nach New York, von dort mit dem Schiff weiter nach Europa. In Berlin verbringt sie nur wenige Wochen, dann macht sie sich wieder auf den Rückweg nach China. In New York angekommen, hindern die Nachrichten vom Ausbruch des Boxeraufstands sie an der Weiterreise. Die Briefe, die sie ihrem Freund schickt, erreichen ihn im eingekesselten Peking nicht. Vergebens harrt sie eines Lebenszeichens. Erst nach Wochen erhält sie Nachricht: Ihr Freund ist bei den Kämpfen mit den Aufständischen gefallen. Noch mehrere Tage fährt die Frau fort, Briefe an ihn zu schreiben, als wären sie eine Verbindung ins Jenseits. Schließlich begeht die Erzählerin Selbstmord. Ihr Bruder erhält nach ihrem Tod die ›Briefe, die ihn nicht erreichten‹ ausgehändigt und veröffentlicht sie: »Ich vermochte nicht die Briefe zu vernichten. Es wäre mir gewesen, als würde damit das Leben meiner Schwester noch einmal grausam zerstört. [...] Vielleicht erreichen sie auch andere, einsame Menschen, die noch auf der großen Lebensfahrt begriffen sind und gern einen Augenblick am Wege rasten, um auf die Stimmen derer, die vor ihnen gegangen sind, zu lauschen, wie sie leise aus der Vergangenheit klingen.«

Der riesige Erfolg des Romans zeigt, wie sehr sich die zeitgenössischen Leser vom Schicksal dieses modernen Romeo-und-Julia-Paares rühren ließen, obwohl sich die Autorin mit gefühlsseligen Aufwallungen zurückhält. Eine geradezu aristokratische, vielleicht auch protestantische Zurückhaltung durchzieht das Buch. Gefühle werden eher zwischen den Zeilen angedeutet als offen ausgesprochen. Doch noch andere Faktoren trugen zum Erfolg des Buches bei. Um die Jahrhundertwende, als Deutschland Kolonien in Afrika und der Südsee erwarb, kam ein reges Interesse an diesen Ländern auf, das genährt wurde von nationalistischem Gedankengut, ökonomischen Spekulationen, ethnographischem Erkenntnistrieb, aber auch dem unterschwelligen Bedürfnis nach Exotik. Elisabeth von Heykings Buch paßte genau in dieses Schema, zumal das den deutschen Lesern weitgehend unbekannte China aus der Sicht der Insiderin beschrieben wurde.

Neben nationalen, patriotischen Tönen finden sich aber auch zivilisationskritische Gedanken. Die Erzählerin beschreibt nicht nur das rückständige Reich der Mitte, sondern auch die Slums in den ansonsten so fortschrittlichen Vereinigten Staaten, oder die in Vorurteilsdenken und überkommenen Traditionen verharrenden Stützen des wilhelminischen Deutschlands. Zynisch kommentiert die Erzählerin den nationalen Hochmut vieler Zeitgenossen: »Trotz allem, was darüber gesagt wird, sind wir eben keine Generation der Übermenschen. Wir sind Zweifler, Spötter, Unzufriedene – zum Übermenschtum fehlt uns das Zeug. Dazu müßten wir vor allem an uns selbst glauben – und wer tut das heute noch? – Sind wir ehrlich, so haben wir uns doch alle als armselige Blechgötzen erkannt – vielleicht imponieren wir noch den Wilden, uns selbst aber doch sicherlich nicht.«

Selbstverständlich fanden solch kritische Äußerungen nicht überall Zustimmung. Vor allem männliche Repräsentanten des wilhelminischen Systems mögen sich davon abgestoßen gefühlt haben. Aber die Leserschaft des Buches war ohnehin eher weiblich, und auf die Interessen und den Geschmack von Frauen hin war der Roman auch konzipiert. Nicht nur, weil er eine Erzählerin besitzt und das vor allem bei Frauen damals beliebte Genre des Briefromans benutzt, nicht nur, weil die anrührende Geschichte vom Liebespaar, das durch die Widrigkeiten der Zeitläufte getrennt wird, viele Frauen angesprochen haben dürfte. Nein, auch als kritischen Beitrag zur Frauenfrage konnte man das Buch lesen – zumindest in Adelskreisen und Besitzbürgertum, Schichten, in denen Frauen zu jener Zeit gewissermaßen im goldenen Käfig gehalten wurden.

Die Krankheit des eben zu Ende gegangenen 19. Jahrhunderts, »le mal du siècle«, ist die Langeweile, der »ennui«. Unter ihr leidet auch die Erzählerin: »Ich wünschte – ja, was wünsche ich eigentlich? Ich wünschte, ich wäre mit Ihnen auf einer weiten, merkwürdigen, gefahrvollen Entdeckungsreise in irgendein seltsames Land – womöglich einen unerforschten Stern. […] Aber wahrhaftig und im Ernst – ich habe manchmal eine so brennende Sehnsucht, etwas zu werden, zu sein, zu leisten! Ich komme mir zuweilen vor, als bestände ich aus lauter ungenutzten Fähigkeiten und als gingen alle Gelegenheiten, sich zu betätigen, die die meinen sein sollten, an mir vorbei und zu anderen hin, die nicht wissen, was sie damit beginnen sollen. Wir Menschen bestehen eben aus solchen, von denen nie annähernd das verlangt wird, was sie zu leisten imstande wären, und aus anderen, an die Anforderungen gestellt werden, denen sie in keiner Weise gerecht werden können.«

Der Roman ist nicht nur ein Buch des Aufbegehrens, sondern zugleich ein Buch zerstörter Illusionen, eine Art negativer Entwicklungsroman. Die Erzählerin muß sich früh das eigene Scheitern eingestehen: »Als es niemand noch wußte, als ich für eine glückliche Frau galt – das war meine härteste Zeit. Damals lehnte ich mich innerlich auf. Unerträglich war das Gefühl eigener Zwecklosigkeit, unerträglich der Jammer um mein junges Leben, das mir noch so unabsehbar lang vorkam.« Nach der Phase von Rebellion und Enttäuschung befindet sie sich nun in einem Lebensabschnitt stiller Bescheidung und geläuterter Resignation: »Jetzt scheint mir alles überwunden. In mir ist schon lange eine große Stille – ich gleiche einem jener ausgestorbenen Häuser, wie die Resignation sie gern bewohnt [...]. Wehmut und Mitleid allein sind geblieben.«

Von besonderer Melancholie sind die Passagen, in denen die Erzählerin einen Besuch in Garzin schildert, dem märkischen Schloß ihrer Kindheit. Unschwer kann man darin den Herrensitz derer von Flemming in Buckow in der Märkischen Schweiz erkennen. Elisabeth von Heyking beschreibt sogar den Weg dorthin recht unverschleiert: von Berlin mit dem Zug zum Bahnhof Müncheberg, von dort mit der Kleinbahn durch den Wald bis zu dem an einem See gelegenen Kurort. Das Wiedersehen mit Garzin/Buckow löst in der Protagonistin Glücksgefühle aus: »Trotz aller bittern Stunden ist mir Garzin doch immer in der Erinnerung geblieben als das eine Fleckchen Erde, an das ich ein Recht habe, das Recht, das man durch Liebhaben erwirbt.«

Doch die Zeiten sind über das Schloß hinweggegangen: Es ist verwaist und wird jetzt Ausflüglern als etwas heruntergekommene Sehenswürdigkeit gezeigt. Ohne sich zu erkennen zu geben, nimmt die Erzählerin an solch einer Führung teil. Sie sieht die verlassenen Zimmer, an deren Wänden noch die alten Tapeten hängen, und sofort stellen sich Bilder aus der Kindheit ein: »Ja, wahrhaftig, da waren sie noch, ganz verblaßt, die Striche, die der Onkel machte, wenn er unser Maß nahm und unser jährliches Wachstum an dieser Tür verzeichnete.«

Konterkariert wird dieser nostalgische Rundgang durch die Kommentare einer kleinbürgerlichen Familie aus Berlin. In solchen Momenten erweist sich die Autorin Elisabeth von Heyking nicht nur als genaue Milieubeobachterin, sondern auch als treffsichere Satirikerin: »Den abgenutzten, gestreiften Teppich erkenne ich, sogar ein gestopftes Loch, dessen ich mich entsinne, finde ich wieder. ›Du Karl‹, sagt die dicke Berlinerin zu ihrem Mann und befühlt einen Sesselbezug, ›da is et ja nobler bei uns in die Köpenicker Straße.‹ Und der dicke Karl antwortet: ›Ja, wahrhaftig, in diese feudale Jejend könnte man noch Mitleid mit die Ostelbier bekommen.‹« Mit einem Gefühl von Wehmut und Verlust fährt die Erzählerin nach Berlin zurück.

Das 1680 erbaute Schloß Buckow, das Vorbild von Schloß Garzin, verfiel in der Folge noch mehr. Im Zweiten Weltkrieg wurde es beschädigt und im Jahre 1948 abgerissen – nicht allein wegen der Beschädigungen, wie die spätere Geschichtsschreibung in der DDR glauben machen wollte, sondern auch aus Ignoranz gegenüber der eigenen Tradition und (Kultur-) Geschichte, eine Haltung, die im Adel lediglich ein ausbeuterisches feudales System preußischen Junkertums sehen wollte.

Das zeitgenössische Publikum verstand die Anspielung auf Schloß Buckow ebenso wie die auf die verstorbene Tante Gisela Grimm und den gerade verstorbenen Onkel Herman.

Da die Autorschaft des Buches sehr bald dechiffriert wurde, konnte noch eine weitere Ebene des Romans erkennbar werden: seine Funktion als Verteidigungsschrift der Politik Edmund von Heykings. Als in China der Boxeraufstand gegen die Europäer losbricht, zitiert die Briefschreiberin einen Journalisten, der das Defizit in der deutschen Kolonialpolitik offen beim Namen nennt: »Um sie [die fremdenfeindliche Partei in

China] erfolgreich zu bekämpfen, hätte man sich offen zum Kaiser und zu seinen Reformfreunden bekennen müssen. Es gab vielleicht einen Moment, wo man das gekonnt hätte. Aber dazu hatte niemand den Mut und niemand sah wohl ein, wie viel auf dem Spiele stand.«

Das sind Anspielungen, über die die gewöhnliche Leserschaft von 1903 hinwegliest. Die Zirkel bei Hofe und in der Regierung jedoch verstehen sie sehr wohl. Nicht zuletzt warnte Edmund von Heyking während seiner Zeit in Peking oft vor fremdenfeindlichen Tendenzen und mahnte eine starke, zugleich einfühlsame Politik an, die den Chinesen das Gefühl vermittelte, weiterhin Herr im eigenen Land zu sein – Warnungen und Mahnungen freilich, die damals in Berlin weitgehend ungehört verhallten.

Die ›Briefe, die ihn nicht erreichten‹ sind nicht nur buchhändlerisch ein Erfolg. Das Schreiben des Buches befreit Elisabeth von Heyking auch aus einer jahrelangen Sinnkrise, beseitigt das Gefühl, keine Aufgabe zu haben – von ihren Pflichten als Diplomatengattin abgesehen. Bereits während der Arbeit am Manuskript notiert sie im Tagebuch: »Das Faktum des Schreibens versöhnt mich mit dem Leben. In den schlimmsten, bittersten Stunden, auch oft während des letzten Urlaubs, und noch hier [in Mexiko] in den ersten Zeiten, immer wenn mir so ganz besonders wund und weh ums Herz war, hatte ich die Sehnsucht, es möge mir doch gegeben sein, ›zu sagen, was ich leide‹. Nun, seitdem ich schreibe, ist es wie eine Art Erlösung über mich gekommen.«

Als wenige Wochen nach dem Erscheinen des Romans die Verkaufszahlen in die Höhe schnellen, ist Elisabeth von Heyking fassungslos vor Glück: »Wie ein Traum ist es manchmal, und ich kann es gar nicht fassen, daß ich es bin, der all dies Schöne widerfahren ist. Edmund empfindet es alles mit und freut sich mit an dem Buch. Es ist uns beiden zu einem neuen Ankergrund geworden. Die entsetzliche Deprimiertheit ist von uns gewichen, und wir haben das Gefühl, doch noch eine Zukunft vor uns zu haben, und wenn die alten Stimmungen der

Hoffnungslosigkeit und der Gedanke der Zwecklosigkeit über mich kommen wollen, dann schüttle ich alles ab und sage mir: ›Aber ich habe ja das Buch, das Buch!‹«

Nicht nur die literarische Welt rühmt den Roman, auch aus Regierungskreisen kommt Lob; selbst Reichskanzler Bernhard von Bülow schreibt der Schriftstellerin einen Dankesbrief. Seltsam verkehrt ist in jenen Wochen und Monaten das Verhältnis von Edmund und Elisabeth von Heyking: Sie, deren literarische Verdienste man preist, steht im Mittelpunkt, er eher am Rande, wenn auch im Abglanz des Ruhmes seiner Frau.

Auf dem Höhepunkt ihres Erfolgs wird Edmund von Heyking endlich die langersehnte Berufung in eine europäische Hauptstadt zuteil: nach Belgrad. Elisabeths Tagebuch vom 6. Juni 1904 vermeldet voller Erleichterung und nicht ohne Stolz: »Unser diesmaliger Schicksalsumschwung ist wohl der seltsamste, den wir erlebt! Wir waren doch eigentlich schon ganz heraus und besonders mit unserm eigenen Gefühl. Varnbüler sagte zu mir: ›Das haben *Sie* erobert. Die Briefe haben Bülow erreicht! Er hat sich gesagt, daß Sie nicht jemand sind, über den man hinweggehen kann. Jetzt, wo es vorüber ist, kann ich es Ihnen sagen: Sie waren diesen Winter hier ein Ereignis!‹ Ich habe lange nichts gehört, was mir soviel Freude gemacht hätte. Denn dann hab' ich Edmund doch wirklich etwas geholfen. Zu seltsam, daß das Buch diese Wirkung gehabt hat!«

Der Roman hat noch ein pikantes Nachspiel: Bei der Einweihung des neuen Berliner Doms im Jahr 1905 wird dem Ehepaar Heyking die hohe Ehre zuteil, in der Loge hinter dem Kaiserpaar zu sitzen. Oberhofprediger Ernst Dryander, ein Kritiker der ›Briefe, die ihn nicht erreichten‹, kommt in seiner Predigt auf »gewisse Strömungen« der neuen Literatur zu sprechen und konstatiert verwundert, daß dadurch selbst in Kreisen, in denen man es nicht vermutet hätte, Sympathien für den Buddhismus entstanden seien. Edmund von Heyking selbst hat diese Anekdote dem Schriftsteller Paul Lindenberg erzählt und hinzugefügt: »Ich saß wie auf glühenden Kohlen, habe nie eine schlimmere Stunde erlebt!« Lindenberg schreibt in seinen Erinnerungen schmunzelnd: »Die reich geschnitzte neue Kanzel, auf der Dryander sprach, war eine Gabe des von Ehrgeiz nicht ganz freien Verlegers der ›Briefe‹. Sie hatte 75 000 RM. [Reichsmark] gekostet, diese Summe war der vorläufige verlegerische Ertrag des Buches Ihrer Gattin!«

Das Ehepaar Heyking muß das diplomatische Wanderleben zwar wieder aufnehmen, doch jetzt zu begehrteren Posten in Belgrad und Hamburg. Elisabeth entfaltet eine rege schriftstellerische Tätigkeit und veröffentlicht in den folgenden Jahren etliche Romane und Erzählungen. Die Themen und Motive ihrer Bücher bleiben freilich gleich: Sie handeln von Liebenden, die an den feindlichen Umständen der großen Politik scheitern, und spielen in gehobenen Kreisen und an exotischen Schauplätzen, die die Autorin von ihren Reisen kennt. Nur noch Achtungserfolge werden ihr zuteil. In der literarischen Welt ist und bleibt sie die Autorin der ›Briefe, die ihn nicht erreichten‹.

Die Atmosphäre Chinas, die Elisabeths Erstlingsroman prägt, ist auch weiterhin Teil ihres Lebens. Heinrich Merck erinnert sich: »In unserer Stadt [Hamburg] lebte das Ehepaar Heyking in einem Hause, aus dessen Fenstern man über die schmale Straße hin die ganze Fläche der Alster, ihre Boote und Segel und die ziehenden Wolkenmassen darüber vor sich hatte. Die Zimmer schmückten seltene Gegenstände der Erinnerung an Zeiten im Fernen Osten, und zwischen den Kunstwerken seiner Heimat schlich auf dicken Filzsohlen, unhörbar und unbeweglichen Antlitzes, der chinesische Boy dienstfertig umher. Ob er Ta hieß, wie der in seiner Herrin Buch, weiß ich nicht. Hinter dem Haus lag ein tiefer Garten mit schönen alten Bäumen, wo einmal für eine offizielle englische Abordnung ein Tee gegeben wurde, der in seiner kultivierten Art die Gäste an Gartenfeste ihrer Heimat erinnert haben mag.«

Schließlich geht das Wanderleben des Diplomatenehepaars unerwartet zu Ende: 1908 erbt Elisabeth von einem kinderlos verstorbenen Vetter das Flemmingsche Schloß Crossen an der Weißen Elster nördlich von Gera. Siebenundvierzigjährig zieht sie sich mit ihrem Mann dorthin zurück. Endlich hat sie die äußere Ruhe, nach der sie sich immer gesehnt hat, um ganz ihren schriftstellerischen Neigungen nachzugeben. Das barocke Schloß von 1724 (es geht im Kern auf eine mittelalterliche Burg zurück), auf einer Anhöhe über dem Tal inmitten eines alten Gartens gelegen, wird in den folgenden Jahren zu einer Art geistigem Zentrum: Paul Lindenberg, Heinrich Merck, Marie von Bunsen und manch andere gehen dort ein und aus.

Merck erinnert sich: »Hier, in einem alten Schloß auf der Höhe mit einem Park zu Füßen, um dessen Teich steinerne Sphinxe lagerten, und mit weitem Ausblick in das thüringische Hügel-Vorland, umgeben von Feldern und Forsten, hat sie die letzten Jahre ihres Lebens verbracht: Nachkommin romantischer Ahnen in romantischer Umwelt. Hier hat sie, die ein Leben im Treiben der großen Welt hinter sich hatte, in abseitiger Stille ihrer Neigung zu alten Büchern gelebt und der ererbten Lieblingsbeschäftigung dichterischen Schaffens.«

Und Paul Lindenberg verweist auf die große Brentanosche Familientradition, die nun in Thüringen fortlebt: »Wie wußte meine Begleiterin dieselben mit Erinnerungen zu beleben, vor allem das ein klassizistisches Idyll verkörpernde Brautzimmer und den Bettina-Salon mit der von Bettina geschaffenen Goethebüste und ihrem großen Ölbild.«

Über das Leben im Schloß schwärmt Elisabeth von Heyking in einem Brief an Merck: »Wenn ich mein Leben überblicke, waren es wohl die schönsten Zeiten, wenn ich ruhig für mich schreiben konnte. – Wer einen geistigen jardin secret hat, in den er sich zurückziehen kann, gehört zu den Bevorzugten dieser Erde.«

Das Glück in Crossen währt jedoch nur sechs Jahre. Nach Ausbruch des Ersten Weltkriegs wird es in den Räumen still, die Trauer hält Einzug. 1915 stirbt Edmund von Heyking, und die beiden Söhne Alfred und Günther ziehen in den Krieg. Am 30. November 1917 meldet die verzweifelte Mutter in einem Brief an den befreundeten Architekten Paul Schultze-Naumburg (er ist unter anderem der Architekt von Schloß Cecilienhof bei Potsdam): »Mich hat Ihr Brief in […] schwerster Kümmerniß angetroffen: Seit zwei Monaten wird mein armer Sohn vermißt, an den Sie sich noch von Crossen her entsinnen. – Er stand in Flandern u. es war an jenem Tage eines der schwersten Gefechte. Anfänglich hoffte ich noch, daß er in englische Gefangenschaft geraten sei, aber es ist jetzt festgestellt, daß er sich nicht in England befindet. Liegt er nicht etwa in einem Lazarett hinter der Englischen Front, so bleibt mir noch das Schlimmste übrig!«[1]

Elisabeths schlimmste Befürchtungen bewahrheiten sich. Und wenig später erhält sie die Nachricht, daß auch der andere Sohn gefallen ist. In dieser schweren Zeit klammert sie sich an ihren Patriotismus, mit dessen Hilfe sie auch die schweren Jahre in Chile und China überstanden hat. An Paul Lindenberg schreibt sie: »Aber wie auch immer: *Umsonst* sind sie nicht gefallen. Es gibt doch auch einen heldenhaften Untergang!«

Ob sie wirklich in solchen Phrasen gedacht hat oder ob der Patriotismus ihr nur Schutz vor allzu großem Schmerz bot, läßt sich schwer beurteilen. Den Umwälzungen nach 1918 steht sie jedenfalls ablehnend und hilflos gegenüber.

Beinahe amüsiert berichtet ihre Freundin Marie von Bunsen über das Aufeinandertreffen von adliger Dame und revolutionären Proletariern im November 1918: »Während der Revolutionszeit drangen Arbeiterräte ein und wollten das Schloß nach Waffen durchsuchen. Sie trat ihnen in all ihrer Vornehmheit höflich und ruhig entgegen: Allerdings hätte sie zwei Gewehre, die ihrer zwei einzigen Söhne, die beide im Krieg gefallen. Da zogen sich die Arbeiterräte schweigend zurück. Ihre Pensionsanweisung mußte immer persönlich beglaubigt werden. Da sie leidend war, bat sie den ›roten‹ Beamten der Ortschaft, diese Beglaubigung bei ihr vornehmen zu wollen. Er antwortete: ›das sei nicht sein Amt‹. Da sie jedoch eine ›alte kranke Frau‹ sei, wolle er – ausnahmsweise – kommen. Sie empfing ihn an dem mit altem Silber gedeckten Teetisch, er saß im geschnitzten damastbezogenen Lehnstuhl, hielt die kostbare Porzellantasse in der Hand, und mit ihrer sicheren, einnehmenden Liebenswürdigkeit reichte sie ihm Gebäck. Von Stunde an war er ihr schrankenlos ergeben.«

Für die Bewohner Crossens bleibt Elisabeth von Heyking auch in der Zeit der Weimarer Republik die zurückhaltende, aber freundliche Schloßherrin. Sie lebt mehr und mehr in einer rückwärtsgewandten, der Tradition verhafteten Welt, wie Marie von Bunsen andeutet: »In der Gruft unter der Crossener Schloßkapelle moderten in schweren Prunksärgen polnische Prinzessinnen, Gattinnen einiger der Grafen von Flemming, und in den Wohnzimmern zeigten alte Stiche die reichgeputzten Damen in der Phantastik dieser königlich-sächsischen Hofschlittenfahrten. An diese Dresdener Ahnfrauen erinnerte mich Elisabeths feine persönliche Eleganz.«

Elisabeth von Heyking vereinsamt zusehends. Auch in der literarischen Welt wird es immer stiller um sie, ihre unspektakulären Bücher finden kaum noch Anklang, denn der literarische Geschmack hat sich gewandelt. Den wenigen Besuchern, die nach Crossen finden, schickt sie Dankesbilletts, so etwa Lindenberg: »Es waren mir liebe, erinnerungsvolle Stunden, die wir zusammen kürzlich verlebten – ich fühle mich oft hier recht einsam, aber ich kann mich nicht trennen von diesem mir so teuren Stückchen Erde, das von Liebe und Wehmut umrahmt ist.«

Im Januar 1925 hält sich Elisabeth für kurze Zeit in Berlin auf. Beim Besteigen eines Wagens erleidet sie einen Herzanfall und stirbt. Ihr Leichnam wird nach Crossen überführt und in der alten Gruft beigesetzt. Ein Nachbar berichtet über die Begräbnisfeierlichkeit: »Ganz Crossen trauerte, als habe jeder einen Nahestehenden verloren. Arme alte Frauen legten ein kleines Sträußchen auf den Sarg.«

Nach Elisabeth von Heykings Tod verkauft ihr Erbe Edmund von Bockum-Dolffs sämtliche Möbel, Öfen und auch die wertvollen chinesischen Seidentapeten, die Elisabeth hat anbringen lassen, und gibt das Schloß dem Verfall preis. Durch das schadhafte Dach dringt Regen ein, 1930 gehen durch Wassereinbruch die Decke der Schloßkirche und weitere Deckengemälde verloren. 1937 kommt es schließlich zur Zwangsversteigerung. Der neue Besitzer, Rudolf Zersch (er ist Pächter der Köstritzer-

Brauerei), läßt das Gebäude wieder instand setzen, vor allem rettet er den Festsaal. Für die Schloßkirche kommt jedoch jede Hilfe zu spät: Der Dachstuhl stürzt 1938 ein. Im Zweiten Weltkrieg dient das Schloß als Lager für die Wehrmacht, nach 1945 als Flüchtlingslager und Wohnstätte für Vertriebene. Schließlich wird die Anlage als Schule genutzt; der Marstall wird abgerissen und die Kirchenruine zu Unterrichtszwecken umgebaut, wobei man die Särge aus der Familiengruft entfernt und auf den Friedhof überführt. 1953 wird ein Institut für Lehrerbildung in dem Schloß untergebracht, seit 1991 ist die Landesentwicklungsgesellschaft Thüringen Eigentümerin des stark sanierungsbedürftigen Schlosses und sucht einen neuen Nutzer für die Anlage.

Der Ruhm der Autorin der ›Briefe, die ihn nicht erreichten‹ war nicht von Dauer. Für die wenigen, die nach Elisabeth von Heykings Tod noch ihrer und ihrer Bücher gedachten, wurde sie zu einer von vielen dichtenden Frauen aus der Familie Brentano-von Arnim. Heinrich Merck spannt 1958 den Bogen über anderthalb Jahrhunderte: »Ein Bord in meiner eigenen Büchersammlung gehört der Familie Brentano. Da steht, in alte Ganzlederumschläge gebunden, Sophie de la Roches anonymer, von ihrem Jugendfreund Wieland herausgegebener Roman, da stehen in Original-Ausgaben die Werke Clemens Brentanos, Achims und Bettinas von Arnim, da stehen die Märchen der Töchter Arnim und am äußersten Flügel die ›Briefe, die ihn nicht erreichten‹.«

Irene Forbes-Mosse (1864–1946)

Irene Forbes-Mosse
(1864–1946)

> »*Aber auch mir hat die Natur immer so viel geschenkt,*
> *Thiere, Bäume, Wind und Wolken – deren Werth kann*
> *uns nicht geraubt werden, und ein paar Menschen hab*
> *ich auch noch, mit denen ich mich einig weiss.*«[2]

Irene Forbes-Mosse

Im ersten Jahrzehnt des 20. Jahrhunderts macht eine bis dahin weitgehend unbekannte Autorin mit Gedichten und Prosaskizzen auf sich aufmerksam, die einen unvergleichlichen Ton besitzen. Schwermut und Tiefsinn, eine am romantischen Volkslied geschulte Musikalität und eine an Rainer Maria Rilke oder Eduard von Keyserling erinnernde Kunst der psychologischen Andeutung machen den Reiz dieser Texte aus. Der Name der Dichterin: Irene Forbes-Mosse. Was sich hinter dem englischen Ehenamen verbirgt, war den Zeitgenossen freilich bekannt: die berühmte Ahnenreihe der Familie Brentano-von Arnim.

Irene Forbes-Mosse, geborene von Flemming, war die Schwester Elisabeth von Heykings und eine Enkelin Bettine und Achim von Arnims. Auf vielfältige Weise mit dem geistigen Erbe ihrer Vorfahren verbunden, hat sie selbst Originäres geschaffen, was teils über ihren Tod hinaus Bestand hatte. Ihre Bücher mögen nie ein sehr breites Publikum angesprochen haben, etliche Autorenkollegen und Kritiker zählten sie jedoch zu den interessantesten literarischen Stimmen ihrer Zeit.

Irene ist die zweite Tochter von Armgart, geborene von Arnim, und Albert von Flemming. Sie kommt am 5. August 1864 in der Villa Stadelhofer in Baden-Baden zur Welt. Früh entdecken die Eltern in der kleinen Irene, die sie liebevoll Didi, Didiwipp oder Dodelille nennen, besondere Talente. Bereits über die Einjährige stellt die Mutter Spekulationen an: »Wenn ich nicht irre, wird die kleine zierliche feine Dodelille nicht nur die musikalischste, sondern auch die schönste Stimme bekommen […]. Ihre Freude an Musik ist entschieden.« Armgart von Flemming täuscht sich nicht, Irene hat tatsächlich viele Begabungen. Sie erlernt früh das Klavierspiel, singt, tanzt und komponiert, wobei ihr alles mühelos zuzufallen scheint.

Über die Siebenjährige weiß die Mutter zu berichten: »[…] da Didi eine wahre Silberglocke in der Kehle hat, ist es manchmal wirklich hübsch, sie zu hören oder ihnen zuzusehen; besonders wenn Didi Ballett tanzt oder ein Stück von mehreren Personen allein in eigener Person mit Tanz und Gesang ganz charakteristisch aufführt. Wo sie die Ideen herhat, weiß ich nicht. […] Didi hat alles durch Naturgabe, es fällt ihr alles wie im Spiel zu – Mumedey [Elisabeth] ist das gerade Gegenteil; bei ihr tut alles der Eifer und Fleiß und ernste Wille.«

Die Hoffnungen, die die Eltern in die Tochter setzen, sind nicht unberechtigt. Irene besucht, von einem kurzen Intermezzo abgesehen, nie eine Schule, sondern wird von Privatlehrern unterrichtet. Vor allem Fremdsprachen – Englisch, Französisch und Dänisch – stehen auf dem Lehrplan, daneben Musik und Literatur. Ein schöngeistiger Unterricht also, der Bildung vermitteln will, nicht den Grundstein für eine Ausbildung legen, denn das schickt sich nicht für eine adlige Dame in der spätfeudalen Zeit. Daß Irene später ihren ganz eigenen Weg als Literatin geht – wobei sie, trotz streckenweise bescheidener Mittel, nie von Honoraren abhängig sein wird –, beweist um so mehr ihre geistige Selbständigkeit.

Freilich ist das kunstliebende Elternhaus Irenes Interessen und Begabungen auch überaus förderlich: Armgarts Sinn für Literatur, Albert von Flemmings Liebe zur Musik und ein Zuhause, in dem Künstler und Literaten ein und aus gehen. Selbst Kaiser Wilhelm I. besucht mehrmals das Haus des preußischen Gesandten in Baden-Baden. Einmal ist Irenes Tante Maxe von Oriola mit ihren Töchtern gerade anwesend, und man studiert auf die Schnelle eine »Vogelkantate« ein, wobei die Cousinen Didi (Irene) und Dietze (Armgard von Oriola) in den phantastischen Kostümen von Kuckuck und Nachtigall ein Duett singen.

Die Aufführung gerät zum gesellschaftlichen Erfolg, und der Kaiser zeigt sich huldvoll, wie Maxe in einem Brief stolz vermerkt: »Am Freitag ist nun das große Zauberfest glücklich vonstatten gegangen – die Vogelkantate glänzend gelungen – der Kaiser voll Entzücken darüber. Er schenkte den Mädchen dann eigenhändig wundervolle Schmuckstücke als Andenken.«

Die Sommermonate verbringt die Familie gern in den Schlössern von Edmund von Flemming, dem Bruder Alberts. Crossen an der Weißen Elster und Buckow in der Märkischen Schweiz sind Orte der Sommerfrische, des kindlichen Spiels und Abenteuers. Dorthin kommen auch andere Mitglieder der Familie, etwa Maxe von Oriola mit ihren Töchtern.

Marie von Bunsen, später ebenfalls eine bekannte Schriftstellerin, ist als Kind zu Gast im nahen Schloß Neu-Hardenberg – lange bevor es in jüngerer Zeit in eine private Akademie und »Denkfabrik« der Bundesregierung umfunktioniert wurde. Die von Bunsens besuchen des öfteren die Flemmings in Buckow, und auch bei diesen Gelegenheiten wird musiziert, gedichtet, künstlerisch improvisiert. Marie von Bunsen erinnert sich: »Der Saal war mit Schilf behangen, in ein Atelier verwandelt, denn in diesem Familienkreis malte oder spielte ein jeder. Erinnerlich ist mir die stille Komik der zusammen auf dem Sofa sitzenden, höflich-steif Konversation machenden, kirchlich-frommen, streng denkenden Gräfin Hardenberg, Neu-Hardenberg, mit Maxe Oriola, der sprunghaft witzigen, nicht immer taktfesten Bettina-Tochter. Sie waren einander ausgesprochen antipathisch. Gräfin Hardenberg war die altmodisch-denkendste Dame meiner Bekanntschaft. Obwohl nicht im geringsten international, benutzte sie noch französisch abgefaßte Visitenkarten, sie und nur sie machte ihre Besuche abends, fuhr von einem Haus zum andern, bis die Pflichten erledigt. Als ihr Neffe Werner meinte: ›Aber, liebe Tante, heutzutage werden auch in den besten Kreisen Besuche nachmittags abgestattet‹, sah sie ihn bedauernd an. Sie wußte, was sich gehörte.«

Über die jugendliche Irene schreibt Marie von Bunsen: »Vom ersten bis zum letzten war alles originell, und die jüngste Flemming, Didi [...] eine Romanfigur. Erst 16 Jahre, mit den sichersten und doch originellsten Manieren, eine Figur wie eine Sylphe und ein Gesichtchen, das im ersten Augenblick nur apart und hübsch, später bezaubernd erschien. Wie sie im schwarzen, viereckig ausgeschnittenen Kleid [...], grünen Bändern und Rosen in der Hand herumhuschte, kam sie mir mit ihren Rehaugen und feinem roten Mund wie eine Elfe vor.«

Als Irene dreizehn Jahre alt ist, stirbt ihre Mutter. Der Vater unternimmt daraufhin – um sich und die Kinder auf andere Gedanken zu bringen – gemeinsam mit den Töchtern eine Reise nach Italien; damals mag der Boden für Irenes lebenslange Liebe zum Süden, besonders zur Toskana, bereitet worden sein. Zurück in Deutschland, ergibt sich für Irene eine folgenreiche Veränderung: Ihre Tante Maxe, die sich nach der Verheiratung ihrer eigenen Töchter einsam fühlt, bittet Albert von Flemming, Irene in ihre Obhut zu geben. In Berlin kommt das junge Mädchen in Kontakt mit dem Hof, bewegt sich in großbürgerlichen Kreisen. Sie genießt das quirlige Leben der Großstadt, und auch die Tante lebt auf. »Bei der Leere, die mich nun umgab«, schreibt Maxe von Oriola, »war es eine Wohltat, daß Didi Flemming dauernd bei mir war – dieses bildschöne, reichbegabte Mädchen, das mir mit ihrem immer heiteren Wesen und ihrer schönen, glockenreinen Stimme Sonnenschein in meine Einsamkeit brachte.«

Die heranwachsende Irene ist nicht nur klug, sondern auch eine Schönheit, was ihrem Vetter Roderich von Oriola, einem Sohn Maxes, nicht verborgen bleibt; aus dem Mädchen, mit dem er früher in Buckow gespielt hat, wird allmählich eine bezaubernde Frau. Auch er ist ihr sympathisch – sie gibt an, mit ihm immer so herrlich lachen zu können –, aber reicht Sympathie allein für eine dauerhafte Verbindung aus? Roderich wirbt um Irene, sie zögert. Der Vater ist gegen die Liaison und verbietet der Tochter jeden weiteren Umgang mit dem Vetter.

Da greift das Schicksal ein: 1884 stirbt Albert von Flemming in Florenz an Typhus. Irene wird mit neunzehn Jahren Vollwaise. Und sie ist auf einmal reich, denn die beiden Töchter erben vom Vater jeweils etwa eine Million Goldmark. Das Vermögen erlaubt Irene ein unabhängiges Leben, die Befreiung von den Fesseln gesellschaftlicher Konventionen. Also willigt sie in eine Ehe mit dem Vetter ein, der Offizier bei der preußischen Kavallerie ist. Aber Roderich von Oriola ist katholisch. Irene stimmt einer katholischen Trauung zu, was bei einigen Flemmings auf Entrüstung stößt. Das junge Paar lebt für ein paar Jahre in der Garnisonsstadt Rathenow in Brandenburg, dann in Berlin, schließlich in Brüssel. Doch schon bald kommt es zu einer Entfremdung zwischen den Ehepartnern. 1895, wenige Monate nach dem Tod von Roderichs Mutter Maximiliane von Oriola, wird die Ehe geschieden. Dabei büßt Irene die Hälfte ihres ererbten Vermögens ein. Kurz darauf lernt sie den pensionierten englischen Oberst John Forbes-Mosse kennen, den sie ein Jahr später heiratet. Irene Forbes-Mosse ist nun britische Staatsbürgerin, ahnt jedoch nicht, daß das einmal weitreichende Folgen für sie haben wird. Das frischvermählte Paar zieht nach Florenz, wo Albert von Flemming und Gisela Grimm gestorben sind. Doch Irene Forbes-Mosse scheint die Stadt am Arno gewogen zu sein. Sie verbringt heitere, anregende Jahre dort – nur unterbrochen von einigen Reisen –, hat Umgang mit einer Schar englischer und deutscher Italienliebhaber. Und sie lernt die englische Schriftstellerin Vernon Lee (eigentlich Violet Paget) kennen. Eine innige Freundschaft entwickelt sich zwischen den beiden Frauen: es ist ein Bündnis zweier verwandter Naturen. Vernon Lee wohnt auf dem Landsitz Palmerino oberhalb von Florenz, Richtung Fiesole. Das weiträumige Haus mit seinen vielen Treppen und Treppchen, seinen schmalen Gängen und großzügigen Räumen stammt aus dem 15. Jahrhundert – ein angemessenes Domizil für eine Kunsthistorikerin. Ein paar Jahre zuvor hat Annette Kolb mehrere Wochen dort verbracht und die Gastgeberin anschließend in ihrer Erzählung ›Spitzbögen‹ auf ziemlich gehässige, verzerrte Weise als alte Jungfer karikiert.

Solche literarischen Abrechnungen bleiben jedoch die Ausnahme. Die 1856 geborene Vernon Lee, bekannt geworden durch kunsthistorische Essays über die Renaissance, besitzt die Gabe der Freundschaft und der Gastfreundschaft. Viele haben es ihr gedankt. Marie von Bunsen etwa – sie kommt 1901 zu Besuch nach Florenz – erinnert sich: »Sehr bald lernte ich gastfrei zuvorkommende Menschen kennen. Intellektuell obenan stand Vernon Lee (Miss Paget), ein körperloses, geistvolles Geschöpf. Seit langem lebte sie auf ihrem mit erlesenster Kultur eingerichteten kleinen Landbesitz Palmerino. Mit deutscher und französischer Literatur und Kunst nah vertraut, mit führenden Europäern im Verkehr, war und ist sie seit [Ferdinand] Gregorovius wohl der beste Kenner Italiens. […] Zweifellos hatte ihr Charakter eigenwillige Kanten, sie war wählerisch, wurde in Florenz, wo sie Unberufene rücksichtslos ablehnte, gefürchtet. Glücklicherweise fand ich Gnade vor ihren Augen, ich war oft in Palmerino, so auch zu Weihnachten auf mehrere Tage. […] Um Vernon Lee wehte eine scharf intellektuelle Luft, dabei war sie menschlich und gütig, eine zuvorkommende Wirtin.«

Vernon Lee, acht Jahre älter als Irene Forbes-Mosse, ermuntert die deutsche Freundin zum Schreiben und unterstützt sie dabei. 1901 erscheint Irenes erster Lyrikband ›Mezzavoce‹. Drei Jahre später folgt der zweite Band, ›Peregrinas Sommerabende‹, 1905 schließlich der dritte unter dem Titel ›Das Rosenthor‹. Neben eigener Lyrik sind darin immer auch Nachdichtungen aus dem Dänischen, Englischen und Französischen versammelt. Alle drei Bände werden von dem Worpsweder Jugendstilkünstler Heinrich Vogeler illustriert und sind später begehrte bibliophile Raritäten. Bereits in ihren ersten Veröffentlichungen schlägt Irene Forbes-Mosse einen ganz eigenen Ton an, den manche mit dem Begriff »neuromantisch« charakterisiert haben, doch das trifft es nur unzureichend. Ihre Verse kennen das Gesangvolle, Volksliedhafte, das Dunkle, Mystische der Romantik, aber sie besitzen auch einen feinnervigen melancholischen Unterton und ein psychologisches Gespür, mit dem neue Ebenen hinter den Wörtern und Bildern erschlossen werden.

Der Kritiker Felix Poppenberg hat diesen Ton folgendermaßen beschrieben: »Irene Forbes-Mosse hat die Gabe, verschwe-
bende Gefühlsstimmungen zwischen und unter den Worten
durchklingen zu lassen. Die Atmosphäre der Situation bannt
sie und macht ihr seelisches Licht durchscheinend.« Und die
junge Ina Seidel, damals noch ganz am Beginn ihres literarischen Weges, sah zu der Dichterkollegin wie zu einem Idol auf.
Viel später erinnert sie sich: »Als ich Irene Forbes-Mosse 1916
zum erstenmal persönlich begegnen durfte, war sie mir seit
zwölf Jahren – seit dem Erscheinen ihres Gedichtbandes ›Peregrinas Sommerabende‹ – eins der am höchsten verehrten Ge-
stirne am Firmament zeitgenössischer Dichtung, wie es über
meiner Jugend stand.« Auch andere Kritiker und Kollegen sind
voll des Lobes, etwa Malvida von Meysenbug, Ernst von Wildenbruch und die Frauenrechtlerin Lily Braun. Selbst in Maxi-
milian Hardens Zeitschrift ›Die Zukunft‹ erscheinen Gedichte
von Irene Forbes-Mosse. Trotz ihres ganz eigenen Tons ist
Irene literarisch in der reichen Tradition ihrer Familie verankert: Das Mystische zahlreicher ihrer Gedichte wäre undenk-
bar ohne die lyrische Sprache Clemens Brentanos, und der Titel ›Peregrinas Sommerabende‹ nimmt Bezug auf das Buch
›Melusinens Sommerabende‹ der Ururgroßmutter Sophie von
La Roche.

Seltsam mag erscheinen, daß John Forbes-Mosse, der den
schriftstellerischen Bestrebungen seiner Frau aufgeschlossen
gegenübersteht, sich offenbar nie die Mühe macht, ihre Muttersprache zu erlernen. In ein Handexemplar von ›Peregrinas
Sommerabende‹, dem Gatten mit »Love and Gratitude« gewidmet, schreibt Irene Forbes-Mosse an den Rand mit Bleistift
die englischen Übersetzungen aller Gedichte – freilich kein ad-
äquater Ersatz für diese sprachlichen Kleinode.

Als John Forbes-Mosse plötzlich schwer erkrankt, geht das
idyllische Leben in Florenz jäh zu Ende. 1903 zieht das Ehepaar nach Heidelberg, wo John operiert werden muß. Danach
begeben sie sich zunächst nach London, dann – wegen des milden Klimas – nach Cannes. Doch Forbes-Mosse ist unheilbar

krank und stirbt im Januar 1904, ohne Südfrankreich noch einmal verlassen zu haben.

Die neununddreißigjährige Witwe sucht zunächst Halt bei ihrem geliebten Vetter Lujo Brentano, der in der Münchner Mandlstraße lebt. Der 1844 geborene, gewerkschaftspolitisch engagierte Nationalökonom, Sohn Christian Brentanos, wird ihr in den nächsten Jahren ein aufopferungsvoller Freund und Förderer sein. München, damals noch ganz unter dem Einfluß einer avantgardistischen Schwabinger Boheme und eines liberalen, kunstsinnigen Königshauses, wirkt inspirierend auf Irene Forbes-Mosse. Hierher kommt sie immer wieder gern, obgleich ihr die bayerische Wesensart, wie sie später einmal gesteht, stets fremd bleibt.

Wenn sie nicht in München zu Besuch weilt, reist Irene rastlos umher. So kümmert sie sich mehrere Monate lang um eine kranke Freundin, die in einem Sanatorium in Arosa lebt. Dort, in der etwas weltfernen Einsamkeit, schreibt sie auf Wunsch Vernon Lees ein stilisiertes Tagebuch ab, mit dem sie vor Jahren begonnen hat: die ›Putois-Briefe‹. Den Namen Putois hat sie dem »wohlwollenden Lokalgespenst« eines kleinen Provinzstädtchens in Mittelfrankreich entlehnt, das für Kinder weniger den Schreckensalp darstellt als vielmehr den vertrauten Freund. Irene Forbes-Mosse über Putois: »Der nimmt zwar nicht der Welt Sünden auf sich, aber, was eigentlich angenehmer ist und weniger bedrückend, er versteht.« Die ›Putois-Briefe‹ sind ohne eigentlichen Adressaten entstanden, nicht einmal in der Absicht, sie zu veröffentlichen; darin ähnelt Irene ihrer Schwester Elisabeth, die ihren ersten Roman ›Briefe, die ihn nicht erreichten‹ zunächst ebenfalls nur für sich schrieb. Die ›Putois-Briefe‹ wandern also erst in die Schublade, »wie in einen geheimnisvollen Postkasten hinein, den der Zufall ausleeren mochte, wenn die Zeit erfüllet war«.

Dieser Zeitpunkt scheint gekommen, als Vernon Lee die Aufzeichnungen liest und die Freundin ermuntert, die Briefe zu überarbeiten und zu veröffentlichen. Irene zögert zunächst, denn sie bewertet ihre Prosa nur als kleine Reflexionen, wenn auch als ein Destillat ihres innersten Wesens. Es dauert noch eine ganze Weile, bis die Briefe unter dem Titel ›Der kleine Tod‹ im Jahre 1912 endlich erscheinen. Sie werden, ähnlich wie die Lyrikbände, von Lesern, Kollegen und Kritikern wohlwollend bis begeistert aufgenommen. Felix Poppenberg urteilt: »Die Novellen von Irene Forbes-Mosse [...] atmen in einem Klima, das verwandt ist den Sentiments-Pastellen des Grafen Keyserling mit ihrer melancholisch ironischen Grazie voll halber Zwischentöne, der feinfingrigen schlanken Rasse, der lässig vornehmen Haltung ererbter Kultur, den witternden Geschmacksnerven und der tief wissenden, verstehenden Menschlichkeit hinter den weltlich eleganten Allüren, die seines Kummers Kleid und Zier.«

Irene Forbes-Mosse ist oft mit Eduard von Keyserling verglichen worden, noch öfter aber mit Theodor Fontane. Und tatsächlich ähnelt ihre Weltsicht der heiteren Melancholie des märkischen Dichters mehr als der oft abschiedstrunkenen Resignation des Balten. Ina Seidel umreißt das Typische dieser Prosa folgendermaßen: »Hier sind die beiden Zauberkreise der nördlichen und der südlichen Heimat, in denen die Erlebniswelt der Dichterin beschlossen liegt. Hier wandeln die Urbilder ihrer Gestalten durch den Garten ihrer Erinnerung, und süß bewegt schwingt ihr Herz unter den sanften treibenden Mächten, die nie wieder aufhören, es zum Erklingen zu bringen: unter der Liebe zu Tier und Baum, zur Landschaft, zum armen Volk; unter dem großen Erbarmen mit aller Kreatur. [...] Es sind große psychologische Realisten, wie etwa Fontane, Thomas Mann, Keyserling, [Hermann] Bang, deren Menschen gegenüber wir ähnlich den Eindruck unabänderlichen So-Seins und Nichtanderskönnens haben, wie bei den Gestalten Irene Forbes-Mosses, vor allem bei ihren Frauen, ihren Alten und Kindern.«

Irene Forbes-Mosse veröffentlicht von da an bei den bekanntesten deutschen Verlagen, bei S. Fischer, Insel und der Deutschen Verlags Anstalt. Bald zählt sie Autorenkollegen wie Hermann Hesse, Alfred Walter Heymel, das Ehepaar Ina und

Heinrich Wolfgang Seidel oder Karl Wolfskehl zu ihren Freunden und Bewunderern. Noch wichtiger in diesen Jahren vor dem Ersten Weltkrieg: Sie kehrt in die Toskana zurück und läßt sich neben Vernon Lees Landgut Palmerino, am Südfuß des Fiesole-Hügels, ein eigenes Haus mit vierzehn Zimmern errichten, in dem sie auch einen Teil der Möbel aus Bettine von Arnims Besitz unterbringt (ein anderer Teil befindet sich auf Schloß Crossen bei ihrer Schwester Elisabeth). So entsteht hier, unter südlicher Sonne, ein neues Brentanosches Domizil, in dem sich Alt und Neu, Tradition und Moderne, Norden und Süden vereinen.

Das Haus in ihrer Wahlheimat Palmerino wird der Dichterin zur Rückzugsstätte – und zugleich zu einem Ort der Gastlichkeit. Ähnlich ihrer Freundin und Nachbarin Vernon Lee schart Irene Forbes-Mosse in jenen glücklichen Jahren Freunde und Verwandte um sich. Auch Lujo Brentano fährt von München nach Italien, um sie zu besuchen, und zeichnet später in einem Brief an Ina Seidel ein schwärmerisches Bild von seiner Cousine. Sie besitze »die Gesichtszüge ihres Großvaters Arnim«, so schreibt er, und habe »resedenfarbige, strahlende Augen, Fältchen in den Winkeln, wie sie das Lachen über das, was diese törichte Welt Komisches bietet, erzeugt, mit aschblondem Haar, ein bißchen graumeliert, aber die ganze Frau so schön, daß, wo sie wandelt, die Menschen ihr nachsehen als einer auffallend edlen Erscheinung«. Und weiter: »Sie atmet mit der Natur, mit Pflanze und Tier, aber nicht nur mit der stummen Natur. Ihre Sympathie mit allem Naturgemäßen erstreckt sich auch auf die Menschen, die wahrhaftig und entsprechend ihrer Natur leben. Ihre Abneigung – und dann sehr stark – trifft die Snobs aller Gesellschaftsklassen und jederlei Art von Strebern. Dagegen sind ihre Sympathien unbegrenzt gegenüber Unglücklichen jeder Art, und arme uneheliche Kinder, verlassene Mädchen, Bettler und infolge unglücklicher Anlagen und Verhältnisse Verkommene werden derselben in so weitgehendem Maße teilhaftig wie die stumme Natur, der sie, selbst wo sie bescheiden, ja, in ärmlichen Linien sich gibt, ihre Schönheit abzugewinnen versteht. Daß ihr ein Gott gegeben hat, diesem Empfinden Ausdruck zu geben, wissen Sie. Sie vermag das aber nicht nur in Worten, sondern nicht minder in Tönen. Sie ist eine der musikalischsten Naturen, spielt wundervoll Klavier, und wenn sie singt mit ihrer rührenden, nicht sehr starken Stimme, ist niemand, der nicht davon ergriffen würde. Nur ein Fehler ist, daß sie diese Gaben vor allem selbst genießt. Ließe sie es sich angelegener sein, so würden ihr Triumphe, die sie allerdings verachtet, wie keinem Sterblichen zuteil. Freilich steht dem noch ein weiteres Hindernis entgegen: sie hat ein nicht zu unterdrückendes Gerechtigkeitsgefühl, und da sie nie unterlassen kann, es kundzugeben, kommt sie in dieser auf Ungerechtigkeit aufgebauten Welt leicht mit denen, die davon Vorteil ziehen oder ihr aus Feigheit huldigen, in Konflikt […].«

Im Frühjahr 1914 fahren Irene Forbes-Mosse und Lujo Brentano gemeinsam nach Süditalien, doch die Reise endet für Irene beinahe tödlich. In Messina, das wenige Jahre zuvor von einem Erdbeben völlig zerstört worden ist, trennen sich beide kurz: Lujo möchte sich Syrakus ansehen, Irene bleibt im Hotel; sie fühlt sich nicht wohl. Lujo erinnert sich später: »Aber als ich nach sehr kurzem Wegbleiben nach Messina zurückkam, fand ich den Gesundheitszustand meiner Cousine so verschlimmert, daß an baldige Abreise nicht zu denken war. Sie hatte hohes Fieber. Darauf bin ich nach Palermo gefahren, um mir bei dem dortigen deutschen Arzt eine Pflegerin zu holen […]. Der […] behandelnde Arzt hatte nämlich erklärt, Masern seien eine ansteckende Krankheit, Messina habe eben erst ein Spital für Kranke mit ansteckenden Krankheiten erbaut; dorthin müsse meine Cousine verbracht werden, sie solle ein eigenes Zimmer erhalten, und zwar eines, das noch nie benutzt worden sei; desgleichen solle ihre Kammerjungfer dort ein eigenes Zimmer haben. […] Aber das Spital, das ich vorfand, war kein Paradies. Es war ein eben fertiggewordener Neubau; als wir hinkamen, kein Mensch darin, und als einziges Mobiliarstück im ganzen Hause ein Nachtgeschirr; alles übrige werde beschafft werden. Ich erklärte sofort die Übersiedlung meiner Cousine für ausgeschlossen und ließ mir meine Zustimmung auch nicht abschwätzen, als man mir vorstellte, es sei Landessitte, daß ein Spital nach dem Kranken benannt werde, der als erster darin liege. Aber wie dieser Ehre entrinnen? Der Arzt bestand auf der Verordnung. Da fanden meine Kollegen den Ausweg. Die oberste Sanitätsbehörde war ein Professor der Universität. Sie erzielten von ihm die Erklärung, daß die Krankheit schon zu weit vorgeschritten sei und daß die Übersiedlung mit Lebensgefahr verbunden wäre. So ist meine Cousine davor bewahrt worden, die Ehre, daß das Spital nach ihr benannt werde, mit dem Leben zu bezahlen.«

Eben dem Tod entronnen, schreibt Irene Forbes-Mosse einen launig-makabren Bericht an Lujos Tochter Sissi, dabei sogar der Großmutter Bettine gedenkend: »Liebste Sissi, Allerseits hört man von Deinem guten Aussehen, Deinen Erfolgen, Deinem Fleisse! Hallelujah, freuet Euch, Ihr Christen! Ich kann ja nun auch meinerseits ein wenn auch noch leises Hallelujah rufen, denn ich fange doch wieder an zu japsen. Nun von den Schauertagen in Messina wirst Du schon genügend gehört haben, eine schöne Grabschrift hatte ich schon verfasst:
In dem bebrigen Messina
starb die Enk'lin der Bettina,
Doch die Masern, nicht das Beben,
endeten ihr zartes Leben
oder mit folgender Variante:
Nicht am Beben, doch an Masern,
trotz schier fünfzigjähr'ger Fasern!
Ja, nun habe ich mich umsonst angestrengt, und dieser schöne Vers wird nicht – vor Dir! – auf einem Marmorstein ausgemeisselt, was er doch verdient hätte, denn mit 39,8 Fieber ward er gedichtet und das ist doch immer was!«[3]

Kaum sind Lujo Brentano und Irene Forbes-Mosse wieder zurück in Deutschland, fallen in Sarajewo die folgenreichen Schüsse auf den österreichischen Thronfolger Franz Ferdinand und seine Gattin, mit denen Irenes Schwester Elisabeth von Heyking aus der Zeit ihres diplomatischen Wanderlebens gut bekannt ist. Irene zögert, nach Palmerino zurückzukehren, obwohl sie mit ihrem britischen Paß noch ausreisen könnte, während die Grenzen für deutsche Bürger bereits gesperrt sind. In dieser Situation entschließt sie sich, wohl aus irrationalen, patriotischen Gründen, für ihr Heimatland und nimmt die deutsche Staatsbürgerschaft wieder an. Eine dezidiert konservativ-nationale Haltung wie die ihrer Schwester Elisabeth ist ihr allerdings fremd. Der Wechsel der Staatsbürgerschaft ist ein folgenschwerer Schritt: Irene verliert dadurch alle Ansprüche auf das Vermögen ihres verstorbenen Mannes. Einzig das Haus in Palmerino und das Flemmingsche Erbe bleiben ihr.

Die Kriegsjahre verbringt sie in Baden-Baden und Berlin. Sie engagiert sich in sozialen Diensten, doch der Krieg bleibt ihr verhaßt; der völkischen Deutschtümelei steht sie verständnislos gegenüber. Als Günther von Heyking, der Sohn ihrer Schwester, an der Westfront vermißt wird, erhält sie einen patriotischen Brief Elisabeths, worin diese beteuert: »Ist er gefallen, so bin ich dankbar mit so grossem Stolz an ihn zurückdenken zu dürfen.«[4] Irene schreibt ernüchtert an Sissi: »Der arme Junge hat mir ja nicht sehr nah gestanden, aber es ist immer furchtbar, an so ein junges, erloschenes Leben zu denken, und mein Kummer ist besonders um Elisabeth, die eben anfing wieder ein bischen aufzuleben, und nun hat sie doch rein gar nichts mehr um das sie leben kann, und so tapfer dieser Brief auch klingt, ich kann mir nicht denken, daß so was vorhält. Es sind das doch schliesslich künstlich eingeimpfte Gefühle und Vorstellungen, das Wahre ist doch eine Mutter, der man das Kind hingeschlachtet hat – und wofür?«[5]

Irene Forbes-Mosse liebäugelt in jenen Jahren sogar mit der Sozialdemokratie – für eine Dame aus adligem Hause alles andere als gewöhnlich. Ihre Cousine Sissi Brentano in München wird von ihr mit Ausgaben des ›Vorwärts‹ versorgt, ausdrücklich mit dem Hinweis: »[...] das ist ein Blatt auf das du abonniren solltest, es ist auch eigentlich ganz maassvoll [...].«[6]

In dieser schweren Zeit erinnert Irene sich ihrer Herkunft mütterlicherseits und beginnt, sich mit dem geistigen Erbe ihrer Ahnen zu beschäftigen: Sie stößt auf die Bittbriefe Gottfried Kinkels, des Professors der Kunstgeschichte und Ehemanns der Komponistin Johanna Kinkel, die er im Jahre 1848 aus der Festungshaft in Spandau an Bettine und Gisela von Arnim geschrieben hat. Damals, nach der Niederschlagung der Revolution, herrschte in Preußen ein dumpfes Klima von Resignation und Desillusion. Irene Forbes-Mosse will nun, vielleicht zum Zeichen der Mahnung, die Briefe Kinkels edieren und kommentieren. Sie korrespondiert in dieser Angelegenheit mit dem Lektor der Deutschen Verlags Anstalt in Stuttgart, Dr. Gustav Keyssner, dem sie sich auch freundschaftlich verbunden fühlt. Das Manuskript der Edition ist fertig, Keyssner besucht Irene Forbes-Mosse sogar – doch dann scheitert das Projekt an Schwierigkeiten mit den Rechteinhabern der Briefe Kinkels.

Irene Forbes-Mosse ist in diesen Jahren nicht nur mit der geplanten Briefedition befaßt, vielmehr tritt sie – mit immerhin sechzig Jahren – in eine neue produktive Phase und veröffentlicht zwei Romane, ›Gabriele Alweyden‹ (1924) und ›Kathinka Plüsch‹ (1930). Letzterer steht ein wenig in der Tradition romantischer Geschichten um Identitätsveränderung und -verlust: Er handelt von einem Wesen, von dem man nicht recht weiß, ob es eine Katze oder ein Mensch ist. In diesem skurrilen Roman mag es Anklänge an E. T. A. Hoffmann geben, doch findet sich ein ähnliches Grundmotiv auch in Heinrich Wolfgang Seidels Geschichte ›Herr Elk‹, die Irene Forbes-Mosse gekannt hat.

Der späte Produktivitätsschub – sie schreibt in den letzten zwanzig Lebensjahren außerdem zahlreiche Novellen und Gedichte – wurde von manchen mit Theodor Fontanes Altersschaffen verglichen. Ina Seidel urteilt über die 1924 erschienene Erzählung ›Traumkinder‹ emphatisch: »Und daß eine Sechzigjährige uns so beschenkt, das läßt uns an Fontane denken, dessen konzentrierteste Schaffensperiode auch in sein Alter fiel – und läßt uns freudig hoffen!« An anderer Stelle rühmt sie den »psychologischen Realismus« in den neueren Erzählungen der Freundin, auch hierin eine Parallele zu dem märkischen Dichter ziehend.

Nach dem Ende des Ersten Weltkriegs zieht Irene Forbes-Mosse zu Lujo Brentano nach München. Als dessen Haus im Anschluß an die Niederschlagung der Räterevolution von den Weißen Truppen durchsucht wird, beweist sie Mut und gute Nerven. Lujo Brentano erinnert sich: »Acht Tage, nachdem die Roten bei mir gewesen waren, fand ich, als ich von meinem Abendspaziergang nach Haus kam, meine Tochter, meine bei uns wohnende Cousine Irene Forbes-Mosse und das Dienstpersonal in der Halle meines Hauses, von Offizieren und Soldaten der weißen Armee umgeben. Ich äußerte mein Erstaunen, daß mein Haus, von dem aus die Weißen benachrichtigt worden seien, daß es Zeit sei zu kommen, nun ihrerseits untersucht werde. Die Antwort war, es sei im Laufe des Tages auf einen telephonischen Anruf, ob wir mehrere Mann aufnehmen wollten, geantwortet worden: ja, wenn sie ohne Papiere kämen. Nun wurde das ganze Haus vernommen. Zufällig aber hatte an diesem Tage kein Mensch bei uns telephoniert. Aber das genügte den Offizieren nicht. Sie gingen in jedes Zimmer, selbst in die Schlafzimmer meiner Tochter und meiner Cousine, in denen sie sich wenig rücksichtsvoll benahmen, Zigarren ansteckten, alle Briefe, die sie vorfanden, lasen und die Damen nötigten, diejenigen, die sie nicht lesen konnten, ihnen vorzulesen. Meine Cousine antwortete unter anderem: ›Oh, wenn Sie sich für Briefe interessieren, hier habe ich gerade Briefe meines Großvaters Achim von Arnim an meine Großmutter Bettine!‹ Doch weiß ich nicht, ob sie den Spott verstanden. Als sie in mein Zimmer kamen und die darin aufgestellten Bücher sahen, riefen sie: da haben wir ja zehn Jahre zu tun, bis wir die alle durchsucht haben.«

Lujo gibt das Haus in München nach dem Tod seiner Frau Valeska auf und kauft eine repräsentable Villa in Prien am Chiemsee. Dorthin ziehen Cousin und Cousine. Später wird Lujos Tochter, die bildende Künstlerin Sissi Brentano, ein kleines Haus auf demselben Grundstück beziehen. Lujo und Irene tragen sich sogar mit dem Gedanken an eine Heirat. Da erhält der Professor im Jahre 1921 vom Auswärtigen Amt in Berlin das Angebot, als deutscher Botschafter in die Vereinigten Staaten zu gehen. Für Lujo zunächst eine Verlockung, denn immerhin waren Deutschland und die USA wenige Jahre zuvor noch Kriegsgegner. Andererseits ist er bereits sechsundsiebzig Jahre alt. Er würde sich die Herausforderung zutrauen, wenn seine Cousinen ihn in die Neue Welt begleiteten und unterstützten: Irene als Ehefrau, Elisabeth von Heyking als in der Diplomatie erfahrene Beraterin. In seinen Erinnerungen schreibt er: »Es war das eine große Ehre, auch kann ich Herrn [Friedrich] von Rosen nicht nur dafür nicht genug dankbar sein, daß er an mich gedacht hat, sondern auch dafür, daß er jedem meiner Wünsche entgegenkommen wollte, wenn ich hinginge. So hatte er die Zustimmung des Reichspräsidenten [Friedrich] Ebert erlangt, daß meine Cousine, Frau Elisabeth von Heyking, mir beigegeben werde, wenn ich annähme. Sie hatte sich in Ägypten, Indien, China, Mexiko, Serbien, Hamburg als glänzende Diplomatin bewährt, und hätte ohne Zweifel manche meiner Mängel wieder gutgemacht. Auch ist sie bereit gewesen, mit mir zu gehen.«

Schließlich lehnt Lujo Brentano aus Alters- und Gesundheitsgründen doch ab. Auch die Ehe mit Irene Forbes-Mosse wird nicht geschlossen, wobei der große Altersunterschied von zwanzig Jahren ausschlaggebend gewesen sein mag.

Das Haus in Prien wird für die nächsten knapp zehn Jahre zu Irenes neuem Domizil. So richtig heimisch freilich fühlt sie sich dort nie. 1923 besucht sie zusammen mit Lujo Brentano ein letztes Mal ihr Haus in Palmerino, das sie aus finanziellen Gründen aufgeben muß. Ihre Möbel und Bücher – darunter die Erbstücke der Großmutter Bettine von Arnim – läßt sie nach Prien bringen. Von der bunten Schar italienbegeisterter Freunde bleibt einzig Vernon Lee bis zu ihrem Tod 1935 in der Toskana. Immer wieder bricht Irene Forbes-Mosse aus der sie bedrückenden ländlichen Enge Oberbayerns aus und fährt nach Berlin, von wo aus sie mehrmals das Ehepaar Ina und

Heinrich Wolfgang Seidel im brandenburgischen Eberswalde besucht. Aus den Autorenkollegen sind inzwischen enge Freunde geworden. Seidel, im Brotberuf protestantischer Pfarrer, schreibt mit wachsendem Erfolg Romane, Erzählungen und Biographien. Noch bekannter ist seine Frau Ina, die mit ihrem Roman ›Das Wunschkind‹ berühmt wird und noch lange nach dem Zweiten Weltkrieg eine der meistgelesenen Autorinnen Deutschlands bleibt. Sie versucht, durch Essays und die Herausgabe der späten Novellen von Irene Forbes-Mosse unter dem Titel ›Ferne Häuser‹ (1953) die Erinnerung an die bewunderte Freundin und Kollegin wachzuhalten. Ina Seidel stirbt 1974 in Ebenhausen bei München.

Von 1914 bis 1923 lebt das Ehepaar Seidel in Eberswalde, im nordöstlichen Brandenburg, wo Heinrich Wolfgang die Stellung des Stadtpfarrers an Sankt Maria Magdalenen innehat. Es ist ein gastfreundliches Haus: Zu den Besuchern gehören außer Irene Forbes-Mosse auch Ina Seidels Bruder Willy Seidel (ebenfalls Erzähler und Romanautor), die Lyrikerin Agnes Miegel und der Dramatiker Carl Zuckmayer. Ina Seidels Schwester, die Schauspielerin Annemarie Seidel, genannt Mirl, bringt den jungen Dramatiker nach Eberswalde mit. Zuckmayer erinnert sich:

»Mir sind die Besuche in diesem Haus, in das ich von Mirl ohne weitere Erklärung eingeführt wurde, die völlig freizügige, vorurteilslose Aufnahme, die ich von der evangelischen Pastorengattin Ina und ihrem Gemahl erfuhr, in wärmster Erinnerung. Man fand es dort selbstverständlich, daß Mirl mit einem Carlchen lebte – so wurde ich von ihr und dann auch von Ina genannt –, das nichts sein eigen nannte als eine aus Heidelberg gerettete Petrollampe.« Ähnlich wird Irene Forbes-Mosse die Gastfreundschaft der Seidels erlebt haben, darauf läßt zumindest der rege Briefwechsel zwischen Prien und Eberswalde schließen, der sich im Anschluß an ihre Rückkehr nach Bayern entspinnt.

Als ihre Schwester Elisabeth von Heyking 1925 stirbt, läßt Irene die Bibliothek aus Crossen nach Prien schaffen. An Heinrich Wolfgang Seidel, der von einer Reise nach Sizilien berichtet hat, schreibt sie wehmütig: »Ja zu meiner Zeit fuhr man – ziemlich lang – im Einspännerchen nach Taormina hinauf eine weisse – staubige Strasse im Zickzack am Berge hinaufkriechend – von grossen Kaktusbüschen besetzt – und von Betteljungen bevölkert, die einem die Kaktusfrüchte in den Wagen warfen. [...] Ich bin eben dabei, meine sehr grosse Bibliothek, die jetzt eben aus Crossen hergekommen ist und die wir in einem scheunenartigen Gebäude im Garten aufgestellt haben zu sortiren – und ganze Massen davon wegzugeben – wenn Sie doch hier wären, vielleicht pickten Sie das Eine oder Andere auf, das Sie interessirte oder amüsirte.«[7]

In den dreißiger Jahren beschäftigt sich Irene erneut mit der Brentanoschen Familien- und Geistesgeschichte. Als der Germanist Werner Milch für seine Biographie über Sophie von La Roche Illustrationen sucht, berät sie ihn und stellt ihm Bildvorlagen aus ihrem Besitz zur Verfügung. Die Korrespondenz mit dem Literarhistoriker vollzieht sich bereits unter schwierigen Bedingungen: Milch ist jüdischer Abkunft. Seine Biographie über die Ururgroßmutter von Irene Forbes-Mosse kann 1935 zwar noch in Frankfurt am Main erscheinen, doch er muß Deutschland im Jahre 1939 verlassen und ins Exil nach England gehen.

Auch mit dem Direktor des Frankfurter Goethe-Museums, Ernst Beutler, nimmt Irene Kontakt auf: Sie schenkt dem Museum ein großes Gemälde von Bettine Brentano. Mit Interesse verfolgt sie Pläne, im alten Stammhaus des Frankfurter Zweigs der Brentanos, dem Haus zum Goldenen Kopf, ein Brentano-Gedenkzimmer einzurichten. Das Haus wird jedoch – ebenso wie das Goethe-Haus – wenige Jahre später bei der Bombardierung der Stadt zerstört. An ihre Cousine Sissi Brentano schreibt Irene entsetzt: »Heute las ich in der Ztg. von der totalen Vernichtung des Goethehauses in Frankfurt. Welch entsetzlicher Verlust! Etwas von den Bildern und M[anu]scripten wird Beutler wohl bei Zeiten in irgendwelche Gewölbe gerettet haben, hoffentl. auch das grosse Bettinabild! – Aber das wundervolle alte Haus ist dahin! Der ›Goldene Kopf‹ wohl auch, überhaupt der herrliche *alte* Theil der Stadt – das Moderne läßt sich ja wieder aufbauen, aber die Tradition, der Zauber dieser alten Strassen und Plätze ist dahin!«

Ende der zwanziger Jahre tritt Armgard, genannt Dietze, eine der Töchter Maximiliane von Oriolas und Spielgefährtin aus fernen Kindheitstagen in Buckow, an Irene Forbes-Mosse heran und bittet sie um Hilfe: Die inzwischen verwitwete Baronin von Eperjesy lebt zusammen mit ihrer Tochter in Südtirol und ist hochverschuldet. Irene reist 1929 in das von den Faschisten regierte Italien und berichtet halb betrübt, halb amüsiert an Heinrich Wolfgang Seidel nach Berlin, wo das Ehepaar Seidel seit 1923 lebt: »Sie [Armgard] wohnt auf einer verwunschenen Burg bei Meran mit ihrer [...] Tochter. Dabei ist diese Frau – 73jährig – heute noch von einem Temperament und einer Zähigkeit, daß ich mir neben ihr vorkam wie ein in Wasser getauchter Zwieback – sie ist *voller* Talente, zeichnet *wundervoll,* hat sehr hübsche Gedichte gemacht, kleine reizende Volkslieder componirt – kurz der Samenstand den unsere Grosseltern von ihren Schwingen schüttelten ist reichlich bei ihr aufgegangen. – Dabei aber in allen geschäftlichen Dingen unmöglich, wenn auch mit einer gewissen Bauernschlauheit um Kleinigkeiten kämpfend, und schrecklich eingebildet [...]. Man redete stundenlang mit ihr – den Morgen drauf waren wie im Gleichnis vom Sämann wieder Disteln und Dornen drüber gewachsen.«[8]

Irene steht der in Not geratenen Cousine bei, schlägt sich mit Gläubigern und einem Rechtsanwalt herum und bespricht die Angelegenheit mit Lujo. Der bietet an, obschon bereits im fünfundachtzigsten Lebensjahr stehend, die Vormundschaft für Armgard zu übernehmen, falls sie entmündigt werden sollte. Dazu kommt es freilich nicht.

Erschöpft reist Irene Forbes-Mosse anschließend zurück nach Prien. Nicht nur die Aufregung wegen ihrer Cousine hat an ihren Kräften gezehrt, auch die politische Situation in Italien bedrückt sie. »Ins alte, eigentliche Italien ginge ich auch gern einmal wieder, aber in dies besetzte Tyrol [Südtirol] bringen mich keine 10 Pferde mehr«, gesteht sie in einem Brief, »diese Atmosphäre von Spionage und von Ueberhebung, dies Phrasengetön über die Gründung Roms und die Herrlichkeit der Faschisten und diese entsetzlichen ungewaschenen Kerle, die unter ihren grauen Jacken bei 25 Grad Reaumur schwartze gestrickte Sweaters trugen (Ruin aller Waschfrauen) und die Tiraden des Duce [Benito Mussolini] – nein, nein, nein, alles in mir bäumte sich auf!«[9]

Auf der Suche nach einem neuen Fluchtpunkt, wie Palmerino es einst gewesen ist, tut sich Irene Forbes-Mosse mit der zwanzig Jahre jüngeren Freundin Berthy Moser zusammen – auch sie eine Bekanntschaft aus den Jahren in der Toskana. Die beiden Frauen finden 1931 ein altes Haus im schweizerischen Chexbres sur Vevey oberhalb des Genfer Sees und richten sich dort ein. An Heinrich Wolfgang Seidel schreibt Irene begeistert: »Zum Herbst ziehe ich ja nun auch endlich wieder in meine eignen Möbel, habe eine étage in einem schönen alten Haus gemietet, in Chexbres, über Vevey – 650 Meter hoch – sehr gute Luft und himmlischer Blick über den See und die Savoyerberge. Meine liebe Schweizer Freundin – in deren grossväterlichem Hause ich gegeben bin – begleitet mich und ich denke, wir werden da ganz gemütlich zusammen hausen, in diesem vernünftigen Lande, wo 3 Sprachen nebeneinander bestehen und jeder des anderen Rechte achtet – [...] das Haus stammt aus dem 17. Jahrhundert, es sind hübsche offene Kamine und alte gemalte Tapeten in 2 der sehr grossen Stuben – in der einen sind es so romantische Rococolandschaften, Tempel und Gärten und Cascaden, auch Segelschiffe und Schwäne – in der anderen sind es Jagdbilder etwas neueren Datums (1830) [...] Unten Parterre wohnt die Besitzerin, aber nur 4 Wochen jedes Jahr, zur Zeit der Weinlese – also wird sie uns nicht gross stören – es gehören viel Weinberge zum Haus – und gleich neben dem Haus ist ›la ferme‹ – wo der Bauer wohnt, der die Reben bearbeitet.«[10]

Zu Beginn der dreißiger Jahre gibt sich Irene Forbes-Mosse

– ähnlich wie ihre Kollegin Annette Kolb – noch der trügeri-
schen Hoffnung hin, Bayern könne sich aus dem Reichsver-
band lösen und einen eigenen Weg abseits der nationalsozialistischen Bewegung gehen. Wiederum an Heinrich Wolfgang
Seidel schreibt sie im Sommer 1931: »Mir war Bayern immer
ein bischen fremd, aber *jetzt* gerade zur Zeit dieser Nazipest
hat man wieder vielmehr Sympathie mit diesem Volk, das seinen eignen Weg geht und sich nicht dreinreden lassen will. Es
ist eben Keltisches Blut dabei, da sind sie auch fast wie ihre
Blutsverwandten, die Irländer. [...] In Deutschland muß wohl
noch einmal das Höllenchaos losgehen, ehe die Bewohner vernünftig werden. Fiat nox scheint die Parole zu sein. Aber auch
der Ausspruch meines verstorbenen Onkels Friedmund von
Arnim ›Dummheit ist die grösste Sünde‹ scheint zu dieser be-
trüblichen Lage zu passen.«[11]

Den Entschluß, sich ein Domizil in der Schweiz zu suchen,
hat sie nicht zu früh gefaßt. Ende Januar 1933 kommen in
Deutschland die Nationalsozialisten an die Macht, und bereits
im Mai werden die Bücher etlicher mißliebiger Autoren öffentlich verbrannt. Auch Irene Forbes-Mosses Werke geraten 1934
auf die Liste verbotener Bücher, ihre Freunde halten jedoch
weiterhin zu ihr. Ina Seidel, die in der NS-Zeit in Deutschland
bleibt, wagt es beispielsweise noch 1934, einen rühmenden Essay über die verfemte Freundin zu veröffentlichen.

Das Leben im Exil gestaltet sich freilich alles andere als einfach. Abgeschnitten vom deutschen Buchmarkt, fehlen Irene
Forbes-Mosse die laufenden Einnahmen, und die Gesundheit
der nunmehr Siebzigjährigen läßt zu wünschen übrig. An Heinrich Wolfgang Seidel schreibt sie: »[...] grosse und immer
schlimmerwerdende Herzschwierigkeiten und auch finanzielle
Schwierigkeiten – das ist eine harte Nuss.«[12] Auch wird es einsamer um sie, Freunde und Verwandte sterben: 1931 Lujo
Brentano, 1935 Vernon Lee. Die Nachricht vom Tod der Freundin und von der Auflösung des Haushalts von Vernon Lee trifft
Irene schwer. An Karl Wolfskehl, der damals in Florenz lebt,
schreibt sie: »Hier sitzen wir bei Regen und Wind und wün-

schen uns zurück nach Florenz. Wenn auch – es war vieles, sehr schmerzliches dort für mich. […] Dies Ausräumen, dies todtmachen eines Hauses wo ich fast zehn Jahre mit einem *ganz* erlesenen Menschen zusammengelebt, der nun dahingeschwunden ist wie ein Rauch, war für mich schneidend traurig, und die Schönheit jenes geliebten Fleckchens Erde fiel wie in eine Wunde hinein. Aber in solcher Stimmung kann man ja das Schöne so lebhaft empfinden, ein feiner blühender Pfirsichzweig der sich vom grauen Olivenlaub abhebt kann so heftig wirken wie ein Schmerz.«[13]

Trotz der zunehmenden Einsamkeit bewahrt sich Irene Forbes-Mosse ihre schöpferische Kraft. In ihren letzten Lebensjahren entsteht noch über ein Dutzend Novellen, die freilich erst 1953 von Ina Seidel herausgegeben werden. Es handelt sich zumeist um Geschichten, die parapsychologische Erscheinungen zum Thema haben. Mag Irene Forbes-Mosse in ihren späten Werken auch vermehrt mystische und surreale Töne anschlagen – ihr Interesse an der Tagespolitik und an den großen sozialen Fragen der Zeit bleibt rege. 1934, bereits im Schweizer Exil, gesteht sie, gern mehr über das gesellschaftspolitische Experiment der Sowjetunion erfahren zu wollen: »Schade, daß ich alt bin und auch ziemlich kröpelig, sonst reiste ich nach Russland – es lockt mich sehr.«[14]

Glaubt sie tatsächlich noch an eine Utopie? An Karl Wolfskehl, der ihr seine jüngsten Gedichte geschickt hat, in denen er die jüdische Hoffnung auf die Ankunft des ersehnten Messias thematisiert, schreibt sie desillusioniert: »Ach, möchte Ihnen der alte Jehovah die Hoffnung erfüllen. Aber ich – glaube an keine Götter mehr. Ich glaube nur noch an den redlichen Sinn einer kleinen *élite*, an die Empörung der Wenigen die sich nicht um des *eigenen* Nachteils wegen empören – und daß sie wie ein Magnetstein mehr und mehr diejenigen an sich ziehen werden, die jetzt hoffnungslos hin und her schwanken, daß allmählich eine helle Schaar daraus werde, die gegen die grossen dumpfen Massen fanatisirter Dummheit vorgehen kann. Aber da wird noch Zeit vergehen … Es sei denn es käme ein aussergewöhn-

licher Mensch, einer der wirklich den Namen ›Führer‹ verdient. So einer wie [Fridtjof] Nansen es war, dessen Hände
nichts von Habgier, dessen Geist nichts von Eitelkeit wusste.«[15]

Irene Forbes-Mosses Abrechnung mit der Ideologie der Nationalsozialisten und der Verblendung der »verführten« Deutschen kennt kein Pardon. Postkarten unterschreibt sie bisweilen sarkastisch mit »Heil, Thusnelda«. Im Jahre 1940 notiert
sie: »Es ist seit mehreren Jahren allen Menschen, die ein widri-
ges, vielleicht auch ein gütiges Geschick im Ausland stranden
oder landen ließ, unmöglich gemacht, in die deutsche Heimat
zurückzukehren, wenn sie nicht alles verleugnen wollen, was
ihnen diese Heimat kostbar machte.« Und etwas später: »Man
hat uns die Heimat gestohlen und will uns ein protziges Vater
land dafür eintauschen, denn Heimat ist das nicht, was zur
Hälfte aus Furcht und zur Hälfte aus Frechheit besteht.« Ja, sie
vergleicht den Nationalsozialismus mit einer breiten Welle aus
Beton und Zement, die jede Eigenart in den überwältigten Ländern überflute und erstarrend bedecke. In Deutschland werde
das Kostbare, das Unersetzliche durch diese Fälschung ver-
schmiert und unkenntlich gemacht. Im April 1941 schließlich
schreibt sie: »Wäre man ein Tier, es wäre besser. Man hätte an
dieser Sünde Last nicht zu tragen.«

Im Exil ist Irene in Sicherheit, sie lebt in einer schönen, beruhigenden Landschaft, umsorgt von ihrer Freundin Berthy Moser, fernab der Greuel im nationalsozialistischen Deutschland –
und doch verspürt sie Heimweh. Bilder aus ihrer Kindheit in
Karlsruhe, zu Füßen des Schwarzwalds, steigen vor ihrem inneren Auge auf. An Hermann Hesse, der ebenfalls im Schweizer
Exil lebt und wie sie ein Kind Süddeutschlands ist, schreibt sie
wehmütig: »Ich sitze hier über dem Genfersee und sehe auf die
Savoyerberge, die am Abend in einer Farbe wie Theerosen und
Veilchen auf dem Wasser zu schwimmen scheinen … um mich
her sind Weinberge an die viel Fleiss gewendet wird. – und oft
sehne ich mich recht nach dem Schwarzwald, wo ich meine Kinderjahre verbrachte – nicht allzu fern von Ihrer Kinderheimat,
lieber Herr Hesse. Aber ich werde wohl nie mehr die Murg über

die Steine schlüpfen sehn, oder das Säuseln in den Tannenwipfeln hören – oder die Hummeln in den Fingerhutstauden an den abgeholzten Hängen, wenn sie da so gierig in die Sammetschlünde kriechen. Das alles heisst *Heimweh* – aber schön ist's ja auch hier und gute Menschen giebt es noch überall.«[16]

Trotz allem überläßt Irene sich nie der Resignation, denn sie weiß um die Doppelgesichtigkeit der Welt und um den Widerspruch ihrer eigenen helldunklen Seele, einer romantischen Seele, in der viel von den Licht- und Schattenseiten der Brentanos und von Arnims steckt. In einem ihrer ›Putois-Briefe‹, geschrieben vor über dreißig Jahren, gibt sie eine Innenschau, die von psychologischem Feingefühl und Selbsterkenntnis wie auch von gelassenem Humor zeugt: »Viel Lachen und viel Tränen, bisweilen sogar gleichzeitig, und viel Angefangenes, das mir immer wieder aus den Händen glitt, die nun einmal nicht taugen zum Festhalten und schließlich leer geblieben sind und doch am liebsten streicheln und gern gestreichelt würden, aber beileibe nicht es sich merken lassen. – Und im Grunde, trotz aller Tränen, doch oft ein unerklärliches Glücksgefühl … Und wenn unter Fremden, die nichts sehen und nichts hören, tief innen das kleine Versen summt, wie eine Fliege in einer Schachtel: ›Ach, wie bin ich froh, daß niemand weiß, daß ich Rumpelstilzchen heiß‹, ja, dann muß ich lachen.«

1945 erkrankt Irene Forbes-Mosse und wird von Berthy Moser ins Hotel Byron nach Villeneuve gebracht und dort gepflegt. Der Krieg ist zu Ende, doch nun ist es ihr nicht mehr möglich, nach Deutschland zu fahren. Wozu auch? Das Land ihrer Kindheit existiert nicht mehr, und die Freunde von einst werden immer weniger. Im September 1945 stirbt auch der treue Korrespondenzpartner Heinrich Wolfgang Seidel.

Irene Forbes-Mosse, die Dichterin und Schriftstellerin, die geistige Erbin der Brentanos, letzte Enkelin Bettines und Ururenkelin der legendären Sophie von La Roche, stirbt am 26. Dezember 1946 zweiundachtzigjährig in Villeneuve und wird auf dem kleinen Fremdenfriedhof in Montreux-Territet beerdigt, der sich den Hang nach Glion hinaufzieht. Auf ihrem Stein stehen Worte, die sie zeitlebens immer wieder wie ein Motto zitiert hat: »Les bonnes pensées viennent du cœur.« Die guten Gedanken kommen aus dem Herzen – das Vermächtnis einer Frau, die allen Schicksalsschlägen, aller Enttäuschung, aller Desillusion zum Trotz nie resigniert und sich selbst nie aufgegeben hat.

Ina Seidel, die Herausgeberin der späten Erzählungen von Irene Forbes-Mosse, beschreibt die Freundin in ihrem Vorwort zu ›Ferne Häuser‹ als verglühenden Kometen, als glänzenden Schlußpunkt einer unvergleichlichen deutschen Familien- und Geistesgeschichte: »[…] mit dem Heimgange dieser Dichterin verwehte mehr im All, als der Atem ihres großen, einsam für Frieden und Gerechtigkeit werbenden Herzens. Und wie beim Zerbrechen eines Wappenschildes über dem Grabe des Letzten eines großen Geschlechtes kann auch über ihrem, dem Grabe der letzten würdigen Nachfahrin Arnim-Brentanoschen Blutes und Geistes, das Wort stehen: Heute noch einmal – dann nimmermehr.«

Ein Schlußpunkt? In der Bettineschen Linie ja, denn Irene Forbes-Mosse hinterläßt keine leiblichen Erben. Aber ihr geistiges Erbe und das ihrer Ahnen bleibt lebendig und wird bewahrt. Wichtige Teile des Nachlasses von Irene Forbes-Mosse – darunter Briefe und Manuskripte von Sophie von La Roche, Clemens Brentano, Bettine und Achim von Arnim und deren Kindern – kommen gemäß dem Willen der Verstorbenen später über Berthy Moser in den Besitz des Freien Deutschen Hochstifts Frankfurt. Hier werden die Archivalien gesichtet, katalogisiert, zum Teil in Editionen zugänglich gemacht und der Forschung zur Verfügung gestellt. So hat Irene Forbes-Mosse nicht nur durch ihr eigenes Werk Bedeutsames geleistet, sondern sich auch als Bewahrerin einer zweihundertjährigen Familiengeschichte hervorgetan. Zeitlebens hat sie die Freundschaft zu ihrer in Prien wohnenden Cousine Sissi Brentano gepflegt und sie ermahnt, die am Chiemsee verwahrten Bilder, Briefe und Dokumente ebenfalls für die Nachwelt zu erhalten. Der Weg führt also noch einmal zurück, von den Ufern des Genfer Sees zu denen des Chiemsees.

Sophie (Sissi) Brentano (1875–1956)

Sophie (Sissi) Brentano
(1875–1956)

> » Wenn man ihr Heim und ihren Garten betritt, ist alles, wie Goethe sagte, Vergangenheit und Gegenwart in Eins. «
>
> Ernst Beutler über Sophie Brentano

Im Jahre 1872, ein Jahr nach der Neugründung des Deutschen Kaiserreichs, kommt der erst siebenundzwanzigjährige Professor der Nationalökonomie Ludwig Josef Brentano an die Universität Breslau. Lujo, wie er sich selbst nennt, ist eines von fünf überlebenden Kindern Christian und Emilie Brentanos, die in Aschaffenburg ein gastfreundliches Haus führten und dort die Werke von Christians Bruder Clemens sammelten und herausgaben.

So wundert es nicht, daß auch Lujo Brentano – wenngleich eher rezipierende – literarische Interessen besitzt, sich als Bewahrer des romantischen Erbes versteht und zu diversen Zweigen der Familie gute Beziehungen unterhält. In Berlin, wo er zu Beginn der sechziger Jahre am Statistischen Seminar Ernst Engels studierte, wohnte er eine Zeitlang bei Claudine von Arnim, deren Hilfsbereitschaft und freundliche Wesensart er immer wieder dankbar hervorgehoben hat.

Als der junge Professor nun in die aufstrebende schlesische Metropole Breslau kommt, ist er bereits ein bekannter Mann: Mit dem Buch ›Die Arbeitergilden der Gegenwart‹ hat er das Standardwerk der frühen gewerkschaftlichen Bewegung in Deutschland geschrieben, und er hat den ›Verein für Sozialpolitik‹ mitbegründet. Der Arbeiterbewegung steht Lujo Brentano zeitlebens nahe. Seine Bemühungen um Arbeiterrechte, Sozialgesetzgebung und den Aufbau gewerkschaftlicher Strukturen stellt er kurz vor seinem Tod in der 1931 erscheinenden

Autobiographie ›Mein Leben im Kampf um die soziale Entwicklung Deutschlands‹ ausführlich dar.

In Breslau nun lernt Lujo Brentano die Tochter eines verstorbenen Oberbergrats kennen und lieben: Valerie Erbreich, genannt Valeska. Da Lujo, der sich vom katholischen Glauben
entfernt hat, auf seiner Weigerung besteht, vor der Trauung zu
beichten und die Kommunion zu empfangen, kommt es zu
einer Auseinandersetzung mit dem Breslauer Fürstbischof
Heinrich Foerster. Doch schließlich erhält der Ökonom nach
einem persönlichen Gespräch den Dispens, und die Ehe kann
geschlossen werden.

1875 wird das einzige Kind von Lujo und Valerie Brentano
geboren: Sophie, vielleicht so benannt nach Lujos Tante, Clemens Brentanos geliebter Schwester, die früh starb und in Oßmannstedt neben dem Ehepaar Wieland begraben liegt. Vielleicht aber auch nach der legendären Urahnin, der Autorin des
›Fräuleins von Sternheim‹.

Sophie, die von allen Sissi genannt wird, muß im Kindesalter
dem Vater häufig nachziehen: 1882 nimmt er eine Professur in
Straßburg an, 1888 in Wien, ein Jahr darauf in Leipzig, 1891
schließlich erhält er einen Lehrstuhl an der Ludwig-Maximili-
ans-Universität in München. Die Stadt an der Isar, Residenz
der Könige von Bayern, um die Jahrhundertwende von Thomas Mann, Karl Wolfskehl, Franz von Lenbach, Franz von
Stuck und zahlreichen anderen als geistiges Zentrum Deutschlands glorifiziert und wegen ihrer heiteren, südlichen Atmosphäre geradezu ins Mystische erhoben, wird für Lujo und
seine Familie zur Wahlheimat. Fünfundzwanzig Jahre lang
lehrt der Nationalökonom an der Münchner Universität und
trägt entscheidend zu deren ausgezeichnetem Ruf bei.

Das Haus Lujo Brentanos, der in dieser Hinsicht bewußt die
Familientradition fortführt, ist gastfreundlich und kunstsin-
nig. Bedeutende Personen des öffentlichen Lebens gehen hier
ein und aus: der Nationalökonom Gustav von Schmoller, der
Handels- und Schiffahrtsrechtler Julius von Gierke, der Historiker Ludo Moritz Hartmann, der Nationalökonom (und spä-

tere Bundespräsident) Theodor Heuss (ein Doktorand Lujo Brentanos), der Historiker Walter Goetz (auch er ein Schüler Lujos).

Aber nicht nur Gelehrte, auch Künstler sind bei den Brentanos zu Gast: so Lujos Cousine Irene Forbes-Mosse, die eben mit ihrem ersten Gedichtband an die literarische Öffentlichkeit getreten ist, und der expressionistische Maler Franz Marc. Der rege gesellschaftliche Umgang verlangt bald ein repräsentativeres Domizil: 1906 läßt sich Lujo Brentano von dem Münchner »Stararchitekten« Friedrich von Thiersch ein großes Haus in der Schwabinger Mandlstraße erbauen, beschaulich am Englischen Garten gelegen.

Der heranwachsenden Sissi werden vielfache geistige und künstlerische Anregungen zuteil, sie zeigt Talent im Zeichnen und Malen und bildet sich zunächst weitgehend autodidaktisch fort. Zu ihrem Vater hat sie ein inniges, liebevolles Verhältnis, der Umgang mit der Mutter gestaltet sich jedoch schwierig. Valerie Brentano ist häufig krank, zeigt zudem depressive Verstimmungen und muß in ihren letzten Lebensjahren von der Tochter gepflegt werden. So ist Sissi Brentano zwischen ihrem insgeheim gehegten Wunsch nach künstlerischer Vervollkommnung und persönlicher Freiheit einerseits und ihrer starken Bindung an die Familie andererseits hin und her gerissen.

Eine Fotografie, um 1900 aufgenommen, zeigt die ausnehmend hübsche junge Frau im schlichten Kleid, darüber eine Art Stola aus bedruckter Seide, mit kurzer Lockenfrisur, das feine Gesicht und den offenen Blick neugierig in die Kamera gerichtet. Eine wahre Schönheit, die in den Kreisen der Münchner Intelligenz Aufsehen erregt haben muß. Dennoch bleibt sie zeitlebens unverheiratet. Ob die übergroße Nähe zum Vater und die Bindung an die kranke Mutter dafür mitverantwortlich sind, läßt sich schwer beurteilen, denn diesbezügliche Zeugnisse liegen der Nachwelt nicht vor.

Der fünf Jahre jüngere Franz Marc, dem Sissi sich in ihren künstlerischen Neigungen anvertraut, zeigt sich von ihren frühen Arbeiten angetan und ermutigt sie weiterzumachen. Am 31. Dezember 1903 schreibt er ihr galant: »Geehrtes Fräulein, Ihre Arbeiten, die ich letzthin flüchtig ansehen durfte, haben mich nachträglich mehr beschäftigt, als Ihre Bescheidenheit Sie vielleicht glauben machen will. Es wäre lieb von Ihnen, wenn Sie mir einmal Gelegenheit geben würden, die Sachen bei Tageslicht u. mit Muße ansehen zu können. Bei dieser Gelegenheit will ich Ihnen auch einige kurze Adreßaufzeichnungen mitbringen, von denen die eine oder andere Ihnen in Paris vielleicht nützlich sein kann. Fürchten Sie nicht, daß ich Sie länger als ein halbes Stündchen in Anspruch nehmen werde.«[17]

Lujo Brentano ist den Neigungen seiner Tochter gegenüber ebenfalls aufgeschlossen. Als er im Jahre 1907 in Begleitung des Grafen Max Montgelas und dessen Frau eine Bildungsreise nach Griechenland unternimmt, darf Sissi ebenfalls dabei sein: Der Besuch des antiken Hellas gilt um die Jahrhundertwende als zentrales Bildungserlebnis und zudem als Quelle künstlerischer Inspiration.

Die Gruppe besichtigt zunächst Athen und seine antiken Ausgrabungen, wobei man auch auf Spuren der weitverzweigten Familie Brentano stößt: Unterhalb des Tempels des olympischen Zeus befindet sich das Grab Bettina von Savignys, einer Tochter Friedrich Carl und Gunda von Savignys. In Athen besucht Lujo Brentano auch seinen im Sterben liegenden Freund, den Münchner Archäologen Professor Adolf Furtwängler, der zu Ausgrabungen nach Griechenland gekommen ist. Weiter geht es nach Delphi, die Stätte des antiken Orakels, und auf die Halbinsel Peloponnes. Die Reisegruppe besichtigt Mykene mit seinem Löwentor, Tripolis, Sparta, die mittelalterlichen Burgruinen von Mistra, und setzt schließlich nach Korfu über, damals ein beliebtes Urlaubsziel des Hochadels. Die österreichische Kaiserin Elisabeth hatte hier eine Villa besessen, die der deutsche Kaiser Wilhelm II. später kaufte und für sich herrichten ließ.

Sissi Brentano, damals bereits von schwacher Konstitution,

verträgt das heiße Klima und die Strapazen der Bildungsreise jedoch nicht. »In Korfu«, so erinnert sich Lujo später,
»haben meine Tochter und ich uns getrennt. Sie hatte unter
dem Staub der Landstraße auf der Fahrt von Tripolis nach
Sparta sehr gelitten und eilte, nach Haus zu kommen. Die
Witwe meines Kollegen [Adolf] Furtwängler, den ich in Athen
noch an seinem Sterbebett besucht hatte, nahm sie mit auf
dem Schiff nach Triest, von wo sie glücklich nach München
zurückkehrte.«

Um 1908 geht Sissi Brentano auf Empfehlung von Freunden
nach Paris. Sie wohnt dort bei ihrer Tante Sophie Funck, einer
Schwester ihres Vaters. Bei Aristide Maillol, dem Schöpfer
kraftvoller, festkonturierter Reliefs und Plastiken, nimmt Sissi
Unterricht in Bildhauerei und Zeichnen. Die Jahre in Paris
werden die glücklichsten ihres Lebens.

Kurz vor Ausbruch des Ersten Weltkriegs kehrt sie nach
Deutschland zurück und besucht Kurse an der 1907 von Henry
van de Velde gegründeten Kunstgewerbeschule in Weimar, wo
Ornamentik und Linienführung des Jugendstils auf Gebrauchs-
gegenstände übertragen werden. In dieser Zeit entstehen etliche ihrer Keramikarbeiten. Auffallend ist, wie sehr die künstlerischen und ästhetischen Einstellungen ihrer Cousine, der
Schriftstellerin Elisabeth von Heyking, sich von denen Sissis
unterscheiden: Elisabeth hat im Jahre 1900 einen Vortrag van
de Veldes gehört und äußert sich darüber in ihrem Tagebuch:
»Das geistreiche und vornehme Berlin, vor dem ein Mr. van der
Velde vortrug, wie wir eigentlich unsre Häuser einrichten sollten und was eigentlich schön ist. Danach sollten wir alle unsre
schönen behaglichen Erinnerungsstücke verbrennen und in
modernem linienverzierten Mobiliar wohnen!«

Als Henry van de Velde 1914 in die Niederlande zurückgeht,
zieht Sissi Brentano wieder nach München, nicht zuletzt auch,
um ihre mittlerweile schwerkranke Mutter zu pflegen. Die
Kunst gibt sie weitgehend auf.

Lujo Brentano hält sich in jenen Jahren oft für viele Monate
in Berlin auf. Seine Cousine Irene Forbes-Mosse, die aus Pal-

merino bei Florenz nach Deutschland zurückgekehrt ist, mietet in der Nähe des Tiergartens eine Wohnung – für sich und Lujo. Die beiden sind sich nähergekommen und haben bereits im Frühjahr 1914 gemeinsam eine Reise nach Sizilien unternommen, bei der Irene Forbes-Mosse beinahe an den Masern gestorben wäre. Ob Sissi vom engen Verhältnis ihres Vaters zu ihrer Cousine gewußt hat, bleibt fraglich. Sicher ist, daß sie und Irene sich in jenen Jahren freundschaftlich nahestehen, was zahlreiche in innigem Ton gehaltene Briefe bezeugen.

Während des Ersten Weltkriegs schickt Sissi Brentano immer wieder Lebensmittelpakete mit Marmelade, Wurst, Gänsefett und Honig an Irene und ihren Vater in Berlin – offensichtlich ist die Versorgungslage in Bayern besser als in der Hauptstadt. Irene und Lujo scheinen in jener Zeit dennoch nicht schlecht gelebt zu haben, zumindest führen sie ein anregendes gesellschaftliches Leben; München hat seinen Rang als geistige Hauptstadt an das quirlige Berlin verloren.

Im Dezember 1917 schreibt Irene Forbes-Mosse kurz vor dem Bezug einer neuen Wohnung an Sissi: »Nur die schöne Aussicht auf die Hochschule und dahinter Thiergarten und Hippodrom werden wir sehr vermissen. Dafür gehen dort unsre Fenster auf den Garten der Synagoge! Da nun fast alle unsre Freunde Juden sind so ist das ja sehr passend! Besonders den Weihnachtsabend mit dem siebenarmigen Leuchter denke ich mir sehr schön!«[18]

Zu den jüdischen Freunden des Paares gehören der liberale Publizist Theodor Wolff und der Autor der ›Jettchen Gebert‹, Georg Hermann. Über alles und jeden wird Sissi, die in München die bettlägerige und zunehmend zänkische Mutter pflegt, informiert. Irene berichtet: »Gestern waren Wolffs und Frau Goldmann hier zum Thee, sie sehen alle sehr schwarz. Ich habe das bestimmte Gefühl, wir schwimmen allmählich in einen grossen Strudel hinein (leider kein Apfelstrudel) der alles verschlingt, und wie immer müssen dann die Unschuldigen ebenso die Suppe auslöffeln wie die Schuldigen.«[19] Und über Georg Hermann lästert sie: »Gestern hatte ich mir den Jettchen Gebert-Verfasser zum Thee geladen, Georg Hermann; er sieht fürchterlich aus und hat ziemlich schlechte oder vielmehr gar keine Manieren. Aber zu meiner Freude fand auch Väterchen [Lujo Brentano] ihn recht interessant, er ist feuriger Freihändler und hat sich eine Menge Sachen so in Gedanken ausgearbeitet, einiges meinte Dein Vater sei recht intelligent und originell gedacht. Nächstens bitte ich ihn wieder zum Thee, vielleicht Alfred Weber dazu!«[20]

Irene schickt der Cousine Ausgaben des sozialdemokratischen ›Vorwärts‹ nach München – in den patriotischen Zeiten des Krieges beinahe ein Landesverrat – und fordert sie auf, ihn zu lesen. Immer wieder ist die politische Lage Thema in ihren Briefen an Sissi: »Man weiss ja gar nicht mehr, was man wünschen soll: behält die Militärpartei die Oberhand, so giebt es im Innern keinen Fortschritt und unsere Feinde bleiben geeinigt wie eine Mauer gegen uns, behalten die Freisinnigen und Sozi Oberhand, dann geht wohl Ludendorff, in der Armee entsteht eine Spaltung und Uneinigkeit und ich fürchte, das ist dann wie ein Loch im Damm, wo die Flut hereinsickert und schliesslich alles einreisst und dann haben wir den Feind im Land. Ich glaube, es fehlt eben an einer machtvollen *liberalen* Persönlichkeit, die die nöthigen Freiheiten zugesteht ohne zu schachern, dann aber doch wieder die Kraft hat die Schleuse zu schliessen eh es zur Ueberschwemmung kommt!«[21]

Wie mag sich Sissi in jenen Jahren in München gefühlt haben? Ihre spärlichen Briefe an Irene verraten wenig über ihr Seelenleben. Vielleicht hat sie es auch wegen Irenes Nähe zum Vater vermieden, ihre eigenen Wünsche und Ängste preiszugeben. Immerhin scheint Irene Forbes-Mosse zu ahnen, wie viel Verzicht die Cousine üben muß, welche Bürde ihr auferlegt ist. In einem Brief ermahnt sie die elf Jahre Jüngere, doch die Kunst nicht aufzugeben, die Pflege der Mutter dürfe nicht alles andere vereinnahmen. »Kannst du Dich nicht«, so schlägt sie vor, »unten in Väterchens Zimmer oder im Atelier wieder ganz einspinnen und zeichnen […]?«[22]

1918 ziehen Lujo Brentano und Irene Forbes-Mosse nach München. Lujos Frau Valerie, Sissis Mutter, stirbt kurz darauf. Der inzwischen emeritierte, nur noch Gastvorlesungen haltende Professor verkauft das große Münchner Haus und läßt sich am Chiemsee nieder, im Ort Prien. Die dortige Atmosphäre hat der Publizist Ernst Feder in einem Artikel für das ›Berliner Tageblatt‹ anschaulich beschrieben: »Ich sitze Lujo Brentano […] gegenüber. In seinem Häuschen zu Prien am Chiemsee, das von einer Anhöhe auf die kleine Marktgemeinde niederschaut, auf die Giebelhäuser mit blauen und grünen Läden, alle in Schnee gehüllt, im Hintergrund die Salzburger Alpen. Die Wände des hohen hellen Arbeitszimmers sind mit Familienbildern bedeckt. Das Stammhaus der Brentanos in Frankfurt. Die Eltern. Dort die junge Dame im grünen Kleid ist die Großmutter, Maximiliane von La Roche, in die sich vor hundertfünfzig Jahren der junge Goethe verliebte, als ihn [Johann Heinrich] Merck von Wetzlar und seiner Liebe zu Lotte weggerissen hatte. Daneben die Mutter der Maximiliane, Sophie von La Roche, Wielands Jugendliebe.«

Auch Sissi, inzwischen Mitte Vierzig, zieht sich in die ländliche Idylle zurück. Sie läßt sich ein Häuschen in dem oberbayerischen Dorf Bergen bauen und richtet sich dort eine eigene Keramikwerkstatt ein. Hin und wieder arbeitet sie noch an ihren Skulpturen und Keramiken, allerdings ohne merkantilen Ehrgeiz. Einen Auftrag ihrer Cousine Edith Le Page Renouf, der Tochter von Lujos Schwester Ludovica und Sir Peter Le Page Renouf, nimmt Sissi jedoch an: Sie fertigt eine Marmorbüste von Sir Peter, dem ehemaligen Direktor der Ägyptischen Abteilung des British Museum, die später im Ägyptischen Museum in Kairo aufgestellt wird.

Die Ärztin Edith Le Page Renouf, die eine Anstalt für unheilbar kranke Mädchen auf der englischen Kanalinsel Guernsey mit dem Namen »Le Platon Home« gegründet hat, zeigt, obwohl in London geboren und aufgewachsen, Interesse an der geistigen Tradition ihrer deutschen Vorfahren. Mit den Brentanos, vor allem mit ihrem Onkel Lujo, steht sie in regem Kontakt. 1924 beschließt Lujo – er ist mittlerweile neunundsiebzig Jahre alt und ordnet seine Erbangelegenheiten –, der Nichte auf Guernsey bedeutsame Teile des Brentanoschen Nachlasses anzuvertrauen, darunter auch den Briefwechsel zwischen Christian und Clemens Brentano.

Am 20. September 1924 schreibt er ihr: »Gestern ist ein dickes Paket Manuskripte hauptsächlich meines Vaters, aber auch Briefe an ihn so solche von Lacordaire, an Dich nach Guernsey abgegangen. Das wichtigste darunter aber ist ein Briefwechsel zwischen meinem Vater und Onkel Clemens. [...] Diesen habe ich mit meinen defekten Augen nicht lesen können. Er dürfte aber viel auf die Emmerich [sic!] Bezügliches enthalten, denn er erstreckt sich auf die Jahre 1819–1842. Ausserdem dürfte er Manches auf unsere Familie Bezügliches enthalten, darunter *vielleicht* auch Solches, worein man Fremden nicht unnütz Einblick gewährt. An wen hätte ich den Briefwechsel schicken sollen, wenn nicht an Dich. Auch andere Papiere Deines Großvaters [Christian Brentano] dürften Dein Interesse erregen. Ausserdem aber 2 Kinderbriefe Deiner Mutter, die sie an ihre Mutter zu ihrem Geburtstag geschickt hat. Alles was ich Dir geschickt habe, weiß ich bei Dir am besten aufgehoben.«

Edith Le Page Renouf verwahrt die Nachlaßteile aus dem Besitz Lujo Brentanos zwar treu, kümmert sich aber offensichtlich nicht um deren Archivierung und testamentarische Weitergabe. Die Ärztin bleibt unverheiratet und kinderlos und stirbt 1956 (im selben Jahr wie ihre Cousine Sissi) mit einundneunzig Jahren auf Guernsey. Ihr Nachlaß wird noch einige Jahre in »Le Platon Home« verwahrt, doch die Spur verliert sich in den sechziger Jahren. Vermutlich wurden die Schriften und Briefe weggeworfen oder verbrannt – in Unkenntnis ihres Wertes und weil vor Ort niemand die deutsche Sprache beherrschte oder die alte Schrift entziffern konnte. Glücklicherweise geht die andere Nachlaßverwalterin Lujo Brentanos, seine einzige Tochter, sorgsamer mit dem Erbe um. Das Verhältnis Sissis zu ihrem alten, aber immer noch regen und körperlich agilen Vater bleibt stets eng, und so begleitet sie ihn in den Jahren nach dem Ersten Weltkrieg zu Forschungs- und Vortragsreisen in die Niederlande, nach Budapest und Wien, 1924 – er arbeitet an seinem Hauptwerk, der dreibändigen ›Geschichte der wirtschaftlichen Entwicklung Englands‹ – zu einer Recherchereise nach London. Auch nimmt Sissi Brentano regen Anteil an einem Buch des Vaters, das 1921 unter dem Titel ›Clemens Brentanos Liebesleben‹ erscheint. Darin setzt Lujo sich anhand von damals noch unveröffentlichten Briefen mit den Frauen auseinander, die den Dichter persönlich oder intellektuell prägten: die Mutter Maximiliane, seine Schwestern Sophie und Bettine sowie seine Ehefrauen Sophie Mereau und Auguste Bußmann.

Lujo Brentano stirbt, bis zum Tode wissenschaftlich und publizistisch tätig, am 9. September 1931 im Alter von beinahe 87 Jahren. Sissi verkauft das Haus in Bergen an den Dichter Rudolf Alexander Schröder und zieht nach Prien; ihre Cousine Irene Forbes-Mosse ist inzwischen in die Schweiz übergesiedelt. Doch Sissi bezieht nicht das große Haus, sondern ein kleineres Gebäude nebenan. Für ein Vierteljahrhundert wird es zu ihrem Domizil und zugleich – neben Chexbres sur Vevey, wo Irene Forbes-Mosse wohnt – zu einem Ort, an dem bedeutende Teile des Brentanoschen Familiennachlasses aufbewahrt werden. Gesellschaft leistet ihr die Freundin und Vertraute Josepha Ruess, die seit 1925 bei ihr lebt und sie bis zu ihrem Tod begleiten wird.

In Prien ist Sissi Brentano umgeben von Büchern aus der Brentano-Bibliothek, von Bildern Bettine von Arnims und Zeichnungen Clemens Brentanos, Maxe von Oriolas und Armgart von Flemmings. Kisten mit Konvoluten unveröffentlichter Gedichte, Erzählungen und Briefe Clemens Brentanos sowie Bettine und Achim von Arnims gehören dazu, ebenso die umfangreichen Nachlässe ihres Vaters Lujo und von dessen Bruder, dem Philosophen Franz Brentano, mit wissenschaftlichen und persönlichen Dokumenten und Materialien. Ernst Beutler, der damalige Direktor des Goethe-Museums des Freien Deutschen

Hochstifts Frankfurt, erinnert sich: »Wenn man ihr Heim und ihren Garten betritt, ist alles, wie Goethe sagte, Vergangenheit und Gegenwart in Eins.«

So wird aus der bildenden Künstlerin Sissi Brentano die Erbin, Nachlaßverwalterin und Bewahrerin einer langen Familiengeschichte und eines bedeutenden Stücks deutscher Geistesgeschichte. Nach dem Tod Irene Forbes-Mosses gilt Sissi Brentano im Hinblick auf die Verwaltung des handschriftlichen Nachlasses nicht von ungefähr als einzige Repräsentantin der Brentanos.

Als die Familie von Arnim im Jahre 1929 große Teile des Nachlasses von Achim und Bettine von Arnim öffentlich versteigert, fährt der Dichter und Mäzen Alexander von Bernus im Auftrag Sissi Brentanos zur Auktion, um Teile davon zu erwerben und eine Zerstreuung des Erbes in alle Welt zu verhindern. Doch er verfügt nicht über ausreichende Mittel und wird größtenteils überboten. Traurig schreibt er nach dem ersten Auktionstag an seine Auftraggeberin: »Während unserer langwierigen Bemühungen um den Wiepersdorfer Nachlaß habe ich oft an Ihren Herrn Vater gedacht, ich hätte ihn so gerne um Hilfe gerufen – und es war nur Bescheidenheit, wenn ich es nicht tat. Wir hatten längere Zeit Hoffnung, den Nachlaß zusammenzuhalten u. sodann auf Berliner Staatsbibliothek, Weimar u. Frankfurt zu verteilen; aber es ist […] mißlungen, – die Arnimsche Familie ist wenig entgegengekommen, wenigstens war das mein Eindruck.«[23]

Bei der Sichtung und Ordnung der eigenen Nachlaßbestände wird Sissi Brentano von ihrer Freundin Elly Heuss-Knapp unterstützt. Diese schreibt im Oktober 1931, wenige Wochen nach Lujos Tod, in einem Brief: »Ausruhsam waren freilich nur die letzten Tage in Prien, wo ich Sissi Brentano geholfen habe, den Nachlaß ihres Vaters zu ordnen. Die Generation von Lujo Brentano […] hat doch nie etwas weggeworfen, und da sie keine Sekretärinnen hatten, die mit strenger Hand Ordnung halten, so sieht solch ein Nachlaß schlimm aus. Ich habe immerfort in Papierkörbe geworfen, so arg, daß ich einen seltsamen Traum hatte, in dem mir über einem riesigen Papierkorb ein ebenso großer bunter Schmetterling stillschweigend erschien, so daß ich nichts mehr wegwerfen konnte. Aber im Traum hatten wir auch lauter Handschriften von Bettina, Clemens und Franz Brentano mit fortgeworfen, die wir in Wirklichkeit sorgsam aufgehoben hatten.« Ein vieldeutiger Traum, der daran denken läßt, daß Luise Hensel Clemens Brentano einmal als Schmetterlingssilhouette geschnitten hat – der Geist Clemens Brentanos als Schmetterling, der über dem Papierkorb schwebt?

Sissi Brentano unterhält etwa seit der Jahrhundertwende brieflichen und persönlichen Kontakt zu etlichen Repräsentanten des geistigen Lebens, denen sie eine kluge Weggefährtin und treue Freundin ist. So steht sie in Verbindung mit Schriftstellern und Schriftstellerinnen wie Elisabeth von Heyking, Ruth Schaumann, Ina Seidel, Annette Kolb, Hermann Hesse, Erich Kästner, Karl Wolfskehl, Rudolf Alexander Schröder oder Alexander von Bernus; mit bildenden Künstlern wie Hans Arp und Franz Marc; mit den Verlegern Karl Rauch und Peter Suhrkamp, die an den Werken und Briefen Clemens und Bettine Brentanos interessiert sind; mit Germanisten und Publizisten, die von ihr Rat einholen und ihre Briefbestände einsehen wollen, wie Werner Milch und Max Rychner. Ihnen allen erteilt Sissi Auskunft, sie gewährt ihnen Zugang zu den Archivalien und gibt die Erlaubnis zur Veröffentlichung und zum Zitieren. Gemeinsam mit Friedrich Fuchs und Wilhelm Schellberg arbeitet sie in jenen Jahren auch an der Herausgabe des Bandes ›Das unsterbliche Leben. Unbekannte Briefe von Clemens Brentano‹, der 1939 erscheint. Zu Franz Dessauer, dem Brentano-Forscher und bis 1949 Eigentümer des Brentanohauses in Aschaffenburg, nimmt sie Verbindung auf und berät sich mit ihm über Fragen des Nachlasses.

Manche betrachten Sissi Brentano gar als eine Art höhere Instanz, wenn es um die Bewertung von Publikationen geht. Ina Seidel, die drei kleine Biographien über Clemens Brentano sowie Bettine und Achim von Arnim veröffentlicht hat, schreibt ihr im Oktober 1953, nachdem sich Sissi positiv über die Bücher geäußert hat, erleichtert in einem Brief: »Ich habe mich auch sehr darüber gefreut, daß Sie mit meiner kleinen Brentano-Biographie einverstanden sind, es hat mir sehr wohlgetan. Diese drei kleinen Bändchen – Clemens Brentano – Bettine – Arnim – sind nun schon seit Jahren vergriffen, aber nun will die DVA sie demnächst einmal in einem Band vereinigt neu auflegen.«[24]

Besonders das Schicksal der Briefe aus Familienbesitz liegt Sissi Brentano nach dem Tod von Irene Forbes-Mosse am Herzen. Mit Berthy Moser, der Erbin und Nachlaßverwalterin ihrer Cousine, bespricht sie das weitere Vorgehen und reist zu diesem Zwecke in die Schweiz. In einem Brief aus der unmittelbaren Nachkriegszeit schreibt sie an den Germanisten Werner Milch:

»Meine Cousine dachte ich könnte sie an das Goethehaus verkaufen, u. wollte mir den Erlös zusenden. – nur sind die Dinge so anders geworden. Ich kann die Brf. ja überhaupt nicht herausnehmen. Später einmal sollen sie gewiss f. das Goethehaus sein. Es wäre mein Wunsch, daß eine Auswahl, die ich u. Frl. Moser getroffen haben in der Schweiz erscheinen. […] Auch möchte ich, daß Fr. M. [Berthy Moser] noch einen Anteil der Einnahmen bekäme, sie selbst hat sich in große Ausgaben […] für meine Cousine gestürzt. […] Was aus Wiepersdorf selbst wird? Ist es nun auch in russ. Besitz?«[25]

Seit 1932 besucht Ernst Beutler Sissi Brentano des öfteren in Prien und verhandelt mit ihr über einen Ankauf der Nachlaßbestände. Schließlich einigt man sich darauf, sie testamentarisch dem Freien Deutschen Hochstift zu vermachen. Im Gegenzug erhält Sissi eine bescheidene Leibrente.

Nach dem Zweiten Weltkrieg verstärkt sich das Interesse an der wissenschaftlichen Aufarbeitung der Nachlaßbestände und an der Erstellung textgetreuer und textkritischer Editionen. Aus diesem Grunde tritt der Verleger Peter Suhrkamp im Jahre 1950 an Sissi Brentano heran. Sie hat freilich eigene Vorstellungen und möchte familiäre Interessen über historischkritische Editionsprinzipien stellen. An Peter Suhrkamp schreibt sie:

»Nun sende ich Ihnen heute eine Liste der Briefe, die ich als zu streichen wünschenswert empfunden habe. […] Ich denke auch Ihnen wird es angenehm sein, nicht alle die ungefähr 600 Briefe zu veröffentlichen. Einmal ist es für das Publikum ermüdend, die wirtschaftlichen Nöte wiederholt lesen zu müssen und dann ist manches Unerfreuliches darin, was wirklich privater Natur ist und das Publikum nichts angeht. Daß dieses nicht veröffentlicht wird, war auch der Wunsch meiner Cousine Frau Irene Forbes-Mosse, der die Briefe als der Enkelin Bettinens gehörten. Und wäre auch im Sinn unserer Familie. […] Ich hoffe Sie sind mir nicht böse, daß ich diese Ansprache mache aber als Erbin und Eigentümerin dieser Briefe fühle ich mich verantwortlich für die Herausgabe, daß sie in dem Sinn der Verfasser und Verstorbenen ist und nicht nur die Neugierde des Publikums befriedigt.«[26]

Trotz dieser vielen Betätigungen und Kontakte wird es in den letzten Lebensjahren einsam um Sissi Brentano. Nach und nach sterben Freunde und Verwandte, wobei ihr der Verlust ihrer Cousine Irene Forbes-Mosse im Jahre 1946 besonders nahegeht. Ina Seidel, die selbst eng mit Irene befreundet war, schreibt in einem Kondolenzbrief nach Prien: »Aber das Gefühl ihres [Irene Forbes-Mosses] Da-seins gehörte für viele Menschen zu einer der tröstlichsten irdischen Gewißheiten. Etwas in dieser Vollkommenheit Unwiederholbares ist mit ihrem Leben erloschen. […] Man ist jetzt oft so müde – nicht nur körperlich. – Ich glaube, nachfühlen zu können, was Sie an Irene verloren haben und gedenke Ihrer von Herzen.«[27]

Das Häuflein der Getreuen wird kleiner – manchmal sind es nur noch die ganz Alten, die wieder den Kontakt zu Sissi Brentano suchen. Elly Heuss-Knapp etwa besucht sie hin und wieder in Prien und schreibt begeistert: »Und wir haben entsetzlich viel geredet und auch gelacht.« 1945 kehrt die bayerische Schriftstellerin Annette Kolb aus dem amerikanischen Exil nach Europa zurück, und nun beginnt das »Exil nach dem

Exil«: Unruhig reist die auf die Achtzig Zugehende durch
Frankreich, Irland und die Schweiz, ohne nochmals irgendwo
heimisch zu werden. Nach Deutschland kommt sie nur selten;
manchmal fährt sie nach Badenweiler, wo sie in den zwanziger
Jahren gewohnt hat und noch ein Häuschen besitzt, oder besucht München, ihre Vaterstadt. Nachdem die Verbindung zu
Sissi Brentano während des Krieges unterbrochen war, sucht
Annette Kolb nun wieder an alte Zeiten anzuknüpfen – immerhin währt die Freundschaft der beiden Frauen ungefähr
seit dem Jahre 1900. Nach einem Besuch in Prien im Sommer
1950 schreibt sie an die Freundin: »Es war so schön wieder in
Contact mit dir zu sein und jetzt muß es so bleiben. Aber du
hast mich viel zu sehr verwöhnt Sissy und beschenkt. […] Es
war wirklich eine Freude dich wiederzufinden so ganz wie
einst.«[28]

Die katholisch geprägte Annette Kolb wird im Gespräch mit
Sissi Brentano auf die durch Clemens Brentano aufgezeichne-
ten Visionen der stigmatisierten Nonne Anna Katharina Emmerick aufmerksam und setzt alles in Bewegung, um eine der
seltenen Erstausgaben zu finden. Aus Paris schreibt sie an Sissi:
»*Wie könnte* ich mir die Aufzeichnungen von Clemens Brentano der Visionen der Catarina Emmerick erwerben. Ich bitte
dich verhilf mir dazu neu oder antiquarisch, leihweise oder gekauft. Liebste Sissy und schreib gleich deiner Annette.«[29] Nach
einem halben Jahr schließlich vermeldet Annette Kolb trium-
phal: »Aber denk dir, ich fand endlich die so lange gesuchten
Emmerick Bände (3) in Freiburg vor, kaufte sie sofort von
einem kl. Antiquar, gebe sie nicht aus der Hand vor Angst sie
zu verlieren. Dabei stellte sich heraus, daß im Nachlaß Brentanos noch viele darauf bezügliche Ms [Manuskripte] vorhanden sind die noch nicht veröffentlicht sind.«[30] Sissi Brentano
leidet in ihren letzten Lebensjahren an einer Krebserkrankung,
die sie zunehmend schwächt. Dennoch unterbreitet ihr die stets
etwas fahrig-agile, mittlerweile einundachtzigjährige Annette
Kolb den Vorschlag: »Willst du nicht eine Brentanotagung einberufen und alle Brentanos allarmieren?«[31] Doch Sissis Kraft

reicht für so ein großes Unterfangen nicht mehr aus; die vielfältigen Anfragen nach Einsicht in die Nachlässe ihrer Verwandten und die Erledigung ihrer Post verlangen ihr bereits das Äußerste ab.

Zu ihrem achtzigsten Geburtstag im Jahre 1955 erreichen Sissi Brentano viele Glückwünsche von Freunden und Weggenossen, so etwa von ihrem entfernten Verwandten, dem deutschen Außenminister Heinrich von Brentano (aus der Darmstädter Linie), und von Bundespräsident Theodor Heuss sowie seiner Frau Elly Heuss-Knapp.

Die letzten Monate bis zu ihrem Tod verbringt Sissi in sehr elendem Zustand, wenn auch umsorgt von ihrer treuen Freundin Josepha Ruess. Eine Aschaffenburger Freundin von Sissi, die Politikerin Marielies Schleicher, berichtet: »Sie konnte schon monatelang fast nichts mehr essen und hatte so unendliche Schmerzen, weil die ganze Mundschleimhaut wund war, sie hatte wohl ein Carcinom, das aber nicht operiert werden konnte, da sie ja schon lange ganz schwach und elend war. […] Aber bis zuletzt ließ sie sich – wie Josepha [Ruess] erzählte – nicht unterkriegen, und kein Besucher, weder der Arzt noch andere, die zu ihr kamen, konnten Zeuge werden von dem großen Leid, das sie durchmachte.«

Sissi Brentano stirbt am 6. Februar 1956 in ihrem Haus in Prien und wird auf eigenen Wunsch in der alten Familiengruft der Brentanos auf dem Altstadtfriedhof in Aschaffenburg beigesetzt. Der Oberbürgermeister der Stadt legt im Auftrag des Bundespräsidenten einen Kranz nieder, und auch die Stadt Aschaffenburg und Professor Ernst Beutler vom Freien Deutschen Hochstift Frankfurt erweisen Sissi Brentano die letzte Ehre. Die Todesanzeige weist durch Nennung der Verwandtschaftsbeziehungen auf das mehr als zweihundertjährige geistige Erbe der Familie Brentano-von La Roche hin: »Nach langem, schweren, mit größter Geduld ertragenem Leiden starb, wie sie gelebt, beherrscht, tapfer und gläubig, 81 Jahre alt Sophie Brentano de la Roche, Tochter von Lujo, Großnichte von Bettina und Clemens Brentano.«

Nach dem Willen der kinderlos gebliebenen Sissi Brentano erhält das Freie Deutsche Hochstift Frankfurt die Nachlaßbestände ihrer berühmten Vorfahren. Ihr persönlicher Nachlaß geht ebenfalls an das Freie Deutsche Hochstift, in Teilen aber auch an das Stadt- und Stiftsarchiv Aschaffenburg. Damit kehren die Archivalien in die Städte in Deutschland zurück, die am engsten mit dem Namen Brentano verbunden sind. Das Haus in Prien sowie die wenigen erhaltenen Kunstwerke der Verstorbenen erbt Josepha Ruess. So wird noch im Testament Sissi Brentanos doppelte Verantwortung deutlich: ihre Rolle als Verwalterin eines jahrhundertealten geistigen Familienerbes von nationaler Bedeutung und ihr persönlicher Dank den Menschen gegenüber, die ihrem Herzen nahestanden.

Maria Rafaela (Hanny) Brentano (O. S. B.)
(1872–1940)

Maria Rafaela (Hanny) Brentano
(1872–1940)

»Des Herrn Barmherzigkeit will ich besingen ewiglich!«

Maria Rafaela Brentano

Maria Rafaela Brentano, mit weltlichem Namen Hanny Brentano, hat von den hier porträtierten Frauen in ihrem Leben vielleicht den weitesten Weg zurückgelegt, nicht nur geographisch – aus den Tiefen des russischen Zarenreichs bis nach Wien und Salzburg –, sondern auch im übertragenen Sinne: aus der Enge der Kleinstadt, dem ärmlichen Dasein einer Lehrerin, hinein in die Großstadt Wien, als Gattin eines höheren Beamten, dann aus dem Witwenstand in die unabhängige Existenz einer erfolgreichen Schriftstellerin und Verbandsfunktionärin, und schließlich, als letzte Etappe, der Eintritt in das Kloster der Benediktinen von Nonnberg in Salzburg.

Maria Rafaela Brentano hat ein Buch geschrieben, in dem sie ihre Hinwendung zum katholischen Glauben schildert; es heißt ›Wie Gott mich rief‹ und ist »den Fragenden und Bangenden, den Zweiflern und Suchern« gewidmet. Religiöse Konfession und Lebensbeichte zugleich, bietet es jedoch auch dem Nichtgläubigen vieles, was ihn anrührt: die Beschreibung der bedingungslosen Suche nach sich selbst, nach dem Sinn des eigenen Strebens, aber auch die Darstellung bürgerlichen Lebens in der längst versunkenen Welt des russischen Zarenreichs. Maria Rafaela, die zwar keine gebürtige Brentano war, sondern in die Familie eingeheiratet hat, steht in der Unbedingtheit ihres Lebensentwurfs und in der Fülle und Qualität ihres schriftstellerischen Werks den anderen bedeutenden Frauen dieser Familie in nichts nach.

Hannys Geburt am 9. Februar 1872 in Moskau fällt in eine Zeit großer politischer und gesellschaftlicher Umbrüche. Zar Alexander II. hat wenige Jahre zuvor die Leibeigenschaft abgeschafft, wodurch für die Landarbeiter jedoch neue Abhängigkeiten entstanden sind; viele von ihnen finden in einer Zeit beginnender Industrialisierung und verbesserter Anbaumethoden keine Arbeit mehr. Auch in den Städten rumort es: Bürgerliche Kreise verlangen mehr Mitspracherechte in einem autokratischen System, das sich überwiegend auf Adel und Militär stützt. Im Ausland studierende Intellektuelle bringen neue Ideen mit nach Hause, stoßen damit aber schnell an die Grenzen des Apparats, der eifersüchtig seine Macht verteidigt.

In Hanny Brentanos Lebenserinnerungen wird dieses Aufeinanderprallen von alter und neuer Zeit, von Absolutismus und zögerlichen Reformbestrebungen, von Autokratie und der Forderung nach einer bürgerlichen Demokratie zwar nur am Rande erwähnt, zwischen den Zeilen schimmert die große Verunsicherung der russischen Gesellschaft jener Jahre jedoch immer durch. Diese Umbrüche haben Hanny geprägt und sie gelehrt, daß nichts auf Erden als sicher und unveränderlich gelten kann.

Hannys Familie gehört zur deutschsprachigen Minderheit in Rußland, die gerade aufgrund ihrer Außenseiterstellung ihre spezifischen kulturellen Eigenheiten und Werte bewahren kann. Bei den Russen gelten sie als die »Nemezkye«, die Sprachlosen, obwohl sie im Laufe von Jahrhunderten gelernt haben, sich anzupassen, Nischen zu finden und in verschiedenen Bereichen Einfluß zu gewinnen, so in Handel, Verwaltung, Wissenschaft und Kunst. Hannys Vater, Eduard Legai – oder nach französischer Schreibweise: Le Gay –, Verwalter großer Latifundien, wird als Sohn einer französischen Schauspielerin während einer Gastspielreise im livländischen Städtchen Pernau geboren. Als kleines Kind kommt er in das Haus seines Vormunds, des Barons Alexander von Rönne auf Puhren in Kurland. Der Baron und seine Frau ziehen den Jungen wie ein eigenes Kind auf, allerdings adoptieren sie ihn nicht, was zur Folge hat, daß er im Erwachsenenalter das Gut verlassen und seinen Lebensunterhalt selbst verdienen muß.

Hanny Legai-Brentano hat ihren Vater später als lustig und leichtlebig beschrieben, ihm zugleich aber Charakterschwäche, Jähzorn und Unausgeglichenheit attestiert. Ihre Mutter hingegen, Olga Legai, eine geborene Birkenberg, Nachfahrin schwedischer Einwanderer, besitzt ausgleichende, duldende, ja schwermütige Züge. In ihrer Autobiographie schreibt Hanny über ihre Familie: »Während von meinen beiden Brüdern der ältere ganz nach dem Vater geraten ist, der jüngere alle guten Eigenschaften der Mutter geerbt hat, habe ich meinerseits zeitlebens gespürt, daß in meinen Adern das Blut beider Eltern rollt und sich nicht immer zur richtigen Mischung vermengt. [...] Um das internationale Gemisch noch zu vervollständigen, ist mir vielleicht auch von der russischen Amme der eine oder andere slawische Wesenszug übertragen worden, und so ist mein armes Ich zu einer gewissen Disharmonie gekommen, die mir oft genug zu schaffen gemacht hat [...].« Hannys lebenslange Suche nach Sinn und Aufgehobensein mag ihre Wurzeln in dieser Unausgeglichenheit des Temperaments und der kulturellen Prägungen gehabt haben.

Die Familie Legai lebt ganz offensichtlich über ihre Verhältnisse. Nicht nur eine Amme wird beschäftigt, sondern auch allerlei Bedienstete für Haus und Garten. »Sieben geräumige Zimmer mit den nötigen Nebengelassen bildeten unsere eigentliche Wohnung«, erinnert sich Hanny Brentano, »daran schloß sich ein langgestreckter Saal und ein großes Speisezimmer, die nur bei festlichen Gelegenheiten benutzt wurden, und weiter folgten mehrere Fremdenzimmer.« Diese großzügige Lebensweise ist man sich als Gutsverwalter offenbar schuldig, obgleich die Position gar nicht so viel einbringt. Hanny Brentano jedenfalls wirft dem Vater später noch seine »freiherrlichen Manieren« vor, »im guten wie im nachteiligen Sinne des Wortes«. Auch das Leben in der Diaspora – die Familie ist protestantisch – wird dazu beigetragen haben, daß man sich möglichst von den Russen unterscheiden wollte.

Hanny wird zwar in Moskau geboren, die Familie zieht jedoch wenig später nach Kistiny am Dnjepr, in die Nähe von Rogatschow. »In späteren Jahren«, so erinnert sich Hanny Brentano voller Bedauern, »bin ich nie mehr nach Moskau gekommen, und so ist mir meine Geburtsstadt völlig fremd geblieben.« Die Jahre in Kistiny erweisen sich als prägend für das kleine Mädchen. Da ist die weite russische Landschaft, da sind die Urgewalten der Natur, die dem Menschen seine Endlichkeit und Schutzlosigkeit vor Augen führen: »An der andern Seite reichte der Park dicht an den Fluß heran, den mächtig dahinströmenden Dnjepr, auf den wir vom hohen, steilen Uferrand ein wenig bang hinabschauten. Im Frühling verwandelte er sich in ein wild schäumendes Meer, welches das gegenüberliegende flache Wiesenufer weithin überschwemmte, in das erhöhte Ufer auf unserer Seite aber Löcher und Höhlungen bohrte, so daß es im Dorfe zuweilen zu Zauneinstürzen und Kellerüberflutungen kam. Besonders arg wütete das Hochwasser beim Dorffriedhof, von dem es alljährlich ganze Stücke losriß, Gräber bloßlegte oder gar Leichen fortschwemmte, was zu allerlei gruseligen Gespenstergeschichten Anlaß gab.«

Will man den Erinnerungen der über Fünfzigjährigen glauben, so hat sie als sechsjähriges Mädchen eine Art sprachliches Erweckungserlebnis: »So dämmerte in mir vor den Blumenbeeten eines Tages das erste Verständnis für das Große und Wunderbare der menschlichen Sprache auf. Ich hatte nach dem Namen einer Blume gefragt und von Mama die Antwort erhalten, das sei eine Zinnie. Dieses bis dahin nie gehörte Wort klang mir so seltsam, daß ich mehrmals laut wiederholte: ›Zinnie – Zinnie!‹ Und da kam plötzlich ein großes Wundern über mich: Merkwürdig, man sagt ›Zinnie‹, so ein komisches Wort, – und die andern wissen dann, daß das diese schöne Blume ist! Und der kindliche Geist arbeitete weiter: [...] Haben die Menschen das einmal miteinander verabredet, wie sie die Dinge nennen wollen? Aber ich war ja nicht dabei, und dennoch kann auch ich sprechen und verstehen. Wie ist das doch merkwürdig! –

Ich erinnere mich nicht, meiner Mutter oder sonst jemandem diese Fragen vorgelegt zu haben; aber meine Gedanken beschäftigten sich seither oft mit dem Geheimnisvollen der Sprache und der Schrift, und ich begann schon damals, nach Ursprung und Schreibart der einzelnen Worte zu suchen, eine Liebhaberei, die mit den Jahren wuchs und mir das Sprachstudium zum Lieblingsfach machte.«

Die Begeisterung für das Lernen erstreckt sich jedoch nicht auf alle Wissensgebiete. Der private Unterricht, den man der Tochter angedeihen läßt – man will sie zunächst nicht auf eine als unzulänglich geltende öffentliche Schule schicken –, langweilt Hanny. Einzig das Lesen – hier sind es vor allem die deutschen Romantiker, ob Werke der Brentanos darunter sind, überliefert sie uns nicht – und das Erfinden von Geschichten reizen sie und regen ihre Phantasie an: »Früher und schneller als das Lesen hatte ich das Phantasieren, das Erfinden abenteuerlicher Situationen und wunderbarer Erlebnisse erlernt. Ich betrieb es entweder laut, mit Bruder Max als Mitarbeiter, oder lieber noch still für mich abends vor dem Einschlafen, oder auch untertags, beschäftigungslos dasitzend und mir vorstellend, was ich täte, wenn dies oder das geschähe, oder wenn ich diese oder jene Person wäre. Ich erfand Geschichten, die ich durch Wochen und Monate von Tag zu Tag weiterspann.« Daß »Hanning«, so nennt man sie im kurländischen Jargon des Vaters, später einmal eine bekannte Schriftstellerin werden wird, ahnt damals freilich noch niemand, am wenigsten sie selbst.

Es ist eine behütete Kindheit in einer Zeit, in der die sozialen Probleme des Landes immer drängender werden. Tausende ehemalige Leibeigene, die über keinerlei Grundbesitz verfügen, ziehen arbeitsuchend durchs Land und betteln an den Türen. Hannys weichherzige Mutter verteilt Almosen, doch empfindet sie Scheu und Ekel vor den zerlumpten Gestalten und schickt die Tochter hinaus. »Was mich immer«, so bekennt Hanny, »in die argste Verlegenheit setzte. Häufig mußte das auch heimlich geschehen, hinter dem Rücken meines Vaters, der zwar selbst sehr gutmütig war, aber doch fand, daß Mama die Leute zu sehr verwöhne und zu nachgiebig sei.«

Als Zar Alexander II., der nicht nur die Leibeigenen befreite, sondern viele gesellschaftliche Reformen in Gang brachte – die freilich unter dem Druck der besitzenden Klassen schnell zum Stillstand kamen –, im Jahre 1881 bei einem Bombenattentat tödlich verwundet wird, ist die neunjährige Hanny schockiert. Eine anonyme Bedrohung greift in ihr bis dahin behütetes kindliches Leben ein: »Ich fühlte mit ihnen [den Leibeigenen] eine ungeheure Dankbarkeit gegen Alexander II., den Zar-Befreier, und war daher ganz fassungslos, als sich an einem Winterabend die unheimliche Kunde ins Haus schlich, der Zar sei auf gräßliche Weise ermordet worden. Man wagte anfangs gar nicht, laut davon zu sprechen […]. Da weinten Großing [Großmutter], Mama und Irina um den guten Zaren, und ich weinte natürlich mit.«

Daß hinter dem Anschlag auf den »Zar-Befreier« die Enttäuschung linksgerichteter Republikaner über die Langsamkeit und Halbherzigkeit der in Angriff genommenen Reformen steht, begreift das Kind Hanny noch nicht. Auch in späteren Jahren, etwa nach dem Fall der deutschen und der österreichischen Monarchie im Jahre 1918, steht sie dem Reformhunger der bis dahin politisch benachteiligten Arbeiterklasse eher verständnislos gegenüber. Sie sieht zwar deren Bedürftigkeit, wird sich des tiefgreifenden sozialen Wandels ihrer Epoche jedoch nie recht bewußt. Die »alte« Zeit mit ihrer patriarchalischen Ordnung bleibt ihr immer in wehmütiger Erinnerung, bis hin zur Verklärung.

Auch ein persönliches Erlebnis erschüttert Hanny in jenen Jahren: Die erste bewußte Lüge lastet auf ihrer Kinderseele. Ohne böse Absicht zerreißt sie eine Figur aus dem Papiermodell einer Ritterburg des Bruders. Als er sie zur Rede stellt, leugnet sie erschrocken – und trägt schwer an dieser kleinen Notlüge: »Ich habe erwähnt, daß wir merkwürdigerweise niemals zu einer Gewissenserforschung und zur Bitte um Verzeihung angehalten wurden; so kam es mir denn auch nicht in den Sinn, meiner Mutter zu gestehen, daß ich gelogen hatte, obgleich meine Schuld mit Bergeslast auf meinem Gewissen lag. Monate – nein, ich kann getrost sagen Jahre – hindurch war mir die Erinnerung an jene Kinderlüge, die mich immer wieder mit siedendheißer Beschämung erfüllte, eines der quälendsten Gefühle, das ich nicht eher ganz los wurde, als bis ich meinen ersten Sündenfall regelrecht gebeichtet hatte. Da erst erkannte ich auch, welch ein Glück, welch ein gnadenreiches Friedensmittel das heilige Bußsakrament auch für Kinder sein muß, und wie viel die armen protestantischen Kinder entbehren, die dieser Gnadenquelle beraubt sind.« Das sind freilich Äußerungen, die von der über fünfzigjährigen Nonne stammen, in der Absicht niedergeschrieben, ihren Weg zu Gott vor der Welt zu offenbaren. Dennoch zeugen die zitierten Zeilen von der Seelenqual eines Kindes bei der Entdeckung des eigenen Gewissens.

Doch das sind nur kleine Wölkchen am Firmament des Kinderhimmels. Ihr Wesen ist überwiegend von Begeisterungsfähigkeit, Neugier und Entdeckungsfreude gekennzeichnet. Als die neunjährige Hanny Verwandte in Libau besucht, sieht sie zum erstenmal die Ostsee, ein einschneidendes Erlebnis für das kleine Mädchen. Noch im Kloster in Salzburg, die liebliche Voralpenlandschaft vor Augen, wird sie sich voller Sehnsucht an das Baltische Meer und das helle Leuchten des nordischen Lichts erinnern:

»Als ich aber zum ersten Mal am weiten, weißen Libauer Strande stand, das wunderbare Rauschen des Meeres hörte und die graublauen, schaumgekrönten Wogen, die aus der Unendlichkeit zu kommen schienen, immer wieder und wieder ans Ufer rollen sah, da kam etwas nie Geahntes, Geheimnisvolles, Überwältigendes über mich, und ich brach in Tränen aus. [...] In jener Stunde aber haben wir Freundschaft geschlossen, die liebe, alte Ostsee und ich [...].«

Ein anderes, diesmal künstlerisches Elementarerlebnis stellt die Begegnung mit dem damals in bürgerlichen Häusern weitverbreiteten Papiertheater dar, der kleinen Guckkastenbühne mit Pappfiguren, die aus vorgedruckten Figuren- und Kulissenbögen ausgeschnitten werden: »Es hatte herrlich bunte Dekorationen und Figuren aus Pappe für zwei Aufführungen: das allbekannte Märchen vom Fischer, seiner habgierigen Frau und dem sprechenden Zauberfischlein, und Glinkas im zarischen Rußland einst sehr beliebte Oper ›Das Leben für den Zaren‹. […] Ich schuf die kühnsten Kombinationen von Preziosa, Fischermärchen, Zarenoper und eigener Erfindung und war glückselig dabei.« Dies ist freilich nur ein Vorgeschmack auf die späteren großen Theatererlebnisse, die Hanny Brentano in Wien haben wird. Dem Theater bewahrt sie zeitlebens eine innige Anhänglichkeit – beinahe merkwürdig, daß sie als Autorin nie selbst für die Bühne geschrieben hat.

Die Kreise, in denen Hanny aufwächst, sind deutschnational gesinnt; die Diaspora der deutsch-protestantischen Gemeinde trägt dazu bei. Ihre Eltern beispielsweise verkehren, von beruflichen Kontakten abgesehen, nur mit Deutschen. Diese Geisteshaltung verstärkt sich noch, als die Familie von Kistiny nach Griwa bei Dünaburg in Lettland zieht, das zum zaristischen Rußland gehört. In Griwa leben damals überwiegend Juden, ein typisches osteuropäisches Schtetl.

Obwohl Hanny, wie sie später zugibt, zu jener Zeit ob ihrer gutbürgerlichen Herkunft nicht immer frei von Dünkel ist, geht sie doch ohne Scheu auf die jüdische Nachbarschaft zu – damals keine Selbstverständlichkeit: »Sie hielten treu an ihren alten Gebräuchen und religiösen Vorschriften und waren mir daher sehr interessant. Es machte mir z. B. Vergnügen, am Freitagabend, wenn bei eintretender Dunkelheit der ›Schabbes‹ anbrach, heimlich unter einem Fenster zu stehen und in die festlich erleuchtete, sabbatlich hergerichtete Judenwohnung hineinzulauern. Da stand dann die ganze Familie um den gedeckten Tisch herum und verrichtete mir unverständliche Zeremonien, während der Hausvater, mit schwarzweiß gestreiftem Gebetsmantel und Stirnband versehen, laut und in singendem Ton vorbetete.« Diese Zeilen sind knapp zwanzig Jahre vor dem Holocaust niedergeschrieben; die Ausrottung der Juden Mittel- und Osteuropas hat Hanny Brentano nicht mehr erlebt.

Der Umzug nach Griwa ist für die Legais mit einem sozialen Abstieg verbunden: Der Vater hatte auf eine Gutsverwalterstelle spekuliert und offenbar aus einem gewissen Hochmut heraus zu viel Lohn verlangt. Als sich die Sache zerschlägt, sieht er sich schließlich gezwungen, einen schlechtbezahlten Posten bei der Tabak-Akziseverwaltung in Dünaburg anzunehmen. Mit der herrschaftlichen Lebensweise ist es nun vorbei; die Familie kann sich nur noch eine bescheidene Wohnung leisten.

Als die Mutter an Krebs erkrankt und die meiste Zeit leidend im Bett verbringt, wird die inzwischen zwölf Jahre alte Hanny zu ihrer Pflegerin und Vertrauten. Die Verantwortung für die Kranke erweist sich als schwere Bürde für das Mädchen und beendet vorzeitig ihre Kindheit: »Ich habe damals täglich mehrere Stunden vorgelesen, meistens Erzählungen, für die ich noch viel zu jung war; aber das schien Mama zu vergessen. Sie behandelte mich seit der Erkrankung fast wie eine erwachsene Tochter und besprach mit der Zwölfjährigen mancherlei, was ihr Herz bedrückte und was sie vor Großing [Großmutter] verheimlichte, um die kummergebeugte alte Frau nicht noch mehr zu betrüben.«

Einzige Ablenkung und einziger Trost für Hanny in jener Zeit ist der Besuch der Höheren Töchterschule in Griwa, ein Institut, das von deutschen Lehrern und Lehrerinnen geleitet wird. Erst jetzt weiß die Heranwachsende das Lernen zu schätzen, begreift sie, daß es ein Privileg darstellt, daß »das Immermehr-wissen und -begreifen doch eigentlich etwas Wunderschönes sei, und von da an hat nie mehr jemand über Mangel an Fleiß bei mir zu klagen gehabt«.

Als die Mutter schließlich stirbt, schickt der Vater Hanny zu einer Tante nach Libau. Ihr Bruder Max lernt Apotheker, kommt jedoch im Labor mit Morphium in Kontakt, verfällt der Droge und wird in eine Nervenheilanstalt gebracht. Nach seiner Entlassung bricht er mit der Familie und verschwindet spurlos. Der Vater, der in glücklicheren Zeiten versäumt hat, Geld zurückzulegen, verschuldet sich.

Hanny, von all dem verstört und desillusioniert, zieht sich in sich selbst zurück. Die sie umsorgende Tante wirft ihr »Herzenskühle« vor, begreift die seelischen Nöte des Mädchens nicht. »Während Tante im Freundeskreise öfters ihrem Bedauern über mein herbes Wesen und meine Verschlossenheit Ausdruck gab«, so Hanny Brentano in ihren Erinnerungen, »habe ich nie und niemandem gegenüber auch nur mit einer Silbe verraten, daß auch ich etwas entbehrte; daran hinderten mich der Stolz und die Scheu, andere in mein Innenleben blicken zu lassen.«

Als Hannys Konfirmation ansteht, blickt sie auf einen Trümmerhaufen ihres einstigen Kinderglaubens, die Abendmahlfeier erscheint ihr sinnentleert und bedeutungslos: »Hatten die Kameradinnen also doch recht gehabt, die schon früher behauptet hatten, Konfirmation und Abendmahl seien bloß Zeremonien, die den Übergang von den Kinder- zu den Jungmädchenjahren bilden? Mühsam nur rettete ich mir noch den Glauben an die Existenz eines Gottes, zu dem ich jedoch innerlich weniger denn je ein persönliches Verhältnis fand.«

Im Sommer 1887 kommt Hanny mit ihrem Bruder Julius in den Ferien zu Baron Rönne, dem einstigen Vormund ihres Vaters. Liebevoll nimmt der alte Herr die Kinder auf. Für Hanny wird es ein zauberhafter Sommer, sie ist viel in der Natur unterwegs, läuft barfuß über den nahen Ostseestrand.

Doch dann stirbt plötzlich der Vater, und Hanny wird zur Tante nach Libau zurückgeschickt, um sich auf die Matura vorzubereiten. Trotz des durchgehend deutschsprachigen Unterrichts an der Höheren Töchterschule verlangt das von der panslawistischen Bewegung beeinflußte Schulgesetz, daß die Prüfungen in russischer Sprache abgelegt werden, was für Hanny, die sowohl Russisch als auch Lettisch beherrscht, glücklicherweise kein Problem darstellt. Im November 1888 legt sie die Examina mit Erfolg ab und erlangt damit zugleich die Berechtigung, als Lehrerin an Höheren Mädchenschulen in den Fächern Deutsche Literatur, Französische und Russische Sprache und Evangelische Religion zu unterrichten. Freilich ist das nur ein Beleg auf einem Stück Papier. In Wahrheit fehlt der knapp Siebzehnjährigen jede Erfahrung, um junge Mädchen zu erziehen und an das Leben heranzuführen.

Hanny schwankt, weiß nicht, welchen Weg sie einschlagen soll. Zu den Sorgen beruflicher und materieller Art kommen allgemeine Zweifel und Lebensängste. Auch ein erneuter Aufenthalt bei Baron Rönne im »Gottesländchen«, wie die Kurländer ihre Heimat liebevoll nennen, hilft ihr nicht weiter. Im Gegenteil: Die von pietistischen Strömungen beeinflußte Frömmigkeit der Baronin stößt Hanny ab: »Das Wort ›fromm‹ hatte ebenso wie ›gutmütig‹ für mich einen unliebsamen Beigeschmack, und ich wagte offen zu behaupten, beides sei zumeist nur ein Deckwort für ›dumm‹. Das Entsetzen der armen Baronin über diese lästerliche Behauptung habe ich erst viel später begriffen.«

Hanny kehrt zur Tante nach Libau zurück und nimmt eine Tätigkeit als Lehrerin auf, erst an einer Knabenschule, dann an einer privaten Töchterschule. In den recht überschaubaren, bisweilen kleingeistigen Kreisen der deutschen Minderheit gehört sie damit zur geistigen Elite – und bildet sich durchaus etwas darauf ein, wie sie später eingesteht: »Und nun, wo ich […] kraft eigener Würde mich zu den Literaten zählen durfte, wäre es auch mir wie eine Herablassung vorgekommen, wenn ich anderswo Verkehr gesucht hätte als unter meinesgleichen. Dieser kleinstädtische Standeshochmut hatte in mir so tiefe Wurzeln geschlagen, daß ich in späteren Jahren in Wien mich vor heimlichem Staunen nicht zu fassen wußte, als mein Mann einem Handwerker, den er eines Auftrages wegen zu uns in die Wohnung bestellt hatte, beim Abschiede die Hand reichte. Ich mußte da erst gründlich umlernen.«

Tatsächlich gilt Hanny Legai-Brentano damals in dem lettischen Städtchen als Literatin, was jedoch nur so viel bedeutet wie Intellektuelle. Daß sie später wirklich einmal eine Literatin werden würde, wäre ihr damals wohl kaum in den Sinn gekommen. Und doch: In jenen Jahren beginnt sie zu schreiben, zunächst noch ohne den Anspruch, Bleibendes zu schaffen. Aber abends, wenn sie vom Unterricht – sie gibt auch Privatstunden – nach Hause in ihre mit Bett, Schrank, Bücherregal, Tisch und Stuhl kärglich eingerichtete Dachkammer zurückkommt, ist ihr das Phantasieren und Träumen die einzige Möglichkeit, den beschränkten Lebensverhältnissen wenigstens auf Stunden zu entrinnen. Was liegt da näher, als die Traumgespinste in Worte zu fassen, sie niederzuschreiben, ihnen eine Gestalt zu geben?

Überdies liest Hanny zu jener Zeit viel. Mit einer Mischung aus Faszination und Abscheu begegnet sie den bisweilen rüden, illusionslosen Dramen und Romanen Gerhart Hauptmanns, Guy de Maupassants, Leo Tolstois oder Émile Zolas – Werke, die sie mit ihrer Sprachgewalt und ihrem Formwillen beeindrucken und die ihr eine Ahnung von der Welt »da draußen« vermitteln, deren positivistischer, naturalistischer Geist ihrer christlich-bürgerlichen Orientierung jedoch widerspricht: »Ich las ganze Nächte durch bis zur völligen Übermüdung und bis zum Ekel an dem vielen Unerquicklichen und Häßlichen, was ich in den Büchern fand. Mein besseres Ich lehnte sich Gott sei Dank dagegen auf.«

Sie beginnt sich für die Bühne zu interessieren. Gemeinsam mit einer Freundin besucht Hanny Gastspiele im Libauer Theater, Aufführungen moderner, naturalistischer Stücke von Sudermann, Hauptmann, Fulda, Halbe und anderen.

Dem ersten eigenen literarischen Schaffen geht ein schmerzliches Liebeserlebnis voraus: Hanny verliebt sich in einen jungen Schauspieler, der auf Gasttournee ist. Sie ist damals zweiundzwanzig Jahre alt, er siebenundzwanzig. Schnell ist das Verlöbnis geschlossen. Kurz darauf reist der junge Mann weiter, mit dem Versprechen, das begonnene Zoologiestudium abzuschließen, um dann zurückzukehren und sie zu heiraten. Nach seiner Abreise gehen noch ein paar Briefe hin und her – dann schläft die Korrespondenz ein. Unerfüllte Sehnsucht bleibt und treibt Hanny um. »Ich sehnte mich hinaus aus der

Kleinstadtenge und dem Kleinstadtklatsch, der sich ziemlich angelegentlich mit mir beschäftigte«, erinnert sie sich. Die Kleinstädter, neidisch auf das kurze Liebesglück mit einem Fremden, neidisch auch auf die literarischen Interessen der jungen Lehrerin, verpassen ihr bald den Namen »Madame Dünkel«. Hanny zieht sich noch mehr in sich zurück, und auch dieser Rückzug wird wohl als Ausdruck von Hochmut gedeutet worden sein.

In dieser verfahrenen persönlichen Situation entdeckt Hanny den Rausch schöpferischer Arbeit, die Befreiung durch das geschriebene Wort: »Und da nahm ich eines Abends statt eines Buches ein Blatt Papier zur Hand – und in stiller Dezembernacht entstand mein erster schriftstellerischer Versuch. Er hieß ›Aus dem Leben. Skizze von Hans Brennessel‹ – denn um mit meinem Namen zu zeichnen, war ich trotz all meines Dünkels zu feige, zu unsicher auf dem noch fremden Gebiete –, und schilderte, natürlich in realistischer Form, das Zerbrechen eines Frauenglückes. In jener Nachteinsamkeit kam zum ersten Mal nach langen trüben Tagen eine große, helle Freude über mich, die beglückende Freude des geistigen Schaffens, der ich unter allen irdischen, natürlichen Freuden keine einzige zu vergleichen weiß. Es war wie ein erfrischendes Genesungsbad für mein Sinnen und Denken, wie ein Erwachen und Erstarken, wie das Entfalten von Schwingen, von deren Vorhandensein ich selbst bisher nicht gewußt; es war neues Leben und neues Glück!«

Hanny Brentano nimmt allen Mut zusammen und schickt die Skizze an die Lokalzeitung. Als sie wenige Tage später die Zeitung aufschlägt, entdeckt sie zu ihrer Verwunderung einen Abdruck ihres Manuskripts. In einer Kleinstadt wie Libau wird das Rätsel der Autorschaft sehr bald entschlüsselt, aber da Hanny sich nicht öffentlich dazu bekennt, bleibt es bei dem offenen Geheimnis. Noch besitzt sie nicht die Kraft, ihre Schriftstellerei einzugestehen. Wie auch? »Mein armes altes Tanting«, so erinnert sich Hanny Brentano, »war etwas ratlos. Eigentlich wäre es auf meine Schriftstellerei recht gerne stolz gewesen, aber in ganz Libau gab es nur eine Schriftstellerin – und die galt als ›emanzipiertes Frauenzimmer‹.«

Hanny entflieht dieser geistigen Enge vorübergehend, indem sie zusammen mit einer Freundin eine vierwöchige Rundreise durch Deutschland und Österreich unternimmt. Die Fahrt führt sie zunächst über Stettin, Berlin und Dresden nach Prag. Dort betritt Hanny zum ersten Mal eine katholische Kirche, den St. Veitsdom, doch bleibt ihr die Mystik des Raumes noch verschlossen, wie sie in ihren Erinnerungen eingesteht. Einzig die Andacht der Knienden rührt sie – und sie gerät darüber mit ihrer Reisebegleiterin, einer nüchternen Protestantin, in Streit. Aus Neugier kauft Hanny bei einer Straßenhändlerin einen Rosenkranz, als Souvenir an das katholische Prag. Später, als Nonne, interpretiert sie diesen Akt als erstes Zeichen ihrer von Gott gewollten Konversion.

Anschließend reisen die beiden Frauen nach Wien und Salzburg, zwei Städte, die später noch eine bedeutende Rolle in Hannys Leben spielen werden. Als die Freundinnen nach Besuchen in München und Berlin wieder in Kurland eintreffen, ist das Fernweh keineswegs gestillt. Im Gegenteil. Da sie sich aber so schnell keine zweite Reise leisten können, fangen sie an, kolorierte Ansichtskarten, die damals gerade aufkommen, zu sammeln und zu tauschen. Hanny annonciert in verschiedenen Zeitungen, und schon bald treffen aus ganz Deutschland und Österreich solch bunte Karten ein. Das Hauptinteresse gilt den schönen Ansichtsmotiven, aber immer wieder kommt es auch zu gedanklichem Austausch, zu unverhofften Postkartenfreundschaften.

Eines Tages trifft eine Karte aus Wien in Libau ein, geschrieben von einem jungen Studenten. Hanny erinnert sich: »Die Unterschrift Brentano, ein Name, der für mein literarisches Gehör besondern Wohlklang hatte, sowie der Text, der sich durch frische Natürlichkeit und jugendliches Selbstbewußtsein auszeichnete, veranlaßten mich, schneller und ausführlicher zu antworten, als es sonst Sammlerart ist.« Der Student, Toni Brentano, schreibt bald darauf zurück, und mit der Zeit erfährt Hanny von den Verhältnissen im Hause der Wiener Brentanos: Toni, der Kunst studiert, lebt bei seinem verwitweten Vater, einem Oberingenieur der österreichischen Staatseisenbahn. Nach einigen Wochen, es ist kurz vor Weihnachten 1898, kommt statt einer Antwort von Toni ein Brief von seinem Vater, Matthäus Max Brentano, worin der Witwer anfragt, »ob die Karten auch Aussicht auf Beantwortung hätten, wenn sie nicht vom Sohne, sondern vom Vater geschrieben, ja wenn's nicht einmal Karten, sondern Briefe wären, die keine Ansichten zeigten, sondern aussprächen?«

Was dann folgt, erscheint aus heutiger Sicht höchst unwahrscheinlich, doch in der damaligen Zeit mag man etwas pragmatischer mit Heiratsversprechen umgegangen sein. Bereits nach wenigen Wochen brieflichen Austausches gehen Hanny Legai und Matthäus Max Brentano ein Verlöbnis ein – brieflich, versteht sich. Sie seien sich, so Hanny, »dadurch so nahe gekommen […], wie es bei persönlichem Verkehr kaum je möglich gewesen wäre«. Kurz darauf, an Ostern 1899, reist Hanny in Begleitung einer Freundin und deren Mutter nach Wien. Die in Briefen aufgebaute Erwartung wird nicht enttäuscht: Hanny und Matthäus Max entwickeln bald tiefere Gefühle füreinander. Und auch das Verhältnis zu Toni gestaltet sich freundschaftlich. Hanny Brentano, als Kind des Nordens an eine etwas reserviertere Mentalität gewöhnt, läßt sich schnell von der heiteren Atmosphäre im Hause Brentano und vom südlichen Flair Wiens einnehmen. Vater und Sohn sind warmherzig und humorvoll, bisweilen unangepaßt und von überschwenglicher Freundlichkeit; die italienischen Wesensmerkmale der Brentanos mögen hier mit denen der österreichischen Wahlheimat eine glückliche Verbindung eingegangen sein. Matthäus Max ist nach Aussage Hannys tatsächlich Sproß einer (Seiten-)Linie der Frankfurter Brentanos: »Er [Matthäus Max] hatte, früh verwaist, schon als Knabe Frankfurt verlassen, war nach Beendigung seiner Studien an der Technischen Hochschule zu Stuttgart lange Zeit in der Schweiz und in Italien tätig gewesen, unter anderem auch beim Bau des

Gotthardtunnels, und hatte sich nicht mehr um die Frankfurter Verwandten gekümmert, sich auch nicht näher für die Abstammung interessiert. Aus seinen Papieren war ersichtlich, daß er als Sohn eines Peter Brentano 1846 zu Frankfurt a. M. geboren war. Ich habe auf meine späteren Anfragen und Erkundigungen nur erfahren, daß an seiner Verwandtschaft mit Clemens und Bettina nicht zu zweifeln sei, da die Frankfurter Brentanos alle derselben, von Tremezzo am Comersee eingewanderten Linie entstammten und miteinander verschwistert und vervettert waren.«

Matthäus Max Brentano ist ein überaus gutmütiger, bisweilen auch phlegmatischer Mann, dem seine Gemütlichkeit über alles geht. So erklärt sich der Katholik sogar mit einer protestantischen Hochzeit einverstanden, die Hanny sich wünscht, weil sie ihre Kinder nicht katholisch erziehen will. Das Paar heiratet am 12. Februar 1900 in der evangelisch-lutherischen Kirche der Inneren Stadt.

Hanny Brentano führt den kleinen Haushalt – Toni besucht die Hochschule in Graz – allein. Wenn sie auf den Viktualienmarkt geht, deutet sie auf die Waren, um zu erfahren, wie sie hierzulande, in einem ihr fremden Kulturkreis, genannt werden. »Auf diese Weise«, bekennt sie, »bekam ich bald heraus, daß es in Wien keinen Blumenkohl, sondern Karfiol, keine grünen Bohnen, sondern Fisolen gibt, daß in der Greißlersprache Butter männlichen, Schinken aber weiblichen Geschlechts ist, daß Gerstl dasjenige war, was ich einst Graupen nannte; ich lernte den Unterschied zwischen Reindl und Pfanne, zwischen Weidling und Schüssel und viele andere Küchenweisheit noch, und ich begriff allmählich auch, daß das Geldstück, welches Sechserl hieß und auf dem ein Zwanziger geprägt war, im praktischen Verkehr zehn Kreuzer bedeutete.«

Der vierundfünfzigjährige Matthäus Max Brentano, ein Mann von außerordentlichem fachlichen Ruf, liest in seinen Mußestunden gern und dichtet sogar selbst; vielleicht gibt es wirklich so etwas wie eine vererbte Brentanosche Begabung für die schönen Künste. Hanny jedenfalls ist sich der Bedeutung der Familie, in die sie hineingeheiratet hat, bewußt. Und wenngleich sie den poetischen Versuchen ihres Mannes eher skeptisch gegenübersteht, erkennt sie doch seinen schöpferischen Willen und seine Liebe zur Kunst an:

»Mein Mann war ein großer Musikfreund und führte mich oft in die Hofoper und in Konzerte, spielte auch selbst Klavier, Geige und Flöte und sang einen weichen, sympathischen Tenor. Seine Hauptliebhaberei aber [...] war das Dichten. Er träumte davon, durch eine große dramatische Dichtung, die im Burgtheater aufgeführt werden müßte, berühmt zu werden, und war ungemein fruchtbar an schönen Plänen und großen Ideen, deren er mehrere auch teilweise ausführte; ich schrieb seine Entwürfe unverdrossen immer wieder ins reine, worauf er sie wieder umgestaltete und umarbeitete [...].«

Freilich schränkt sie ein:

»Ich glaubte nicht an das Gelingen seiner Pläne, hatte ihn aber viel zu lieb, um ihm das zu verraten [...]. Wenn es Max auch an der Allgewalt dichterischer Gestaltungskraft fehlte, die zu besitzen er sich selbst einredete, so war er doch ein durch und durch idealer Mensch mit reichem Gemütsleben und kühnster Phantasie – er wäre ja sonst kein Brentano gewesen!«

Hanny Brentano selbst greift in diesen Jahren nicht zur Feder – es fehlt ihr an Mut, an Zeit, vielleicht auch ein wenig am inneren Drang. Was geschehen wäre, wenn Matthäus Max die Schriftstellerei seiner Frau noch erlebt hätte, ob in Antonia Brentanos Heimatstadt vielleicht sogar ein Brentanoscher Salon entstanden wäre, muß Spekulation bleiben. Zumindest Ansätze dazu hat es jedoch gegeben: Toni Brentano, Hannys Stiefsohn, gibt sein ungeliebtes Technikstudium in Graz auf und kehrt nach Wien zurück, in die Wohnung von Vater und Stiefmutter, um ganz seinen künstlerischen Neigungen zu leben. Der Vater ist darüber keineswegs entsetzt, wie man es von einem Oberingenieur in Staatsdiensten erwarten könnte, sondern unterstützt die Pläne des Sohnes – vielleicht in der Hoffnung, dieser möge das leben, was er, der Vater, sich mit Rücksicht auf die bürgerlichen Erwartungen, die an ihn gestellt wurden, versagt hat. Jedenfalls bringt Toni bald eine Gruppe von Kunststudenten mit nach Hause, und Hanny genießt den Umgang mit den jungen Leuten, die Gespräche über Kunst, Literatur und Theater.

Zu der angenehmen Atmosphäre im Hause Brentano trägt viel das heitere Temperament von Vater und Sohn bei. Hanny erinnert sich: »Doch der ganz eigenartige Ton in der ›Familie B.‹ – so nannte Toni uns drei – und die ansteckende Fröhlichkeit meiner beiden Lieben hatten den Humor in mir geweckt und gestärkt. Sie ihrerseits waren überglücklich, daß alle ihre oft genialen, oft auch fast kindisch anmutenden Einfälle und Späße bei mir so gute Resonanz fanden […]. ›Uns drei hätten die Tauben net besser z'sammtragen können!‹ pflegte Toni auszurufen, wenn er sich besonders wohl fühlte im starken Bewußtsein unserer Zusammengehörigkeit. Manchmal kam es mir wohl vor, als hätte ich nicht einen, sondern zwei Buben; denn der Gatte ließ sich genau so gern bemuttern und verhätscheln wie der Sohn und übertraf diesen noch an guter Laune und harmloser Heiterkeit, an Witz und Gemütlichkeit.«

Doch der Schein trügt. Tief im Innern neigt Matthäus Max zu Schwermut und Grübelei – vielleicht auch das ein Teil des Brentanoschen Erbes. Im Herbst 1904 zeigen sich erste Krankheitssymptome, und dem zunehmend depressiven Patienten wird, wie damals üblich, Ruhe verordnet. Hanny steht der Krankheit ihres Mannes, der sich in jener Zeit Fragen nach dem Sinn des Lebens, nach einer göttlichen Instanz stellt, ratlos gegenüber. Zuvor hatte Matthäus Max dem Religiösen wenig Platz in seinem Leben eingeräumt, doch jetzt empfindet er auf einmal Angst um seine Seele.

Hanny Brentano, auch sie religiösen Fragen gegenüber bis dahin eher gleichgültig, sitzt nächtelang am Bett ihres Mannes und unterhält sich mit ihm: »Auf mich selbst übten die religiösen Gespräche eine starke Wirkung aus. Indem ich dem Kranken Gottvertrauen einzuflößen suchte, um ihn zu trösten, fühlte ich das erloschene Glaubensfünklein in der eigenen Seele wieder erglühen und erlebte an mir die Wahrheit des alten Spruches: Not lehrt beten.«

Zum Halt in jenen schweren Monaten wird ihr erneut das Schreiben: Sie nutzt ihre Fremdsprachenkenntnisse und übersetzt kleinere Texte aus dem Russischen, die in der Zeitschrift ›Die Kultur‹ erscheinen. Der Redakteur des Blattes, der Publizist und Bibliothekar Franz Schnürer, wird ihr ein enger und verläßlicher Freund.

Doch gegen die fortschreitende Schwermut ihres Mannes ist Hanny machtlos. In ihrer Not betritt sie einmal eine katholische Kirche in Wien: »Ich betete nicht mit Worten, ich sehnte mich nur nach Gott und seiner mächtigen Hilfe und ließ meinen Tränen freien Lauf. Und der Herr erbarmte sich meiner, ließ mich ruhig und still werden und verlieh mir die Selbstbeherrschung, bald darauf wieder mit der Maske sorgloser Fröhlichkeit vor meinem Kranken zu erscheinen.« Diese Begebenheit ist aus der Erinnerung der Nonne geschrieben und vielleicht in der Rückschau etwas mit Bedeutung überladen, unzweifelhaft dürfte jedoch sein, daß die im Angesicht der Krankheit ihres Mannes verzagte Frau durch die Besinnung auf ein höheres Wesen wirklich Trost erfahren hat.

Eines Tages stößt Hanny beim Stöbern in einer Schublade auf einen Revolver. Der Stiefsohn beruhigt sie, das sei ein altes, kaputtes Ding, das nicht mehr funktioniere. Sie legt die Pistole zurück. Wenige Stunden später findet sie ihren Mann tot auf: Er hat sich mit dem vermeintlich defekten Revolver das Leben genommen.

Der Arzt fälscht den Totenschein und bescheinigt einen Herztod. So kann Matthäus Max Brentano auf dem Wiener Zentralfriedhof bestattet werden, was man einem Selbstmörder verweigert hätte. Die erst dreiunddreißigjährige Witwe steht vor einem persönlichen und finanziellen Scherbenhaufen. Da die Familie offenbar über ihre Verhältnisse gelebt hat, ist kein Vermögen vorhanden. Auch hat sie keinen Anspruch auf eine Witwenpension, da die Ehe noch nicht lange genug bestanden hat. Hanny Brentano sucht sich eine Arbeit, zunächst als Schreibkraft in einem Büro, wo sie täglich sieben Stunden zubringt. Ein Teil der großen Wohnung wird untervermietet; Hanny und ihr Stiefsohn Toni begnügen sich mit wenigen Zimmern.

Als Toni schließlich nach Mährisch-Ostrau geht, gibt Hanny die Wohnung auf und bezieht eine kleinere Bleibe. Wenige Wochen später kündigt sie die Stelle als Schreibkraft, »denn die einschläfernde Eintönigkeit und Geistlosigkeit der Kanzleiarbeit wurde mir bald unerträglich. [...] Aber als ich wieder mehr und mehr ich selbst wurde, erwachte auch das Verlangen nach befriedigendem Schaffen und nach freier Verfügung über meine Zeit und meine Fähigkeiten.«

Sie erinnert sich an ihre literarischen Versuche in Libau und spricht mit Franz Schnürer, der ihr eine Schreibstelle in einer Redaktion vermittelt. Der Lohn reicht nicht zum Leben, aber den Rest, so ihr Kalkül, will sie mit ihrer Schriftstelerei hinzuverdienen. Die Rechnung geht auf: Auf Schnürers Rat hin verfaßt Hanny Brentano »Gedenkartikel, literarische Plaudereien, Skizzen aus Alt-Wien, zu denen er mir aus der k. u. k. Familien-Fideikommiß-Bibliothek das Quellenmaterial lieferte«. Die Artikel erscheinen in verschiedenen Zeitungen und Zeitschriften konservativer Couleur und machen die Autorin einem breiteren Publikum bekannt. Stolz vermerkt sie: »Es dauerte gar nicht lange, bis ich mir mit der Arbeit meiner Feder ein sorgenfreies und behagliches Dasein schaffen konnte.«

Bald genügen ihr diese Feuilletons und Plaudereien nicht mehr, und sie wagt sich an größere Arbeiten, wobei sie ein besonderes Faible für biographische Studien entwickelt. Bereits 1906 erscheint ihr Buch ›Peter der Große und seine Zeit‹ in dem angesehenen Grazer Styria-Verlag. Es folgen – als Ausgaben für die Jugend – die Lebensbilder ›Friedrich Barbarossa‹ und ›Kaiser Franz Joseph I.‹, ein Buch, das nach dem Ersten Weltkrieg jedoch von dem sozialdemokratischen Unterstaatssekretär für Unterricht, Otto Glöckel, wegen seiner patriotischen und religiösen Haltung auf den Index gesetzt wird und in Schulen nicht mehr verwendet werden darf.

Auch ihre Kenntnisse der russischen und lettischen Sprache kommen Hanny Brentano im Laufe der nächsten Jahre zugute. Sie übersetzt die ›Ausgewählten Werke‹ Leo Tolstois in acht Bänden sowie eine Sammlung lettischer Erzählungen und verfaßt ein ›Lehrbuch der lettischen Sprache für den Selbstunterricht‹, auf das sie noch in den zwanziger Jahren angesprochen wird.

Im Jahre 1909 erscheint ihr größter Erfolg, die Biographie ›Amalie Fürstin Gallitzin‹, im katholischen Herder-Verlag in Freiburg. Es ist die höchst anschaulich und lebendig geschilderte Lebensgeschichte der gebürtigen Gräfin von Schmettau, Hofdame der Prinzessin Louise von Preußen, die 1768 den russischen Gesandten in Den Haag, Fürst Dmitri Gallitzin, heiratete. Sie galt als aufgeklärte Dame von Welt, die in jenen Jahren sogar mit den als gottlos verschrieenen französischen Enzyklopädisten korrespondierte. Nach dem Scheitern ihrer Ehe zog sich die Fürstin 1779 ins katholische Münster zurück, um sich der Erziehung ihrer Kinder zu widmen. Hier gewann sie Einfluß auf den Schulreformer Franz von Fürstenberg und den ›Kreis von Münster‹, einen pädagogischen Zirkel, der katholische Glaubensanschauung mit mystischen und romantischen Elementen verband. 1786 konvertierte die Fürstin zum Katholizismus und setzte sich nach der Französischen Revolution für Emigranten ein, die nach Münster kamen. Sie stand in Kontakt mit Dichtern und Gelehrten wie Friedrich Heinrich Jacobi, Matthias Claudius, Johann Georg Hamann und Johann Wolfgang von Goethe. Im Jahre 1800 schließlich wurde in ihrer Hauskapelle in Münster die Konversion Friedrich Leopold von Stolbergs zum Katholizismus vollzogen. Die Fürstin Gallitzin starb 1806 in Münster.

Das Buch, das in mehreren Auflagen erscheint, ist der erste Band einer von Hanny Brentano angeregten Reihe ›Frauenbilder‹, die sie auch mit herausgibt. Ihre Wahl dürfte nicht zufällig auf Amalie von Gallitzin gefallen sein. Deutlich hegt die

Autorin Sympathien für die von ihr Porträtierte, denn die Fürstin war nicht nur eine gebildete und in Geisteskreisen geschätzte Frau. Beispielhaft ist auch ihr religiöser Wandel vom Protestantismus zum Katholizismus. Hanny Brentano identifiziert sich zweifellos mit der Fürstin, konvertiert sie doch während der Arbeit an der Biographie ebenfalls zum katholischen Glauben.

In ihren Lebenserinnerungen hat sie ihre Beweggründe für die Konversion, aber auch ihre Zweifel und Ängste eindrücklich geschildert. Die ersten Jahre des literarischen Erfolgs genießt Hanny Brentano in vollen Zügen. Nicht nur des Ansehens wegen, es ist die Unabhängigkeit, die sie mit Genugtuung erfüllt: »Konnte ich da doch ganz nach Belieben und Neigung leben und arbeiten, in einer Selbständigkeit und Freiheit, welche die meisten andern Frauen kaum je kennenlernen.« Doch auf die Dauer wird ihr der Erfolg schal. Wieder ist es der Publizist Franz Schnürer, der sie mit Lektüreanregungen versorgt: Diesmal sind es die Memoiren von Konvertiten, etwa die ›Epistulae redivivae‹ von Monsignore Paul Baron de Mathies. Der darin geäußerte Satz: »Wir müssen der erkannten Wahrheit folgen«, wird für Hanny Brentano zur Weisung an sich selbst. Seit einigen Jahren bereits fühlt sie sich zum Katholizismus hingezogen, verbringt Stunden des Gebets und des Gesprächs mit Gott in katholischen Kirchen. Sie schätzt den Mystizismus dieser Religion, das Geheimnisvolle und zugleich Sinnliche. Dem Glauben ihrer baltischen Heimat kann sie hingegen kaum noch etwas abgewinnen: Das Vernunftbetonte, am Wort Orientierte des Protestantismus erscheint ihr zunehmend kalt und trostlos. Noch zögert sie, den entscheidenden Schritt zu tun, und wendet sich mit ihren Zweifeln brieflich an Monsignore Mathies. Wenige Tage später hält sie seine Antwort in Händen. Geduldig geht er auf ihre Fragen und Ängste ein, ohne sie zu einer Konversion zu drängen. Es entspinnt sich ein Briefwechsel, der über Monate fortgeführt wird, »ein Religionsunterricht in Briefen«, wie sie es formuliert. Als Mathies im Jahr 1908 für ein paar Wochen ins Kloster

Sacré-Cœur in Preßbaum bei Wien kommt, sucht Hanny Brentano ihn dort auf. Ihr Entschluß ist gefaßt: Sie will der katholischen Kirche beitreten und bittet den Monsignore, alles Nötige zu veranlassen. Hanny Brentano bleibt eine Woche als Gast im Kloster, um sich in Gesprächen und im Gebet auf die Konversion vorzubereiten. Am 25. Oktober schließlich findet die Zeremonie mit einer Beichte und einer »bedingungsweisen« Taufe statt.

Die Tage im Kloster haben Hanny Brentano tief bewegt. Die klösterliche Stille und das meditative Gebet, verbunden mit dem tätigen Dienst in Küche, Garten und Schuldienst – all das erscheint ihr eine weit sinnvollere Lebensform zu sein als das leere Getriebe der Großstadt: »In solchen Abschiedsstunden regte sich in mir ein heimliches Sehnen: Könnte ich doch ganz da bleiben! Doch als Witwe, die überdies nicht mehr jung war, hielt ich die Erfüllung dieses stillen Wunsches für […] ausgeschlossen.« Noch scheut sie weitreichendere Schritte und fährt nach Wien zurück.

Gleichwohl nimmt sie ihr bisheriges Leben nicht wieder auf; das Schreiben von Büchern hat für sie an Bedeutung verloren. In dem nun folgenden Jahrzehnt geht sie ganz in der Arbeit einer Funktionärin der katholischen Frauen- und Arbeiterbewegung auf. Im »Stroheck«, wie sie ihre Wohnung in der Wiener Stroheckgasse im Neunten Stadtbezirk nennt, und im benachbarten Büro kommen in jenen Jahren viele Menschen zusammen, die sich in der Verbandsarbeit engagieren oder einfach nur das Gespräch mit Hanny Brentano suchen: Kinder, einfache Frauen, Menschen auf der Durchreise, die Rat brauchen oder nur das offene Ohr einer lebenstüchtigen und erfahrenen Frau suchen. Sie alle bilden bald die »Stroheckfamilie«, wobei Hanny Brentano die Rolle der Mutter einnimmt: »Die Bezeichnung ›Mami‹ aber wandten mir gegenüber bald alle näheren Bekannten an, wogegen sie von den Stroheckern zur Tante oder zum Onkel ernannt wurden, so daß allmählich sehr verwickelte Verwandtschaftsbeziehungen entstanden.«

Auch Menschen des öffentlichen Lebens pflegen den Kontakt zu der Verbandsfunktionärin: Gräfin Melanie Zichy, eine geborene Fürstin Metternich, die Hanny immer wieder auf ihren Landsitz Cziffer einlädt; Gräfin Gerta Walterskirchen, Prinzessin Clementine Metternich, Gräfin Lola Marschall, Baronin von der Wense, der Theologe Augustin Rösler, der Pädagoge Rudolf Hornich und der Theologe Sigismund Waitz (der spätere Fürsterzbischof von Salzburg) – sie alle engagieren sich in der Verbandsarbeit katholischer Frauen und treiben die Öffnung der katholischen Kirche zu den sozialen Fragen der Zeit voran.

Hanny Brentano bürdet sich in jenen Jahren viel auf: Sie arbeitet als Generalsekretärin der Katholischen Reichs-Frauen-Organisation Österreichs (KRFO); sie leitet die Redaktion des Verbandsblatts ›Österreichische Frauenwelt‹ und die literarische Abteilung der ›Reichspost‹; sie engagiert sich zusammen mit dessen Gründerin Johanna Weiß im Verband der christlichen Hausgehilfinnen; sie bereitet den Ersten Österreichischen Katholischen Frauentag (1910) und die Teilnahme der KRFO am Eucharistischen Kongreß vor, der im September 1913 unter Teilnahme des Kaiserhauses mit Vertretern aus dem gesamten Habsburgischen Reich stattfindet; nach Ausbruch des Ersten Weltkriegs betreut sie Verwundete und russische Kriegsgefangene, die froh sind, mit jemandem in ihrer Muttersprache sprechen zu können; Hanny Brentano arbeitet seit 1915 auch im Zensuramt, das die Post der russischen Kriegsgefangenen auf verschlüsselte Botschaften kontrolliert, und ist erschüttert angesichts der seelischen Not der Gefangenen; sie verteilt in ihrem Stadtbezirk Lebensmittel an kinderreiche Familien, berät junge Mütter, Kriegswitwen und Arbeitslose, stellt Anweisungen für Kriegsküchen und Nähstuben aus; sie arbeitet als Bibliothekarin in der von Franz Schnürer geleiteten Fideikommiß-Bibliothek; sie unternimmt im Auftrag der KRFO viele Vortragsreisen und nimmt an Kongressen teil, so im August 1910 an der Tagung der internationalen Union katholischer Frauenverbände im Rahmen der Brüsseler Weltausstellung. Ihre Arbeit bringt sie in Kontakt mit anderen Verbänden der Frauenbewegung, etwa protestantischen und jüdischen, und auch mit sozialdemokratischen Kreisen. Gegenüber den »Linken« bleibt Hanny Brentano skeptisch, doch steht das gemeinsame Ziel, die soziale Gerechtigkeit, für sie im Vordergrund. Den sozialdemokratischen Aktivistinnen stellt sie immerhin das Zeugnis aus, »daß sie sich sehr maßvoll benahmen und jeden Zusammenstoß der Meinungen zu vermeiden wußten«.

Die Verbandsarbeit trägt vielerlei Früchte: Es werden Jugendhorte und Ferienheime gegründet, Kinder- und Volksbüchereien, Kinderkrippen und Mädchenasyle, Standesvereine für erwerbstätige Frauen und Mädchen. Heute ist die Pionierarbeit der kirchlichen Sozialfürsorge zu Beginn des 20. Jahrhunderts etwas in Vergessenheit geraten, doch es waren Frauen wie Hanny Brentano, die diese Arbeit mit Tatkraft und Idealismus entscheidend vorangetrieben haben.

Hanny Brentano findet viel Lob und Anerkennung, von Menschen, denen sie hilft und deren Anliegen sie unterstützt, aber auch von offizieller Seite. So erhält sie die päpstliche Auszeichnung »Pro Ecclesia et Pontifice« und die Auszeichnung des Roten Kreuzes für vorbildliche Leistung in der Kriegsfürsorge.

An Pfingsten 1915 kommt Hanny in Kremsmünster erstmals in Kontakt mit dem Orden der Benediktiner, dem Ordo Sancti Benedicti (OSB), der sie mit seiner Mischung aus Gebet und Arbeit gemäß der Ordensregel »ora et labora!« sofort anspricht.

Im Sommer darauf besucht sie das Kloster erneut, um in Gesprächen und bei religiöser Lektüre die Ordensideen besser kennenzulernen. Besonders einer der Mönche, der junge P. Altmann Huemer, wächst ihr ans Herz; bald nennt sie ihn gar ihren Adoptivsohn. Im stillen nimmt sie sich vor: »Wenn meine liebe Gräfin Zichy einmal stürbe [...], sollte mich nichts mehr in der Frauenorganisation zurückhalten [...] ich war der öffentlichen Arbeit mude. Dann wollte ich nach Kremsmünster übersiedeln, das priesterliche Wirken des Adoptivsohnes [...] aus der Nähe mit mütterlicher Anteilnahme verfolgen, ländliche Stille und Naturschönheit genießen, meine Tage ausfüllen mit ein wenig Schriftstellerei, ein wenig Haus- und Gartenwirtschaft, ein wenig Karitas und sehr viel Liturgie.«

Doch es kommt anders. Als mit dem Ende des Ersten Weltkriegs das Habsburger Reich zusammenbricht, die alte, ständisch-klerikale Ordnung ausgedient hat und Österreich zur Republik ausgerufen wird, in der linke wie liberale Parteien und Strömungen erstarken, fühlt sich Hanny Brentano insgeheim eingeschüchtert und bedroht. Diese neue Welt ist nicht mehr die ihrige. Im Oktober 1918 ist zudem ihr junger Freund P. Altmann an der spanischen Grippe gestorben. Ratlosigkeit und Resignation ergreifen für kurze Zeit Besitz von ihr. Auch eine Blinddarmoperation, die sie nur knapp überlebt, führt ihr vor Augen, daß sie ihre Kräfte überstrapaziert hat und sich einen neuen Lebensinhalt suchen muß.

Glaubt man ihren Memoiren, so hat sie, als P. Altmann im Sterben liegt, eine göttliche Eingebung. Sie hört in einer Kirche vor dem Gnadenbild eine Stimme, die ihr zuflüstert: »Ins Kloster gehen!« Man mag das als göttliche Weisung sehen oder auch schlicht als Ausdruck eines lange gereiften Entschlusses. Jedenfalls beschließt Hanny Brentano, den Nonnenschleier zu nehmen, und in Erinnerung an den verstorbenen Seelenfreund soll es der Orden der Benediktinen sein. Bereits mehrfach hat sie von Kloster Nonnberg in Salzburg gehört, das vor eintausenddreihundert Jahren von den Heiligen Rupert und Erentrudis gegründet wurde. So schreibt sie einen Brief an die Novizenmeisterin des Klosters und bittet um Aufnahme. Kurz darauf erhält sie eine briefliche Absage: Man habe erst kürzlich mit einer Witwe schlechte Erfahrungen gemacht. Aber Hanny Brentano gibt nicht auf. Erneut schreibt sie nach Nonnberg, legt ihren bisherigen Lebensweg und ihre inneren Beweggründe dar und bittet um die versuchsweise Aufnahme als Novizin. Diesmal stößt ihre Bitte auf offene Ohren. Als auch noch die Nachricht eintrifft, daß ihr Stiefsohn

Toni in Mährisch-Ostrau gestorben ist, hält sie nichts mehr im weltlichen Leben. Eine Bekannte tröstet sie: »Es ist, als wollte der Herr Sie jetzt von allem loslösen, was Ihnen lieb war – er muß etwas ganz Besonderes mit Ihnen vorhaben!«

Am 20. Januar 1919 tritt Hanny Brentano als Novizin in das Kloster Nonnberg ein, am 11. Juli desselben Jahres erhält sie ihren Ordensnamen: Maria Rafaela Benedikta von der Göttlichen Vorsehung. Unter dem Namen Maria Rafaela Brentano veröffentlicht sie fünf Jahre später ihre Memoiren. So gehen klösterlicher Name und der berühmte Name der deutschen Romantik eine denkwürdige Verbindung ein.

Zum Schreiben hat Maria Rafaela im Kloster allerdings kaum noch Muße. Das strenge Korsett, das von den frühen Morgenstunden bis in den Abend hinein den Wechsel von Gebet und Arbeit regelt, läßt so gut wie keine Zeit für andere Dinge. Anfänglich tut sich Schwester Rafaela schwer damit, wie sie später offen eingesteht. Auch daß sie sich im Kloster ein- und unterordnen muß, nachdem sie fünfzehn Jahre lang nicht nur ein unabhängiges Leben geführt hat, sondern auch vielfach in leitender Stellung tätig war, ist nicht immer leicht für sie. Hinzu kommt noch der Abschied von Wien und den dortigen Freunden. In ihren Tagebuchaufzeichnungen aus jener Zeit finde sie »die oft wiederkehrende Klage über das drückende Gefühl der Herzenseinsamkeit und des Heimwehs nach dem Stroheck, nach Kremsmünster, nach lieben, verstehenden und verstandenen Menschen, nach der ganzen entschwundenen Vergangenheit«, schreibt sie in ihren Erinnerungen.

Doch die Äbtissin weiß um Maria Rafaela Brentanos Tatkraft, und so wird sie, nachdem sie am 21. Juli 1923 die feierliche Profeß abgelegt hat, zu vielfältigen Aufgaben herangezogen. Das Kloster erwirbt im gleichen Jahr ein Landgut in den Bergen, das zu einem Erholungsheim für Gläubige umfunktioniert werden soll. Bei den umfangreichen Baumaßnahmen – Felsen müssen gesprengt, Baumaterialen aus dem Tal auf den Berg geschafft werden – tut sich Maria Rafaela mit ihrem organisatorischen Geschick hervor. Schließlich wird ihr die Leitung des Gästehauses »Erentrudisalpe« übertragen, bei Pilgern und Priestern bald ein beliebter Erholungsort. 1929 übernimmt Maria Rafaela die Aufgabe der Präfektin des dem Kloster angeschlossenen Mädcheninstituts, ohne freilich selbst wieder in den Schuldienst einzutreten. Daneben ist sie seelsorgerisch tätig, indem sie Exerzitien für Frauen organisiert, Klosterkandidatinnen und Gäste betreut. Eine rege Korrespondenz verbindet sie in jenen Jahren weiterhin mit der Außenwelt, mit Ratsuchenden ebenso wie mit begeisterten Lesern ihres Buches ›Wie Gott mich rief‹.

In den dreißiger Jahren lassen Maria Rafaela Brentanos körperliche Kräfte allmählich nach, und sie wird mit der weniger anstrengenden Leitung des Klosterarchivs und mit dem Posten der Privatsekretärin der Äbtissin betraut. So kehrt sie in den letzten Lebensjahren wieder zu den Büchern zurück, von denen einst ihr eigenständiges Leben ausging. Die Arbeit im Archiv fesselt sie. Sie hat ja durch die Tätigkeit in der k. u. k. Familien-Fideikommiß-Bibliothek bereits Erfahrung mit der Aufarbeitung und Pflege archivarischer und bibliothekarischer Bestände. Stolz notiert sie: »Überdies ist das in stimmungsvollem Raum untergebrachte Klosterarchiv mit seinen alten Urkunden, die bis ins 11. Jahrhundert zurückreichen, seinen chronikartigen Aufzeichnungen und verschiedenen Raritäten eine Fundgrube für kunst- und kulturgeschichtliche Arbeiten, für die ich seit je eine Vorliebe hatte.«

Anfang 1940 erkrankt Schwester Maria Rafaela Brentano schwer. Ihr langjähriger Mitstreiter aus den Zeiten der Arbeit für die Katholische Reichs-Frauen-Organisation Österreichs, Sigismund Waitz, seit 1934 Fürsterzbischof von Salzburg, besucht sie häufig an ihrem Krankenbett im Kloster Nonnberg. Am 23. Juni 1940 stirbt Maria Rafaela und findet ihre letzte Ruhestätte auf dem Friedhof des Klosters. Ihr literarischer Nachlaß wird im Klosterarchiv aufbewahrt.

Maria Rafaela (Hanny) Brentanos schriftstellerisches Werk mag heute weitgehend vergessen sein – zu Lebzeiten jedoch fand sie damit großen Zuspruch. Ihr selbst freilich lag weniger am Ruhm als vielmehr daran, Zeugnis abzulegen und den suchenden Menschen Mut zu machen, ihren Glaubensweg zu gehen, um zu Gott zu finden. So schrieb sie auch an das Ende ihrer Autobiographie: »Misericordias Domini in aeternum cantabo!« – »Des Herrn Barmherzigkeit will ich besingen ewiglich!«

Margherita von Brentano (1922–1995)

Margherita von Brentano
(1922–1995)

*»Auf Folgenlosigkeit verpflichtete Wissenschaft ist
keine mehr.«*   Margherita von Brentano

Die Philosophin Margherita von Brentano wächst in einem
großbürgerlichen, katholischen Elternhaus auf – typisch für
diese weitverzweigte Familie. Ihr Vater, Clemens von Brentano, ist Diplomat und während Margheritas Kindheit Bot-
schaftsrat an der deutschen Gesandtschaft beim Heiligen
Stuhl, später Abgeordneter der Zentrumspartei im deutschen
Reichstag. Margheritas Mutter Dorothea, seit 1916 mit Clemens verheiratet, ist eine geborene von Loehr.

Clemens von Brentano, Sohn des späteren hessischen Ju-
stiz- und Innenministers Otto Rudolf von Brentano und dessen Frau Lilla Beata, geborene Schwerdt, hat fünf Geschwister – ein Familienzweig, der Einfluß nimmt auf die deutsche
Geistesgeschichte ebenso wie auf die Nachkriegspolitik: Der
Bruder Bernard (1901–1964) ist Autor von Erzählungen, Romanen (bekannt wurde ›Theodor Chindler‹, veröffentlicht
1936), Essays und einer Biographie über August Wilhelm
Schlegel. 1933 geht er in die Schweiz und gilt in den dreißiger
und vierziger Jahren als einer der wichtigsten deutschen Exil-
schriftsteller. Ein anderer Bruder von Clemens, Heinrich von
Brentano (1904–1964), ist 1945 Mitbegründer der hessischen
CDU, 1946 bis 1949 Mitglied des Landtags in Wiesbaden, seit
1949 Mitglied des Bundestags und in den Jahren 1955 bis 1961
deutscher Außenminister in der Regierung von Konrad Adenauer.

Die Familie Margherita von Brentanos ist mit der Familie La Roche und den Brentanos der Romantik allerdings nur entfernt verwandt. Sie stammt vielmehr von Franz Brentano, dem Sohn aus Peter Antons erster Ehe mit Paula Brentano di Gnosso (1744–1770), ab. Eine Enkelin von Franz, Lilla Schwerdt (1863–1948), heiratete Otto Rudolf von Brentano. Dessen Zweig der Familie ist die Darmstädter Linie, die, ebenso wie die Brentanos zu Winkel, im späten 19. Jahrhundert in den erblichen Reichsadel erhoben wurden. Die Aschaffenburger Brentanos hingegen (also die Nachfahren Christians und Emilies), unter ihnen Lujo und Sophie (Sissi), haben zeitlebens stolz ihre Bürgerlichkeit betont und die Übernahme des Adelsprädikats abgelehnt. Auch wehrten sie sich dagegen, mit der Darmstädter Linie näher in Verbindung gebracht zu werden. Sissi Brentano war sogar regelrecht wütend über Heinrich von Brentanos wiederholte Versuche, sich ihr brieflich anzunähern, wie schriftliche Aussagen ihrer Vertrauten Josepha Ruess belegen.

Margherita von Brentano di Tremezzo, so ihr vollständiger Name, wird am 9. September 1922 auf der Sauerburg bei Kaub am Rhein geboren – eine Brentanosche Landschaft, die romantische Landschaft schlechthin. Schon früh setzt Margherita sich mit ihrem katholischen Elternhaus kritisch auseinander und sucht sich abzugrenzen. Prägend wird für die junge Frau auch das Erlebnis der nationalsozialistischen Diktatur. In den Kriegsjahren beginnt sie in Berlin Geschichte, Germanistik und Anglistik zu studieren, doch als es dort wegen der Luftangriffe zu gefährlich wird, schickt der Vater sie nach Freiburg im Breisgau. Dort studiert sie bei Martin Heidegger und promoviert im Jahre 1948 über ›Die Bedeutung des hen (Einen) als Grundbegriff der aristotelischen Philosophie‹.

Schon früh wird Margherita von Brentano publizistisch tätig: 1948/49 gibt sie die deutsch-französische Zeitschrift ›Le rencontre – das Treffen‹ heraus – lange vor Abschluß des deutsch-französischen Freundschaftsvertrags und noch während der französischen Besatzungszeit. Anschließend geht sie zum Rundfunk und arbeitet in den Jahren 1950 bis 1956 als Leiterin der Redaktion des Schul- und Jugendprogramms beim Südwestfunk Baden-Baden. Dann tut sie einen für ihr weiteres Leben entscheidenden Schritt: Von Martin Heidegger empfohlen, geht sie 1956 nach Berlin zurück, an das Institut für Philosophie der neuerrichteten Freien Universität. Bis zu ihrer Emeritierung wird sie an der FU bleiben und sie entscheidend mitgestalten.

Im Jahr 1959 ist Margherita von Brentano Mitbegründerin der studentischen Zeitschrift ›Das Argument‹, die an der FU Berlin erscheint und aktuelle gesellschaftspolitische Themen aus überwiegend marxistischer Sicht behandelt. In dieser Zeitschrift – zunächst als maschinengeschriebene, hektographierte Blätter verteilt, später dann in professionell gestalteter und gedruckter Form herausgegeben – ergreift sie immer wieder als Autorin das Wort und wird mit ihren nonkonformen Ansichten zu einer der führenden »linken« Publizistinnen in der von Verdrängung und dem Festhalten an alten Denkmustern geprägten frühen Bundesrepublik Deutschland.

Professor Wolfgang Fritz Haug, damals Student an der FU und Herausgeber der Zeitschrift, erinnert sich dankbar: »Denn die Anfänge der Zeitschrift ›Das Argument‹, die mich als ihren Herausgeber mehr geformt haben, als ich sie, und für nicht wenige der Haltungen und Impulse, die dieses Zeitschriftenprojekt bis heute bestimmen, sind ohne Margherita von Brentano nicht zu denken.« Anreger und Mitarbeiter des ›Argument-Kreises‹ sind Jean Bollack, der zur Gruppe um die von Edgar Morin herausgegebene Pariser Zeitschrift ›Arguments‹ gehört und damals an der »Maison de France« in Berlin tätig ist, Peter Fürstenau, Peter Furth, Klaus Heinrich, Ina von Reitzenstein, Michael Theunissen und andere. Besonders die Pläne der Bundesregierung zur atomaren Aufrüstung fordern den Widerstand der Intellektuellen heraus.

Margherita von Brentano formuliert auch das Manifest des Argument-Kreises, das nicht nur das Selbstverständnis und die politische Position der Gruppe definiert, sondern aus heutiger

Sicht auch ein wichtiges Dokument für die linksintellektuelle Bewegung in den Jahren vor 1968 darstellt: »*Das Argument* / geht davon aus / daß es die gemeinsame Aufgabe der Intellektuellen ist, / die Wahrheit zu suchen und auszusprechen / daß die Resignation zum geistigen Spezialarbeiter / einen Verrat an dieser Aufgabe bedeutet / *Das Argument* / hält es für notwendig […] / angesichts des Scheiterns der Aufklärung / die Gründe dieses Scheiterns aufzuklären / angesichts der Erfahrung, / daß das Wirkliche nicht schon das Wahre ist, / die Wirklichkeit wahrzunehmen / angesichts der Erfahrung, / daß Erkenntnisse nicht schon Argumente sind, / Erkenntnisse zu Argumenten zu machen […].«

Diese Zeilen stammen vom Juli 1961. Im August wird die Berliner Mauer gebaut und damit die Trennung der beiden deutschen Staaten faktisch vollzogen. Im selben Jahr tritt Margheritas Onkel Heinrich von Brentano, der die konservative Politik Adenauers als Außenminister vertreten hat, auf Druck des Koalitionspartners FDP von seinem Amt zurück.

Die Eingliederung der Bundesrepublik Deutschland in die westliche Militärallianz NATO ab Ende der fünfziger Jahre verfolgt in erster Linie zwei Ziele: die Wiedereinführung und Bewaffnung der Bundeswehr für den Verteidigungsfall und die Aufstellung atomarer Sprengköpfe auf dem Gebiet der Bundesrepublik. Gerade letzteres lehnt Margherita von Brentano als aggressive und am Ende unkontrollierbare Militärpolitik ab. Als 1958 sieben katholische Theologieprofessoren eine Erklärung mit dem Titel ›Christliche Friedenspolitik‹ veröffentlichen, worin ein Atomwaffengebrauch unter bestimmten Voraussetzungen aus moralisch-theologischer Sicht gerechtfertigt wird, kontert sie – sich damals noch als Katholikin verstehend – in ›Das Argument‹ Nr. 8: »Ich sehe nicht, wie ein Christ der Folgerung ausweichen kann: wenn überhaupt Unkontrollierbarkeit ein Kriterium für die Unsittlichkeit der Verwendung von Waffen darstellt, dann ist dies Kriterium und damit die Unsittlichkeit im Falle der atomaren Waffen gegeben. […] Es scheint nach alledem, daß unsere Situation weitaus bedenk-

licher und gefährlicher ist, als das Urteil der Theologen annimmt. Die Bedrohung unserer physischen und moralischen
Existenz von außen, von seiten jener ›atheistischen Macht‹, so
groß sie sein mag, scheint nicht die ›stärkste Gefährdung‹. Be-
drohlicher könnte die Selbstzerstörung der moralischen und
physischen Substanz sein, die unter Berufung auf die östliche
Gefahr im christlichen Westen vor sich geht.«

Nicht nur die Wiederaufrüstung der Bundesrepublik und der
Ost-West-Konflikt sind damals beherrschende Themen in In-
tellektuellenkreisen, auch der Umgang Nachkriegsdeutsch-
lands mit der NS-Vergangenheit wird vermehrt hinterfragt. Zu
dieser Debatte trägt vor allem Rolf Hochhuths Stück ›Der
Stellvertreter« von 1963 bei, das auf polemische Weise die
Rolle der katholischen Amtskirche während der Zeit der Ju-
denverfolgung aufzuarbeiten versucht und dabei die These
vertritt, Gleichgültigkeit und Opportunismus hätten die Kirche mitschuldig werden lassen an den Verbrechen der Nationalsozialisten. Margherita von Brentano, die sich bereits seit
den fünfziger Jahren der sozialistischen Bewegung angenähert
hat, zieht nun auch hinsichtlich der Amtskirche Konsequen-
zen. Unter dem Eindruck der Weigerung der katholischen Kirche, ihre Mitschuld einzugestehen, tritt Margherita von Brentano aus der Kirche aus.

Die Problematik des Antisemitismus versucht sie historisch
und soziologisch zu ergründen, wobei sich ihre Kritik am Fa-
schismus hauptsächlich an der marxistischen Kapitalismus-
theorie orientiert. Bereits 1959/60 ist Margherita von Brentano
Mitorganisatorin der Tagung ›Überwindung des Antisemitismus‹, in deren Presseverlautbarung sie nicht nur einen Aus-
schuß fordert, der untersuchen soll, welche ehemaligen Nationalsozialisten nach wie vor in führenden öffentlichen Positionen
tätig sind, sondern sie sich auch für eine Wiedergutmachungs-
pflicht des Staates gegenüber *allen* Opfern des Nationalsozialismus stark macht, eine Forderung, die bis heute nicht ganz erfüllt wurde.

Ist bis dahin die deutsche Außenpolitik unter Konrad Adenauer, damals noch vertreten durch Margheritas Onkel Heinrich von Brentano, um eine Einbindung in das westliche Bündnis und eine Aussöhnung mit dem ehemaligen »Erzfeind« Frankreich bemüht, so fordert Margherita von Brentano eine Normalisierung der diplomatischen und politischen Beziehungen zum Ostblock, insbesondere zu Polen.

In dem Artikel ›Das neue Polen und die Deutschen‹, veröffentlicht in ›Das Argument‹ Nr. 19 aus dem Jahre 1961, schreibt sie: »Wir erkennen diese Grenze an und wir halten dafür, daß die Bundesrepublik diese Grenze anerkennen sollte. Wir erkennen diese Grenze an angesichts einer tausendjährigen Geschichte deutsch-polnischer Beziehungen und deutsch-polnischer Konflikte, deutscher Leistungen und deutscher Gewalttaten, polnischen Lebens und polnischen Leidens, erworbener deutscher Rechte und verspielter deutscher Rechte in jenen Gebieten, die heute jenseits der deutsch-polnischen Grenze liegen. Wir erkennen sie an, weil wir wissen, daß jene Geschichte nicht 1937 und nicht 1939 endete, sondern daß Hitlers Ausrottungskrieg gegen Polen und das Ergebnis dieses Krieges zu jener Geschichte gehört und ihr Ende war. Nicht die Grenzen von 1937 oder gar 1939, sondern die Grenze von 1945 und 1961 ist das faktische und gerechte Ergebnis der Geschichte. […] Nicht die Verbandspropagandisten der längst im Westen heimisch gewordenen und in ihrer Mehrheit nicht rückkehrwilligen Flüchtlinge, sondern siebeneinhalb Millionen Polen, die seit 16 Jahren in jenen Gebieten lebenden oder dort geborenen Polen können das Recht auf Heimat und Selbstbestimmung für sich in Anspruch nehmen.«

Margherita von Brentano muß für diese schonungslose Analyse harsche Kritik aus dem konservativen Lager, besonders von seiten der Flüchtlingsverbände, einstecken. Nicht weniger umstritten sind ihre in demselben Artikel formulierten Gedanken über die Voraussetzungen einer deutschen Wiedervereinigung: »Daß schließlich die deutsche Wiedervereinigung, wenn überhaupt, nur auf dem langen und mühsamen Wege einer neuen, illusionslosen, die jetzigen Spannungen und die berechtigten Ängste der östlichen Nachbarn Deutschlands abbauenden mitteleuropäischen Politik zu erreichen wäre, und daß der erste und wichtigste Schritt auf einem solchen Wege die glaubhafte und garantierte Anerkennung der bestehenden deutschpolnischen Grenze durch beide Teile eines wiederzuvereinigenden Deutschland wäre – das ist nicht nur offenkundig, sondern es gibt kaum einen prominenten Politiker des Westens, der dies nicht mehr oder weniger deutlich ausgesprochen hätte. Es ist an der Zeit, diesen Schritt zu tun.«

Dieser von ihr so vehement eingeforderte Schritt wird schließlich vollzogen, endgültig aber erst im Rahmen der Verhandlungen zur deutschen Wiedervereinigung im Jahre 1990. Margherita von Brentano mag das als späten Triumph verbucht haben.

Gefahren für die junge Bundesrepublik gehen in jenen Jahren häufiger von innenpolitischen Entwicklungen als von externen Bedrohungen aus, wie die sogenannte Spiegel-Affäre beweist. Am 26. Oktober 1962 läßt die Hamburger Staatsanwaltschaft die Redaktionsräume des Nachrichtenmagazins ›Der Spiegel‹ durchsuchen, in dem eine Analyse der NATO-Stabsübung zur Verteidigungsfähigkeit der Bundeswehr veröffentlicht worden ist. Der ›Spiegel‹-Herausgeber Rudolf Augstein und der stellvertretende Chefredakteur Conrad Ahlers werden verhaftet; ihnen wird Landesverrat zur Last gelegt. Die Bevölkerung reagiert empört, und Verteidigungsminister Franz Josef Strauß, Drahtzieher der Aktion, muß zurücktreten. In einem späteren Urteil wertet das Bundesverfassungsgericht das Vorgehen der Staatsanwaltschaft als Verstoß gegen die Pressefreiheit. Beschädigt ist nicht nur die Regierung Adenauer, sondern auch die junge Demokratie. So jedenfalls sehen es kritische Intellektuelle. In ihrem Editorial zu ›Das Argument‹ Nr. 24 von 1963, ›Das verratene Land und der Landesverrat‹, resümiert Margherita von Brentano in aller Schärfe: »Verraten und längst unterhöhlt ist das Grundgesetz dieser Bundesrepublik, eine gute, hoffnungsgebende und chancenreiche Verfassung. [...] Verraten ist das Recht in einem Lande, in dem Justiz und Polizeigewalt bis heute von Menschen ausgeübt werden, die an den übelsten Verbrechen bisheriger Geschichte verantwortlich beteiligt waren. [...] Verraten ist der Friede, der Lebenswille und die Zukunft eines Volkes, dessen beide Halbstaaten von je einem der Sieger über Hitler gegen den je anderen, strategisch als Degenspitze präpariert, psychologisch zum kläffenden Hündchen degradiert, eingesetzt wurden – und dies willig mitgemacht haben. Kein Wunder, daß sein Spiegelbild diesem Lande nichts anderes verraten kann, als daß es verraten worden ist.«

Margherita von Brentano gilt bald als die »rote Margherita«, ein Name, mit dem Gegner wie Bewunderer sie gleichermaßen belegen. Sie trägt ihn stolz und leugnet doch nie ihre bürgerliche Herkunft. Gewalt, auch im Dienste sozialistischer Überzeugungen, lehnt sie ab. Nach wie vor, das bezeugen Weggenossen, haftet ihr etwas Aristokratisches, Großbürgerliches an. Das Brentano-Erbe läßt sich nicht so ohne weiteres abstreifen.

Margherita von Brentano profiliert sich in den sechziger Jahren – zunächst als akademische Rätin bei Professor Wilhelm Weischedel – nicht nur am Institut für Philosophie, sondern zunehmend auch in der Hochschulpolitik. Die Freie Universität wird ihr Leben, hier findet sie Mitstreiter und Freunde, Gesinnungsgenossen, aber auch Gegner. 1967 heiratet sie einen Kollegen, den jüdischen Religionssoziologen Professor Jacob Taubes, führt jedoch weiterhin den Namen Brentano. Dabei ist das, vor der Reform der Namensgesetzgebung aus dem Jahr 1991, gar nicht so einfach durchzusetzen. Bei einer Präsidialsitzung der FU bezichtigt ein ihr feindlich gesinnter Kollege sie der unrechtmäßigen Namensführung. Sie kontert, indem sie ihm eine schriftliche Genehmigung des Polizeipräsidenten von Berlin vorlegt.

Was es wirklich heißt, Gegenwind zu bekommen, erfährt sie im Jahre 1970, als es zu einem Kräftemessen zwischen dem Präsidium der FU und dem Berliner Senat um ihre Person kommt, ein Streit, der sich zum »Fall Brentano« ausweitet.

Am 12. Mai 1970 werden Margherita von Brentano und der Mediziner Herbert Lax zu Vizepräsidenten der FU Berlin gewählt. Margherita von Brentano, damals akademische Rätin innerhalb der Philosophischen Fakultät, soll in ihrem Amt den Kontakt zu studentischen Gruppen und zur Senatskommission für Lehre und Studium halten. Gegen ihre Wahl zur Vizepräsidentin gibt es von seiten konservativer Kreise der Professorenschaft und des Mittelbaus erbitterten Widerstand. Es sind die Jahre der Studentenbewegung, die vor allem an den Universitäten Reformen und Mitspracherechte für die Studierenden einfordert. Margherita von Brentano eilt der Ruf voraus, den Marxisten nahezustehen, da sie wiederholt marxistische Philosophen zu Gastvorträgen an die FU geladen hat und sich darüber hinaus in ihren Artikeln und Manifesten in ›Das Argument‹ kritisch mit den gesellschaftlichen Gegebenheiten in der Bundesrepublik befaßt hat. Das allein reicht manchem Gegner aus, sie als Kommunistin zu klassifizieren, was einer Diffamierung als Verfassungsfeindin nahekommt. Margherita von Brentano hat sich lange gegen solche Vorwürfe zur Wehr setzen müssen und dabei immer betont, daß sie das Grundgesetz als die beste Verfassung ansehe, die gleichwohl gegen Aushöhlungsversuche durch kapitalistische und nationalistische Kreise zu verteidigen sei.

Bereits am 10. Juni, vier Wochen nach der Wahl, läuft die ›Notgemeinschaft für eine Freie Universität‹, ein Zusammenschluß konservativer Hochschullehrer, gegen die Vizepräsidentin Sturm. Die Zeitung ›Die Welt‹ aus dem Hause Springer verurteilt die geplante Einführung von »kollektiven Prüfungen« als kommunistische Einflußnahme und warnt vor der Unterminierung des universitären Lebens durch die »Roten Zellen«:

»Die Praxis der Roten Zellen und ihrer Sympathisanten belegt die Notgemeinschaft mit der Schilderung gestörter Vorlesungen, dem wachsenden Einfluß auf Institute und Lehrpläne. Es sei nur folgerichtig, wenn die Roten Zellen eine ›Reform‹ der Prüfungen verlangen. ›Bekannt ist, daß diese Forderungen in der Architekturabteilung der Technischen Universität weitgehend verwirklicht sind. Anscheinend will das Präsidialamt der Freien Universität nicht zurückstehen.‹ In einer programmati-

schen Äußerung vor dem Übergangskonzil erklärte die neu-
gewählte Vizepräsidentin, Frau Dr. von Brentano, die Einführung von kollektiven Prüfungen gehöre zu ihren wichtigsten
Aufgaben.

In einem Begleitschreiben berichtet die Notgemeinschaft,
daß ihr zahlreiche Studenten bekannt geworden seien, die an
den Berliner Hochschulen nicht mehr studieren könnten, da
Lehrveranstaltungen, zum Teil schon des Grundstudiums, zu
kommunistischen Indoktrinationskursen pervertiert worden
seien. ›Einigen dieser Studenten fehlen die Mittel, die ihnen ein
Weiterstudium an anderen deutschen Universitäten ermögli-
chen würden.‹ Die Notgemeinschaft ruft deshalb zu Paten-
schaften auf.«

Dieser Versuch einer Diffamierung ist der Beginn einer regel-
rechten Kampagne gegen die »rote Margherita«. Bald kommt
es zu öffentlichen Beschimpfungen, und im November 1970
schmieren Unbekannte an die Außenmauer des Auditorium
Maximum der FU die Parole »Ulbricht-Nutte Brentano über
die Mauer«.

Fünf Monate nach ihrer Wahl zur Vizepräsidentin vertritt
Margherita von Brentano Rolf Kreibich, den linksliberalen
Präsidenten der FU, bei einer Veranstaltung im Haus des
»Rings politischer Jugend«. Es ist eine der zahlreichen gesellschaftspolitischen Podiumsdiskussionen und »Hearings« jener Zeit. Margherita von Brentano diskutiert dort mit etwa
vierzig Mitgliedern der Wilmersdorfer Jungsozialisten über aktuelle hochschulpolitische Fragen. Die Westberliner Zeitungen
nehmen von dieser Veranstaltung zunächst keine Notiz, doch
drei Wochen später berichten auf einmal gleich drei Blätter
über den Abend. Anlaß für das verspätete Interesse: Ein anonymer Denunziant hat bereits einen Tag nach der Wilmersdorfer
Veranstaltung gegenüber der Polizei behauptet, Margherita
von Brentano habe bei der Diskussion mit den Jungsozialisten
die folgenden verfassungsfeindlichen Äußerungen getan: »Natürlich ist unser Ziel die Revolution. Aber das ist noch ein langer Weg.« »Wir brauchen die Roten Zellen als kontinuierli-

chen Druck von unten. Es ist schade, daß sie [...] nicht immer da sind, wenn man sie braucht, zum Beispiel bei Stellenanforderungen, wo man eine Gruppe von Studenten vorweisen müßte, die kontinuierlich an einem Thema arbeitet.« »Ich habe keine moralischen Bedenken gegen Gewalt. Man muß nur von Fall zu Fall prüfen, ob es politisch opportun ist, besonders, wenn es an die Öffentlichkeit kommt.«

Diese, wie sich herausstellen soll, haltlosen Vorwürfe sind Wasser auf die Mühlen der zahlreichen Gegner Margherita von Brentanos. Genüßlich versucht man, ihren Ruf zu ruinieren. Es gibt nicht nur die beleidigenden Schmierereien am Auditorium Maximum, sondern auch subtilere Vorhaltungen, die suggerieren sollen, bei der bekennenden Sozialistin handle es sich um eine Nutznießerin des kapitalistischen Systems: Sie genieße schließlich den Status einer Landesbeamtin, fahre einen Alfa Romeo und besitze ein Fertighaus in Berlin-Schmargendorf, heißt es in der Presse. Und der Dienstherr der Philosophin, der Berliner Wissenschaftssenator Werner Stein (SPD) muß aktiv werden, will er nicht seinen Posten gefährden. Also leitet er eine Voruntersuchung gemäß der Landesdisziplinarordnung ein, da ein Vergehen gegen die Dienstordnung vermutet wird. Zugleich fordert er seine Landesbeamtin auf, schriftlich zu den inkriminierten Äußerungen Stellung zu nehmen.

Margherita von Brentano antwortet dem Senator am 16. November 1970: »Zur Sache kann ich jetzt, fast vier Wochen nach der Diskussion mit den Jungsozialisten, nur sagen, daß ich mich in keiner einzigen der wohl aufgrund dieser Denunziation kolportierten angeblichen Äußerungen wiedererkenne. Was behauptet wird, ist durchweg Lüge oder verdreht bis zur Unkenntlichkeit. In der Diskussion der Jungsozialisten [...] ging es um die Universitätsreform und um die Politik des Präsidialamts, die ich gegen sehr harte Angriffe und von seiten der Versammlung verteidigen mußte. Ich habe versucht, die Chancen und die Grenzen einer demokratischen Neustrukturierung der Universität zu erläutern und abstrakte und illusionäre Forderungen kritisch zu korrigieren.«

In einem späteren Brief an Senator Werner Stein erläutert sie ihre Äußerungen des umstrittenen Abends: Bei der »Vokabel Revolution« etwa habe sie »darauf hingewiesen, daß Revolution nach den historischen Vorbildern des Wortes obsolet sei, daß aber in unserer Gesellschaft grundlegende Strukturveränderungen notwendig seien, wenn sie ihre eigenen Ansprüche […] erfüllen wolle; daß solche Veränderungen langfristig und prozessual möglich seien über Bewußtseinsveränderung und Arbeit in den Sozialisationsbereichen. Ebenso habe ich deutlich erklärt, daß der Vorwurf, der aus der Versammlung kam, wir (das Präsidialamt) unterdrückten die Forderungen der Roten Zellen und anderer sozialistischer Gruppen, abzuweisen sei. In spektakulären Auftritten vorgebrachte und schlecht verbalisierte Forderungen seien wirkungslos […] nur kontinuierliche Arbeit an konkreten wissenschaftlich begründeten Projekten sei ein ›Druck von unten‹, der ihnen auch institutionellen Raum verschaffen könne. […] Ich habe deutlich erklärt, daß ich, *weil* ich die in der amerikanischen Bürgerrechtsbewegung entwickelten Methoden wie ›go-ins‹ etc. *nicht* für Gewalt halte, keine moralischen Bedenken gegen sie habe, daß (aber) gegen physische Angriffe und individuellen Terror selbstverständlich strafrechtlich vorgegangen werden sollte.«

Über dreißig Professoren, unter ihnen Ernst Bloch, verurteilen die »Denunziation der Vizepräsidentin«. Eine ›Aktionsgruppe Hochschullehrer‹, ein linksliberales Gegenforum zur ›Notgemeinschaft für eine Freie Universität‹, stellt sich auf die Seite Margherita von Brentanos und bezieht sich auf Forderungen des Bundeskanzlers Willy Brandt. »Mit Entschiedenheit«, so habe der Kanzler festgestellt, »gilt es, gegen jene Kräfte Front zu machen, die im Jahre 1970 immer noch – oder wieder – von den notwendigen Reformen der Gesellschaft dadurch ablenken möchten, daß sie antisozialistische Emotionen wecken oder anderen ihren neurotischen Marxistenschreck aufreden […].«

Margherita von Brentano sieht sich in all diesen Querelen über jeden Zweifel und jede Anfechtung erhaben. Es gelingt ihr sogar, den zum Teil hysterischen Anfeindungen in Interviews

mit ironischer Überlegenheit zu begegnen. Gegenüber dem
›Spiegel‹ äußert sie im Dezember 1970: »Ich habe einen ganz
guten demokratischen Record. Die wissen genau, daß es sehr
schwierig wäre, mich auf Grund dessen, was ich wirklich sage,
zu belangen: Man muß also fälschen.« Und sie fügt hinzu: »Ich
bin nicht geisteskrank.«

Im übrigen, so Margherita von Brentano gegenüber der
Presse, sei es an »der anderen Seite«, zu klären, ob man gleichzeitig Sozialistin und Landesbeamtin sein könne: »Die sollen
sich mal den Kopf darüber zerbrechen.«

Zu Weihnachten 1970 hat das »Kopfzerbrechen« ein Ende.
Nachdem der Untersuchungsausschuß mehrere Zeugen ange-
hört hat, die die von dem anonymen Denunzianten gemachten
Aussagen nicht bestätigen, wird die Voruntersuchung gegen
Margherita von Brentano eingestellt. Ein Dienstvergehen kann
nicht festgestellt werden.

Margherita von Brentanos Ruf mag vor dem Gesetz rehabi-
litiert sein, für ihre Gegner bleibt sie das sprichwörtliche rote
Tuch. Sie selbst versteht die Kampagne gegen sie als einen Stell-
vertreterkrieg nicht nur gegen die Freiheit der Meinungsäuße-
rung, sondern auch gegen die Unabhängigkeit von Universität
und Wissenschaft.

In einem manifestartigen Artikel im ›Telegraf‹ vom 25. Dezember 1970 definiert Margherita von Brentano ihr Verständnis des Begriffs Pluralismus, der in den Auseinandersetzungen
um die Veränderungen an den Hochschulen immer wieder herangezogen worden ist: »Der Streit um den Pluralismus, der zur
Zeit eine erhebliche Rolle in den Auseinandersetzungen an der
Universität spielt, lebt von einer Doppeldeutigkeit dieses Begrif-
fes. Pluralismus meint zunächst ein wissenschaftsorganisato-
risches, angewandt auf die Universität ein universitätspoliti-
sches Konzept. Es betrifft das Verhältnis der Universität als
Institution zu ihren Inhalten: den wissenschaftlichen Theorien,
den Forschungsmethoden, den Lehrmeinungen. Pluralistische
Wissenschaftsorganisation verlangt, daß die Institution Universität der Vielheit und Verschiedenheit der Inhalte Raum

gibt, im Prinzip jede Lehre zuläßt und keine ausschließt, selbst aber nicht als Richter im Streit der Meinungen auftritt. Pluralismus als Organisation fordert also Neutralität der Institution. Keineswegs fordert er Neutralität der Inhalte. Ganz im Gegenteil: er setzt gerade voraus, daß es nicht nur verschiedene Theorien und Methoden innerhalb des Feldes der Wissenschaften gibt, sondern daß sie untereinander in Konflikt liegen.«

Erst in der Gewährung dieser Vielfalt der Theorien und Lehren beweise sich die wahre Demokratie: »So verstanden ist Pluralismus eine gut demokratische Forderung. Doch bei manchen seiner Verfechter, jenen liberalen nämlich, die [Jürgen] Habermas kürzlich treffend als ›Renegaten der Mitte‹ bezeichnet hatte, weil sie, wenn es mit ihren eigenen Prinzipien ernst wird, nach rechts ausweichen, zeigt sich unter der demokratischen Drapierung schnell der Pferdefuß.«

Dann verweist sie auf den tieferen Sinn des Namens der Westberliner Universität, die als eine ›Freie Universität‹ gegründet worden ist: »Offen, frei und kritisch wäre die Universität erst dann, wenn sie auch jener Theorie sich stellt, die nach solchen Zusammenhängen fragt. Der Vorwand, unter dem man Sozialisten und Marxisten ausschließen will, der nämlich, sie seien in ihren Methoden dogmatisch, ist eine Zwecklüge. […] Unabdingbar für Sozialisten ist nicht irgendeine Methode, sondern die Forderung, daß gesellschaftlich produzierte und finanzierte Wissenschaft allen und nicht privaten Interessen dienen müsse. Hieran und nicht an äußerlicher Modernisierung oder ein wenig formaler Demokratisierung hat die Reform der Universität ihren Maßstab.«

Genau diese Position bleibt sowohl an der Universität als auch im Senat umstritten und führt ein gutes Jahr später zu einem erneuten Eklat. 1971 habilitiert sich Margherita von Brentano und ist nun Professorin am Institut für Philosophie; ihren Posten als Vizepräsidentin der FU behält sie. Sie versucht nun, ihren Ansichten zum Pluralismus der Lehre entsprechend, auch philosophische Richtungen zu berücksichtigen, die bisher an den westdeutschen Universitäten aus ideologischen Gründen unterdrückt worden sind. So befürwortet sie die Berufung des international angesehenen belgischen Philosophen und Kapitalismuskritikers Ernest Mandel an die FU. Mandel ist Trotzkist und hat sich 1962 mit seinem zweibändigen Werk ›Marxistische Wirtschaftstheorie‹ einen Namen gemacht. Doch der von der SPD geführte Berliner Senat verweigert Mandel wegen seiner ideologischen Haltung die Berufung. Schließlich belegt Bundesinnenminister Hans-Dietrich Genscher ihn sogar mit einem Einreiseverbot, das sieben Jahre lang aufrechterhalten wird.

Wieder kommt es zu einer von der Presse geschürten Kampagne gegen die »rote Margherita«. In einem Streitgespräch mit ihrem Dienstherrn, Berlins Wissenschaftssenator Werner Stein, abgedruckt in der Ausgabe des ›Spiegel‹ vom 14. Februar 1972, verwirft Margherita von Brentano den zur Formel erstarrten Pluralismus-Begriff des auf Loyalität bedachten Staates: »Mein Verdacht ist, daß die Diskrepanz zwischen der ökonomischen Basis, nämlich der kapitalistischen Produktionsweise, und den Ideen dieser Gesellschaft so offenkundig geworden ist, daß wir uns eine inhaltliche Legitimation gar nicht mehr leisten können und daher ständig aufs Formale, zum Beispiel auf den Pluralismus ausweichen. […] Daß Studenten sich intolerant verhalten, ist wahr, aber es hat auch Gründe. Sehr lange Zeit wurde ihr Interesse, sozialistische Theorie an der Universität auch von Sozialisten zu hören, nicht beachtet. Und ich habe den Verdacht, daß man ihre Intoleranz nur geduldet hat, um sie den Marxisten insgesamt anlasten zu können. […] Schlechtes Benehmen, Intoleranz von Studenten sind kein Problem der Marxisten oder der marxistischen Theorie, sondern viel eher das der wenig marxistischen Antiautoritären. Und bezeichnenderweise sind es gerade die Konservativen, die heute der antiautoritären Protestbewegung Krokodilstränen nachweinen.«

Senator Stein führt als Gegenargument die Intoleranz marxistischer Lehre in der Sowjetunion an. Dem widerspricht Margherita von Brentano, indem sie zwischen Sowjetsystem und grundsätzlicher Kapitalismuskritik differenziert: »Erstens, wenn wir ein demokratischer Staat sind, Herr Stein, dann genügt kein Verdacht, sondern die Gruppe oder Partei muß vom Verfassungsgericht verboten sein. Solange sie das nicht ist, widerspricht es dem Grundgesetz, jemanden zum Verfassungsfeind zu erklären, mit der Folge des Berufsverbots. Zweitens kann der Staat zwar bestimmte Qualifikationen verlangen; er darf aber niemanden wegen seiner politischen Überzeugung benachteiligen. Deshalb ist dieser Beschluß meiner Meinung nach eindeutig verfassungswidrig.«

All diese Differenzierungsversuche und Aufrufe zur Verfassungstreue fruchten nichts. Der Berliner Senat bleibt bei seiner Weigerung, Ernest Mandel an die Freie Universität zu berufen. Daraufhin sieht Margherita von Brentano nur noch eine Möglichkeit, ihre Glaubwürdigkeit und Integrität zu wahren: Sie tritt von ihrem Amt als Vizepräsidentin der FU zurück. In ihrer Erklärung definiert sie nochmals eindringlich ihre Haltung: »Wenn der Beschluß der Ministerpräsidentenkonferenz vom Januar 1972 dazu führt, daß die Universitäten der Bundesrepublik und Westberlins, anders als in Frankreich, England, Italien und selbst in den USA, einer der, wenn nicht der wichtigsten Theorie des Zeitalters keinen Raum geben – es sei denn in der kastrierten Form, daß, wer sie lehrt, sich verpflichten muß, sie nicht zu vertreten –, dann werden diese Universitäten weder frei noch Stätten der Wissenschaft mehr sein. Auf Folgenlosigkeit verpflichtete Wissenschaft ist keine mehr.«

Ihren Rücktritt sieht sie wohl eher als ein Signal denn als Eingeständnis einer Niederlage. Auch weiterhin bleibt sie politisch wie hochschulpolitisch aktiv. Noch im gleichen Jahr, 1972, wird Margherita von Brentano in den erweiterten Vorstand des ›Bundes demokratischer Wissenschaftler‹ (BDW) gewählt, das Gegenstück des CDU-nahen ›Bundes Freiheit der Wissenschaft‹. Ebenfalls zum Vorstand des BDW, der über achthundert Mitglieder zählt, gehören Walter Jens, Reinhard Kühnl und Helmut Ridder.

An der Reorganisation und Reform des Instituts für Philosophie an der FU beteiligt sich Margherita von Brentano ebenso wie an der Initiative für den Neubau des Instituts in der Habelschwerdter Allee 30 in Berlin-Dahlem. Als das neue Haus 1983 bezogen wird, ist sie erleichtert, das alte Gebäude, diese »gut gemeint gedachte aber krankmachende Rostlaube«, endlich verlassen zu können. Die Einweihung gerät – auf dem Höhepunkt der Proteste gegen den NATO-Nachrüstungs-beschluß – erneut zum Politikum: Türen und Fenster sind mit Flugblättern beklebt, auf denen das Institut nach einstimmi-gem Direktoriumsbeschluß zur »aktiven Friedenszone« er-klärt wird. Das Präsidium der FU zeigt kein Verständnis für die Aktion, Margherita von Brentano hingegen verteidigt den Be-schluß als symbolischen Akt.

In den frühen achtziger Jahren engagiert sich Margherita von Brentano in der Friedensbewegung. Auf ihre Initiative hin wird an der FU ein interdisziplinäres Kolloquium zur Friedens-politik abgehalten, zu dem auch Militärexperten eingeladen werden. Bei der Blockade des US-Militärstützpunkts Mutlan-gen sitzt sie neben dem Schriftsteller Heinrich Böll und dem evangelischen Theologen Helmut Gollwitzer auf den Schienen. Im Dezember 1983 unterzeichnet sie einen Aufruf des ›Akti-onskreises Gewerkschaften und Hochschulen‹, in dem aus Protest gegen die Stationierung von neuen Mittelstreckenra-keten zum Streik der Professorenschaft und des Mittelbaus der FU aufgerufen wird – eine Aktion, die der damalige Berliner Wissenschaftssenator Wilhelm Kewenig heftig kritisiert und als rechtswidrig verurteilt; er droht sogar mit dienstrechtlichen Maßnahmen.

Margherita von Brentano eckt an, empfindet dieses Anek-ken aber als Pflicht freier Bürger. Als 1989 der »real existie-rende« Sozialismus zusammenbricht, ändert das nichts an ih-ren Überzeugungen, und sie fordert zur Solidarität mit Kollegen auf, die unter dem Druck geänderter politischer Ver-hältnisse »abgewickelt« werden sollen. So setzt sie sich dafür ein, daß der Rektor der Humboldt-Universität Berlin, der Theologe Heinrich Fink, im Amt bleiben kann.

Bei den Wahlen zum Berliner Senat ruft sie gemeinsam mit linken Intellektuellen in einer ›Aktion für mehr Demokratie‹ zur Wahl der SPD auf – nicht, weil sie von deren Politik rückhaltlos überzeugt wäre, sondern weil sie das als einzige Möglichkeit betrachtet, im Parteienstaat überhaupt etwas zu bewegen. Andere Unterzeichner des Aufrufs sind Günter Grass, Johano Strasser, Hannes Schwenger, Peter Rühmkorf, Klaus Stiller, Leonie Ossowski und Lea Rosh.

Mit letzterer verbindet Margherita von Brentano nach 1989 ein ehrgeiziges Vorhaben: die Errichtung eines zentralen Mahnmals für die ermordeten Juden Europas. Gemeinsam mit Lea Rosh und Joachim Braun sitzt sie im Vorstand eines Förderkreises; Kuratoriumsmitglieder sind unter anderen Siegfried Lenz, Kurt Masur, Eberhard Jäckel und Edzard Reuter. Den Bau und die Einweihung des Holocaust-Mahnmals nahe dem Brandenburger Tor im Jahre 2005 freilich erlebt Margherita von Brentano nicht mehr

Neben der Friedens- und Aussöhnungspolitik hat sie in all den Jahrzehnten ein besonderes Anliegen: die Förderung von Frauen an der FU. Bereits 1963 erkennt sie die fehlenden Chancen von Frauen im Universitätsbetrieb als ein grundlegendes gesellschaftliches Problem: »Das Problem der Frauen an der Universität ist kein universitätsspezifisches Problem. Es ist unlösbar vom Gesamtproblem des Selbstverständnisses und des Verhaltens von Männern und Frauen in einer Gesellschaft, in der das Verhältnis der Geschlechter, der beiden Grundweisen also, Mensch zu sein, von altersher und immer noch ein Verhältnis der Herrschaft und Unterdrückung ist; dies noch so sehr ist, daß die schöne und wahre Forderung, es solle ein solches der Partnerschaft sein, wenn als verwirklicht behauptet, selbst ein Mittel der Herrschaft wird.«

Ihre letzten Lebensjahre verbringt Margherita von Brentano eher zurückgezogen. Ihr Ehemann Jacob Taubes stirbt am 21. März 1987 in Berlin. Auf den Tag acht Jahre später, am 21. März 1995, stirbt Margherita von Brentano schließlich nach schwerer Krankheit und wird auf dem Sankt-Annen-Friedhof beigesetzt, auf dem sich auch die letzten Ruhestätten ihrer Freunde und Mitstreiter Helmut Gollwitzer und Rudi Dutschke befinden.

Wenige Monate nach ihrem Tod beschließt das Präsidium der Freien Universität Berlin, einen Preis zur Förderung von frauenspezifischen Studien auszuschreiben, der nach Margherita von Brentano benannt wird. Der Preis wird jedes Jahr verliehen und ist mit 11 000 Euro der höchstdotierte im Bereich »Gender Studies«. Studien etwa über »Frauen in der Philosophie«, über »Frauen- und Geschlechterforschung in lateinamerikanischen Gesellschaften«, über die »Durchsetzung des Berufsbildes weiblicher Ärzte in Deutschland« oder über das Frauenkonzentrationslager Ravensbruck wurden mit dem Preis ausgezeichnet und gefördert. So lebt Margherita von Brentanos Name im Wissenschaftsbetrieb der Freien Universität, deren Freiheit sie stets verteidigt hat, fort.

Ihr Nachlaß, nach ihrem Tod einige Jahre bei den Erben in Tel Aviv, kehrte im März 2005 nach Berlin zurück: Er ging als Geschenk an die Staatsbibliothek Preußischer Kulturbesitz und soll dort katalogisiert und aufgearbeitet werden. Danach wird er Wissenschaftlern zur Verfügung stehen.

Der ›Spiegel‹ hatte Margherita von Brentano während des Eklats von 1970 als die »terrible Nichte« des früheren Außenministers Heinrich von Brentano apostrophiert, eine kurzsichtige, weil klischeehafte Bezeichnung für eine Persönlichkeit, die es zeitlebens verstand, sich Freiheit im Denken und in der Lebensführung zu bewahren – eine Freiheit, die, wie an etlichen Frauen der Familie zu zeigen war, nicht untypisch für die Brentanos ist.

Das Brentanohaus in Winkel

Angela von Brentano
(geb. 1952)
und das Brentanohaus in Winkel

>*In den historischen Räumen des Brentanohauses merke ich jedesmal, wie der romantische Geist mich erfaßt.«*
>
> Angela von Brentano

Der Zweite Weltkrieg hat auch in das Brentanosche Erbe Wunden geschlagen; so wurde das Stammhaus des Frankfurter Zweigs der Familie, das Haus zum Goldenen Kopf, restlos zerstört. Erhalten geblieben ist hingegen das historische Petrihaus im Brentanopark in Frankfurt-Rödelheim, das vor wenigen Jahren auf Initiative eines Fördervereins liebevoll restauriert wurde und heute für Lesungen und andere künstlerische Veranstaltungen zur Verfügung steht.

Ein weiteres Gebäude, das seit genau zweihundert Jahren mit dem Namen Brentano verbunden ist, hat nicht nur Krieg und Modernisierungswut weitgehend unverändert überstanden, sondern ist zudem bis heute im Besitz der Familie: das Sommerhaus Franz und Antonia Brentanos in Winkel im Rheingau. Zu dem langgestreckten Bau aus dem 18. Jahrhundert gehört auch ein Weingut. Die in den Winkeler Gärten des Brentanoschen Gutes angebauten Weine, überwiegend Riesling, werden unter der eingetragenen Bezeichnung »Goethe-Wein« vermarktet, da der Weimarer Dichter die Brentanoschen Weine zu seinen Lieblingsweinen erkoren hatte. Zudem werden Weinbrände unter den geschützten Namen »Bettine Brentano« und »Clemens Brentano« hergestellt.

Das Brentanohaus sowie das Weingut gehören heute Baron Udo und Baronin Angela von Brentano. Udo von Brentano ist ein Ururenkel Franz Brentanos und seiner Frau Antonia, geborene Birkenstock. Und obwohl das Haus nach wie vor ein privates Heim ist, sind die jetzigen Eigentümer bemüht, dem geistigen Erbe des Ortes gerecht zu werden. So kommt Angela von Brentano dem wachsenden Bedürfnis der Öffentlichkeit, am Originalschauplatz etwas über den Geist der Romantik und die Brentanosche Familientradition zu erfahren, mit der Veranstaltungsreihe ›Salonkultur im Brentanohaus‹ entgegen. Die Konzerte und Lesungen, die seit 1987 regelmäßig zur Sommerzeit veranstaltet und zum Teil mit Weinproben der eigenen Lagen verbunden werden, finden ein immer größeres Publikum. Vor einigen Jahren wurde zudem ein Gutsausschank an das Haus angebaut. Darüber hinaus nehmen etwa dreieinhalbtausend Besucher pro Jahr an Führungen durch das Brentanohaus teil, die Angela von Brentano anbietet.

Nicht immer sei es leicht, so die Hausherrin im Gespräch, Privatleben und Publikumsinteresse miteinander zu vereinbaren: »Eine Voranmeldung für die Führungen ist unbedingt notwendig. Das Haus ist ja kein Museum, sondern wir leben darin. Trotzdem kommt es immer wieder vor, daß Leute klingeln und sagen: ›Wir sind von so weit her gekommen, können wir nicht auch ohne Voranmeldung das Haus besichtigen?‹ Das ist aber leider nicht möglich.«

Mehrere Räume des Brentanohauses sind in genau dem Zustand erhalten, in dem sie zu Zeiten Franz und Antonia Brentanos waren, wie Goethe sie gesehen und Bettine Brentano sie in Briefen beschrieben hat. Da gibt es etwa das Rote Zimmer, so benannt nach der roten Bespannung der Sessel und Stühle, mit Ölporträts von Franz und Antonia Brentano aus der Hand Joseph Karl Stielers und mit zahlreichen anderen Kunstgegenständen und alten Möbeln. Außerdem sind zwei Räume zu besichtigen, in denen Goethe gewohnt und genächtigt hat: Auch hier sind Mobiliar, Bilder, Vorhänge und Tapeten original erhalten. Im ersten Obergeschoß schließlich liegt der große Saal, dessen Fenster nach drei Seiten hinausgehen, mit mehreren Sitzgruppen, einem Flügel (allerdings aus späterer Zeit), Gemälden und alten Tapeten.

Immer noch weht der Geist der romantischen Zeit durch

diese Räume, und wenn man sich Bettine Brentanos Bericht über das Leben im Haus vergegenwärtigt, ist es, als könnte sie jeden Augenblick durch die Tür kommen. In ›Goethes Briefwechsel mit einem Kinde‹ schreibt sie: »Erst ein ganzes Haus voll Frauen, kein einziger Mann, nicht einmal ein Bedienter. Alle Läden im Haus sind zu, damit uns die Sonne nicht wie unreife Weinstöcke behandelt und garkocht. Das Stockwerk, in dem wir wohnen, besteht aus einem großen Saal, an das lauter kleine Kabinette stoßen, die auf den Rhein sehen, in deren jedem ein Pärchen von unserer Gesellschaft wohnt. Morgens kommen wir alle aus unsern Gemächern im Saal zusammen. Es ist ein besonderes Pläsier, zu sehen, wie einer nach dem andern griechisch drapiert hervorkommt. Der Tag geht vorüber in launigem Geschwätz, dazwischen Bruchstücke von Gesang und Harpegge [arpeggierte Akkorde] auf der Guitarre. Am Abend spazieren wir an den Ufern des Rheins entlang, da lagern wir uns auf dem Zimmerplatz; ich lese Homer vor, die Bauern kommen alle heran und hören zu; der Mond steigt zwischen den Bergen herauf und leuchtet statt der Sonne. In der Ferne liegt das schwarze Schiff, da brennt ein Feuer, der kleine Spitzhund auf dem Verdeck schlägt von Zeit zu Zeit an. Wenn wir das Buch zumachen, so ist ein wahres politisches Verhandeln, die Götter gelten nicht mehr und nicht weniger als andere Staatsmächte, und die Meinungen werden so hitzig behauptet, daß man denken sollte, alles wär' gestern geschehen [...]. Wenn wir nach Hause kommen, so steigt einer nach dem anderen, wenn er müde ist, zu Bette. – Ich sitze dann noch am Klavier, und da fallen mir Melodien ein, auf denen ich die Lieder, die mir lieb sind, gen Himmel trage.«

Auch außerhalb des Hauses ist vieles so erhalten, wie Bettine Brentano und Goethe es gekannt haben. Selbst der Weinlaubengang, in dem nach dem Zeugnis Antonia Brentanos der Weimarer Dichter bei seinen Besuchen gern spazierenging, ist noch vorhanden. »Jeden Morgen«, so Antonia Brentano in ihren Erinnerungen, »zog er da seinen weißen flanelleten Schlafrock an, legte die Hände auf den Rücken und wanderte den

369

langen Bogengang, der fast bis an den Rhein reichte, auf und ab. Während diesem Gange war er nicht gerne gestört und gab kaum Antwort, wenn er gefragt wurde.«

Wie lebt man aber in einem solch geschichtsträchtigen Haus? Die Eltern der heutigen Hausherrin Angela von Brentano, geborene Reimann, kamen nach dem Krieg als Flüchtlinge aus Schlesien. Sie selbst ist im Rheingau aufgewachsen und hat in Mainz und Marburg Germanistik, Romanistik und Philosophie studiert, günstige Voraussetzungen also, das geistige Erbe der Brentanos sowohl literarhistorisch als auch in seiner regionalen Bedeutung zu würdigen. Dennoch, so gesteht Angela von Brentano, war die erste Begegnung mit den historischen Räumen des Hauses eher schwierig für sie: »Ich kam ja aus einem ganz modernen Haushalt. Meine Eltern waren Flüchtlinge aus Breslau und besaßen folglich nichts Altes mehr. Als ich das erste Mal in das Haus hier kam, hat es mich förmlich erschlagen. Aber der Mensch ist ja Gott sei Dank lernfähig, und so habe ich mich schnell akklimatisiert.«

Ihre drei mittlerweile erwachsenen Kinder (eine Tochter und zwei Söhne), so Angela von Brentano, hätten mit dem Haus und seiner historischen Ausstattung hingegen nie Probleme gehabt: »Mein Mann und die Kinder kennen es ja nicht anders. Die sind damit aufgewachsen, und es ist für sie das Normalste von der Welt.« Schriftsteller finden sich in der jüngsten Generation der Brentanos gleichwohl nicht mehr.

In dem Winzerort Winkel erinnern noch andere Örtlichkeiten an die große Zeit der Romantik. Unweit des Brentanohauses befindet sich das ehemalige Weingut Johannes Ohlig, in dem Karoline von Günderrode, die Freundin von Clemens, Bettine und Gunda Brentano, eine Zeitlang lebte. Eine Plakette an der Fassade erinnert an sie. Vor allem aber ist ihr Grab an der Friedhofsmauer in Winkel zu besichtigen: Am 26. Juli 1806 hatte man die erst sechsundzwanzig Jahre alte Dichterin am Ufer des Rheins erstochen aufgefunden. Sie hatte sich wegen einer unglücklichen Liebe und fehlender Lebensperspektiven selbst getötet.

Ihre Freundin Bettine Brentano schrieb erschüttert: »Am andern Morgen fuhren wir bei früher Zeit auf dem Rhein weiter. – Franz hatte befohlen, daß das Schiff jenseits sich halten solle, um zu vermeiden, daß wir dem Platz zu nahe kämen, aber dort stand der Fritz Schlosser am Ufer, und der Bauer, der sie gefunden, zeigte ihm, wo der Kopf gelegen hatte und die Füße und daß das Gras noch nieder liege, – und der Schiffer lenkte unwillkürlich dorthin, und Franz bewußtlos sprach im Schiff alles dem Bauer nach, was er in der Ferne verstehen konnte, und da mußte ich denn mit anhören die schauderhaften Bruchstücke der Erzählung, vom roten Kleid, das aufgeschnürt war, und der Dolch, den ich so gut kannte, und das Tuch mit Steinen um ihren Hals, und die breite Wunde.«

Das Schicksal der Günderrode regte die Schriftstellerin Christa Wolf zu einer literarischen Auseinandersetzung mit der romantischen Dichterin an: Im Jahre 1979 veröffentlichte sie eine Auswahl von deren Werken und Briefen unter dem Titel ›Der Schatten eines Traumes‹ und leitete das Buch mit einem wissenschaftlich fundierten und psychologisch feinsinnigen Essay ein. Diese Sammlung wurde zum Ausgangspunkt der Wiederentdeckung Karoline von Günderrodes durch Leserschaft und Forschung.

Im selben Jahr publizierte Christa Wolf die Erzählung ›Kein Ort. Nirgends‹, die in Winkel spielt, zum Teil sogar im großen Saal des Brentanohauses. Für ihre Recherchen war Christa Wolf mehrmals in Winkel, »etwa vier Mal«, wie Angela von Brentano berichtet. »Sie hat sich hier sehr genau umgesehen, und ich stand noch längere Zeit in Briefkontakt mit ihr.« Auch nach dem Ende der DDR kam die ostdeutsche Autorin noch ein paarmal nach Winkel.

In der Erzählung ›Kein Ort. Nirgends‹ wird eine Begegnung Heinrich von Kleists mit Karoline von Günderrode im Juni 1804 beschrieben, ein Treffen, das in Wirklichkeit nie stattgefunden hat. Die beiden erkennen im Gespräch ihre Seelenverwandtschaft; sie sind Gescheiterte, Desillusionierte, die unter der warmen Sonne des Rheingaus die Kälte und Fühllosigkeit ihrer Zeit beklagen – der Leser weiß, daß beiden am Ende nur noch der Freitod offenstand. Christa Wolfs Erzählung ist weit mehr als ein literarhistorisches Stück: In der Trauer und Verzweiflung der beiden Protagonisten spiegelt sich die Entwurzelung des modernen Menschen, und auch als individualistische Kritik am Umgang der DDR mit ihren Literaten konnte und kann man ›Kein Ort. Nirgends‹ lesen.

Aber nicht nur die Familie Brentano und die Romantiker sind eng mit dem Ort Winkel verbunden. Hrabanus Maurus, Abt in Fulda und Erzbischof von Mainz, einer der größten Gelehrten des 9. Jahrhunderts, weilte häufig in dem kleinen Winzerort und ließ sich dort sogar das »Graue Haus« bauen. Das heutige Gebäude stammt zwar aus dem 12. Jahrhundert, doch der Aufenthalt des Gelehrten in Winkel ist nachgewiesen. Hier starb er auch, am 4. Februar 856. Ein Denkmal vor der Pfarrkirche erinnert an den »Praeceptor Germaniae«, den »Lehrer Deutschlands«, wie er häufig genannt wurde.

Winkel und insbesondere das Brentanohaus bleiben also lebendige, inspirierende Stätten einer Geistesgeschichte, die bis ins Frühmittelalter zurückreicht und seit weit über zweihundert Jahren mit der Familie Brentano verknüpft ist. Der Rheingau, Kulturland seit über zweitausend Jahren – seit der Besiedlung durch die Römer –, ist eine Region, die wie keine andere zur Ausprägung einer deutschen Identität beigetragen hat. Nach einem Jahrhundert ideologischer Verwirrung und Mißbrauchs des Begriffs »deutsche Kultur«, in einer Zeit, da die fortschreitende Globalisierung die Menschen spüren läßt, wie sehr sie auch auf kulturelle Wurzeln angewiesen sind, mag es hilfreich sein, sich das vor Augen zu halten. Der große Erfolg von Edgar Reitz' Filmreihe ›Heimat‹ und das wachsende Publikumsinteresse an den Brentano-Stätten in Winkel und andernorts sind Anzeichen dafür, daß immer mehr Menschen Halt in der geschichtlichen Rückbesinnung suchen. Der Begriff Heimat darf dabei nicht mit Heimattümelei verwechselt werden, mit der serienmäßig produzierten Darstellung geschönter, süßlicher Bilder. Rückbesinnung auf Heimat ist vielmehr der Versuch, die eigene Geschichte zu erkunden, um sich in der Gegenwart besser orientieren zu können. Denn nur wer sich erinnert, kann die Gegenwart begreifen und die Zukunft meistern.

Die Beschäftigung mit der Familie Brentano ist nur ein Beispiel von vielen für diese Tendenz, Geschichte, Heimat und Tradition als wegweisende Konstanten zu verstehen. Im Falle der Brentanos ist besonders interessant, wie sehr sich die verschiedenen Kulturen, Sprachen und Konfessionen – das Italienische und Deutsche, das Romanische und Germanische, das Katholische und Protestantische – miteinander vermischten und wie gerade dadurch intellektuell Neues und künstlerisch Innovatives entstand. Die Frauen der Brentanos haben viel zu diesem geistigen Aufbruch beigetragen, in Dichtung, bildender Kunst, Wissenschaft und politischer Kultur. Aber auch die Wahrung des geistigen Erbes lag vielfach in ihren Händen. Ohne die Frauen der Familie wäre vieles von dem, was uns heute noch erfreut und berührt, nicht erhalten geblieben. Freilich bringt nicht jede Zeit gleichermaßen Bedeutendes und Beständiges hervor wie beispielsweise die Epoche des deutschen Idealismus – der Klassik und Romantik. Die in diesem Band versammelten Lebensgeschichten zeigen jedoch auch, daß keine Begeisterung ohne Zweifel, keine Leistung ohne Rückschläge, keine Freude ohne Trauer auskommt.

Nach dem Tod ihrer Freundin Karoline von Günderrode fand Bettine Brentano angesichts der lieblichen Landschaft des Rheingaus die tröstlichen Worte: »Da lag der herrliche Rhein mit seinem smaragdnen Schmuck der Inseln; da sah ich die Ströme von allen Seiten dem Rhein zufließen und die reichen friedlichen Städte an beiden Ufern und die gesegneten Gelände an beiden Seiten; da fragte ich mich, ob mich die Zeit über diesen Verlust beschwichtigen werde, und da war auch der Entschluß gefaßt, kühn mich über den Jammer herauszuschwingen, denn es schien mir unwürdig, Jammer zu äußern, den ich einstens beherrschen könne.«

Danksagung

Den folgenden Personen und Institutionen, die mit Anregungen und Hinweisen, mit finanzieller und ideeller Unterstützung das Buchprojekt begleitet haben, meinen aufrichtigen Dank.

Besonders hervorheben möchte ich:
den FörderVerein PetriHaus, Frankfurt-Rödelheim, hier vor allen Manfred Englert und Sylvia Viktoria Rumscheidt, sowie den Leiter Kunst und Kultur der Fraport AG, Dr. Michael K. Wustrack.
Weiterhin danke ich:
Baron Udo und Baronin Angela von Brentano, Winkel,
Anton M. Wüstefeld, Direktor des Intercity Hotels Frankfurt/M.-Flughafen,
Prof. Dr. Hartwig Schultz, Freies Deutsches Hochstift, Frankfurt/M.,
Dr. Renate Moering, Freies Deutsches Hochstift,
den Mitarbeitern und Mitarbeiterinnen des Freien Deutschen Hochstifts,
Hans Grüters, Handschriftenabteilung des Freien Deutschen Hochstifts,
Dr. Jochen Meyer und den Mitarbeitern und Mitarbeiterinnen des Deutschen Literaturarchivs Marbach a. N.,
Schwester Maura Promberger O. S. B., Benediktinenstift Nonnberg, Salzburg,

Willi Hiedl und seiner Frau, München und Prien am Chiemsee,
Bettina Eltner, claassen Verlag, Berlin,
Claudia Schlottmann, Köln,
Dr. Harry Olechnowitz, Berlin,
Dr. Michael Engel und Christiane von Alten, Universitätsarchiv der Freien Universität Berlin,
meinem Vater Stefan Strohmeyr,
und meinen Freunden Johannes Wörle, Dr. Christoph Roth, Ralf Wolff-Boenisch, Dr. Tanja Zschach, besonders aber Nils Niemann.

Anmerkungen

Autor und Verlag danken den Eigentümern der Quellen für die Zitiererlaubnis: dem Schiller-Nationalmuseum/Deutsches Literaturarchiv Marbach am Neckar (Sigle DLA) und dem Freien Deutschen Hochstift Frankfurt am Main (Sigle FDH).

Kapitel Elisabeth von Heyking

1 Brief Elisabeth von Heykings an Paul Schultze-Naumburg, 30. 11. 1917 [DLA, 69 198/4].

Kapitel Irene Forbes-Mosse

2 Brief Irene Forbes-Mosses an Hermann Hesse, o. D. [nach 1931], DLA.
3 Brief Irene Forbes-Mosses an Sophie (Sissi) Brentano, 16. 5. [1915], FDH [Hs-17070].
4 Brief Elisabeth von Heykings an Irene Forbes-Mosse, zitiert in: Brief Irene Forbes-Mosses an Sophie (Sissi) Brentano, 13. 10. 1917, FDH [Hs-17064].
5 Brief Irene Forbes-Mosses an Sophie (Sissi) Brentano, 13. 10. 1917, FDH [Hs-17064].
6 Brief Irene Forbes-Mosses an Sophie (Sissi) Brentano, 31. 12. 1917, FDH [Hs-17065].

7 Brief Irene Forbes-Mosses an Heinrich Wolfgang Seidel, 17.3. o. J. [wohl aus den 1920er Jahren], DLA.

8 Brief Irene Forbes-Mosses an Heinrich Wolfgang Seidel, 4.5. o. J. [wohl 1929], DLA.

9 Brief Irene Forbes-Mosses an Heinrich Wolfgang Seidel, 4.5. o. J. [wohl 1929], DLA.

10 Brief Irene Forbes-Mosses an Heinrich Wolfgang Seidel, 21.7. [1931?], DLA.

11 Brief Irene Forbes-Mosses an Heinrich Wolfgang Seidel, 21.7. [1931?], DLA.

12 Brief Irene Forbes-Mosses an Heinrich Wolfgang Seidel, 30.10. o. J. [1930er Jahre], DLA.

13 Brief Irene Forbes-Mosses an Karl Wolfskehl, 18.4. [1936], DLA.

14 Brief Irene Forbes-Mosses an Heinrich Wolfgang Seidel, 6.11. 1934, DLA.

15 Brief Irene Forbes-Mosses an Karl Wolfskehl, 18.4. [1936], DLA.

16 Brief Irene Forbes-Mosses an Hermann Hesse, o. D. [nach 1931], DLA.

Kapitel Sophie (Sissi) Brentano

17 Postkarte Franz Marcs an Sophie (Sissi) Brentano, Pasing, 31.12. 1903, FDH [Hs-13012].

18 Brief Irene Forbes-Mosses an Sophie (Sissi) Brentano, Charlottenburg, 10.12. 1917, FDH [Hs-17069].

19 Brief Irene Forbes-Mosses an Sophie (Sissi) Brentano, 5.1. 1918, FDH [Hs-17066].

20 Brief Irene Forbes-Mosses an Sophie (Sissi) Brentano, 10.2. 1918, FDH [Hs-17060].

21 Brief Irene Forbes-Mosses an Sophie (Sissi) Brentano, 9.1. 1918, FDH [Hs-17062].

22 Brief Irene Forbes-Mosses an Sophie (Sissi) Brentano, 9.1. 1918, FDH [Hs-17062].

23 Brief Alexander von Bernus' an Sophie (Sissi) Brentano, Frankfurt/M., 6.3.1929, FDH [Hs-17090].

24 Brief Ina Seidels an Sophie (Sissi) Brentano, Starnberg, 25.10. 1953, FDH [Hs-17187].

25 Brief Sophie (Sissi) Brentanos an Werner Milch, o.O., o.D., FDH [Hs-17118].

26 Brief Sophie (Sissi) Brentanos an Peter Suhrkamp, 31.3.1950, FDH [Hs-17118].

27 Brief Ina Seidels an Sophie (Sissi) Brentano, Starnberg, 19.1. 1947, FDH [Hs-17184].

28 Brief Annette Kolbs an Sophie (Sissi) Brentano, 16.8.1950, FDH [Hs-16716].

29 Brief Annette Kolbs an Sophie (Sissi) Brentano, Paris, 15.1.1951, FDH [Hs-16717].

30 Brief Annette Kolbs an Sophie (Sissi) Brentano, Basel, 31.8.1951, FDH [Hs-16723].

31 Brief Annette Kolbs an Sophie (Sissi) Brentano, Basel, 31.8.1951, FDH [Hs-16723].

Auswahlbibliographie

1. Allgemeine Literatur

Arnim, Clara von: Der grüne Baum des Lebens. Lebensstationen einer märkischen Gutsfrau in unserem Jahrhundert. Bern, München 1989.

Brentano, Lujo: Mein Leben im Kampf um die soziale Entwicklung Deutschlands. Jena 1931.

Brentano, Peter Anton von: Schattenzug der Ahnen der Dichtergeschwister Clemens und Bettina Brentano. Regensburg 1940.

Brinker-Gabler, Gisela (Hg.): Deutsche Dichterinnen vom 16. Jahrhundert bis zur Gegenwart. Frankfurt/M. 1979.

Doderer, Otto: Brentanos im Rheingau. Am Urquell der Rheinromantik. Ratingen 1942.

Feilchenfeldt, Konrad und Luciano Zagari (Hgg.): Die Brentano. Eine europäische Familie. Reihe der Villa Vigoni. Bd. 6. Tübingen 1992.

Freyberg, Pankraz Frhr. von (Hg.): Die Brentano. Aufsätze zur Familiengeschichte von Johannes Freiherr von Brentano. München (Selbstverlag) 1990.

Friedrichs, Elisabeth: Die deutschsprachigen Schriftstellerinnen des 18. und 19. Jahrhunderts. Ein Lexikon. Stuttgart 1981.

Grimm, Ludwig Emil: Erinnerungen aus meinem Leben. Leipzig 1911.

Günzel, Klaus: Die Brentanos. Eine deutsche Familiengeschichte. Zürich 1993.

Krohmann, Dorothea: Fünf Kapitel zur Geschichte der Rödelheimer Brentanos [Schreibmaschine mit Illustrationen,
1989, 1992. Exemplar im Freien Deutschen Hochstift,
Frankfurt/M.].

Landfester, Ulrike und Hartwig Schultz (Hgg.): Dies Buch ge-
hört den Kindern. Achim und Bettine von Arnim und ihre
Nachfahren. Beiträge eines Wiepersdorfer Kolloquiums zur
Familiengeschichte. Berlin 2003.

Minder, Robert: Geist und Macht oder Einiges über die Fami-
lie Brentano. Akademie der Wissenschaft und Literatur
Mainz. Abhandlungen der Klasse der Literatur. Jg. 1971/72.
Nr. 3. Mainz, Wiesbaden 1972.

Plato, Karl Theo: Die Brentanos, einige Betrachtungen zur Familiengeschichte. (Vortrag, 1. 4. 1979). Koblenzer Hefte für
Literatur. Nr. 1. Koblenz 1979.

Savigny, Gunda von: Hof Trages. Chronik der Familie von Savigny. Hanau, 2. Aufl. 1999.

Schad, Brigitte (Hg.): Die Aschaffenburger Brentanos. Beiträge   zur
Geschichte der Familie aus unbekanntem Nachlaß-Material.
Geschichts- und Kunstverein Aschaffenburg e. V., Aschaffenburg 1984.

Schaefer, Albert: Das Brentanohaus in Winkel/Rheingau. Wiesbaden 1970.

Schellberg, Wilhelm und Friedrich Fuchs (Hgg.): Clemens
Brentano. Das unsterbliche Leben. Unbekannte Briefe Jena
1939.

Schultz, Hartwig: Die Frankfurter Brentanos. Stuttgart, München 2001.

Storek, Wilhelm: Das Brentanohaus in Winkel. Geschichte
und Geschichten um ein altes Haus im Rheingau. Neu-
wied/Rhein 1980.

2. Literatur zu Einzelpersonen

Sophie von La Roche (1730–1807)

»Das wahre Glück ist in der Seele des Rechtschaffenen.« Sophie von La Roche (1730–1807). Museum Sophie La Roche, Bönnigheim. Katalog zur Ausstellung. Bönnigheim o. J.

Adam, Wolfgang: Die Schweizer Reisen der Sophie von La Roche. In: Helvetien und Deutschland. Hg. von Hellmut Thomke. Amsterdam 1994. S. 33–55.

Becker-Cantarino, Barbara: Muse und Kunstrichter: Sophie La Roche und Wieland. In: Modern Language Notes 99 (1984). S. 571–588.

Becker-Cantarino, Barbara: Sophie von La Roche (1731–1807). Kommentiertes Werkverzeichnis. In: Das achtzehnte Jahrhundert 17 (1993). S. 28–49.

Heidenreich, Bernd: Sophie von La Roche. Eine Werkbiographie. Frankfurt/M. 1986.

Kampf, Karl (Hg.): Sophie La Roche. Ihre Briefe an die Gräfin Elise zu Solms-Laubach 1787–1807. Offenbacher Geschichtsblätter. Nr. 15. Offenbach (Stadtarchiv) 1965.

Koenig-Warthausen, Gabriele von: Sophie La Roche, geb. Gutermann. Schriftstellerin, Jugendliebe Wielands. 1730–1807. In: Lebensbilder aus Schwaben und Franken. Hg. von Max Miller und Robert Unland. Bd. 10. Stuttgart 1966. S. 101–125.

Langner, Margrit: Sophie von La Roche – die empfindsame Realistin. Heidelberg 1995.

Maurer, Michael (Hg.): Ich bin mehr Herz als Kopf. Sophie von La Roche. Ein Lebensbild in Briefen. München 1983.

Milch, Werner: Sophie La Roche. Die Großmutter der Brentanos. Frankfurt/M. 1935.

Ottenbacher, Viia und Heinrich Bock: »… schönere Tage sah ich nie …«. Sophie von La Roche in Warthausen. Spuren 38. Marbach am Neckar 1997.

Plato, Karl Theo: Sophie La Roche in Koblenz-Ehrenbreitstein. Mittelrheinische Hefte 1. Koblenz 1978.

Sophie von La Roche. Eine Bibliographie. Bibliographische Hefte 2. Hg. im Auftrag des Ministeriums für Bildung und Kultur Rheinland-Pfalz von Bernd Goldmann und Henner Grube. Mainz 1995.

Sudhof, Siegfried: Sophie La Roche. In: Deutsche Dichter des 18. Jahrhunderts. Hg. von Benno von Wiese. Berlin 1977. S. 300–319.

Vorderstemann, Jürgen: Sophie von La Roche (1730–1807). Eine Bibliographie. Mainz 1995.

Vorderstemann, Jürgen: Sophie von La Roches Speyerer Jahre. In: Euphorion 86 (1992). S. 148–170.

Wielands Briefwechsel. Hg. von der Akademie der Wissenschaften der DDR. Berlin 1963 ff.

Maximiliane von La Roche-Brentano (1756–1793)

Bach, Adolf: Maximiliane Brentano geb. von La Roche. In: ders., Aus dem Kreise der Sophie La Roche. Köln 1924. S. 105–159.

Marianne Brentano-Ehrmann (1755–1795)

Bürger, Gottfried August: Briefe an Marianne Ehrmann. Ein merkwürdiger Beitrag zur Geschichte der letzten Lebensjahre des Dichters. Mit einer historischen Einleitung. Hg. von Theophil Friedrich Ehrmann. In: Vitae eruditorum 14. Weimar 1802.

Denkmal der Freundschaft und Liebe der verewigten Frau Marianne Ehrmann, errichtet von Theophil Friedrich Ehrmann. Leipzig 1796.

Gräter, Friedrich David: Mein Besuch bey Amalien und ihrem Gatten vom 24. Juli bis 12. August 93. Geschrieben für

Freund Pahl. Hg. von Dieter Narr. In: Württembergisch Franken. Bd. 52. Schwäbisch-Hall 1968. S. 131–200.

Kirstein, Britt-Angela: Marianne Ehrmann: Publizistin und Herausgeberin im ausgehenden 18. Jahrhundert. Wiesbaden 1997.

Madland, Helga Stipa: Marianna Ehrmann: reason and emotion in her life and works. New York 1998.

Sophie Brentano (1776–1800)

Döhn, Helga: Sophie Brentano 1776–1800. Ein Lebensbild nach Briefen im Nachlaß Savigny und anderen Quellen. In: Studien zum Buch- und Bibliothekswesen. Bd. 4. Leipzig 1996. S. 46–70.

Drude, Otto (Hg.): Christoph Martin Wieland – Sophie Brentano. Briefe und Begegnungen. Weinheim 1989.

Gärten in Wielands Welt. Bearbeitet von Heinrich Bock und Hans Radspieler. Marbacher Magazin 40/1986.

Perels, Christoph: ›Empfindsam‹ oder ›romantisch‹? Zu Sophie Brentanos Lebensspuren. In: Konrad Feilchenfeldt und Luciano Zagari (Hgg.): Die Brentano. Eine europäische Familie. Tübingen 1992. S. 172–182.

Schenck zu Schweinsberg, Karen (Hg.): Meine Seele ist bey euch geblieben. Briefe Sophie Brentanos an Henriette von Arnstein. Weinheim 1985.

Sudhof, Siegfried (Hg.): Sophie Brentano – Christoph Martin Wieland. Briefwechsel 1799–1800. Briefe aus Frankfurt. Neue Folge. Bd. 10. Frankfurt/M. 1980.

Sudhof, Siegfried (Hg.): Wieland und Sophie Brentano. In: Studien zur Goethezeit. Festschrift für Liselotte Blumenthal. Weimar 1968. S. 411–437.

Amelung, Heinz (Hg.): Briefwechsel zwischen Clemens Brentano und Sophie Mereau. Zwei Bde. Leipzig 1908.

Brentano, Lujo: Clemens Brentanos Liebesleben. Frankfurt/M. 1921.

Dechant, Anja (Hg.): Harmonie stiftete unsere Liebe, Phantasie erhob sie zur Begeisterung und Vernunft heiligte sie mit dem Siegel der Wahrheit: Der Briefwechsel zwischen Sophie Mereau und Johann Heinrich Kipp. Frankfurt/M. 1996.

Feilchenfeldt, Konrad: Brentano-Chronik. Daten zu Leben und Werk. München 1978.

Gersdorff, Dagmar von (Hg.): Lebe der Liebe und liebe das Leben. Der Briefwechsel von Clemens Brentano und Sophie Mereau. Frankfurt/M. 1981.

Gersdorff, Dagmar von: Dich zu lieben kann ich nicht verlernen. Das Leben der Sophie Brentano-Mereau. Frankfurt/M. 1984.

Hammerstein, Katharina von: Sophie Mereau-Brentano: Freiheit – Liebe – Weiblichkeit. Trikolore sozialer und individueller Selbstbestimmung um 1800. Heidelberg 1994.

Hang, Adelheid: Sophie Mereau in ihren Beziehungen zur Romantik. Frankfurt/M. 1934.

Hofe, Harald von: Sophie Mereau-Brentano and America. In: Modern Language Notes 75 (1960) S. 427–430.

Mereau-Brentano, Sophie: Das Blütenalter der Empfindung. Amanda und Eduard. Romane. Hg. und kommentiert von Katharina von Hammerstein. München 1997.

Mereau-Brentano, Sophie: Ein Glück, das keine Wirklichkeit umspannt. Gedichte und Erzählungen. Hg. und kommentiert von Katharina von Hammerstein. München 1997.

Mereau-Brentano, Sophie: Wie sehn' ich mich hinaus in die freie Welt. Tagebuch, Betrachtungen und Vermischte Prosa. Hg. und kommentiert von Katharina von Hammerstein. München 1997.

Schwarz, Gisela: Literarisches Leben und Sozialstrukturen um 1800: Zur Situation von Schriftstellerinnen am Beispiel von

Sophie Brentano-Mereau, geb. Schubart. Frankfurt/M. 1991.

Weigel, Siegrid: Sophie Mereau. In: Hans-Jürgen Schulz (Hg.): Frauen. Porträts aus zwei Jahrhunderten. Stuttgart 1981. S. 20–32.

Antonia Brentano (1780–1869)

Czeike, Felix: Historisches Lexikon Wien in 5 Bd. Wien 1992.

Frankfurter Biographie. Personengeschichtliches Lexikon. Im Auftrag der Frankfurter Historischen Kommission hg. von Wolfgang Klötzer. Frankfurt/M. 1994.

Gelderblom, Gertrud: Antonia Brentano, Edle von Birkenstock. In: Festschrift Josef Stummvoll. Hg. von Josef Mayerhöfer und Walter Ritzer. Zweiter Teil. Wien 1970. S. 774–780.

Goldschmidt, Harry: Um die Unsterbliche Geliebte. Eine Bestandsaufnahme. Beethoven-Studien 2. Leipzig 1977.

Jung, Rudolf (Hg.): Goethes Briefwechsel mit Antonie Brentano. 1814–1821. Schriften des Freien Deutschen Hochstiftes in Frankfurt/M. Weimar 1896.

Schiel, Hubert: Frankfurter Erinnerungen Antonie Brentanos. In: Frankfurter Beiträge. Arthur Richel gewidmet. Frankfurt/M. 1933. S. 68–72.

Bettine Brentano-von Arnim (1785–1859)

Bäumer, Konstanze und Hartwig Schultz: Bettina von Arnim. Stuttgart, Weimar 1995 [mit ausführlicher Bibliographie].

Becker, Christine: Bettine von Arnims Berichte zur Revolution von 1848. Eine kommentierte Edition der bisher unveröffentlichten Briefe an ihre Söhne. Magisterarbeit. Mainz 1993.

Betz, Otto und Veronika Straub (Hgg.): Bettine und Arnim. Briefe der Freundschaft und Liebe. 2 Bde. Frankfurt 1987.

Böttger, Fritz: Bettina von Arnim. Ein Leben zwischen Tag und Traum. Berlin 1986.

Dischner, Gisela: Bettina von Arnim. Eine weibliche Sozialbiographie aus dem neunzehnten Jahrhundert. Kommentiert und zusammengestellt aus Briefromanen und Dokumenten. Berlin 1977.

Drewitz, Ingeborg: Bettine von Arnim. Romantik – Revolution – Utopie. München 1969.

Feilchenfeldt, Konrad (Hg.): Karl August Varnhagen von Ense: Werke in fünf Bänden. Frankfurt/M. 1987 ff.

Gersdorff, Dagmar von: Bettina und Achim von Arnim. Eine fast romantische Ehe. Berlin 1997.

Härtl, Heinz (Hg.): Bettina von Arnim: Werke. 2 Bde. Berlin, Weimar 1986 und 1989.

Hirsch, Helmut: Bettine von Arnim. Reinbek 1987.

Konrad, Gustav und Joachim Müller (Hgg.): Bettina von Arnim: Werke und Briefe. 5 Bde. Bd. 1–4 hg. von G. Konrad. Bd. 5 hg. von J. Müller. Frechen, Köln 1959–1963.

Meyer-Hepner, Gertrud: Der Magistratsprozeß der Bettina von Arnim. Weimar 1960.

Milch, Werner: Die junge Bettine. 1785–1811. Ein biographischer Versuch. Im Manuskript überarbeitet, eingeleitet und hg. von Peter Küpper. Heidelberg 1968.

Perels, Christoph (Hg.): »Herzhaft in die Dornen der Zeit greifen …« Bettine von Arnim 1785–1859. Ausstellungskatalog des Freien Deutschen Hochstifts – Frankfurter Goethe-Museums. Konzeption und Koordination: Hartwig Schultz. Frankfurt/M. 1985.

Reuschle, Frieda Margarete: An der Grenze einer neuen Welt. Bettina von Arnims Botschaft vom freien Geist. Stuttgart 1977. Frankfurt/M. 2004.

Schellberg, Wilhelm und Friedrich Fuchs (Hgg.): Bettine Brentano. Die Andacht zum Menschenbild. Unbekannte Briefe. Jena 1942.

Schmitz, Walter und Sibylle von Steinsdorff (Hgg.): Bettine von Arnim: Werke und Briefe. 4 Bde. Frankfurt/M. 1986 ff.

Schultz, Hartwig (Hg.): Achim von Arnim und Clemens Brentano. Freundschaftsbriefe. Vollständige kritische Edition. 2 Bde. Frankfurt/M. 1998.

Schultz, Hartwig: »Unsre Lieb aber ist außerkohren«. Die Geschichte der Geschwister Clemens und Bettine Brentano. Frankfurt/M., Leipzig 2004.

Schultz, Hartwig: Schwarzer Schmetterling. Zwanzig Kapitel aus dem Leben des romantischen Dichters Clemens Brentano. Berlin 2000.

Vordtriede, Werner (Hg.): Achim und Bettina in ihren Briefen. Der Briefwechsel. 2 Bde. Frankfurt/M. 1961.

Meline Brentano-von Guaita (1788–1861)

Chézy, Helmina von: Unvergessenes. Denkwürdigkeiten aus dem Leben. 2 Bde. Leipzig 1858.

Hertling, Georg von: Erinnerungen aus meinem Leben. 2 Bde. Kempten 1919/20.

Schellberg, Wilhelm und Friedrich Fuchs (Hgg.): Das unsterbliche Leben. Unbekannte Briefe von Clemens Brentano. Jena 1939 [mit Briefen Meline Brentanos].

Schellberg, Wilhelm und Friedrich Fuchs (Hgg.): Die Andacht zum Menschenbild. Unbekannte Briefe von Bettine Brentano. Jena 1942 [mit Briefen Meline Brentanos].

Steinsdorff, Sibylle von: »... durch Convenienz sehr eingeschraubt ...«. Versuch über Meline von Guaita. In: Feilchenfeldt/Zagari, Die Brentano. Tübingen 1992. S. 183–207.

Ludovica (Lulu) Brentano-von Des Bordes (1787–1854)

Alzenauer Beiträge zur Heimatgeschichte. Bd. 1: Ludovica Freifrau von des Bordes, geborene Brentano von La Roche, Herrin auf Schloss Wasserlos und Wohltäterin der Gemeinde. Hg. von der Stadt Alzenau. Alzenau 2002.

Ludovica Ffr. von des Bordes, geb. Brentano von La Roche: Kinderlieder. Regensburg 1853.

Ludovica Ffr. von des Bordes, geb. Brentano von La Roche: Geistliche Lieder. Regensburg 1853.

Steig, Reinhold: Lulu Brentano, die Märchenerzählerin und Freundin der Brüder Grimm. In: Historisch-politische Blätter für das katholische Deutschland, Bd. 151, 1913. S. 31–39, 112–122.

Emilie Brentano (1810–1882)

Boëtius, Henning: Zur Entstehung und Textqualität von Clemens Brentanos »Gesammelten Schriften«. In: Jahrbuch des Freien Deutschen Hochstifts 1967. S. 407 ff.

Brentano, Lujo: Mein Leben im Kampf um die soziale Entwicklung Deutschlands. Jena 1931.

Goes, Martin: Emilie Brentano, geb. Genger (1810–1882), nach bisher unveröffentlichten Papieren. In: Schad, Brigitte (Hg.): Die Aschaffenburger Brentanos. Beiträge zur Geschichte der Familie aus unbekanntem Nachlaß-Material. Aschaffenburg 1984. S. 75 – 87.

Hertling, Georg von: Erinnerungen aus meinem Leben. 2 Bde. Kempten 1919/20.

Kraus, Oskar: Franz Brentano. Zur Kenntnis seines Lebens und seiner Lehre. München 1919.

Schad, Brigitte: Christian Brentano, Vater der Aschaffenburger Brentanos. In: Schad, Brigitte (Hg.): Die Aschaffenburger Brentanos. Beiträge zur Geschichte der Familie aus unbekanntem Nachlaß-Material. Aschaffenburg 1984. S. 20–50.

Maximiliane (1818–1894) und Armgart (1821–1880) von Arnim

Feilchenfeldt, Konrad: Der Nachlaß Maximiliane von Arnims. In: Landfester, Ulrike und Hartwig Schultz (Hgg.):

Dies Buch gehört den Kindern. Achim und Bettine von Arnim und ihre Nachfahren. Beiträge eines Wiepersdorfer Kolloquiums zur Familiengeschichte. Berlin 2003. S. 233–250.

Lindemann, Eva: Die Gräfin und die »Grashalme«. In: Landfester, Ulrike und Hartwig Schultz (Hgg.): Dies Buch gehört den Kindern. Achim und Bettine von Arnim und ihre Nachfahren. Beiträge eines Wiepersdorfer Kolloquiums zur Familiengeschichte. Berlin 2003. S. 269–284.

Lindemann, Eva (Hg.): Maximiliane von Arnim, Die Grashalme. Tagebuchblätter 1839–1847. In: Landfester, Ulrike und Hartwig Schultz (Hgg.): Dies Buch gehört den Kindern. Achim und Bettine von Arnim und ihre Nachfahren. Beiträge eines Wiepersdorfer Kolloquiums zur Familiengeschichte. Berlin 2003. S. 285–387.

Schultz, Hartwig: »Allerlei demokratisches Gelichter«. Der Jahresbericht Maxe von Arnims zum Revolutionsjahr. In: »Die echte Politik muss Erfinderin sein«. Beiträge eines Wiepersdorfer Kolloquiums zu Bettina von Arnim. (Festschrift Clara von Arnim zum 90. Geburtstag am 14. August 1999 gewidmet). Mit einem Vorwort von Wolfgang Frühwald. Hg. von Hartwig Schultz. Berlin 1999. S. 361–371.

Schultz, Hartwig: Märchenkönig für Preußen – Märchenprinz für Gisela. Der Text zur Arabeske von Armgart von Arnim. In: Landfester, Ulrike und Hartwig Schultz (Hgg.): Dies Buch gehört den Kindern. Achim und Bettine von Arnim und ihre Nachfahren. Beiträge eines Wiepersdorfer Kolloquiums zur Familiengeschichte. Berlin 2003. S. 389–407.

Werner, Johannes: Maxe von Arnim, Tochter Bettinas, Gräfin von Oriola: 1818–1894. Ein Lebens- und Zeitbild, aus alten Quellen geschöpft. Leipzig 1937.

Werner, Johannes: Die Schwestern Bardua. Bilder aus dem Gesellschafts-, Kunst- und Geistesleben der Biedermeierzeit. Aus Wilhelmine Barduas Aufzeichnungen gestaltet von Johannes Werner. Leipzig 1929.

Arnim, Gisela von und Bettina von Arnim: Das Leben der Hochgräfin Gritta von Rattenzuhausbeiuns. Hg. von Otto Mallon. Berlin 1926.

Arnim, Gisela von und Bettina von Arnim: Das Leben der Hochgräfin Gritta von Rattenzuhausbeiuns. Mit Zeichnungen von Gisela von Arnim und Herman Grimm und mit einem Nachwort von Shawn C. Jarvis. Frankfurt/M. 1986.

Arnim, Gisela von: [Brief] Gisela von Arnim an ihre Schwester Maximiliane. In: Marginalien 1963, H. 14. S. 36–37.

Arnim, Gisela von: »… überhaupt bin ich an und für mich revolutionär.« Ein Brief Gisela von Arnims an ihre Mutter [Bettina von Arnim]. Berlin, 11. April 1847 ff. Mitgeteilt von Eva Beck. In: Goethe-Almanach auf das Jahr 1971. S. 335–351.

Arnim, Gisela von: Alt Schottland. Drama. Hg. von Herman Grimm. Berlin 1890.

Arnim, Gisela von: Dämmermährchen von Allerlei Rauh aus der Familie der Heimeli im Blauen Ländchen. Mit Illustrationen von Gisela und Maximiliane von Arnim u. a. Berlin 1848.

Arnim, Gisela von: Das Pfefferkuchenhaus. Ein süßes Zuckermärchen. Hg. von Waldemar Oehlke. Mit Bildern von Ludwig Maria Beck. Wedel 1946.

Arnim, Gisela von: Dramatische Werke. Bd. 2: Trost in Thränen. Bonn 1857.

Arnim, Gisela von: Dramatische Werke. Bd. 4: Wie es unterdessen Daheim war. Berlin 1875.

Arnim, Gisela von: Drei Mährchen. Das Heimelchen. Aus den Papieren eines Spatzen. Mondkönigs Tochter. Mit 11 Illustrationen. Neue Ausgabe. Berlin 1848–1853.

Arnim, Gisela von: Märchenbriefe an Achim. Hg. und mit einem Nachwort versehen von Shawn C. Jarvis. Frankfurt/M. 1991.

Boetcher-Joeres, Ruth-Ellen: Gisela von Arnim. 1827–1889. »Sie ist wie ein Felsen ... und ich bin nur die Ranke darum« oder Der Märchenaufstand. In: Töchter berühmter Männer. Neun biographische Portraits. Frankfurt/M. 1988. S. 209–238.

Briefe von und an Joseph Joachim. Hg. von Johannes Joachim und Andres Moser. 3 Bde. Berlin 1911–1913.

Dramaliewa, Luba: Gisela von Arnim. Leben, Persönlichkeit und Schaffen. Diss., Typoskr. Leipzig 1925.

Graevenitz, M. von: Josef Joachim und Gisela von Arnim. In: Deutsche Rundschau 188 (1921). S. 93–98.

Grimm, Herman: Vorrede ›An die Freunde‹. In: Arnim, Gisela von: Alt Schottland. Drama. Zweite Auflage mit Zueignung und Nachwort hg. von Herman Grimm. Berlin 1890. S. V–XX.

Olfers, Marie von: Briefe und Tagebücher. 1826–1869. Hg. von Margarete von Olfers. Berlin 1928.

Werner, Johannes: Die Schwestern Bardua. Bilder aus dem Gesellschafts-, Kunst- und Geistesleben der Biedermeierzeit. Aus Wilhelmine Barduas Aufzeichnungen gestaltet von Johannes Werner. Leipzig 1929.

Zipfel, Frank: Giselas Dramatische Werke. Deutungen von Weiblichkeit in »spätromantischer« Dramenproduktion. In: Landfester, Ulrike und Hartwig Schultz (Hgg.): Dies Buch gehört den Kindern. Achim und Bettine von Arnim und ihre Nachfahren. Beiträge eines Wiepersdorfer Kolloquiums zur Familiengeschichte. Berlin 2003. S. 409–448.

Elisabeth von Heyking (1861–1925)

Bunsen, Marie von: Elisabeth von Heyking. In: Die Literatur (Das literarische Echo 27) (1924–1925). S. 339–340.

Bunsen, Marie von: Zeitgenossen, die ich erlebte. 1900–1930. Leipzig 1932.

Elisabeth von Heyking. Dresden (Lehmann) [1922]. 15 S., 36 Bl. Faks. (Deutsche Dichterhandschriften. 11.).

Hart, Julius: Elisabeth von Heyking. (Nachdruck aus: Der Tag). In: Das literarische Echo 8 (1905–1906). S. 483–485.

Heyking, Elisabeth von: Briefe, die ihn nicht erreichten. Berlin 1903.

Heyking, Elisabeth von: Tagebücher aus vier Weltteilen 1886–1904. Hg. von Grete Litzmann. Leipzig 1926.

Lindenberg, Paul: Es lohnte sich, gelebt zu haben. Erinnerungen. Berlin o. J. [1941].

Merck, Heinrich: Begegnungen und Begebnisse. Gesellschaft der Bücherfreunde zu Hamburg, 1958. S. 25–29.

Olfers, Marie von: Briefe und Tagebücher. 1870–1924. Hg. von Margarete von Olfers. Berlin 1930.

Sieberg, Herward: Die Schriftstellerin und Diplomatenfrau Elisabeth von Heyking (1861–1925). In: Identität und Schreiben. Hg. von Werner Brändle. Hildesheim 1997. S. 91– 120.

Unveröffentlichte Briefe von und an Elisabeth von Heyking, Deutsches Literaturarchiv Marbach/N.

Irene Forbes-Mosse (1864–1946)

Bunsen, Marie von: Die Welt in der ich lebte. Erinnerungen aus glücklichen Jahren 1860–1912. Leipzig 1929.

Bunsen, Marie von: Zeitgenossen, die ich erlebte. 1900–1930. Leipzig 1932.

Crailsheim-Ruegland, Carola Freiin von: Irene Forbes-Mosse. In: Das literarische Echo 22 (1919–20). S. 326–329.

Poppenberg, Felix: Gestalten und Erscheinungen [Über Irene Forbes-Mosse u. a.]. In: Die neue Rundschau 22 (1911). S. 1614–1621.

Seidel, Ina: Irene Forbes-Mosse als Erzählerin. In: Ina Seidel: Dichter, Volkstum und Sprache. Ausgewählte Vorträge und Aufsätze. Stuttgart, Berlin 1934. S. 92–103.

Seidel, Ina: Irene Forbes-Mosse. In: Ina Seidel: Frau und Wort. Stuttgart 1965. S. 49–59.

Seidel, Ina: Irene Forbes-Mosse. In: Welt und Wort 8 (1953).
S. 294–296.
Seidel, Ina: Lebensbericht. 1885–1923. Stuttgart 1970.
Sieberg, Herward: Bettinas Enkelin. Die Dichterin Irene For-
bes-Mosse. In: Landfester, Ulrike und Hartwig Schultz
(Hgg.): Dies Buch gehört den Kindern. […] Beiträge eines
Wiepersdorfer Kolloquiums zur Familiengeschichte. Berlin
2003. S. 517–546.
Zeggert, Ingeborg: Irene Forbes-Mosse. Eine Spätgestalt der
deutschen Romantik. Diss. Freiburg i. Br. 1955.
Unveröffentlichte Briefe von und an Irene Forbes-Mosse, Deut-
sches Literaturarchiv Marbach/N. und Freies Deutsches Hochstift Frankfurt/M.

Sophie (Sissi) Brentano (1875–1956)

Archivalien aus dem Besitz von Herrn Willi Hiedl, München
und Prien am Chiemsee.
Brentano, Lujo: Mein Leben im Kampf um die soziale Ent-
wicklung Deutschlands. Jena 1931.
Etzel, Ingrid und Inge Zimmer: Sissi Brentano (1875–1956) –
Hüterin des Brentano-Erbes. In: Brigitte Schad (Hg.): Die
Aschaffenburger Brentanos. Beiträge zur Geschichte der Fa-
milie aus unbekanntem Nachlaß-Material. Aschaffenburg
1984. S. 182–190.
Unveröffentlichte Briefe von und an Sissi Brentano, Freies
Deutsches Hochstift Frankfurt/M.
Vater, Margarethe (Hg.): Bürgerin zweier Welten. Elly Heuss-
Knapp. Ein Leben in Briefen und Aufzeichnungen. Tübin-
gen 1961.

Maria Rafaela (Hanny) Brentano (1872–1940)

Brentano, Hanny: Wie Gott mich rief. Mein Weg vom Protestantismus in die Schule St. Benedikts. Freiburg im Breisgau 1925.
Totenchronik der Ehrwürdigen Chorfrau Maria Rafaela Brentano, geb. Legai. Salzburg (Benediktinenstift Nonnberg) 1940.

Margherita von Brentano (1922–1995)

Althaus, Gabriele (Hg.): Streitbare Philosophie: Margherita von Brentano zum 65. Geburtstag. Berlin 1988.
Das Argument. Berliner Hefte für Probleme der Gesellschaft. Hg. von Wolfgang Fritz Haug, in Verbindung mit Margherita von Brentano u. v. a. Berlin 1959 ff.
Der ›Fall‹ Brentano. Dokumente einer Kampagne. Hg. vom Presse- und Informationsamt der FU Berlin.
Färber, Christine (Hg.): Die Alma Mater – Ein Männerhaus? Professorinnen an der Freien Universität Berlin 1948–1994. Eine Dokumentation von Renate Korinski. Berlin 1995.
Haug, Wolfgang Fritz: An Margherita von Brentano denkend. In: Ausgezeichnet. Der Margherita-von-Brentano-Preis der Freien Universität Berlin. Hg. von der Zentralen Frauenbeauftragten der FU Berlin in Kooperation mit dem Zentralen Frauenrat der FU Berlin. Berlin 2003. S. 7–9.
Presseausschnittsammlung des Universitätsarchivs der Freien Universität Berlin.

Angela von Brentano (geb. 1952)

Gespräch mit Angela von Brentano, 27. 4. 2005.

Personenregister

Bildnachweis

Sophie von La Roche (1730–1807). Farbiges Porträt von unbekannter Hand. In: Museum Sophie La Roche Bönnigheim, Katalog o. J., S. 116 oben. © Freies Deutsches Hochstift/ Frankfurter Goethe-Museum

Maximiliane von La Roche (1756–1793) als Mädchen. Anonyme Zeichnung, vor 1774. In: Klaus Günzel, Die Brentanos, Frankfurt/M. (Büchergilde Gutenberg) 1994. S. 60. © Goethe-Museum, Düsseldorf

Marianne Brentano-Ehrmann (1755–1795). Anonymer Scherenschnitt. In: Mark Lehmstedt, Deutsche Literatur von Frauen, Berlin 2004. Erschienen in der Reihe Digitale Bibliothek Nr. 45

Sophie Brentano (1776 – 1800). Gemälde eines unbekannten Künstlers, entstanden um 1798/99. In: Klaus Günzel: Die Brentanos, Frankfurt/M. (Büchergilde Gutenberg) 1994. S. 93. © Freies Deutsches Hochstift/Frankfurter Goethe-Museum

Sophie Mereau-Brentano (1770–1806). Bleistiftzeichnung von unbekannter Hand. In: Hartwig Schultz: Schwarzer Schmetterling. S. 130. © Freies Deutsches Hochstift/Frankfurter Goethe-Museum

Antonia Brentano (1780–1869). Ölbild von Joseph Stieler. In: Klaus Günzel: Die Brentanos, Frankfurt/M. (Büchergilde Gutenberg) 1994. S. 85. © Angela und Udo von Brentano, Winkel

Bettine Brentano-von Arnim (1785–1859). Bleistiftzeichnung von Wilhelm Hensel, um 1833. In: Klaus Günzel: Die Brentanos, Frankfurt/M. (Büchergilde Gutenberg) 1994. S. 140. © Bildarchiv Preußischer Kulturbesitz Berlin

Meline Brentano-von Guaita (1788–1861). Ölgemälde von Ludwig Emil Grimm, 1820. In: Klaus Günzel: Die Brentanos, Frankfurt/M. (Büchergilde Gutenberg) 1994. S. 149. © Privatbesitz

Ludovica (Lulu) Brentano-von des Bordes (1787–1854). Unbezeichnete Miniatur, 1810. In: Klaus Günzel: Die Brentanos, Frankfurt/M. (Büchergilde Gutenberg) 1994. S. 147.

Emilie Brentano (1810–1882). Fotografie, Aschaffenburg um 1865. In: Brigitte Schad (Hg.): Die Aschaffenburger Brentanos, Aschaffenburg 1984. S. 71. © Stadt- und Stiftsarchiv Aschaffenburg

Maximiliane von Arnim, verh. von Oriola (1818–1894). Ölgemälde von Caroline Bardua, um 1845. In: Klaus Günzel: Die Brentanos, Frankfurt/M. (Büchergilde Gutenberg) 1994. S. 165. © Freies Deutsches Hochstift/Frankfurter Goethe-Museum

Armgart von Arnim (1821–1880). Ölgemälde von Caroline Bardua, um 1845. In: Klaus Günzel: Die Brentanos, Frankfurt/M. (Büchergilde Gutenberg) 1994. S. 166. © Freies Deutsches Hochstift/ Frankfurter Goethe-Museum

Gisela von Arnim, verh. Grimm (1827–1889). Ölgemälde von Caroline Bardua, um 1845. In: Klaus Günzel: Die Brentanos,

Frankfurt/M. (Büchergilde Gutenberg) 1994. S. 169. © Freies Deutsches Hochstift/Frankfurter Goethe-Museum

Elisabeth von Heyking (1861–1925). SW-Fotografie um 1890, In: Mark Lehmstedt, Deutsche Literatur von Frauen, Berlin 2004. Erschienen in der Reihe Digitale Bibliothek Nr. 45.

Irene Forbes-Mosse (1864–1946) © Privatarchiv Willi Hiedl

Sophie (Sissi) Brentano (1875–1956). Fotografie, um 1900. In: Brigitte Schad (Hg.): Die Aschaffenburger Brentanos. Aschaffenburg 1984. S. 185. © Nachlaß Sissi Brentano, Stadt- und Stiftsarchiv Aschaffenburg

Maria Rafaela (Hanny) Brentano (1872–1940). Fotografie © Archiv Kloster Nonnberg, Salzburg

Margherita von Brentano (1922–1995). Fotografie. In: Gabriele Althaus (Hg.): Streitbare Philosophie: Margherita von Brentano zum 65. Geburtstag. Berlin 1988. © Metropol Friedrich Veitl-Verlag, Berlin 1988

Brentanohaus in Winkel. Federzeichnung von H. Landgrebe. In: Klaus Günzel: Die Brentanos, Frankfurt/M. (Büchergilde Gutenberg) 1994. S. 87. © Angela und Udo von Brentano, Winkel

Wir danken allen Rechteinhabern für die Erlaubnis zum Abdruck der Abbildungen. Trotz intensiver Bemühungen war es nicht möglich, alle Rechteinhaber zu ermitteln. Wir bitten diese, sich an den Verlag zu wenden.

claassen

Sophie Freud
Im Schatten der Familie Freud

Meine Mutter erlebt das 20. Jahrhundert

Aus dem Amerikanischen von Erica Fischer
400 Seiten ::: Gebunden mit Schutzumschlag
ISBN 3-546-00398-5

Sophie Freud, Tochter der Frau von Sigmund Freuds ältestem Sohn Martin, hat sich auf die Suche nach ihren Wurzeln begeben. Sie ist eingetaucht in die Geschichte der Familie, besonders ins Los ihrer Mutter Ernestine, der sie sich verbunden fühlte. Während der berühmte Sigmund Freud mit dem Großteil seiner Familie, auch mit Martin und dem Enkelsohn Walter, 1938 von Wien nach England emigrieren konnte, und seine Schwestern in Konzentrationslagern starben, gelang seiner Schwiegertochter schließlich mit Sophie die Flucht über Frankreich nach Amerika. Obgleich Ernestine dort in fremder Sprache promovierte und sich wissenschaftlich einen Namen machte, hat sie das Unglück nie verlassen. Ein ergreifendes Buch über eine Frau in ihrer Zeit, über Entwurzelung, Selbstbehauptung und über dramatische Lebenswege, wie sie aufschlussreicher nicht sein können.

claassen

Petra Oelker
»Ich küsse Sie tausendmal«
Das Leben der Eva Lessing

288 Seiten ::: Gebunden mit Schutzumschlag
ISBN 3-546-00378-0

Eva König, geb. Hahn, heiratete 1756 in Hamburg den Seidenfabrikanten Engelbert König, mit dem sie sieben Kinder hatte. Als König 1769 zu einer Reise aufbrach, bat er seinen Freund Lessing, sich seiner Frau und der Kinder anzunehmen, sollte ihm etwas zustoßen. Wenig später starb er in Venedig. Lessing hielt sein Versprechen, und aus der Freundschaft zu Eva wurde schnell Liebe.

Doch bis zur Hochzeit sollten noch Jahre vergehen: Eva zog nach Wien, um sich der dortigen König'schen Fabriken anzunehmen. Hier lernte sie die Intrigen am Hof Maria Theresias kennen, die Eitelkeiten wichtiger Männer, den Wirbel um das Theater. Ihre Liebe zu Lessing überdauerte die Trennung, im Oktober 1776 heirateten die beiden. Das Glück währte nur kurz: 1778 starb Eva am Kindbettfieber, ein Schicksalsschlag, von dem Lessing sich nie wieder erholte. Eine eindrucksvolle Biographie über eine Frau, die ihrer Zeit voraus war.

Stammtafel der wichtigsten Mitglieder der Familien von La Roche / Brentano / von Arnim

[Aus Platzgründen sind nur die wichtigsten in diesem Buch erwähnten Personen aufgezeichnet. Insbesondere konnten nicht alle Kinder aus Eheschließungen aufgelistet werden. Die Namen der Frauen, die in diesem Band in einem eigenen Kapitel porträtiert werden, sind fett gedruckt. Detailliertere Stammbäume verzeichnen: Werner Vordtriede (Hg.): Achim und Bettina in ihren Briefen. Briefwechsel Achim von Arnim und Bettina Brentano. Bd. 2. Frankfurt/M. 1961 [z. T. fehlerhaft]. Und: Brigitte Schad (Hg.): Die Aschaffenburger Brentanos. Beiträge zur Geschichte der Familie aus unbekanntem Nachlaß-Material. Geschichts- und Kunstverein Aschaffenburg e. V., Aschaffenburg 1984.]

[Teil 1]

Georg Friedrich
GUTERMANN
(1705–1784)
∞
Regina Barbara
UNOLD
(1711–1748)

Anton Heinrich Friedrich
v. STADION
(1691–1768)
(∞) (wahrscheinlicher Vater Georg Michaels)
Anna Catharina ∞ Johann Adam
»LA ROCHE« FRAN(C)K
(geb. um 1690) (1657–1720)

Franz Xaver ∞ Maria Sebastiana
BRENTANO CORTI
(di Gnosso) (gest. 1770)
(1727–1775)

Marianne ∞ Theophil Friedrich
BRENTANO EHRMANN
(1755–1795) (1762–1811)

Sophie ∞ Georg Michael FRANK
GUTERMANN v. LA ROCHE
(1730–1807) (1720–1788)

|(8 Kinder, darunter:)

Maximiliane ∞ (2. Ehe P. A.s) Peter Anton
v. LA ROCHE BRENTANO (di Tremezzo)
(1756–1793) (1735–1797)
(Frankfurter Linie)
|(13 Kinder, darunter:)

∞ (1. Ehe P. A.s) Paula
BRENTANO (di Gnosso)
(1744–1770)
|(6 Kinder, s. Teil 2)

∞ (3. Ehe P. A.s) Friederike
v. ROTTENHOFF
(1771–1817)
|(3 Kinder)